ro
ro
ro

Klaus-Michael Bogdal   Kai Kauffmann   Georg Mein

unter Mitarbeit von Meinolf Schumacher und Johannes Volmert

**BA-Studium
 GERMANISTIK**
Ein Lehrbuch

rowohlts enzyklopädie
im Rowohlt Taschenbuch Verlag

rowohlts enzyklopädie
Herausgegeben von Burghard König

Originalausgabe
Veröffentlicht im Rowohlt Taschenbuch Verlag,
Reinbek bei Hamburg, Januar 2008
Copyright © 2008 by Rowohlt Verlag GmbH,
Reinbek bei Hamburg
Umschlaggestaltung any.way, Walter Hellmann
Satz Proforma PostScript (InDesign)
bei Pinkuin Satz und Datentechnik, Berlin
Druck und Bindung Clausen & Bosse, Leck
Printed in Germany
ISBN 978 3 499 55682 1

Inhalt

Vorwort 7

I. Einleitung 9
1. Vom Nutzen der Germanistik 9
2. Zur Geschichte des Fachs 13
3. Zur Systematik des Fachs 19

II. Basismodul Germanistische Sprachwissenschaft 23
Zum Verhältnis von Sprache und Sprachwissenschaft 23
1. Grundbegriffe der Sprachwissenschaft 29
2. Methoden und Verfahren der Sprachwissenschaft 45

III. Basismodul Germanistische Literaturwissenschaft 59
1. Grundbegriffe der Literaturwissenschaft 59
2. Grundtechniken der Literaturwissenschaft 77

IV. Basismodul Germanistische Fachdidaktik 93
1. Sprachdidaktik 95
2. Literaturdidaktik 98
3. Mediendidaktik 107

V. Aufbaumodul Germanistische Sprachwissenschaft 111
1. Sprachgeschichte vom Mittelalter bis zur Gegenwart – ein Überblick 111
2. Aspekte der Sprachtheorie 124

VI. Aufbaumodul Germanistische Literaturwissenschaft 153
1. Literaturgeschichte vom Mittelalter bis zur Gegenwart 153
2. Literaturtheorie 213

VII. Aufbaumodul Germanistische Medienwissenschaft 241
  1. Grundbegriffe der Medienwissenschaft 241
  2. Medientheorie 254
  3. Mediengeschichte 271

VIII. Ergänzungsmodul Deutsche Nachkriegs- und Gegenwartsliteratur 287

IX. Germanistische Arbeitstechniken 305

Über die Verfasser 321
Zitierte Literatur 323
Empfohlene Grundlagenliteratur 339

[handschriftliche Notiz: Mediävistik = Lehre von d. Geschichte u. Kultur des Mittelalters]

Vorwort

Die vorliegende Einführung ist eigens für die neuen Bachelorstudiengänge Germanistik konzipiert. Im Gegensatz zu den älteren Einführungen, die für die zehnsemestrigen Lehramts- und Magisterstudiengänge gedacht waren, entspricht sie dem kürzeren und kompakteren Studienprogramm. Zum ersten Mal wird hier ein Kerncurriculum für den BA Germanistik vorgestellt, das alle Teildisziplinen des Fachs umfasst. Unter Kerncurriculum ist die Konzentration auf Wissensbestände und auf Fähigkeiten zu verstehen, die heute im Zentrum der germanistischen Fachwissenschaft zu finden sind. Am Ende der BA-Phase sollte ein Stand erreicht sein, von dem aus man das Erlernte vertiefen, ergänzen und perfektionieren kann: entweder in einem spezialisierenden Masterstudiengang oder selbständig in der Berufspraxis. Dieses Buch bietet die dafür nötigen Studieninhalte.

Wie die BA-Studiengänge ist die Einführung in Module gegliedert, d. h. in Bausteine, die an den jeweiligen Universitäten auf unterschiedliche Weise angeordnet sein können. Die einzelnen Module verbinden die Vermittlung von Wissen und Können (bzw. von Begriffen und Techniken) und unterscheiden sich durch zwei Schwierigkeitsgrade. In den Basismodulen wird das grundlegende Fachwissen dargelegt. Sie entsprechen in etwa dem Pensum, das man im Nebenfach zu bewältigen hat. Die Aufbaumodule führen an zentrale Gegenstandsbereiche der Germanistik heran.

Diese Einführung richtet sich vor allem an diejenigen, die Germanistik im Haupt- oder Nebenfach studieren und erwarten, dass neben der neueren deutschen Literaturwissenschaft auch die germanistische Sprachwissenschaft, die Mediävistik und – in der Lehramtsausbildung – die Fachdidaktik angeboten werden. Sie bietet den Studierenden, die sich breiter qualifizieren und im Blick auf die spätere Berufstätigkeit mehrere Optionen offenhalten möchten, einen Überblick über das grundlegende Fachwissen für die Berufsfelder Schule/Bildungswesen, Öffentlichkeit/Medien, Kulturarbeit und Wissenschaft. Daher werden in den Modulen neben der Literaturgeschichte, der Textanalyse, der

Rezeption, der literarischen Wertung, der Literaturtheorie usw. auch die Sprachgeschichte, Grammatik, Syntax und Semantik, die Sprachtheorie, Literatur- und Sprachvermittlung und Medienbegriffe und Medientheorie angesprochen.

Die Einführung ist nicht am Schreibtisch praxisferner Hochschullehrer entstanden. Am Anfang stand ein Modellversuch an der Universität Bielefeld, die bis dahin getrennten Magister- und Lehramtsstudien in einen neuen BA-Studiengang (und daran anschließenden Masterstudiengang) zu integrieren, der den Studierenden einen Doppelabschluss bietet: neben dem Bachelor auch die Anerkennung des 1. Staatsexamens. Die Autoren sammelten Erfahrungen nicht nur durch die Planung und Durchführung eines modularisierten Studiums an der eigenen Universität, sie suchten auch den Austausch und die Auseinandersetzung mit den Universitäten, die ebenfalls neue Studiengänge entwarfen. Darüber hinaus kooperierten sie mit zahlreichen Universitäten in anderen europäischen Ländern, um einen gemeinsamen Rahmen für ein vergleichbares Germanistikstudium in Europa zu schaffen. Vieles davon ist in die Einführung eingegangen.

Für die Gesamtkonzeption und die literaturwissenschaftlichen und fachdidaktischen Module zeichnen Klaus-Michael Bogdal, Kai Kauffmann und Georg Mein verantwortlich. Für den mediävistischen Bereich konnte Meinolf Schumacher, für die sprachwissenschaftlichen und sprachhistorischen Bereiche Johannnes Volmert gewonnen werden.

> Rezeption = Aufnahme, Verstehen von Lit. Werken

I. Einleitung

1. Vom Nutzen der Germanistik

Am 15. Januar 1840 berichtet der 24-jährige Gustav Freytag in einem Brief an das preußische Kultusministerium über seine ersten Erfahrungen als Lehrender der Germanistik:

«Seit Ostern vorigen Jahres bin ich als Docent für deutsche Sprache, Literatur- u. Kulturgeschichte an der Universität Breslau habilitiert [...]. Ich lese gegenwärtig im zweiten Semester meiner academischen Thätigkeit vor einem freilich nicht großen Kreise von Zuhörern, und sehe mit herzlicher Freude, daß es mir gelingt, ihnen Interesse an meinen Studien einzuflößen. Freilich wird bei der Armuth unserer Studentenwelt das Studium der deutschen Sprache und Literatur immer nur die Lieblingsbeschäftigung Weniger, Wohlhabender bleiben, da es außerhalb des Kreises der Brodwissenschaften liegt. Auch ist die deutsche Philologie, ehrlich gesagt bis jetzt noch eine sehr aristokratische Frau, die den Zugang zu sich vielfach erschwert und dadurch manchen schüchternen Musensohn abschreckt; und deßhalb steht es hier in Breslau allerdings noch so, daß wir armen Germanisten aus unseren Büchern u. Heften einen Trichter bauen und wie Ameisenlöwen lauern müssen, bis irgend ein Zuhörer in unsern Kreis hineinfällt. Dafür aber halten wir ihn auch fest. Indeß hoffe ich zu Gott, daß es mir mit der Zeit gelingen wird, trotz der Sterilität des Bodens, auf dem ich zu pflanzen wünsche, größeres Wachsthum und Gedeihen hervorzubringen.» (Meves 1989, 28 f.)

Dieser fromme Wunsch Gustav Freytags, der seine Universitätskarriere übrigens nicht lange weiterverfolgte, sondern sich der Schriftstellerei zuwandte, ist voll und ganz in Erfüllung gegangen: Über mangelnden Zulauf im Studienfach Germanistik wird sich heutzutage niemand mehr beschweren. Interessant aber ist die Begründung, warum das Studium der deutschen Sprache und Literatur nur die Lieblingsbeschäftigung Weniger und Wohlhabender bleiben werde, weil es nämlich, so Freytag, «außerhalb des Kreises der Brodwissenschaften liegt».

Dem Begriff der *Brodwissenschaft* korrespondiert der *Brodgelehrte*, der seit Friedrich Schillers Jenaer Antrittsvorlesung «Was heißt und zu welchem Ende studiert man Universalgeschichte» als das Zerrbild des Wissenschaftlers schlechthin gilt. «Beklagenswerter Mensch», schreibt Schiller über ihn, «der mit dem edelsten aller Werkzeuge, mit Wissenschaft und Kunst, nichts Höheres will und ausrichtet als der Taglöhner mit dem schlechtesten! der im Reiche der vollkommensten Freiheit eine Sklavenseele mit sich herumträgt!» (1962, 751) Gemeint ist damit, dass wahre Wissenschaft in ihrem Kern autonom bleiben muss, sich also nicht von Nützlichkeitserwägungen leiten lassen darf. Doch gerade an die Geisteswissenschaften und damit eben auch an die Germanistik wird immer wieder neu – und gegenwärtig drängender denn je – die Frage nach ihrem gesellschaftlichen Nutzen herangetragen. Das ist freilich ein alter Hut, denn schon zu Beginn des 19. Jahrhunderts führte die Diskrepanz zwischen der von Wilhelm von Humboldt verfolgten klassisch-idealistisch-neuhumanistischen Bildungskonzeption und der ‹bürgerlichen› Standes- und Berufsbildung, wie sie die utilitaristische Staatspädagogik des aufgeklärten Absolutismus vorsah, zu Prioritätskonflikten, die in die Frage mündeten, «ob und inwiefern bei der Erziehung die Vollkommenheit des einzelnen Menschen seiner Brauchbarkeit aufzuopfern sei» (Vierhaus 1972, 519). Überblickt man die historische Entwicklung, so fallen die Legitimationskrisen der Geisteswissenschaften jeweils auffällig zusammen mit Phasen verstärkter Zweckrationalität. Immer dann, wenn nach dem Praxisbezug der Wissenschaften gefragt wird, wenn ihr Beitrag für politische, soziale und ökonomische Ansprüche geprüft und über ihre Anwendungsorientierung gestritten wird, muss auch die Germanistik ihre Daseinsberechtigung verteidigen (vgl. Frühwald 1991, 85). In einer Gesellschaft, die ihre Zuflucht primär in technologischem Fortschritt und wirtschaftlicher Expansion sucht, in der man Menschen als Humanressourcen definiert und dies alles durch die vorgeblichen Zwänge der Globalisierung legitimiert wird, muss die Philologie als eine – mit Nietzsches Worten – «Goldschmiedkunst und -kennerschaft des *Wortes*» geradezu anachronistisch aufstoßen.

Richtete sich die Kritik an der vermeintlichen Nutzlosigkeit zunächst primär an die Altphilologien, so traf sie nach 1945 auch die

Germanistik. Heute sehen sich die Lehrenden wie die Studierenden der Germanistik gleichermaßen vor die Aufgabe gestellt, darüber nachzudenken, «ob ihr Fach sich unter dem ‹Akzeptanzangebot der Stunde› dem Oktroy aktueller Dysfunktionalität beugen und seine Gegenstände, Fragestellungen und Aufgaben gemäß den von außen angetragenen zweckrationalen Verwendungsansprüchen zurichten will» (Förster 1989, 7). Festzuhalten bleibt, dass die Germanistik jenseits aller Nützlichkeitserwägungen und damit auch jenseits von Brotwissenschaft und Berufsperspektiven als gesellschaftsbezogene und gesellschaftskritische Reflexionsinstanz nach wie vor einen wichtigen – und als Nationalphilologie sogar einen *zentralen* – Beitrag für unser kulturelles Selbstverständnis liefert. Doch auch mit Blick auf die konkreten Anforderungen in der Berufswelt braucht sich die Germanistik nicht zu verstecken. Denn nicht zuletzt aufgrund der Fähigkeit des Fachs, theoretische Modelle und Ansätze auch aus anderen Disziplinen zu integrieren, vermittelt die Germanistik in vielfacher Hinsicht zukunftsorientierte Schlüsselqualifikationen. Germanisten sitzen längst nicht mehr nur in der Schule oder in der Universität, sondern besetzen Führungspositionen im Topmanagement der Wirtschaft und in der Politik. Denn neben einer fundierten, fachspezifischen Qualifikation zeichnen sich Germanisten insbesondere durch die Fähigkeiten aus,

- Texte situationsorientiert zu rezipieren, analysieren und produzieren;
- Informationen aus riesigen Datenmengen gezielt zu selektieren und mit Blick auf übergreifende Kontexte zu bearbeiten;
- kommunikative Prozesse auf einer Metaebene bewusst zu reflektieren;
- selbständig und kreativ zu arbeiten.

Germanisten verfügen zudem

- über hohe sprachliche Kompetenz hinsichtlich der Analyse und genauen Wiedergabe von Texten;
- über Kommunikationskompetenz, was schlüssige Argumentation, freie Rede, mediale Präsentationstechniken und das Vermögen betrifft, komplexe Sachverhalte verständlich zu vermitteln.

Darüber hinaus sind Germanisten darin geschult,

- sich neue Arbeitsfelder selbsttätig zu erschließen und ihre fachwissenschaftlichen Kenntnisse und methodischen Fähigkeiten gezielt auf neue und übergreifende Themenkomplexe zu übertragen;
- sich in dynamische Gruppenprozesse zu integrieren.

Vermittelt wird den Studierenden der Germanistik zudem
- das bewusste Erkennen und Anwenden von Funktionen sprachlicher Strukturen im mündlichen und schriftlichen Sprachgebrauch ebenso wie
- eine ausgeprägte ästhetische Rezeptionskompetenz.

Als größter Wettbewerbsvorteil eines Germanisten gilt ‹draußen›, folgt man Michael Fassnacht von der Lufthansa, «die Fähigkeit zur Transferleistung, zur Analyse und Produktion von Texten, zur schnellen, themenbezogenen Recherche und zur Teamarbeit» (Herrmann 1997).

2. Zur Geschichte des Fachs

Wissenschaftsgeschichtlich betrachtet ist die Germanistik eine relativ junge Disziplin. Wenn man sie im engeren Sinn als ein Fach definiert, das an Universitäten gelehrt wird, müsste man die Ernennung des Bibliothekars Georg Friedrich Benecke am 17. Oktober 1805 zum Extraordinarius für *Deutsche Philologie* an der Universität Göttingen als die eigentliche Geburtsstunde der Germanistik begreifen. Rechtswissenschaften hingegen konnte man in Europa zu diesem Zeitpunkt schon seit über 700 Jahren studieren, nämlich seit 1088 an der Universität Bologna. Am 21. September 1810 folgte die zweite Ernennung, diesmal für *Deutsche Alterthums-Wissenschaft* in Berlin. Der Stelleninhaber dort, der zunächst ohne Bezahlung arbeiten durfte, hieß Friedrich Heinrich von der Hagen. Der Disziplinentitel *deutsche Philologie* tauchte erstmalig allerdings schon viel früher auf, nämlich 1723 in Johann Bödikers «Grund-Sätze der Teutschen Sprache». Auch der Verfasser der über Jahrzehnte in Deutschland maßgeblichen Poetik, Johann Christoph Gottsched, spricht schon 1752 von einer «Altdeutschen Philologie». Und genau auf diesem Gebiet leisteten auch die beiden ersten Professoren Benecke und von der Hagen Wegweisendes.

Der Ernennung Beneckes und von der Hagens ist im 18. Jahrhundert nicht nur eine rege poetologische Diskussion vorausgegangen, sondern auch ein regelrechter Propagandafeldzug für die deutsche Sprache und Dichtung, der vor allem von der literarischen Protestbewegung des Sturm und Drang initiiert wurde. Das Ziel lag insbesondere darin, die kulturelle Hegemonialstellung Frankreichs durch die Fokussierung auf den eigenen historischen und nationalen Gehalt der Dichtung zu durchbrechen. Und genau dieser ‹nationale Gehalt› führte letztlich zur Institutionalisierung und damit zu einer Verwissenschaftlichung der bis dato nur verstreut und in bestimmten Zirkeln geführten Reflexionen über deutsche Sprache und Literatur. Wie schon erwähnt, lagen die Forschungsschwerpunkte der ersten Professuren auf dem Fachgebiet der Germanistik, das man heute als Mediävistik bezeichnet, auf der historischen Sprachbetrachtung und der althochdeutschen sowie mittelhochdeutschen Literatur. Die Aufarbeitung der kulturellen Zeugnisse der Vergangenheit und damit die Vergegenwärtigung der eigenen historischen Größe bildeten das Terrain, auf dem die Idee nationaler Identität immer deutlicher herausgearbeitet und propagiert werden konnte. Es war insbesondere diese ideologische Funktion, welche der Germanistik als Wissenschaftsdisziplin ihren institutionellen Stellenwert sicherte.

Eine entscheidende Rolle in der Gründungsphase der Germanistik spielten die Brüder Grimm, die auch außerhalb der Universität heute noch durch die von ihnen herausgegebene «Sammlung der Kinder- und Hausmärchen» bekannt sind. In wissenschaftlicher Hinsicht sehr viel wirkungsmächtiger waren aber die «Geschichte der deutschen Sprache» und vor allem die 1819 erschienene «Deutsche Grammatik» von Jacob Grimm, die nachgerade als «Markstein der Professionalisierung» (Weimar 1989, 224) des Fachs angesehen werden muss. Das von Jacob und Wilhelm 1852 gemeinsam begonnene Großprojekt des «Deutschen Wörterbuchs» wurde von Generationen von Sprachwissenschaftlern fortgeführt und erst 1961 beendet. Die politische Dimension dieses Projekts lässt sich mit einer griffigen Formel zusammenfassen: «die kraft der sprache bildet völker und hält sie zusammen, ohne ein solches band würden sie sich versprengen», schrieb Jacob Grimm 1851 in seiner Akademieschrift «Über den Ursprung der Sprache» (1984, 171).

Führt man sich die wechselhafte Geschichte Deutschlands in der ersten Hälfte des 19. Jahrhunderts vor Augen, so wird das heute befremdlich anmutende, nationale Pathos verständlich, mit dem die Germanistik als wissenschaftliche Disziplin inauguriert wurde. Denn die Anfänge der Fachgeschichte sind aufs engste mit der politischen Entwicklung Deutschlands im 19. Jahrhundert verknüpft. Der lose Zusammenschluss der 41 Mitgliedsstaaten des *Deutschen Bundes* wurde von vielen Zeitgenossen als äußerst unbefriedigend empfunden, hatten sich viele doch vor dem Hintergrund der Befreiungskriege eine nationalstaatliche Lösung erhofft. Dementsprechend wurde die Idee, nationale Identität über einen gemeinsamen Volksgeist herzustellen, der wiederum in der gemeinsamen deutschen Sprache und Kultur am deutlichsten hervortritt, äußerst positiv aufgenommen. Auf diese Weise wurde die Germanistik als Nationalphilologie von Anfang an mit

Identitätsprogrammen aufgeladen, die durch die spezifisch deutsche Verknüpfung von Bildung, Kultur und Sprache ihre charakteristische Prägung erhielten. Besonders deutlich tritt diese Prägung in dem Projekt der nationalen Poesiegeschichtsschreibung hervor, das nun zur vollen Blüte gelangte.

Georg Gottfried Gervinus hat mit seiner fünfbändigen «Geschichte der poetischen National-Literatur der Deutschen» (1835–1842) die erste Literaturgeschichte geschrieben, die sich ausschließlich der deutschsprachigen Literatur widmet. Insgesamt entstehen allein zwischen 1830 und 1855 46 Literaturgeschichten, die allerdings nahezu ausschließlich von Gymnasialprofessoren verfasst wurden. Ihnen ist gemeinsam, dass sie zum einen von Geschichte sprechen, zum anderen Literatur zunehmend auf Poesie verengen und schließlich ebenjenen nationalen Rahmen setzen, ohne den Geschichte und Poesie nicht zu ihren «wahren Bedeutungen» gelangen könnten (Fohrmann 1991, 205). So steht auch bei Gervinus weniger die ästhetische Kritik der Werke im Vordergrund als die Idee, nationale Einheit durch die Darstellung kultureller Einheit herzustellen und auf diese Weise der Nation «ihren gegenwärtigen Wert begreiflich zu machen».

1835 wurde in Königsberg mit Christian Theodor Ludwig Lucas die erste Universitätsprofessur für deutsche Literaturgeschichte besetzt, der in rascher Folge in ganz Deutschland weitere folgten. Damit differenzierte sich das Fach nun auch im universitären Kontext aus. Eine offizielle Teilung des Fachs in eine ältere und eine neuere Abteilung wurde aber erst 1868 an der Universität Wien vollzogen. 1846 schließlich konstituierte sich die Germanistik auch offiziell unter diesem Namen, und zwar auf der ersten Germanistenversammlung in Frankfurt. In bedeutenden deutschen Zeitungen erschien eine «Einladung an die Germanisten zu einer Gelehrten-Versammlung in Frankfurt a. M.». Gerichtet war die Einladung an die «Männer, die sich der Pflege des *deutschen Rechts, deutscher Geschichte und Sprache* ergeben». Über zweihundert Wissenschaftler aus allen Staaten des Bundes und von nahezu allen Universitäten leisteten ihr Folge. Zu ihrem Vorsitzenden wählten die Teilnehmer einstimmig Jacob Grimm.

Immer deutlicher trat nun zutage, dass mit der Germanistik eine wissenschaftliche Disziplin im Entstehen war, die vorzüglich zum Deutschunterricht passte. Vor allem die neuen Literaturgeschichtsprofessuren sollten hier den didaktischen Brückenschlag zur Schule leisten und die künftigen Deutschlehrer ausbilden, indem sie anwendungsbezogenes Wissen bereitstellten. Damit war der Grundstein für die Entwicklung vom ‹Orchideenfach› zum Massenfach gelegt.

Zwischen 1880 und 1910 schärfte sich – nicht zuletzt durch die Orientierung an natur- und gesellschaftswissenschaftlichen Paradigmen – das Methodenbewusstsein der Germanistik. Insbesondere Wilhelm Scherer muss hier genannt werden, dessen methodologisches Bekenntnis für die fortschreitende Verwissenschaftlichung der Germanistik von nicht zu unterschätzender Bedeutung war.

«Die wahre Methode litterarhistorischer Forschung geht von den überlieferten Schicksalen und von der schärfsten Analyse des geistigen Inhaltes der Individuen aus; sucht aus jenen die natürlichen Anlagen und äußerlichen Lebensbedingungen, aus dieser die treibenden Einflüsse am Einzelnen zu erspähen; steigt durch die Zusammenfassung des Verwandten, das sich bietet, zu einem realen Allgemeinen auf, und stellt dieses als bewegende Kraft hin, deren Entstehung aus einer Summe individueller Leistungen ein weiteres Object der Forschung, ein vorausgehendes Moment der Darstellung bildet.» (Scherer 1865, 67)

Wilhelm Scherers «Geschichte der Deutschen Literatur» (1880–1883) sucht vor diesem Hintergrund eine Unmittelbarkeit zum Dichterleben und zum dichterischen Schaffensakt herzustellen. Sie repräsentiert in nuce «die kunstvoll erstellte Synthese der Philologie» (Fohrmann 1989, 225). Scherers Freund, Wilhelm Dilthey, profilierte den wissenschaftlichen Anspruch der Geisteswissenschaften – und damit auch der Germanistik – dadurch weiter, dass er für sie eine gemeinsame, von den Naturwissenschaften klar abgegrenzte Erkenntnismethode zu bestimmen suchte. Anders als die dem positivistischen Ideal verpflichteten Naturwissenschaften, welche die physische Welt (nur) erklären, sollen die von Dilthey so genannten Geisteswissenschaften die menschliche Welt *verstehen*. Verstehen wird von ihm als eine spezifische Form des emphatischen Nachvollzugs aufgefasst, und zwar «sofern menschliche Zustände erlebt werden, sofern sie in Lebensäußerungen zum Ausdruck gelangen und sofern diese Ausdrücke verstanden werden» (1968, 98). Kongenialität – kunstvolles Lesen – wird so rückgebunden an ein kunstvolles Leben als Voraussetzung für die Aneignung poetischer Ideale.

1912 wurde in Frankfurt der *Deutsche Germanistenverband* gegründet. Friedrich Panzer plädierte in seinem Einleitungsvortrag für die Etablierung einer allgemeinen *Deutschkunde*. Damit war endlich auf den Begriff gebracht, was die Verfechter einer ‹deutschen Bildung› schon lange erstrebten, «nämlich die Zusammenfassung mehrerer Wissenschaftsbereiche zu einer übergreifenden Kunde von deutscher Art» (Frank 1976, 527). Die Germanistik fungierte in dieser Phase, und leider dann auch im Nationalsozialismus, als wissenschaftlicher Überbau für einen heute nicht mehr nachvollziehbaren Germanen-Fetischismus, eine Anbetung des Eigenen, die schließlich in einer «Blut- und Bodenideologie» mündete, der alles Fremde suspekt werden musste. Es gehört zu den Schattenseiten des Fachs, dass die kulturnationalen Fragestellungen der Gründungsphase gegen Ende des 19. Jahrhunderts vollständig von rein nationalistischen Interessen überlagert wurden. Diese gipfelten schließlich in einem hybriden Volks- und Heimatbegriff, der die nationale Gegenwart bis tief in die Vergangenheit zu verlängern und zu verklären suchte. Die andere philologische Variante, über Nationalgrenzen hinaus das Gemeinsame aufzuzeigen, wird in der Germanistik erst seit den 60er Jahren des 20. Jahrhunderts durch kulturwissenschaftliche Themen, poststrukturalistische Theorieansätze sowie Fragestellungen der Gender Studies ernsthaft realisiert.

Nach 1945 siedelte sich die Germanistik in der vermeintlich unabhängigen Zone des Ästhetischen, des sprachlichen Kunstwerks an. Diese Tendenz zur Immanenz wurde vor allem von Wolfgang Kayser und Emil Staiger im Rekurs auf das Hermeneutikkonzept Diltheys zu einer methodischen und weltanschaulichen Richtung der Literaturwissenschaft ausformuliert, die unter dem Begriff der *werkimmanenten Interpretation* sich unter Abwendung von Politik, Geschichte und Gesellschaft ganz auf das *sprachliche Kunstwerk* richtete. Es galt *zu begreifen, was uns ergreift*. Allein Peter Szondi wies darauf hin, dass der Humanitätsbegriff kein Ersatz für die Demokratisierung der Gesellschaft sein

kann. Erst auf dem Münchner Germanistentag 1966 wurde eine öffentliche Auseinandersetzung mit der ideologisch belasteten Tradition des Fachs eingeleitet. Diese selbstreflexive Wende leitete eine Reformphase in der Germanistik ein, deren Ergebnis im Wesentlichen in drei Punkten zusammengefasst werden kann:
- kritische Aufarbeitung der Fachgeschichte,
- Reform des Deutschunterrichts,
- Etablierung eines erweiterten Literaturbegriffs.

In der jüngeren Fachgeschichte – also etwa seit den 1960er Jahren – hat sich die Germanistik dank diverser Theoriedebatten in vielfältiger Hinsicht weiter spezialisiert und ausdifferenziert. Medien- und kulturwissenschaftliche Themen gehören jetzt ebenso fast überall zum Ausbildungs- und Forschungsprogramm wie komparatistische und interkulturelle Aspekte von Literatur und Sprache. In einem immer enger zusammenwachsenden Europa hat sich die Germanistik dank der interdisziplinären Vernetzung mit anderen Philologien sowie mit der Philosophie, Soziologie, Geschichte und Psychologie zu einer international operierenden Wissenschaft gewandelt.

3. Zur Systematik des Fachs

Wie der vorangegangene historische Abriss verdeutlicht, hat die Germanistik ihr Forschungsprofil zunächst traditionell entlang der Zweiteilung in eine ältere und eine neuere Abteilung entfaltet. Sprachwissenschaft war seit ihren Anfängen im frühen 19. Jahrhundert *historische* Sprachwissenschaft. Ihr Erkenntnisziel richtete sich auf historischen Sprachvergleich und lautgesetzliche Sprachentwicklung, kurz – auf Sprache als historisches Objekt. «Und so wüsste ich überhaupt nicht, wie man mit Erfolg über eine Sprache reflektieren könnte, ohne dass man etwas darüber ermittelt, wie sie geschichtlich geworden ist», schreibt Hermann Paul 1880 (1968, 21). In dieser Perspektive wurde *Sprachentwicklung* zumeist als Sprachdeformation begriffen, sodass es fast hundert Jahre dauerte, bis auch die Gegenwartssprache zu einem Kerngegenstand der Sprachwissenschaft wurde. Ferdinand de Saussure (1857–1913) gilt hier als Begründer der modernen Linguistik. Insbesondere der «cours de linguistique générale» (posthum erschienen 1916 als Nachschriften seiner Schüler) begründete die *strukturalistische Sprachauffassung*. Zentral und geradezu revolutionär ist hierbei der Systemgedanke, die Hinwendung zur Gegenwartssprache und – damit verbunden – zur Auffassung des Primats der gesprochenen Sprache. Vor dem Hintergrund dieser Entwicklung findet man heute an deutschen Universitäten am *Institut für Germanistik* in der Regel mindestens drei Abteilungen: *Germanistische Mediävistik*, *Germanistische Linguistik* und *Neuere deutsche Literaturwissenschaft*. Die Frage, wie das fachwissenschaftliche Wissen in beruflichen bzw. gesellschaftlichen Kontexten zur Anwendung gelangen kann, wie es, allgemein formuliert, *vermittelt* werden kann, ist Gegenstand der *Germanistischen Fachdidaktik*. Es wäre daher zu kurz gegriffen, die Fragestellungen der Germanistischen Fachdidaktik ausschließlich auf das Berufsfeld Schule zu beschränken. Dennoch ist die *Germanistische Fachdidaktik* nur an den Universitäten vertreten, die auch mit der Lehrerausbildung betraut sind. In der *Medienwissenschaft* schließlich werden die verschiedenen medialen Repräsentationsformen des sprachlichen und ikonographischen Wissens untersucht, die sich längst nicht mehr nur mit der Unterscheidung von Oralität und Literalität beobachten lassen. Für die Germanistik steht hier die Frage im Mittelpunkt, welchen Transformationen die sprachlichen und schriftlichen, kulturellen Wissensbestände unterworfen sind und welchen Beitrag die Germanistik für ihre Untersuchung in den neueren und neuesten Medien leisten kann.

Mediävistik

Der Begriff Mediävistik leitet sich vom lateinischen *medium aevum* ab, was schlicht ‹Mittelalter› heißt. Folgerichtig ist diese Teildisziplin vorrangig historisch orientiert. Gegenstandsbereich der Germanistischen Mediävistik ist die deutsche Sprache und Literatur von ihren Anfängen im 8. Jahrhundert bis zur Frühen Neuzeit (15./16. Jahrhundert) einschließlich ihrer sprachlichen, literarischen und soziokulturellen Wurzeln und Wechselbeziehungen und deren überlieferungsgeschichtlichen Erscheinungsformen. Die Mediävistik verknüpft dabei theoretisch-systematische mit literaturgeschichtlichen Fragestellungen. Sprachgeschichtliche Aspekte können auf diese Weise zu literaturwissenschaftlichen Fragestellungen ebenso in Bezug gesetzt werden wie etwa zu Aspekten der Buch- und Schriftgeschichte (Kodikologie, Paläographie).

Linguistik

Die Germanistische Linguistik oder auch Sprachwissenschaft hat die deutsche Sprache in synchroner, diachroner und typologischer Perspektive zum Gegenstand. Dabei geht es zunächst um die verschiedenen Strukturebenen der deutschen Sprache: Phonologie, Morphologie, Syntax und Semantik. Daneben werden Verwendungsbedingungen der Sprache betrachtet, die sich z. B. aus kognitiven und kommunikativen Prozessen sowie aus der Sprachvariation und Dialektologie ergeben.

Neuere deutsche Literaturwissenschaft

Gegenstand der Neueren deutschen Literaturwissenschaft ist die deutschsprachige Literatur vom 15./16. Jahrhundert bis in die Gegenwart. Im Vordergrund stehen neben der Erforschung der Literaturgeschichte und den damit einhergehenden Periodisierungs- und Epochenfragen insbesondere gattungsspezifische und -historische Fragestellungen, die sowohl im Hinblick auf die Beziehung literarischer als auch außerliterarischer Phänomene diskutiert werden. Unter kulturwissenschaftlicher Prämisse wird dabei zum einen das Verhältnis des Textes zum geistes- und ideengeschichtlichen, philosophischen, soziokulturellen, politischen und ökonomischen Kontext erörtert; zum anderen geht es hier um die Beziehung der Literatur zu anderen Künsten und Medien wie Musik, Malerei, Fotografie und Film. In systematischer Hinsicht steht die Beschäftigung mit den historischen Disziplinen (Rhetorik, Poetik und Ästhetik) im Mittelpunkt. Hier ist die Reflexion auf die eigenen Methoden – etwa hermeneutische, rezeptionsästhetische, strukturale und dekonstruktivistische Ansätze – und deren historische Genese ebenso ein zentraler Gegenstand wie die Arbeit an Paradigmen wie Cultura Studies und Gender Studies.

Germanistische Fachdidaktik

Die Germanistische Fachdidaktik unterteilt sich in die Literatur- und Sprachdidaktik. Die Sprachdidaktik beschäftigt sich mit dem Erwerb der Fähigkeit zu schriftlicher und mündlicher Kommunikation, mit den verschiedenen Aspekten des Sprachwissens, des Sprachbewusstseins und der Sprachästhetik sowie deren adäquater Vermittlung, wobei zunehmend auch nichtsprachliche Zeichensysteme und neue Kommunikationsmedien einzubeziehen sind.

Die Literaturdidaktik beschäftigt sich mit Modellen der schulischen und außerschulischen Vermittlung von Texten in all ihren literarischen und pragmatischen Formen. Als Vermittlungswissenschaft lehrt sie nicht nur die Praxis des schulischen Literaturunterrichts, sondern reflektiert auf die historischen, sozialen, kulturellen, politischen und geschlechtsspezifischen Bedingungen literarischer Enkulturations- und Sozialisationsprozesse.

Medienwissenschaft

Medienwissenschaft in ihren vielfältigen Facetten ist aktuell einer der beliebtesten Studiengänge. Im Internet findet man unter www.medienstudienfuehrer.de die folgenden Studienrichtungen aufgelistet: Journalistik, Publizistik, Kommunikationswissenschaft, Medienwissenschaft, Medienwirtschaft, Public Relations/Öffentlichkeitsarbeit, Medientechnik, Multimedia Medieninformatik, Medienkultur, Mediendesign, Medienpädagogik.

Das sind freilich nur die übergreifenden Rubriken, die von den jeweiligen Universitäten durchaus unterschiedlich zugeschnitten werden. Traditionell verfügen die Philologien zwar nicht über die Deutungshoheit in Sachen Medien, wohl aber über die Kernkompetenzen, sind doch Sprache und Schrift als die dominierenden Medien der Vergangenheit und Gegenwart schon immer ihr Gegenstand gewesen. Es ist daher nur folgerichtig, wenn die Germanistik ihr Lehr- und Forschungsprofil auch auf die sogenannten neuen Medien ausweitet, die Demarkationslinien zwischen den verschiedenen Medien bestimmt, Definitionsmodelle entwickelt und den Wandel der kulturellen Wissensbestände im Verlauf ihrer medialen Transformation untersucht.

II. Basismodul Germanistische Sprachwissenschaft
Zum Verhältnis von Sprache und Sprachwissenschaft

Auch der sprachwissenschaftliche Laie stellt sich im Verlauf seines Lebens oftmals Fragen wie die folgenden: Was ist Sprache, was macht menschliche Sprache aus, was leistet Sprache? (Vgl. Adamzik 2001, 1 ff.) Darauf gibt es auch in der alltäglichen Sprachreflexion eine Vielzahl von Antworten, und verschiedene wissenschaftliche Disziplinen haben seit der Antike über diese Fragen reflektiert. Die Beschreibungsversuche des Abendlandes haben sich vor allem darauf konzentriert, die Strukturen und Funktionen dieses Kommunikationsinstruments zu entschlüsseln und zu erklären: die Wahrheit, Klarheit, Richtigkeit von Aussagen in Sätzen (Sprachphilosophie, Sprachlogik); die Bedeutung von Wörtern (Semantik, Lexikologie); die Struktur von Sätzen (Grammatik, Syntax); die Veränderung von Wörtern im Gebrauch (Morphologie, Flexionssysteme).

In unserem Fach, der Germanistischen Sprachwissenschaft, beschäftigen sich Wissenschaftler seit der Entwicklung der Disziplin, in der ersten Hälfte des 19. Jahrhunderts, mit diesem allgemeinsten Kommunikationsmittel der menschlichen Art. Eines der Probleme besteht darin, dass das Objekt der Forschung, die Sprache, zugleich mit den Mitteln der Sprache beschrieben wird. Man benötigt aber für die wissenschaftliche Analyse Ausdrücke und Aussageweisen, die für eine Metasprache geeignet sind, die also von (gleichen oder ähnlichen) Ausdrücken der Objektsprache deutlich zu unterscheiden sind. Wenn man in der Objektsprache Äußerungen verwendet, mit denen Gegenstände und Sachverhalte bezeichnet werden, dann gebraucht man in der Metasprache Äußerungen, mit denen die Ausdrucksmittel der Objektsprache bezeichnet und beschrieben werden (vgl. Vater 1996, 12 ff.).

Im Deutschen wie in anderen Sprachen ergibt sich noch ein besonderes Problem daraus, dass der Ausdruck Sprache vieldeutig ist.

(1) Die Sprache ist das typische Kommunikationsmittel des Menschen.
(2) Sprache hat als System eine hierarchisch gegliederte Struktur.
(3) Eine zweite Sprache zu erlernen ist schwieriger als die erste.
(4) Luther bezog seine Bibelübersetzung auf die Sprache des Volks.
(5) Die Sprache hörgeschädigter Menschen ist manchmal schwer verständlich.
(6) Auf dem Schulhof ersetzt die Sprache der Fäuste oft die verbale Auseinandersetzung.
(7) Fachleute reden oft in einer für Laien unverständlichen Sprache.

Zum Bedeutungsspektrum der verwendeten Begriffe; im Einzelnen bezeichnet *Sprache* jeweils Folgendes:

(1) SPRACHE = Instrument zum Austausch von Mitteilungen
(2) SPRACHE = System geordneter Elemente und Verknüpfungsregeln
(3) SPRACHE = Primärsprache versus Zweitsprache / Fremdsprache
(4) SPRACHE = Ausdrucksweisen bzw. Sprachregister bestimmter sozialer Schichten
(5) SPRACHE = Aussprache / Artikulation bestimmter Individuen
(6) SPRACHE = hier: nonverbale Mittel gewaltsamer Interaktion und Kommunikation
(7) SPRACHE = sozial oder fachlich abgegrenztes Teilsystem einer Sprache («Varietät»)

Diese Begriffsvielfalt allein zu dem wichtigsten Phänomen linguistischer Beschreibung und Untersuchung macht bereits deutlich, dass eine Wissenschaft von der Sprache eigene, klar definierte Fachbegriffe benötigt, um zu eindeutigen, überprüfbaren Aussagen zu kommen. Beginnen wir mit einem alten Konzept der Beschäftigung mit Sprache, der Grammatik. Unter sprachwissenschaftlichen Aspekten erscheint es sinnvoll, zwischen mindestens drei Begriffen von Grammatik zu unterscheiden (vgl. Linke u. a. 1991, 44 ff., 94 ff.; Volmert 2005, 12 f.):

Der traditionelle, aus dem Sprachunterricht herrührende Begriff versteht ‹Grammatik› als eine Sammlung von Kategorien und Regeln im Sinne von Vorschriften; wissenschaftlich würde man diese als präskriptive oder normative Grammatik bezeichnen. Grammatiken in diesem Sinn sind vor allem Sprachlehrwerke, die Regeln und Anweisungen über die «richtige» Sprachverwendung enthalten; sie dienen gleichzeitig der Vermittlung und Durchsetzung sprachlicher Normen, z. B. einer Hochsprache.

Der zweite Begriff ist der einer wissenschaftlichen Beschäftigung: ‹Grammatik› als – möglichst umfassende – Beschreibung aller feststellbaren bzw. erschließbaren Regularitäten einer Sprache, ohne eine Bewertung als «richtig» oder «besser» vorzunehmen (deskriptive Grammatik). Als solche verstehen sich heute die meisten wissenschaftlichen Grammatiken. Hier geht es also um die Beschreibung des Ist-Zustandes eines Sprachsystems, nicht um die Propagierung eines Soll-Zustandes.

Zum dritten Begriff von ‹Grammatik›: Sowohl präskriptive als auch deskriptive Grammatiken stellen kodifizierte Grammatiken dar, das heißt, sie formulieren Regeln über ein komplexes System, das in der Kommunikation einer Sprachgemeinschaft seine autonome Gültigkeit hat. Keine kodifizierte Grammatik kann alle beobachtbaren Regularitäten eines sprachlichen Systems (und Gebrauchs) vollständig abbilden. Alle bieten nur Ausschnitte, und dafür werden verschiedene theoretische Modelle und Methoden verwendet.

Dieses Regelsystem, das von den Sprechern einer Sprachgemeinschaft (i. d. R.) in der Kindheit erworben wird und das als kollektiver Besitz der Sprachgemeinschaft historischen Bestand hat, versteht die Linguistik als die innere oder mentale Grammatik, als das natürlich gewachsene und für die Sprachgemeinschaft gültige Regelsystem. Diese Grammatik ist letztlich das eigentliche Untersuchungsobjekt einer wissenschaftlichen Linguistik.

Der individuelle, mentale Besitz dieses Regelsystems wird heute allgemein als sprachliche Kompetenz bezeichnet (vgl. Chomsky 1969); für das Individuum, das über diese Kompetenz verfügt, hat sich heute der internationale Fachbegriff «native speaker» durchgesetzt – anstelle des früher im Deutschen gebräuchlichen «Muttersprachler».

Seit Ferdinand de Saussure (1857–1913), der allgemein als Vater der modernen Sprachwissenschaft gilt, versucht man sich dem Phänomenbereich von Sprache, Sprechen, Kommunizieren auf dreifache Weise anzunähern, das heißt, indem man Sprache in drei verschiedenen Erscheinungsweisen begreift (Saussure 1967, 17 ff.):

1. Sprache als überindividuelles, soziales Objektivgebilde: Langue;
2. Sprache als lautliche oder schriftliche Produktion von Zeichen und deren Produkten: Parole;

3. Sprache als Fähigkeit der menschlichen Art: Langage bzw. Faculté de Langage.

Bei dieser Dreiteilung gerät nicht nur die Produktion und Rezeption von Sprachlauten (und Zeichen) in den Blick (Parole), sondern auch der ontogenetische und phylogenetische Aspekt von Sprache als spezifischer Fähigkeit der menschlichen Art (Faculté de Langage); ontogenetisch: der Erwerb der Sprache im Verlauf des menschlichen Lebens; phylogenetisch: die Entwicklung der Sprache(n) in der Menschheitsgeschichte.

Schließlich, das ist als Leistung von Saussures Entwurf besonders hervorzuheben, wird Sprache begriffen als soziales System von Vereinbarungen, von Regeln und Normen, denen sich die Teilnehmer einer Sprachgemeinschaft unterwerfen müssen, um erfolgreich kommunizieren zu können; nichts anderes meint das Saussure'sche Konzept von Langue. Diese Konventionen gelten für die Inhalte der Wortzeichen (nach Saussure) ebenso wie für die Einhaltung der grammatischen Regeln (nach Chomsky) wie auch für die Normen des angemessenen Gebrauchs (Sprachkonzept der Linguistischen Pragmatik). Normerfüllung bedeutet also, die Sprachzeichen einer Sprachgemeinschaft im Sprachgebrauch regelgerecht, verständlich und angemessen zu verwenden.

Aus dem Bisherigen ist bereits deutlich geworden, dass die Linguistik von einer vierfachen Natur ihres Beschreibungsobjekts SPRACHE ausgeht: Sprache ist einmal individueller Besitz, als sprachliche Kompetenz des Sprachteilnehmers; sie wird vom Individuum realisiert als mündliches oder schriftliches Kommunikationsmittel. Sprache ist andererseits kollektiver Besitz einer Sprachgemeinschaft, ein virtuelles System von Normen und Regeln; dieses manifestiert sich in den gesamten mündlichen oder schriftlichen Äußerungsakten der Gemeinschaft. Diese Phänomenbereiche von Sprache lassen sich in einem Vier-Felder-Schema so darstellen (vgl. v. Polenz 1982, 70):

	individuell	*kollektiv*
virtuell	Sprachvermögen; sprachliche Kompetenz	Sprachsystem: Regeln und Normen
realisiert	individuelle Sprachäußerungen, Texte	Sprachäußerungen und sprachliche Produkte der Sprachgemeinschaft

Nur die realisierte Sprache (Parole) ist direkt beobachtbar, beschreibbar, statistisch zu erfassen. Die virtuellen Forschungsobjekte der Linguistik (individuelle Kompetenz; konventionelles System der Sprachgemeinschaft) sind nur durch Theorien und Modelle erschließbar. Aber sie sind das eigentliche Aufgabengebiet linguistischer Forschung.

Seit Saussure (1967, 120 ff., 167 ff.) hat man eine weitere theoretische Zweiteilung für die wissenschaftliche Erforschung der Sprache vorgenommen: Synchronie und Diachronie. Die synchronische Sprachwissenschaft befasst sich mit den sprachlichen Systemen einer bestimmten Zeit, sie legt sozusagen einen horizontalen Schnitt durch die sprachlichen Erscheinungen einer Zeit. Die diachrone Sprachwissenschaft arbeitet mit historischen Längsschnitten; sie untersucht Veränderungen und Entwicklungen sprachlicher Einheiten und Systeme in der «vertikalen» zeitlichen Dimension.

Zu allen Zeiten haben Sprachwissenschaftler große Anstrengungen unternommen, die einer Sprache zugrunde liegenden Einheiten und Verknüpfungsregeln zu beschreiben. Lange Zeit konzentrierte sich die Linguistik auf die Wörter, ihre Geschichte und Herkunft, die Ursprünge und Entwicklungen ihrer Bedeutung, ihre Zusammenhänge in Wortfamilien und im Austausch mit anderen Sprachen. Seit den Junggrammatikern richtete sich das wissenschaftliche Interesse – neben der fortdauernden historischen Erforschung der Sprachfamilien und Sprachverwandtschaften – auf die Lautstruktur der Wörter, hier zunächst wieder vor allem unter historischem Aspekt (Lautentwicklungen und Lautverschiebungen bei der Entwicklung der Sprachen). So wurden die erste (germanische) und die zweite (althochdeutsche) Lautverschiebung, die zur Ausgliederung der germanischen und deutschen Sprache geführt haben, historisch rekonstruiert. Noch Saussures Arbeiten stehen in der Tradition dieser historisch orientierten Lautlehre. Allerdings kommt bei ihm der synchronische, systemanalytische Aspekt hinzu: die Funktion der Laute in einem geschlossenen System, ihre diakritische Funktion bei der Unterscheidung der Wörter. Wenn die Opposition von zwei Lauten an derselben Stelle eines Worts eine Bedeutungsunterscheidung bewirkt, so handelt es sich um zwei Lauteinheiten des Systems, zwei Phoneme. Das ist leicht zu demonstrieren an Oppositionen wie: M*aus* – L*aus* – H*aus* oder g*eben* – l*eben* – h*eben* u.a. (vgl. Saussure 1967, 44 ff.).

1. Grundbegriffe der Sprachwissenschaft

Phon und Phonem

Damit sind wir bereits zu einem der wichtigsten Begriffspaare wissenschaftlicher Sprachbeschreibung gekommen: Phon und Phonem. (Wie die meisten Termini der modernen Linguistik sind auch Phon und Phonem aus Wörtern des Altgriechischen übernommen bzw. abgeleitet.) Während Phon bzw. Laut als kleinste Einheit der sprachlichen Realisierung (Parole) zu betrachten ist, gilt Phonem als kleinste Einheit des sprachlichen Systems (Langue) (vgl. Saussure 1967, 44 ff.).

Für die Klassifizierung von Lauten ist nach Saussure das Merkmal der bedeutungsunterscheidenden Funktion wichtig; nur dieses entscheidet darüber, ob die Laute zu unterschiedlichen Lautklassen gehören und damit als eigene Phoneme identifiziert werden können.

Eine solche Klassifizierung von Lauten erscheint einfach, beruht aber auf einem mehrfachen Abstraktionsprozess. Um zu den lautlichen Einheiten zu gelangen, die zum System einer Sprache gehören, muss zunächst der Lautstrom der gesprochenen Rede in kleinste Einheiten zerlegt werden; so gelangt der Sprachwissenschaftler, in diesem Fall der Phonetiker, zu Lauten oder Phonen.

In der sprachlichen Realität begegnet nun eine unendliche Variationsbreite bei der Artikulation der Phone. So unterscheidet sich die Äußerung der Sprachlaute bei männlichen und weiblichen Sprechern, sie klingen anders bei jungen und alten Menschen, sie haben je nach den psychischen Dispositionen bzw. emotionalen Gestimmtheiten der Sprecher andere Tönungen. Um zu den relevanten Lauteinheiten des Systems zu gelangen, muss der Phonetiker (wie das sprachlernende Kind) absehen von den meisten physikalisch messbaren Eigenschaften der erzeugten Laute. Anders gesagt: Der Kommunikationsteilnehmer, der an den *Inhalten* der sprachlichen Signale interessiert ist, überhört sozusagen die zahllosen individuellen Merkmale der Artikulation und nimmt die Laute nur als Repräsentanten des Systems wahr, d. h. in ihrer

Opposition zu anderen Lauteinheiten und ihrer Funktion als bedeutungsunterscheidende Einheiten.

Für die unterschiedliche Darstellung von Phonen, Phonemen und ihren rechtschriftlichen Repräsentanten mussten eigene wissenschaftliche Konventionen entwickelt werden. So wird für die Darstellung der Laute einer Sprache heute meist das IPA (das Internationale Phonetische Alphabet) verwendet, die Zeichen werden in eckige Klammern [] gesetzt. Für die Phoneme als Lautklassen des Systems einer Sprache werden eigene Zeichen verwendet, die in Schrägstriche gesetzt werden //. Die rechtschriftlichen Graphen (Buchstaben) der jeweiligen Orthographie werden in spitze Klammern ‹ › gesetzt. Diese Unterscheidung wird schon deswegen notwendig, weil den 26 bzw. 30 Buchstaben des im Deutschen verwendeten lateinischen Alphabets 41 bzw. 42 Phoneme des deutschen Lautsystems gegenüberstehen, außerdem eine weit höhere Zahl an Phonen. Nehmen wir als Beispiel das Wort *Sprache*:

- phonetisch: [ʃpraːχə]; phonematisch: /ʃpraːxə/; orthographisch: ‹Sprache›

In einem weiteren Abstraktionsschritt müssen die lautlichen Varianten, die entweder auf lokaler, regionaler oder sozialer Variation beruhen, sozusagen als «freie Varianten» eines Standardlauts identifiziert werden.

Als Beispiel mögen hier einige artikulatorische Varianten von ‹r› im Deutschen dienen:

[r] = Zungenspitzen-R, wie im ganzen bayrischen Sprachraum verwendet;

[ʁ] = Zäpfchen-R, wie im größten Teil des nord- und mitteldeutschen Sprachraums verwendet;

Rachenraum-R, wie in einigen norddeutschen Regionen artikuliert;

[χ] = Rachen-Reibelaut, fast wie der ach-Laut, der in niederrheinischen Dialekten begegnet, z. B. in ‹*Garten; Gerd*›, artikuliert als [gaχtən]; [gɛχt]

Komplizierter wird der Abstraktionsprozess bei der Klassifikation der «positionsbedingten Varianten» von Lauten einer Sprache. So gelten im Deutschen «ich-Laut» und «ach-Laut», die ganz verschieden artikuliert werden und Vertreter verschiedener Lautklassen sein können, als positionsbedingte Varianten derselben Lautklasse, phonematisch /x/.

Morph und Morphem

Wenn man den Lautstrom der Rede unter semantischen Gesichtspunkten analysiert, dann ist zu fragen, wie man durch Segmentierung zu den kleinsten bedeutungstragenden Einheiten der Sprache gelangt. Offensichtlich können viele Wörter noch in kleinere, inhaltlich selbständige Bestandteile zerlegt werden, und auf diese Weise kommt man zu den elementaren Bausteinen der Wörter, die in verschiedensten Kombinationen begegnen. Die Linguistik spricht hier von Morphen und Morphemen (vgl. Linke u.a. 1991, 60ff.). Auch in diesem Fall wird eine terminologische Unterscheidung getroffen zwischen den Einheiten des Systems (Morpheme) und ihren Realisationen in gesprochener oder geschriebener Form (Morphe).

Das Merkmal «kleinste bedeutungstragende Einheit» muss allerdings als linguistisches Kriterium neu definiert werden. Isoliert man z.B. in dem folgenden Satz die kleinsten bedeutungstragenden Bausteine der Wörter, so erhält man Segmente mit ganz verschiedenartigen «Bedeutungen» (vgl. Vater 1996, 70ff.):

- Die Sprach-e hör-ge-schäd-ig-t-er Mensch-en ist manch-mal schwer ver-ständ-lich.

Bei einer Reihe der hier anfallenden Bausteine (Morpheme) ist leicht einzusehen, dass sie eine Bedeutung im Sinne einer dinglichen oder abstrakten Vorstellung haben, die bei einer weiteren Zerlegung der Lautketten verlorengehen würde:

- Sprach-, hör-, -schäd-, Mensch, manch-, mal, schwer, -ständ-.

Einige davon findet man auch in Wörterbüchern (in denen ja i.d.R. nicht Wortbestandteile, sondern nur ganze Wörter aufgeführt werden). In diesen Fällen sind es Morpheme, die zugleich als ganze Wörter verwendet werden können: *Mensch, mal, schwer.* Darum bezeichnet man sie auch als freie/lexikalische/wortfähige Morpheme.

Andere, wie *Sprach-, -schäd- und -ständ-*, haben zwar eine Bedeutung in dem beschriebenen Sinn, sie können jedoch nicht als isolierte Wörter in Texten verwendet werden (sie werden bezeichnet als unfreie, gebundene Morpheme).

Die übrigen Segmente haben jedoch keine Bedeutung im Sinne

einer dinglichen oder abstrakten Vorstellung, sondern nur grammatische Funktionen, die den Wörtern in Texten eine spezifische Gestalt und oft auch eine besondere Bedeutung geben. Diese Elemente und ihre Funktionen lassen sich (in der Reihenfolge ihres Auftretens) vorläufig so beschreiben:

-e : Derivationsmorphem zur Bildung von Substantiven, zugleich grammatisches (Flexions-)Morphem für alle Kasus des Singulars dieses Substantivs
-ge-: Flexionsmorphem zur Bildung des Partizips Perfekt von Verben (in anderen Fällen Derivationsmorphem)
-ig-: Derivationsmorphem für die Bildung von Adjektiven und Verben
-t-: Flexionsmorphem für die Bildung der Vergangenheitsformen von (schwachen) Verben; in diesem Fall wird das Partizip Perfekt als Verbaladjektiv verwendet
-er: Flexionsmorphem (u. a.) zur Bildung des Genitivs Plural von Adjektiven (in der sog. starken Flexion)
-en: Flexionsmorphem zur Bildung aller Plural-Kasus von Substantiven dieser Substantivklasse
ver-: Derivationsmorphem zur Bildung von Verben (aus denen dann im Weiteren Adjektive *verständlich; verstehbar* und Substantive *Verständnis* abgeleitet werden können)
-lich: Derivationsmorphem zur Bildung von Adjektiven

Nachzutragen ist, dass in der Linguistik die Termini (Wort-)*Ableitung* und *Derivation* synonym verwendet werden; damit wird die wichtigste Form der Wortbildung (bzw. Wortbildungskonstruktion, WBK) bezeichnet – neben der Komposition, von der später die Rede sein wird.

Zum Konzept des Morphems gehört, dass eine phonologisch identische Ausdrucksseite mit einem gleichen Inhalt verbunden ist, und zwar in allen Umgebungen und in verschiedensten Wortbildungskonstruktionen (WBKn). In flektierenden Sprachen wie dem Deutschen muss man allerdings in manchen Fällen von dem Kriterium einer (absoluten) phonologischen Identität absehen. So sind die Stammmorpheme in *trink-en*, *trank*, *ge-trunk-en* oder in *geh-en*, *ging*, *ge-gang-en* trotz unterschiedlicher Ausdrucksseite als Einheiten mit gleichem Inhalt anzusehen; dasselbe gilt für *Haus*, *Häus-er* oder die unterschiedlichen lautlichen Erscheinungen in *[køniç], [kønik-lich], [kønig-e]*. Die Morphologie definiert diese Varianten als Allomorphe, d. h. als verschiedene Erscheinungsformen desselben Morphems in der Parole (vgl. Vater 1996, 75 f.).

In der deutschen Sprache begegnen die unterschiedlichsten morphologischen Konstruktionen; die beiden Haupttypen sind Derivation/ Ableitung und Komposition. Die wichtigste Form bei der Derivation/ Ableitung ist die Affigierung. Die dafür verantwortlichen Morpheme, die Affixe, lassen sich unterteilen in Präfixe (ein Morphem tritt vor den Stamm) und Suffixe (ein Morphem wird an den Stamm angefügt); die entsprechenden WBKn sind:

- Präfigierung – z.B. durch *be-, er-, ent-* in Verben wie *be-halten, er-nennen, ent-werten*
- Suffigierung – z.B. durch *-ung, -heit, -keit* in Substantiven wie *Bild-ung, Träg-heit, Einig-keit* oder *-lich, -sam, -bar* in Adjektiven wie *freund-lich, folg-sam, schiff-bar*

Für Einschübe durch Interfixe wie *-s-* oder *-t-*, z.B. in WBKn wie G*e-burt*-s-*tag*-s-*feier* oder *namen*-t-*lich*, kann keine lexikalische oder grammatische Bedeutung gefunden werden. Diese auch als Fugenlaute bezeichneten Elemente haben rein phonetisch-artikulatorische Funktion, das heißt, sie dienen als Übergangs- oder Gleitlaute bei der Artikulation von Lauten bzw. Silben, die – im Deutschen – schwer miteinander zu verbinden sind.

Während für die Präfigierung in WBKn sowohl freie (lexikalische) als auch unfreie (gebundene) Morpheme verwendet werden können, treten bei den Suffixen grundsätzlich nur unfreie (gebundene) Morpheme auf.

Im Deutschen – wie in anderen flektierenden Sprachen – begegnen noch zwei besondere Formen der morphologischen Veränderung: Substitution und Suppletivismus (vgl. Fleischer/Barz 1992, 51, 209, 218).

Unter Substitution versteht man morphologische Veränderungen, bei denen Teile des Stamms (meist der sog. Stammvokal) ersetzt werden, wodurch ein phonologisch verändertes Morphem entsteht. Die Substitution tritt im Allgemeinen auf als eine Form der Flexion, also der Anpassung des Wortstamms an die Kategorien des Numerus, Kasus, Tempus, Modus usw. Am häufigsten begegnet diese Erscheinung bei der Flexion der starken Verben (vgl. *trink-en – trank – ge-trunk-en; sprech-en – sprach – ge-sproch-en*), außerdem bei einigen Typen der Pluralbildung (vgl. *Bruder – Brüder, Haus – Häuser*) sowie bei einigen Derivaten (wie *Hund – Hünd-chen, blau – ver-bläu-en* u. ä.).

Suppletivismus liegt vor, wenn der gesamte Stamm eines Worts bei konstantem Inhalt ersetzt wird, z. B. bei *bin – war – (ge)wesen* oder *gut – besser – (am) best-en*.

Wenden wir uns noch einmal der Gesamtheit morphologischer Erscheinungen zu. Eine Klassifikation sämtlicher Morphemtypen des Deutschen nach dem Kriterium der Wortfähigkeit führt zu zwei Hauptklassen:

A. Wortfähige/lexikalische/freie Morpheme; das sind Morpheme, die in allen Kontexten allein, ohne mit anderen Morphemen zusammentreten zu müssen, als selbständige Wörter auftreten können.

B. Nicht wortfähige/nicht lexikalische/gebundene Morpheme; diese können nur in Kombination mit anderen Morphemen ein Wort bilden.

Unter den wortfähigen Morphemtypen lassen sich drei Teilklassen unterscheiden: Kernmorpheme, Pronominalmorpheme, Partikelmorpheme.

A1 Kernmorpheme (K), die je nach theoretischem Ansatz und methodischem Zugriff auch als Basis-, Wurzel-, Grund- oder Stammmorpheme bezeichnet werden. Sie können allein stehen, können jedoch auch mit einem oder mehreren Flexionsmorphemen (F), Partikelmorphemen (Part), Derivationsmorphemen (D) oder anderen Kernmorphemen verbunden werden, z. B. in:

Lauf	**Ver-lauf-s**	**ge-läuf-ig-e**	**durch-lauf-en**	**Lauf-band**
|	| |	| | |	| | |	| |
K	D K F	D K D F	Part K F	K K

A2 Pronominalmorpheme: Sie sind wortfähig und flektierbar, aber nicht derivierbar; Beispiele: *dies-es, sein-er, uns-er-en, der-en*; einige von ihnen werden auch in Kompositionen verwendet, vgl. *dies-be-züg-lich, mein-er-seit-s, der-zeit-ig, dem-zu-folg-e* u. a.

A3 Partikelmorpheme: Sie sind wortfähig, jedoch nicht flektierbar. Zu den Partikeln gehören nach traditioneller Wortartenlehre Präpositionen, Konjunktionen, Adverbien und Interjektionen. Zahlreiche

Präpositionen und Adverbien werden in WBKn verwendet, sowohl in Derivationen als auch in Kompositionen.

Bei den nicht wortfähigen Morphemtypen lassen sich vier Teilklassen unterscheiden:

B1 Nicht wortfähige (unfreie, gebundene) Stamm- oder Kernmorpheme von Wörtern, z.B. *hör-, schäd-, ständ-, les-* (in *vor-les-en*), *-wart* (in *Tor-wart*), *-stalt-* (in *ver-an-stalt-en*)

B2 Unikale (isolierte) Morpheme: Darunter versteht man Morpheme, die nur in Verbindung mit einem bestimmten anderen (und nur diesem) Morphem begegnen, z.B. *Schorn-* (in *Schorn-stein*), *Him-* (in *Him-beer-e*), *-geud-* (in *ver-geud-en*). Mit diesem einen Morphem bilden sie sozusagen einen neuen Kern/Stamm und können zu weiteren WBKn dienen.

Unikale Morpheme haben für sich keine Bedeutung, bzw. die historische Bedeutung ist verloren; außerdem sind sie nur in Verbindung mit einem bestimmten Morphem flektierbar: *Him-beer-en*, derivierbar *Ver-geud-ung* und kompositionsfähig *Schorn-stein-feg-er*.

B3 Derivationsmorpheme (z.B. *ent-, ver-, be-, -heit, -keit, -sam, -lich*); als gebundene Morpheme erscheinen sie immer nur in Verbindung mit einem Kern- oder Stammmorphem. Je nach Kombination sind sie für die Bildung von Wörtern verschiedener Wortarten zuständig, das heißt, durch bestimmte Suffixe werden nur Bildungen einer bestimmten Wortart deriviert, durch Präfixe Bildungen verschiedener Wortarten. So derivieren *-ung, -heit, -keit, -tum* (u.a.) Substantive aus den Stämmen von Adjektiven oder Verben; *-ig, -lich, -sam, -bar, -mäßig* (u.a.) derivieren Adjektive aus den Stämmen von Substantiven, Verben oder Adjektiven.

B4 Flexionsmorpheme. Abgesehen von den oben erläuterten Formen Substitution und Suppletivismus gibt es im Deutschen nur die Flexion durch unfreie Morpheme, und zwar durch Suffixe, die die grammatischen Kategorien Person, Numerus, Kasus, Modus und Genus der Wörter im Satzzusammenhang markieren. Flexionsmorpheme sind nicht an der Wortbildung, d.h. der Bildung neuer Wörter durch Derivation, beteiligt.

Wort, syntaktisches Wort / Wortform, Lexem

Der für den Laien banalste Begriff der Sprachbeschreibung, «Wort», ist für die Sprachwissenschaft eine der problematischsten Kategorien. Je nach wissenschaftlicher Theorie und methodischem Zugang zu diesem Phänomenbereich ergeben sich unterschiedliche Konzepte mit unterschiedlichen Definitionen (vgl. Linke u. a. 1991, 55 ff.). Für die strukturelle Sprachbeschreibung ist zunächst wieder eine terminologische Trennung nach Sprachsystem (Langue) und Sprachrealisation (Parole) notwendig. Deshalb vermeiden die meisten Theorien die gleichzeitige Verwendung des Ausdrucks «Wort» für die Einheiten des Systems und die Vorkommen in konkreten Texten.

Trivial erscheint zunächst, dass das Wort eines der elementaren Zeichen ist, mit denen Kommunikationsteilnehmer umgehen, also eine feste Verbindung enthält von Ausdrucks- und Inhaltsseite. Da aber die Formen eines solchen Elements in der Parole, d. h. in konkreten Texten, oft verschiedene Erscheinungsweisen zeigen, etwa durch Flexionsmorpheme, muss «Wort» in der Parole eigens definiert werden, z. B. als «Wortform» oder als «syntaktisches Wort», und abgegrenzt werden vom «lexikalischen Wort» (s. Linke u. a. 1991, ebd.).

Verschiedene Wortformen mit einheitlich stabiler Form und Bedeutung gelten also als Vertreter eines Lexems, etwa die syntaktischen Wörter *Haus, Hause, Hauses, Häuser, Häusern* als Vertreter des Lexems /Haus/.

Am einfachsten erscheint es (dem Laien) noch, Wörter unter orthografischem Aspekt zu definieren: Ein Wort ist demnach eine Kette von Buchstaben, vor deren Anfang und nach deren Ende Leerzeichen oder Sonderzeichen (Satzzeichen, Anführungsstriche u. ä.) stehen. Diese Definition ist indessen bei genauerer Betrachtung zirkulär. Denn in die Schreibkonventionen ist stets das Vorverständnis darüber, was ein Wort ist und wo seine Grenzen sind, schon eingegangen. Um dieses Vorverständnis geht es aber gerade in der Linguistik.

Unter morphologischen Gesichtspunkten müssen andere Kriterien angewendet werden. Wörter bestehen, wie oben beschrieben, aus einzelnen Morphemen oder Morphemkombinationen (als WBK), bei denen die Art, die Reihenfolge und die Funktion der Morpheme durch die Regeln des Systems vorgegeben sind. Ihre konkrete Gestalt (als Wortformen) steht im Zusammenhang mit ihren syntaktischen Funktionen (als Satzglieder bzw. Konstituenten des Satzes).

Unter syntaktischen Gesichtspunkten lassen sich zwei wesentliche Eigenschaften nennen, die die Identifizierung der Wörter (hier besser: der Wortformen) als selbständige Einheiten ermöglichen:

1. Wörter können – anders als Morphe oder Phone – als Ganze im Satz verschoben oder ausgetauscht werden;

2. Wörter können – allein oder in Kombination mit bestimmten anderen – Satzglieder vertreten.

Unter phonetisch-artikulatorischen Gesichtspunkten lassen sich – für das Deutsche – einige, wenn auch etwas unsichere Kriterien anführen: Die Wörter des Deutschen haben einen Hauptakzent (lexikalischen Akzent), der fast immer auf der Stammsilbe liegt. Sie haben eine ausgeprägt silbische Struktur, bei der die Vokale der Nebentonsilben ihren Klangwert verlieren und oft zu sogenannten Schwa-Lauten verblassen. In der gesprochenen Sprache ergeben sich häufig Minimalpausen nach Wörtern (ein recht unsicheres Kriterium). Bei Wörtern und Silben, die mit einem Vokal beginnen, soll im Deutschen ein schwacher Knacklaut beim Einsetzen der Artikulation zu hören sein.

Dennoch scheint es einige Merkmale zu geben, die ein intuitives Vorverständnis über die Einheit Wort begründen und die auch für den wissenschaftlichen Umgang von Bedeutung sind. Eine sprachliche Einheit kann im Allgemeinen als Wort betrachtet werden

- durch gleichbleibende Merkmale auf der Ausdrucks- und Inhaltsseite (akustische und semantische Identität),
- durch die feste Struktur seiner Bausteine (morphologische Stabilität),
- durch die Fähigkeit, im Satz verschoben oder ausgetauscht werden zu können (syntaktische Mobilität).

Exkurs 1: Umfang und Gestalt des Lexikons einer Sprache
Wie viele Wörter gibt es in einer Sprache? Die von Laien gern gestellte Frage ist aus wissenschaftlicher Sicht nicht zu beantworten. Der Wort-

schatz gilt als der dynamischste Teil einer Sprache, er verändert sich schneller und in größerem Umfang als alle anderen Teile des sprachlichen Systems wie das Flexions- und Wortbildungssystem, die Regeln der Syntax und die Regularitäten der Textbildung.

Der Benennungsbedarf einer Sprachgemeinschaft ist in Zeiten wirtschaftlicher, kultureller und sozialer Veränderungen besonders groß, und täglich begegnet uns eine unübersehbare Zahl von neuen Wörtern (Neologismen). Diese bestehen fast ausschließlich aus Derivationen und Kompositionen.

Berücksichtigt man nur die unterschiedliche Struktur der Wörter, dann werden bereits die Probleme einer Vergleichbarkeit (und Zählbarkeit) der in Texten erscheinenden «Wörter» sichtbar. Nach ihrer Bauform unterscheidet man drei Typen: Simplizia, Derivate, Komposita.

Unter einem Simplex versteht man ein Wort, das aus nur *einem* lexikalischen Morphem besteht, z.B. *Wort, Arbeit, Schiff*; dieses kann allerdings durch Flexionsmorpheme erweitert sein.

Ein Derivat besteht, wie bereits erläutert, im Allgemeinen aus einem Kernmorphem und mindestens einem Derivationsmorphem (vgl. Fleischer/Barz 1992, 224, 270), z.B. *Vor-wort, wört-lich, arbeit-s-los, schiff-ba*r; diese können ebenfalls durch Flexionsmorpheme erweitert sein.

Ein Kompositum definiert man als WBK aus mindestens zwei lexikalischen Morphemen (vgl. ebd., 45, 84 ff.), die mit verschiedenen Derivationsmorphemen und Flexionsmorphemen verbunden werden können, z.B. *wort-wört-lich-e, Haupt-wört-er, Arbeit-s-los-en-hilf-e, Hoch-see-schiff-fahr-t.*

Ein weiteres Problem bei der «Zählbarkeit» ergibt sich aus der bereits erwähnten zeitlichen Dynamik des Wortschatzes, d.h. der begrenzten «Verweildauer» vieler Wörter im Lexikon einer Sprache. In der Lexikologie sind synchrone und diachrone Aspekte der Sprachbeschreibung eng miteinander verknüpft; beim Versuch einer lexikographischen Erfassung (Schreiben eines Wörterbuchs) müssen stets Teile des früher registrierten Wortschatzes als veraltet (bzw. bereits verschwunden) unberücksichtigt bleiben; bei den zahlreichen Neologismen ist schwer zu entscheiden, ob sie bereits in das lexikalische System der Sprache integriert wurden und deshalb z. B. in ein Wörterbuch der Gegenwartssprache aufzunehmen sind.

Exkurs 2: Umbau und Ausbau des Lexikons – Neologismen
Zu fragen ist nun, welche Mittel einer Sprache beim Aus- und Umbau ihres Lexikons zur Verfügung stehen. Die eine Möglichkeit der Wortbildung, die Derivation, wurde oben bereits im Hinblick auf das wichtigste Verfahren, die Affigierung, beschrieben.

Wenn man die Produktion von Neuwörtern (Neologismen) im Deutschen nach Bildungstypen gliedert, dann lassen sich drei generelle Verfahren beim Ausbau des Lexikons unterscheiden:
A. Wortschöpfung
B. Wortbildung
C. Entlehnung

A. Die Wortschöpfung, auch bezeichnet als «Urschöpfung», dürfte heute ein selten zu beobachtender Vorgang sein. Es handelt sich um Neuwörter, die in keiner Beziehung, d. h. weder semantisch noch morphologisch, an bereits vorhandene Elemente des Lexikons anknüpfen; darum nennt man sie auch unmotivierte Bildungen. Einzelne Beispiele begegnen etwa in Gedichten, die mit Wortschöpfungen bestimmte ästhetische Wirkungen erzeugen wollen. Manchem Sprachteilhaber mögen auch Direkt-Entlehnungen aus anderen Sprachen wie (unmotivierte) Wortschöpfungen erscheinen *(Spin, Strip, Aperçu, Slip, top, Thrill).*

B. Die Wortbildung ist im deutschen Sprachsystem das gebräuchlichste Verfahren, und sie trägt am nachhaltigsten zur Erweiterung des Lexikons bei. Bei der Wortbildung werden bekannte morphologische Elemente so zusammengefügt, dass neue Wörter entstehen. Da die Sprachteilnehmer (i. d. R.) sowohl die morphematischen Bestandteile als auch die Regeln ihrer Kombination kennen, sind die Neubildungen fast immer spontan verständlich («motivierte Bildungen»). Darum ergibt sich hier eine fast unerschöpfliche Ressource für die Produktion neuer Wörter.

In der Wortbildungslehre werden traditionell drei Haupttypen der Wortbildung unterschieden: **B1** Derivation, **B2** Konversion, **B3** Komposition.

B1 Die Derivation (oder Ableitung) wurde oben bereits kurz behandelt. Das wichtigste Verfahren, die Affigierung, arbeitet mit bekannten Stämmen, denen nach bestimmten Regeln bekannte Präfixe oder Suffixe so angefügt werden, dass Wörter mit neuer, eigenständiger Bedeutung entstehen.

B2 Konversion bedeutet, dass ein (evtl. schon erweiterter) Stamm ohne phonologische oder morphologische Veränderung zu einem Lexem mit neuer Bedeutung wird; vgl. *lehren* [Infinitiv des Verbs] zu *Lehren* [Substantiv], *trank* [Form des Verbs] zu *Trank* [Substantiv] oder die Bildung des Verbaladjektivs, bei dem ein Partizip Perfekt (vgl. *gelehrt – gelehrt*) oder ein Partizip Präsens (z. B. *bedeutend – bedeutend*) zum Adjektiv «konvertiert» ist.

B3 Die Komposition ist heute im Deutschen ein Wortbildungsverfahren mit fast unbegrenzter Produktivität. Komposition, Zusammenfügung, wird – wie bereits erwähnt – so definiert, dass mindestens zwei lexikalische Morpheme (freie oder unfreie Stämme) so zusammengefügt werden, dass ein neues Wort entsteht. Dies kann gerade in Fachsprachen zu vielgliedrigen Ketten führen, die aber dennoch für den native speaker meistens spontan verständlich sind, da er die Konstruktionsregeln beherrscht; vgl. *Recht-schreib-reform-diskussion*, *Waffen-stillstands-verhandlungen*, *Bundes-umwelt-ministerium* usw.

C. Entlehnung. Bei den komplexen Prozessen des wechselseitigen sprachlichen Austausches zwischen Geber- und Nehmersprachen lassen sich unter lexikologischen Aspekten folgende Formen unterscheiden: C1 Direktentlehnungen (integrierte Entlehnungen), C2 Teilentlehnungen, C3 Bedeutungsentlehnungen.

C1 Bei Direktentlehnungen werden Lexeme (auch Syntagmen) einer Gebersprache phonologisch, morphologisch und semantisch im 1:1-Verhältnis von der Nehmersprache übernommen – wobei hier unberücksichtigt bleibt, dass Entlehnungen im Verlauf der Adaption ins eigene System stets bestimmte Assimilationsprozesse durchlaufen. Entlehnungen etwa aus dem Englischen sind heute so zahlreich, dass sich das Aufführen von Beispielen erübrigt; aber auch mit allen übrigen Sprachen findet heute im Kontakt ein lexikalischer Austausch statt.

C2 Bei Teilentlehnungen werden nur einzelne Bestandteile von

Wörtern (oder Syntagmen) übernommen, andere Teile werden aus dem eigenen System ergänzt. So werden zahlreiche aus dem Englischen entlehnte Verbstämme mit dem Infinitiv-Suffix des Deutschen verbunden; vgl. *camp-en, beam-en, scan-n-en, boot-en*. Bei substantivischen Komposita kann sowohl die Basis als auch das Determinationsglied der Entlehnungen mit indigenen (spracheigenen) Morphemen verknüpft werden; vgl. *Kohle-trust, Flug-ticket, Waffen-embargo, Miet-boykott, Werbespot, Aids-hilfe*.

C3 Der intensivste und umfangreichste Austausch zwischen Sprachen findet im Bereich der Bedeutungsentlehnungen statt. So kann ein schon vorhandenes Lexem eine ganz neue oder eine zusätzliche Bedeutung durch den semantischen Einfluss einer anderen Sprache bekommen – oft ohne dass den Sprachteilnehmern der Entlehnungsvorgang bewusst wird. Vgl. frz. *canard*, dt. *Ente* (im Sinne von ‹Zeitungsente›), eng. *to realize*, dt. *realisieren* – früher: ‹verwirklichen›, seit etwa 50 Jahren auch im Sinne von ‹wahrnehmen›.

Syntagma, Satzglied, Phrase

«Syntagma» ist allgemein das ‹Zusammengestellte› (aus griech. συνταγμα) im Rahmen einer Äußerung bzw. eines Satzes. In der strukturalistischen Beschreibung ist Syntagma seit Saussure eine Zusammenfügung von zwei oder mehr Einheiten (Wörtern) in einem Satz (der Parole), wobei diese Wörter nicht unbedingt zusammenstehen müssen, sondern durch ihre syntaktische Funktion eine Einheit bilden. Wenn die Funktion des Syntagmas im Satzzusammenhang genauer bestimmt wird, kommt man zum «Satzglied», etwa als Subjekt, als Prädikat, als Attribut(ion) oder adverbiale Bestimmung.

Als «Phrase» bezeichnet man im amerikanischen Strukturalismus jede syntaktisch enger zusammenhängende Wortgruppe, die sich nach bestimmten Verfahren (Segmentierung und Klassifizierung) zunächst ohne Bestimmung ihrer syntaktisch-semantischen Funktion im Satzzusammenhang isolieren lässt.

Bei den Einheiten der Beschreibungsgrößen Syntagma und Phrase ist es schwierig, terminologisch nach Langue und Parole zu unterscheiden, da den konkreten Erscheinungsformen in der Parole, die ja durch freie, wenn auch regelgeleitete Kombination der Wörter entstehen, anscheinend keine abstrakten Einheiten im System gegenüberzustehen scheinen.

Es gibt allerdings einige Sonderfälle von Syntagmen, die als feste, quasi lexikalisierte Einheiten gelten können, die sogenannten Phraseme. Darunter versteht man z. B. Funktionsverbfügungen *(zur Verfügung stehen, in Rechnung stellen)*; dazu gehören weiter redensartliche Wendungen *(von Kopf bis Fuß)*, Praseologismen *(das Blaue vom Himmel herunter lügen)* und Sprichwörter *(Das schlägt dem Fass den Boden aus!)*.

Dass die Grenzen zwischen lexikalischen und syntaktischen Einheiten schwer festzulegen sind, zeigt sich auch an einem anderen Phänomen, den Wortgruppenlexemen. So erscheint *Fischmarkt* im Deutschen als Wort (Kompositum); aber wie steht es mit den entsprechenden Pendants in einigen Nachbarsprachen, z. B.: *marché aux poissons, fish market, mercado de pescado?* Hier würde man sich für die Einordnung als feste Syntagmen entscheiden – oder für die Bezeichnung als Wortgruppenlexeme.

Satz

Die sprachliche Größe «Satz» erscheint dem Laien ebenso naturgegeben und intuitiv verständlich wie die Einheit «Wort». Aber für die Sprachwissenschaft ist eine einheitlich-verbindliche Definition bei «Satz» noch schwieriger zu finden, und lange Zeit hat es (fruchtlose) Debatten über ein richtiges, gültiges Konzept einer sprachlichen Einheit «Satz» gegeben (vgl. Linke u. a. 1991, 78 f.).

Aus linguistischer Sicht ist auch hier eine terminologische Trennung von Einheiten in der Parole und der Langue kaum möglich. Die Einheit «Satz» erscheint ausschließlich als eine Größe der realisierten

Sprache, der prinzipiell keine zeichenhafte Größe im System (dem Lexikon) gegenübersteht.

Die traditionellen Satzbegriffe sind zunächst abgeleitet aus schriftsprachlichen, an bestimmten Stilnormen orientierten Aussagen monologischer Texte: Nach diesen Normen müssen «Sätze» explizit im Ausdruck und vollständig hinsichtlich der Satzglieder sein, als deren zentrale Teile Subjekt und Prädikat gelten. Bei dieser Konzeption haben satzlogische (prädikatenlogische) Kriterien den Ausschlag gegeben. Maßstab waren nicht nur die Texte der (klassischen) lateinischen und griechischen Literatur, sondern auch die Forderungen von Philosophen und Grammatikern nach Wahrheit, Klarheit und Überprüfbarkeit des durch den Satz ausgedrückten Sachverhalts (Proposition).

«Satz» ist in der grammatischen und logischen Konzeption eine vollständige, explizite Form der Prädikation: Einem bestimmten Gegenstand (Subjekt) wird eine bestimmte Eigenschaft (Prädikat) zu- oder abgesprochen. Diese «Eigenschaft» kann eine Qualität, ein Zustand, eine Handlung, eine Relation oder anderes sein.

Ein Blick auf die natürliche Sprachwelt des Alltags kann allerdings zeigen, dass diese Form des «vollständigen», expliziten Satzes in der mündlichen Kommunikation eher die Ausnahme ist, dass sie am ehesten noch in Äußerungen am Beginn eines Dialogs oder beim Themenwechsel im Gespräch vorkommt. Nach dem grammatisch-philosophischen Vorverständnis wären zahlreiche Äußerungen keine «Sätze», etwa: *Hallo! Wer da? Wieso denn? Tschüs! Rauchen verboten! Mein Gott! Erst morgen. Und du?*

Als Modell eines «vollständigen», «richtigen» Satzes gilt in der präskriptiven Grammatik (auch der lateinischen Schulgrammatik) nach wie vor die Prädikation mit den beiden «Säulen» Satzgegenstand und Satzaussage, die durch verschiedene fakultative Glieder erweitert werden können. In der Hauptsache sind dies adverbielle Bestimmungen und attributive Ergänzungen.

Die Syntaxtheorie hat sich von jeher vor allem um Strukturbeschreibungen bemüht. Es galt und gilt, alle im Satz vorkommenden Wörter und Wortgruppen kategorial zu bestimmen und in ihrer Funktion bezüglich des Satzganzen zu beschreiben (vgl. Linke u.a. 1991,

80 ff.; v. Polenz 1988). Dabei ist die richtige, regelhafte Wortfolge festzustellen, zusammen mit der Analyse, welche Wörter/Morpheme welcher Kategorie welche Funktion(en) im Satz übernehmen können und wie sie sich dabei morphologisch (besonders hinsichtlich der Flexion) verändern.

2. Methoden und Verfahren der Sprachwissenschaft

Wortarten- und Satzlehre in der traditionellen (lateinischen) Schulgrammatik

In der lateinischen Grammatik, die noch heute in fast allen Schulgrammatiken und Sprachlehrwerken vertreten ist, geht es vor allem um dreierlei: um die Einordnung des Wortschatzes in bestimmte Wortarten, um eine Liste der Satzarten und um die Bestimmung der Satzglieder in einem inhaltlichen Sinn. Bereits 1982 hatten die Bundesländer in der ständigen Kultusministerkonferenz (KMK) vereinbart, die lateinischen Fachbegriffe als verbindlich für den Grammatikunterricht in allen Schulen festzulegen. Aber auch im Alltag wird mit diesen Begriffen operiert, wo immer sich Laien mit Sprachanalyse und Sprachreflexion befassen. Deshalb hier eine kompakte Zusammenstellung der wichtigsten Beschreibungsbegriffe.

Wortartenlehre: Mit der Wortartenlehre versucht die lateinische Grammatik, den gesamten Wortschatz einer Sprache einigen wenigen Kategorien zuzuordnen; das geschieht teils nach morphosyntaktischen Funktionen (d. h. ihrer morphologischen Gestalt und ihrer syntaktischen Rolle), teils nach semantischen Kriterien. Es handelt sich jedoch – aus der Sicht der Linguistik – um keine strenge Klassifikation, deren Klassen in einem strikten Sinn (diskret, überschneidungsfrei) definiert sind und bei der die Elemente jeweils nur in einer Klasse vorkommen können (vgl. Linke u. a. 1991, 72 ff.). Auf die kritische Diskussion der Wortartenlehre in der Linguistik kann hier nicht im Einzelnen eingegangen werden.

A. Flektierbare Wortarten (1., 2. und 3. gelten als «Hauptwortarten»)
1. Verben (legen, sprechen, schlafen, bekommen, behalten)
2. Substantive [bzw. Nomen] (Haus, Baum, Theorie, Grammatik)
3. Adjektive (schön, alt, witzig, herrlich, lehrreich, schiffbar)
4. Artikel (best. Artikel der, die, das, unbest. Artikel ein, eine)
5. Pronomen (Untergliederung und Beispiele s. unten)
6. Numeralia (eins, zwei, drei ...; erste, zweite, dritte ...; einmal)

B. Nichtflektierbare Wortarten («Partikeln»)
1. Adverbien (bald, gern, wohl, sehr, fast, dort, gestern [usw.])
2. Präpositionen (in, an, auf, bei, mit, trotz, wegen [usw.])
3. Konjunktionen (und, wenn, als, weil, da, wie, während [usw.])
4. Interjektionen (ach, au, oje, hey, pfui, äh, mhm [u.a.])

Pronomen – traditionelle Untergliederung
  a) Personalpronomen (ich, du, er, sie, es, wir, ihr, sie)
  b) Reflexivpronomen (mich, dich, sich, uns, euch, sich)
  c) Possessivpronomen (mein, dein, sein, ihr, unser, euer, ihr)
  d) Demonstrativpronomen (diese/r/s, jene/r/s, der [betont] u.a.)
  e) Relativpronomen (der, die, das, welcher, welche, welches)
  f) Interrogativpronomen (wer, wo, wann, wie, weshalb u.a.)
  g) Indefinitpronomen (jemand, etwas, kein, man, nichts u.a.)

Satzarten: Auch bei der Einteilung in Satzarten lassen sich aus Sicht der neueren Linguistik, vor allem der Pragmatik, ähnliche kritische Anmerkungen machen: Die Einteilung ist auch hier keine strenge Klassifikation, eher eine Typologie, bei der syntaktisch-grammatische, semantisch-logische und pragmatische Kriterien gemischt werden.

Folgende Satzarten werden (als Hauptsätze) unterschieden:

1. Aussagesatz (eine Behauptung, eine Feststellung machen); syntaktische Struktur: Subjekt – Prädikat – Objekt; Inversion (Positionstausch) von Subjekt und Prädikat, wenn die Erststelle durch adverbielle Glieder oder einen Gliedsatz besetzt ist
2. Fragesatz
   a) Entscheidungsfragesatz (Alternativfrage; Forderung einer Ja- oder Nein-Antwort); syntaktische Struktur: Erststellung des finiten Verbs, danach Subjekt, Objekt (...)
   b) Ergänzungsfragesatz (Erheischen einer Information, Bitte um Füllen einer Informationslücke); syntaktische Struktur: Interrogativ-(Frage-)Pronomen, finites Verb, Subjekt (...)
3. Aufforderungssatz (eine Aufforderung, eine Anweisung, einen Befehl äußern); syntaktische Struktur: finites Verb in Erststellung (Befehlsform), Objekt in Zweitstellung, Tilgung des Subjekt-Nomens (außer in der Höflichkeitsform)
4. Ausrufesatz (Kundgabe einer Einstellung oder eines emotionalen Zustandes); syntaktische Struktur: Wortstellung des Aussagesatzes mit einer besonderen (emphatischen) Akzentuierung und Satzmelodie (Ausrufezeichen)
5. Wunschsatz (Äußern eines [meist nicht erfüllten oder erfüllbaren] Wunsches); syntaktische Struktur: finites Verb (Form: Konjunktiv II) in Erststellung, Subjekt in Zweitstellung

Satzgliedlehre: Bei der Analyse von Satzstrukturen muss man – im Sinne der lateinischen Grammatik – zunächst unterscheiden zwischen Einfachsätzen («einfache Sätze»; s. Duden, Grammatik 1998, §§1066, 1078) und Satzgefügen. Als Einfachsätze gelten Hauptsätze ohne Verbindung mit irgendwelchen Nebensätzen; Satzgefüge sind komplexe Sätze, bei denen die Hauptsätze mit Nebensätzen verknüpft sind.

Die Reihung gleichartiger Hauptsätze (oder Nebensätze) bezeichnet man als parataktische Struktur (Parataxe), die Verbindung von Haupt- mit untergeordneten Sätzen (Nebensätzen) als hypotaktische Struktur (Hypotaxe).

Als Nebensätze gelten alle untergeordneten (nicht selbständig vorkommenden) Teilsätze, die – wie Hauptsätze – mindestens Subjekt und Prädikat enthalten. Als wichtigstes strukturelles Merkmal von Nebensätzen gilt im Deutschen die Schlussstellung des finiten Verbs.

Kriterium für die Einteilung untergeordneter Sätze ist in der lateinischen Grammatik ihr logisch-semantisches Verhältnis zum Hauptsatz; man unterscheidet Temporal-, Konditional-, Kausal-, Konsekutiv-, Modal-, Relativ-, Inhaltssätze (mit *dass*), indirekte Fragesätze u.a.

Eine andere Einteilung der subordinierten Nebensätze ist die nach konjunktionalen (durch Konjunktionen verbundenen) und nichtkonjunktionalen Nebensätzen. Das Hauptaugenmerk der lateinischen Satzgliedlehre liegt aber auf den Satzgliedern, d.h. den notwendigen (unverzichtbaren) und den freien Gliedern eines vollständigen (regelhaften) Satzes.

Als tragende «Säulen» eines Satzes gelten Subjekt und Prädikat, wobei das Subjekt durch einen nominalen Ausdruck (Substantiv, evtl. mit Artikel und Attribut, oder Pronomen) für einen Gegenstand (Referenten) vertreten wird, über den etwas ausgesagt wird. Prädikat hingegen ist für die Sprachwissenschaft ein mehrdeutiger Ausdruck, der bedeuten kann: (a) das finite (gebeugte) Verb eines Satzes; (b) die Verbgruppe, die aus mehreren Teilen bestehen kann (vgl. *hat ... gesagt, nimmt ... mit, hätte ... getan haben können*); (c) Verb(-gruppe) mit zugehörigem/n Objekt/aen, (d) Verb(-gruppe) mit Objekt/en und Prädikatsadverbien (adverbiellen Bestimmungen, die dem Prädikat direkt zugeordnet sind); (e) Hilfsverb (Kopula) mit zugehörigem Prädikatsnomen (adjektivisch oder substantivisch: *der Mann ist groß ... ist Maurer*) einschließlich eventueller attributiver Glieder oder anderer Ergänzungen.

Bei dem «engen» Prädikatsbegriff (nur finites Verb oder Verbgruppe) gilt das Objekt (die Objekte) als drittes wichtiges Satzglied. Dieses kann je nach dem Verb des Prädikats obligatorisch sein oder nicht (s. weiter unten unter Dependenzgrammatik).

Die (fakultative) Erweiterung eines nominalen Ausdrucks wird als Attribut bezeichnet, die ebenfalls fakultative Erweiterung des Prädikats oder des ganzen Satzes als Adverb, besser adverbielle Bestimmung (man erkennt hier sofort das Problem einer Vermischung mit einer Bezeichnung der Wortarten, «Adverb»).

Daneben gibt es weitere, syntaktisch verbundene (untergeordnete) Wortgruppen:

1. die Infinitivgruppe, die ein Satzglied ersetzt (z. B. *sie erklärte das / sie erklärte, davon nichts zu wissen*);

2. die Partizipgruppe, die z. B. für einen adverbiellen Ausdruck steht (vgl. *von dieser Tatsache ausgehend, können wir ...; ging zu einem anderen Thema über, alle weiteren Einwände nicht mehr beachtend*).

3. Eine dritte, syntaktisch nur lose verbundene Wortgruppe im Deutschen ist die Apposition, auch als «nachgeführte Beifügung im selben Fall» bezeichnet; sie vertritt ein nachgestelltes, nominales Attribut (vgl. *... überließ seiner Schwester, einer schönen und mutigen Frau, die Initiative*).

Operationale Verfahren

Die aus der «Glinzgrammatik» (vgl. Glinz 1963/1973) bekannten, aber an frühere linguistische Ansätze anknüpfenden operationalen Verfahren dienen der Feststellung der Grenzen von Satzgliedern, den Möglichkeiten ihrer Verschiebbarkeit, Austauschbarkeit und Tilgbarkeit sowie der Beschreibung ihrer syntaktischen Funktion. Da diese Verfahren auch in Sprachlehrwerken und im schulischen Sprachunterricht verwendet werden, sollen sie hier kurz vorgestellt werden. Im Einzelnen unterscheidet man dabei die Klangprobe, die Verschiebeprobe, die Umstellprobe, die Ersatzprobe und die Weglassprobe.

Durch die Klangprobe, d.h. den mündlichen Vortrag eines Satzes, geben Tonhöhe, Akzentuierung und Satzmelodie bereits wichtige Hinweise auf die Struktur des Satzes und seine innere Gliederung. Außerdem verweisen sie auf seine Position (und Funktion) im Rahmen eines Textes.

Die Verschiebeprobe (auch Permutation) dient zunächst dazu zu zeigen, (a) dass bestimmte Wörter im Satz zusammengehören, (b) dass diese nur an bestimmten Stellen im Satz stehen können und (c) dass sie nur als Gesamtheit (als Blöcke) im Satz verschoben werden können. An einem Beispiel lässt sich das Verfahren so demonstrieren:

Wir	*kaufen*	*heute*	*den Computer.*
Heute	*kaufen*	*wir*	*den Computer.*
Den Computer	*kaufen*	*wir*	*heute.*
* Heute	*den Computer*	*wir*	*kaufen.* (ungrammatisch)
* Den Computer	*wir*	*heute*	*kaufen.* (ungrammatisch)

Durch die Umstellprobe (auch Stellungsprobe oder Kommutation) wird die Folge der Satzglieder ermittelt, das heißt, welche Abfolge der als Satzglieder ermittelten Wörter bzw. Wortgruppen grammatisch korrekt oder falsch ist. Dabei ergibt sich, dass die Abfolge der Satzglieder im Deutschen verschiedene Varianten zulässt. Andererseits ist die Satzgliedfolge, wie oben (unter «Satzarten») bereits erläutert, ein wichtiges Kriterium zu Bestimmung der Satzarten. Auch das soll an unserem Beispiel demonstriert werden:

Heute kaufen wir den Computer. (Aussagesatz)
Kaufen wir heute den Computer? (Fragesatz)
Den Computer kaufen wir heute! (Ausrufesatz)
Kauften wir heute den Computer! (Wunschsatz)
Kauft heute den Computer! (Befehlssatz)
*Heute wir den Computer kaufen. (ungrammatisch)

Mit Hilfe der Ersatzprobe (auch Substitution oder Austauschprobe) kann die paradigmatische («vertikale») Austauschbarkeit der Wörter/

Wortgruppen, die bereits als Satzglieder ermittelt wurden, überprüft werden. Die Austauschglieder können zugleich demonstrieren, welche Wörter (z. B. welcher Wortart) und welche Wortgruppen als Satzglieder gleichwertig sind und ob sie dieselbe Funktion in der Konstruktion dieses Satzes übernehmen können. Das zeigen wir wieder an unserem Beispielsatz:

Heute kaufen wir einen neuen Computer.
Morgen erhalten sie den gebrauchten Computer.
Bald erwerben die Schüler den alten Rechner.
Gleich ersteigert unser Team den zweiten Rechner.

Die Weglassprobe (auch Abstrich- oder Reduktionsprobe, Tilgung oder Eliminierung) ist eines der interessantesten Verfahren, um die Unentbehrlichkeit/Entbehrlichkeit von (zuvor identifizierten) Satzgliedern zu überprüfen. Das Resultat der Eliminierung zeigt, welche Glieder für die Grammatikalität (grammatische Korrektheit) der Sätze unentbehrlich und welche weglassbar sind. Zugleich wird die syntaktische Funktion der einzelnen Glieder für die Gesamtheit des Satzes sichtbar sowie ihre Leistung für die inhaltliche Gestaltung der Aussage beschreibbar. Zur Demonstration noch einmal eine Variation des gewählten Beispiels:

Wir kaufen heute den neuen Computer.
Wir kaufen den neuen Computer.
* *Wir heute den neuen Computer.* (ungrammatisch)
Wir kaufen den Computer.
* *Wir kaufen den neuen* (ungrammatisch)
* *kaufen heute den neuen Computer* (ungrammatisch)

Ergebnis: Die durch die Wörter *wir, kaufen* und *den (...) Computer* vertretenen Satzglieder sind unentbehrlich für die Grammatikalität des Satzes. Die übrigen Wörter/Wortgruppen *(heute, neuen)* vertreten entbehrliche (freie) Satzglieder, durch deren An- oder Abwesenheit die Grammatikalität des Satzes nicht tangiert wird. Durch weitere Fragen *(über wen wird etwas ausgesagt; wer oder was handelt, verhält sich, was geschieht)* wird die Funktion der Satzglieder erkennbar: *wir/alle/sie/unser Team* antworten auf die Frage «Wer oder was handelt?», sie vertreten also das Subjekt des Satzes, *kaufen/erwerben* usw. das Prädikat, *den Computer/den Rechner* das Objekt. Das eine freie Glied (hier vertreten durch *heute/morgen/bald/ gleich*) steht für eine adverbielle Bestimmung; das andere freie Glied (vertreten durch *neuen/gebrauchten/alten/zweiten*) steht für eine nähere Bestimmung des Objekts, es ist ein Attribut.

Valenz der Verben: Dependenzgrammatik

Einen ganz anderen Ausgangspunkt bei der Beschreibung der syntaktischen Strukturen von Sätzen nimmt die Dependenzgrammatik, die von Lucien Tesnière (1893–1954) in den 1930er bis 1950er Jahren entwickelt wurde (vgl. Tesnière 1980). Sie ist ein wichtiger Typ der Verbgrammatiken, und ihr Hauptaugenmerk liegt auf den syntaktischen Strukturen (nicht mehr, wie in den lateinischen Grammatiken, auf der Morphologie, den Wortarten und Wortformen). Im Zentrum steht das Verb als die «Achse» des Satzes (vgl. auch Heringer 1996). Tesnières zentrales Konzept ist der Begriff der Konnexion (Verknüpfung), und die syntaktischen Beziehungen im Allgemeinen definiert er als Dependenz (Abhängigkeit). Der Satz wird als Strukturbaum (Stemma) von Konnexionen beschrieben, bei dem jeweils ein übergeordnetes Element das Regens darstellt, das untergeordnete das Dependens. Der Strukturbaum enthält eine strikt hierarchische Ordnung, und das finite Verb des Hauptsatzes fungiert als oberstes Regens. Ein Dependens hat jeweils nur ein Regens, während ein Regens mehrere Dependentien «regieren» kann. Das Dependens kann seinerseits wieder ein Regens sein, und zwar gegenüber einem untergeordneten Dependens. Die durch die Konnexionen gebildete syntaktische Struktur nennt Tesnière Nexus.

Entscheidend für die vom Verb «regierten» Glieder ist die Valenz des Verbs. So fordert ein Verb (fast) immer einen 1. Aktanten (traditionell «Subjekt») und – je nach Verbvalenz – einen oder mehrere weitere Aktanten (traditionell «Objekt/e»). Alle Aktanten sind in Form, Funktion und Position vom Verb bestimmt.

Die Aktanten sind die notwendigen Ergänzungen, die das Verb fordert. Daneben können Sätze nicht notwendige Elemente enthalten, die von Tesnière als Circonstanten bezeichnet werden (traditionell «Attribute» und «adverbielle Bestimmungen»). Sowohl von den Aktanten als auch von den Circonstanten können weitere Elemente abhängig sein, sodass auch sie zu Regenten werden.

An dem Beispiel *Sie überlässt ihren Freunden den neuen Wagen für einen schönen Ausflug* lässt sich das Modell der Konnexionen etwa so darstellen:

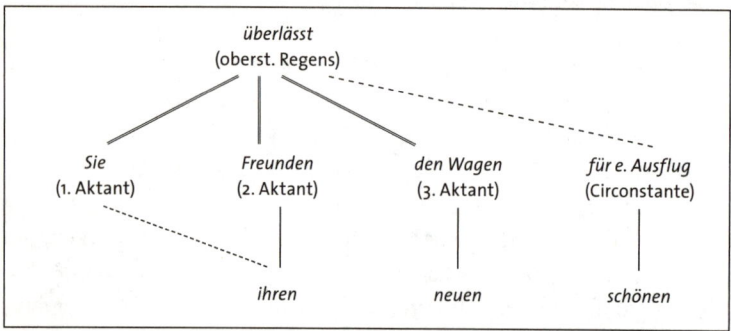

Anmerkung: Auch zwischen dem 1. Aktanten *sie* und dem Dependens zum 2. Aktanten *ihren* besteht ein indirektes Abhängigkeitsverhältnis, weil im Deutschen das grammatische Geschlecht des Possessivpronomens, das vom 2. Aktanten (*Freunden* = Objekt) «regiert» wird, mit dem grammatischen Geschlecht des 1. Aktanten (*sie* = Subjekt) übereinstimmen muss.

In dem in der Graphik dargestellten Beispiel sind der 1., 2. und 3. Aktant, ebenso wie die Conconstante, Dependentien, die vom obersten Regens *überlässt* abhängen; sie sind ihrerseits wieder Regenten gegenüber *ihren*, *neuen* und *schönen*, die von ihnen abhängige Dependentien darstellen.

Valenzgrammatik

Auf Tesnières Konzeption baut das Modell der Valenzgrammatik auf. Diese wurde vor allem in Deutschland weiterentwickelt und basiert im Wesentlichen auf dem von Tesnière eingeführten Begriff der Verb-Valenz (vgl. v. a. Helbig/Buscha 1996; Helbig/Schenkel 1982). Der Valenzbegriff (der inhaltlich Aspekte des Begriffs Rektion aus der traditionellen Grammatik wiederaufnimmt) wurde jedoch noch erweitert, sodass man z. B. auch die Valenz von aus Verben abgeleiteten Substantiven, von Präpositionen und von Adjektiven in das Konzept einbezog; deren Valenz bezieht sich auf die von ihnen geforderten Kasus des abhängigen nominalen Gliedes. Außerdem wurde differenziert in quantitative und qualitative Valenz von Verben, wobei quantitativ besagt: Wie viele (notwendige) Ergänzungen fordert das Verb; qualitativ: Welche Art von Ergänzungen erfordert (oder ermöglicht) die Valenz des Verbs?

Die Frage nach der Qualität bezieht sich in erster Linie auf den Kasus des ergänzten Gliedes. Damit wird indirekt der syntaktische Status dieses Ergänzungsgliedes definiert, z. B. als Akkusativobjekt (E2), Dativobjekt (E3), Genitivobjekt (E4) oder Präpositionalobjekt (E5). Die qualitative Valenz bezieht sich außerdem auf die semantische Verträglichkeit zwischen Valenzträger und Ergänzung (z. B. zwischen Verb und Ergänzung 1 = Subjekt) sowie auf die pragmatische Angemessenheit einer Verb-Ergänzungs-Kombination.

Für den Begriff Dependens wird in der deutschen Valenzgrammatik meistens der Ausdruck «Ergänzung» verwendet, für Circonstante steht im Allgemeinen «Angabe».

Im Deutschen begegnen Verben mit unterschiedlicher Valenz. So unterscheidet man:

1. Avalente oder nullwertige Verben; dazu gehören in erster Linie die sogenannten Witterungsimpersonalia wie *regnen, schneien: es regnet/schneit* usw.
   (Das *es* ist kein erfragbares Satzglied, also keine Ergänzung; es wird als «expletives es» bezeichnet, ist hier sozusagen «Platzhalter» des Subjekts.)
2. Monovalente/einwertige Verben; das sind Verben, die nur eine Ergänzung (nämlich das Subjektnomen) (E1) erfordern. Dazu gehören insbesondere Zustandsverben wie *schlafen, zittern, leben* usw. sowie Verben, die den Abschluss bzw. das

Ergebnis einer Handlung/eines Vorgangs bezeichnen: *sterben, verblühen, erblassen, erröten* usw.
3. Bivalente/zweiwertige Verben; diese Verben erfordern neben der Ergänzung durch ein Subjekt-Nomen eine weitere Ergänzung, nämlich durch ein direktes Objekt. Dieses kann ein nominales Glied im Akkusativ (E2), Dativ (E3) oder Genitiv (E4) sein: *betrachten* – mit Akkusativobjekt: w*ir betrachten das Bild*; *vertrauen* – mit Dativobjekt: *sie vertrauen ihm, gedenken* – mit Genitivobjekt: *er gedachte seiner verstorbenen Mutter*; die Ergänzung kann außerdem ein Präpositionalobjekt (E5) sein: *verfügen, er verfügt über die geeigneten Mittel.*
4. Trivalente/dreiwertige Verben; es sind Verben, die neben dem Subjektnomen zwei weitere Ergänzungen erfordern. Im Deutschen kann man unterscheiden: Dativobjekt + Akkusativobjekt (Typ a): *Sie gibt ihm einen Korb*; Akkusativobjekt + Präpositionalobjekt (Typ b): *Er legt das Buch auf den Tisch*; Akkusativobjekt + Genitivobjekt (Typ c): *Sie beschuldigt ihn der Untreue*; Akkusativobjekt + Akkusativobjekt (Typ d): *Ihr nennt ihn einen Ignoranten.*

Die Dependenzgrammatik – und mit ihr die Grundlagen der Valenzgrammatik – wurden von Tesnière für die französische Sprache entwickelt. Obwohl sie von der Sprachwissenschaft in Deutschland in den Theorien zur Verbgrammatik am stärksten rezipiert und weiterentwickelt wurde, stößt das Konzept für die deutsche Sprache an Grenzen. Einerseits gibt es im Deutschen eine Vielzahl von Verben, die man als mehrwertig einstufen muss, die also in bestimmten Kontexten als einwertig, in anderen als zwei- oder dreiwertig angesehen werden müssen; vgl. *singen: sie singt/sie singt die Arie/sie singt die Arie vom Blatt*; *lesen: er liest/er liest ein Buch/er liest das Buch Seite für Seite* u. ä.

Zweitens ist es oft schwierig, zwischen freien, nicht notwendigen Angaben und notwendigen Ergänzungen eine scharfe Grenze zu ziehen. Bei *wohnen* wird dies Problem besonders deutlich, wo die Ortsangabe, normalerweise eine «freie Angabe», vom Verb als notwendige Ergänzung gefordert wird: * *sie wohnt* (?). Ähnliches gilt für *stehen*: * *Der Mann steht* (?), *Der Mann steht auf einem Bein/Der Mann steht auf einem Bein auf dem Podest.*

Trotz dieser Schwierigkeiten haben sich die deutschen Versionen der Dependenzgrammatik als nützlich für den Sprachunterricht, insbesondere den Unterricht im Bereich Deutsch als Fremdsprache erwiesen (vgl. Helbig/Buscha 1996, Teil I). Die dominante Rolle des Verbs und die Grundstrukturen der Satzbaupläne können mit diesem Modell anschaulich vermittelt werden. Auch für den Grammatikunterricht in Lehrwerken der allgemeinbildenden Schulen (vgl. Eichler/Bünting 1994) haben sich Dependenz- und Valenzgrammatiken als fruchtbar erwiesen.

Konstituentenstrukturanalyse (KSA) und Phrasenstrukturgrammatik (PSG)

Das von L. Bloomfield (1887–1949) entwickelte Verfahren steht in der streng empiristischen Tradition des Behaviorismus, welche jedes mentalistisch-spekulative Moment aus der wissenschaftlichen Analyse von sprachlichen Äußerungen verbannen will. Mit rein formalen Beschreibungsmitteln sollen die Strukturen des beobachtbaren, manifesten Sprachverhaltens natürlicher Sprecher beschrieben werden. Ohne auf die Bedeutung einzelner Ausdrücke einzugehen, werden sprachliche Äußerungen (im Grunde wieder Sätze) so oft segmentiert, bis man die nicht mehr teilbaren Einheiten des Satzes herauspräpariert hat.

Obwohl zeitlich parallel (in den frühen 1930er Jahren) entwickelt, geht es bei der Analyse sprachlicher Ausdrücke im Unterschied zur Dependenzgrammatik nicht um die Konnexion von Elementareinheiten, die paarweise auf ihre Abhängigkeit geprüft werden, sondern das Verfahren intendiert, einen Gesamtausdruck («Satz») in seine Teile zu zerlegen, diese wiederum in ihre Bestandteile usw., bis man bei der Analyse der Elementareinheiten angelangt ist. Die durch die Teilung ermittelten Einheiten werden Konstituenten genannt, die kleinste bei diesem Verfahren ermittelte Konstituente ist – in strukturalistischer Terminologie – das Morphem. Die sich aus demselben Analyseschritt ergebenden Einheiten werden unmittelbare Konstituenten (immediate constituents, IC) genannt, mehrere Einheiten auf derselben Analyseebene Ko-Konstituenten. Es geht also um die sprachliche Oberfläche des Satzes, dessen Konstituenten durch die Analyse der immediate constituents ermittelt werden sollen (deswegen auch IC-Analyse). Das Resultat einer KSA wird entweder durch Klammerausdrücke, durch Kastendiagramme oder durch Strukturbäume (s. unten) dargestellt.

Eine Weiterentwicklung und Verfeinerung der KSA wurde u.a. von N. Chomsky vorgenommen. In seinem Buch «Syntactic Structures» (1957) stellt er die Grundlagen einer Phrasenstrukturgrammatik (PSG) vor. Die PSG ordnet die unmittelbaren Konstituenten jeweils bestimmten grammatischen Kategorien zu: Die ermittelten Einheiten werden aufgrund ihres Vorkommens, d. h. ihrer Verteilung in Sätzen, in einzelne Klassen geordnet. Die Klassifizierung als Phrasen ruhrt von der Vorstellung her, dass es in jeder Konstituente einen «Kopf» gibt, der die Einheit charakterisiert. So ist ein Nomen als Kopf einer Phrase das Kriterium für die Bezeichnung Nominalphrase (NP), ein Verb als Kopf charakterisiert eine Verbalphrase (VP), eine Präposition definiert eine Präpositionalphrase (PP) u. a.

Die Regeln einer PSG heißen Phrasenstrukturregeln, und in ihnen wird zweierlei festgelegt: (a) die Dominanz der einzelnen Konstituenten, welche Phrasen also von welchen «dominiert» werden (können); (b) die Reihenfolge der Ko-Konstituenten innerhalb einer Phrase (zeitlich/mündlich: nacheinander; räumlich/schriftlich: von links nach rechts).

Die PSG bevorzugt für die Darstellung ihrer Analyseergebnisse Strukturbäume bzw. Stemmata wie die folgenden:

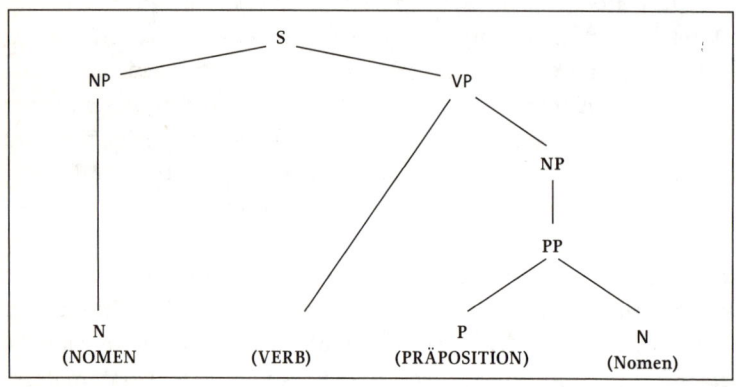

Diese Strukturbeschreibung der PSG würde auf folgende Sätze des Deutschen zutreffen:

Peter wohnt im Hochhaus.
Petra schläft im Himmelbett.
Alle bleiben am Arbeitsplatz.

Generative Grammatik

Mit seinem Modell der Phrasenstrukturgrammatik leitete Chomsky eine neue Epoche der Grammatiktheorie ein. Denn seine Version der PSG wird die Grundlage zu einer eigenständigen Theorie, der generativen Grammatik (gG) (vgl. bes. Chomsky 1969). Die gG versteht sich als ein Erzeugungsmechanismus von grammatisch richtigen («wohlgeformten») Sätzen, und damit beschreibt sie nicht nur Oberflächenstrukturen von manifesten Sprachäußerungen, sondern «simuliert» sozusagen die Produktion richtiger Sätze. Dabei appelliert sie an die sprachliche Intuition (competence/Kompetenz) des *native speakers* als Entscheidungsinstanz für die Grammatikalität der erzeugten Sätze. Die gG hat nicht den Anspruch, die hirnphysiologischen Prozesse der Spracherzeugung (von Sätzen) abzubilden; sie intendiert jedoch, dass das Ergebnis des Erzeugungsmechanismus den Sprachprodukten natürlicher Sprecher beschreibungsadäquat ist. Die sprachliche Kompetenz ist nicht direkt beobachtbar, und die realen Sprachproduktionen entsprechen häufig nicht den Kriterien der Grammatikalität; sie sind beeinflusst von Störfaktoren wie kurzes Gedächtnis, Zerstreutheit des Sprechers, Störungen des Übertragungskanals, Einflüsse der dialogischen Interaktion u. a. Von ihnen kann deshalb – so Chomsky – nicht direkt auf die zugrunde liegenden Regeln geschlossen werden. Die beobachtbaren Sprachdaten, auch: das beobachtbare Sprachverhalten, bezeichnet Chomsky als Performanz, und diese sei keine verlässliche Basis für Rückschlüsse auf den (in der Kompetenz verankerten) Regelapparat. Er operiert stattdessen mit dem Konstrukt des idealen Sprecher-Hörers, dessen Sprachproduktion durch keinen der genannten Performanzfaktoren beeinflusst ist. Dessen «wohlgeformten» Sätzen sollen die durch die Regeln der gG erzeugten Sätze entsprechen.

In seinem Buch «Aspects of the Theory of Syntax» (1965, dt. 1969) erweitert Chomsky die gG durch einen zweiten Teil von Erzeugungsregeln, den Transformationsteil; beide zusammen bilden einen neuen Typ von Grammatik, die generative Transformationsgrammatik (TG). Die durch die Regeln der PSG erzeugte Struktur (Tiefenstruktur) muss in eine morphologisch und phonologisch definierte Oberflächenstruktur überführt werden; genau das sollen die Regeln des Transformationsteils leisten. Die unter diesen Vorgaben entwickelten T-Grammatiken stellen Chomsky-Grammatiken dar, das heißt, sie haben den Anspruch, ein Modell zu sein, das alle wesentlichen Aspekte der sprachlichen Kompetenz des Menschen umfasst.

III. Basismodul Germanistische Literaturwissenschaft

1. Grundbegriffe der Literaturwissenschaft

Der folgende Überblick beschreibt die neun wichtigsten Grundbegriffe bzw. Begriffspaare der Literaturwissenschaft. Die ersten fünf Begriffe und Begriffspaare (Fiktion, Gattung, Kanon, Autor/Leser und Epoche/Periodisierung) stellen Literatur als spezifische Textart vor sowie Möglichkeiten und Aspekte ihrer Binnendifferenzierung, kanonischen Bündelung, Produktion/Rezeption und historischen Systematik. Die folgenden vier Begriffe und Begriffspaare (Archiv/Gedächtnis, Text/Kontext, Diskurs, Metapher/Metonymie) rücken vermehrt den theoretischen Zugriff der Literaturwissenschaft in den Vordergrund.

Literatur

Der Gegenstand der Literaturwissenschaft wurde und wird in sehr unterschiedlicher Weise bestimmt. Da seine Definitionen mit allgemeinen Literaturtheorien zusammenhängen, werden sie im Teil VII, Kapitel 2 dieses Bandes ausführlich erörtert.

Fiktion

Der Begriff «Fiktion» stammt von dem lateinischen Wort *fingere* (= bilden, erdichten) ab. Gemeint ist eine Aussage ohne konkreten, d. h. *über-*

prüfbaren Wirklichkeitsbezug (Referenz), eine Aussage also, die weder *wahr* noch *falsch* genannt werden kann: *Fiktiv ist, was ohne Referenz zur Faktizität steht.* Fiktionalität gilt als eines der zentralen Merkmale des Literarischen, da es nach Aristoteles den Dichter vom Historiker abgrenzt. Während der Historiker nur das wirklich Geschehene mitteile, beschreibe der Dichter auch das, was geschehen könnte. Auf diese Weise evoziere das dichterische Werk einen höheren Grad an Allgemeinheit, als dies bei der an die Faktizität des Besonderen gekoppelten Geschichtsschreibung je der Fall ist (vgl. Aristoteles, «Poetik», Kap. 4). Damit wendet sich Aristoteles gegen die kritische Auffassung seines Lehrers Platon, der in der «Politeia» noch auf der ontologischen Distanz zur Wahrheit der Ideen insistierte und die Dichtung als bloße Nachahmung und Lüge kennzeichnete. Die Fiktionalität der Dichtung lässt sich allerdings nicht zureichend durch das für pragmatische Texte verbindliche Kriterium wahr/falsch beurteilen. Vielmehr sind fiktionale Texte auf eine besondere Rezeptionshaltung angewiesen, die der englische Dichter Samuel T. Coleridge 1817 in der «Biographia Literaria», dem wichtigsten theoretischen Zeugnis der englischen Romantik, wie folgt charakterisiert hat: «That willing suspension of disbelief for the moment, which constitutes poetic faith.» Der Leser wird den Autor nie als Lügner diffamieren, obwohl er weiß, dass das, was ihm erzählt wird, eine erfundene Geschichte ist. Nur auf der Basis dieses stillschweigend vereinbarten *Fiktionsvertrags* kann der Text seinen spezifischen Möglichkeitshorizont entwerfen. Auch wenn dieser Möglichkeitshorizont nur im Modus des *als ob* operiert, stellt er doch implizit einen Bezug zur realen Weltwahrnehmung her: Fiktionale Entwürfe können sich aus dem Kontext der konventionellen Sinnhorizonte ihres kulturellen Bezugsrahmens nicht gänzlich verabschieden. Mit anderen Worten, auch die avantgardistischste Literatur besteht aus (fiktionalisierten) Wirklichkeitspartikeln. Allerdings ist Fiktionalität kein Kriterium dafür, um literarische von nichtliterarischen Texten abzugrenzen!

Anzeichen für Fiktionalität – sogenannte *Fiktionalitätssignale* – sind unter anderem die indirekte poetische Ausdrucksweise, die Freiheit bei der Wahl der Darstellungsmittel, das Vorhandensein einer Erzählinstanz und hier insbesondere der implizite Dialog des auktorialen

Erzählers, die utopische Sinndimension des Werks sowie die indirekte Sinnvermittlung durch symbolische Erzählstrukturen. Fiktionalität definiert sich somit nicht allein durch die Irrealität der erwähnten Personen, Objekte und Ereignisse, sondern ebenso sehr durch die Fiktivität des Erzählens selbst. Wolfgang Iser hat den Fiktionsbegriff in seiner Studie «Das Fiktive und das Imaginäre» grundlegend weiterentwickelt und eine universal erscheinende Fiktionsbedürftigkeit des Menschen als anthropologische Konstante postuliert. Durch das Fiktive kann die Literatur jenen sanktionsfreien Spielraum bereitstellen, in dem der Mensch den Konflikt zwischen dem Potential seiner Anlagen und den kulturellen Bedingungen seiner Zeit gefahrlos und zugleich konstruktiv erleben kann. In neueren Medientheorien geht der Begriff der Fiktionalität zumindest partiell in dem Begriff der *Virtualität* auf. Angesichts einer massenmedial ‹produzierten› Wirklichkeit scheint die Demarkationslinie zwischen Realem und Fiktivem (Virtuellem) nicht mehr eindeutig bestimmbar zu sein. Fiktion mutiert zur tendenziell allumfassenden Simulation, in der die Unterscheidung zwischen Original und Kopie bedeutungslos wird.

Gattung

Literarische Gattungen fassen Texte unter dem Gesichtspunkt gemeinsamer formaler, strukturaler oder inhaltlicher Merkmale zusammen und bilden auf diese Weise die wichtigsten Einteilungs- und Gliederungsmöglichkeiten der Literaturwissenschaft. Man unterscheidet zwischen Gattungsmodellen, die geschichtsphilosophisch bzw. anthropologisch begründet, und solchen, die sozial-, struktur- und funktionsgeschichtlich orientiert sind bzw. kommunikationstheoretisch oder rezeptionsästhetisch fundiert werden. Auch wenn die Diskussion über Gattungskonzepte und die Zuordnung bestimmter Texte innerhalb der Germanistik durchaus kontrovers geführt wird, ist der normative Charakter des sich im Deutschen Idealismus herausbildenden Triasmodells *Epik – Lyrik – Dramatik* offenkundig. Dieses anthropologisch-geschichtsphilosophisch begründete Konzept spielt in der Literaturwissenschaft nach wie vor eine zentrale Rolle, und seine Gewährsmänner heißen Goethe, Schlegel und Hegel. Goethes Definition der drei echten Naturformen der Poesie parallelisiert menschliche Handlungen mit literarischen Formen: Für ihn ist das Epos die *klar erzählende*, die Lyrik die *enthusiastisch aufgeregte* und das Drama die *persönlich handelnde* Gattung. Allerdings merkt schon Goethe an, dass diese Naturformen außer im Falle des Epos keineswegs ‹rein› auftreten, sondern oft schon im kleinsten Gedichte beisammen zu finden sind, wo sie gerade durch «diese Vereinigung im engsten Raume das herrlichste Gebild» hervorbringen. Friedrich Schlegel hat in Anknüpfung an das dialektische Schema des Deutschen Idealismus den Subjekt-Objekt-Antagonismus zum gattungskonstituierenden Prinzip erhoben: Epos meint *objektive* Poesie, Lyrik dagegen *subjektive* Poesie, und das Drama gilt ihm als Ausdruck einer *subjektiv-objektiven* Dichtung. Dieser Aufteilung stimmt auch Hegel zu, der die Aufgabe der Epik darin sieht, das Objektive selbst in seiner Objektivität herauszustellen, wohingegen der Inhalt der Lyrik «das Subjektive, die innere Welt, das betrachtende, empfindende Gemüt» sei. Die dramatische Poesie schließlich verknüpfe Lyrik und Epik zu einer neuen Totalität.

Lange wurde darüber gestritten, ob das didaktische Lehrgedicht eine eigene Gattung darstellt. Während Wilhelm Schlegel in seinen «Berliner Vorlesungen» im didaktischen Gedicht nur eine Unterart des Epos sieht, insistiert Karl Geibs «Theorie der Dichtungsarten» 1846 darauf, dass die *didaktische Poesie* ebenso natürlich wie die lyrische, epische und dramatische, «aus dem menschlichen Gemüthe» hervorgegangen sei.

Innerhalb der Hauptgattungen Epik, Lyrik und Dramatik hat sich eine Fülle von Untergattungen und Zwischenformen ausgebildet. Die folgende Tabelle enthält eine Auswahl:

Epik	**Dramatik**	**Lyrik**
Epos, Roman, Novelle, Kurzgeschichte, Sage, Märchen, Fabel, Parabel, Anekdote, Brief, Glosse, Aphorismus	Tragödie, Komödie, Satyrspiel, Passionsspiel, Bürgerliches Trauerspiel, Lyrisches Drama	Elegie, Hymne, Ode, Epigramm, Sonett, Terzine, Ballade, «Volkslied», Bildgedicht, Haiku, Limerick, Rapgesang

Gerade die rasant fortschreitende Medienentwicklung macht deutlich, dass literarische Gattungen einem ständigen Wandel unterliegen. Neuere und künftige mediale Präsentations- und Produktionsformen werden die gattungstheoretische Forschung vor neue Herausforderungen stellen. Auf welche Weise und ob überhaupt E-Mails, SMS und Internet-Blogs in vorhandene Schemata eingetragen werden können, ist noch völlig offen.

Kanon

Der Begriff Kanon stammt ursprünglich aus der Theologie und bezeichnet eine von der Kirche sanktionierte und als verbindlich angesehene Zusammenstellung heiliger Schriften. Analog dazu werden in einem literarischen Kanon die bedeutenden Werke einer Nation bzw. Sprachgemeinschaft aufgelistet, die als repräsentativ, dauerhaft, allgemein- bzw. mustergültig – kurz: in der historischen Rückschau als kulturell bedeutsam anerkannt sind. Dies können solche Werke sein, die Kollektivsymbole erzeugen und etablieren, nationale Stereotype thematisieren oder problematisieren, Prozesse der Identitätsbildung darstellen und/oder gesellschaftliche Fragestellungen behandeln, die für einen bestimmten geschichtlichen Zeitraum von besonderer Relevanz sind. Präsent ist der Kanon vor allem in den Bildungsinstitutionen, d.h. in den Curricula der Schulen, den Seminarangeboten der Universitäten, den Editionen der literarischen Klassiker oder den Lektürelisten bzw. -empfehlungen für Germanistikstudenten.

«Was bleibet aber, stiften die Dichter», schrieb Hölderlin im Gedicht «Andenken». Doch nicht alles, was gestiftet wurde, bleibt. Dass sich in einem Kanon quasi automatisch diejenigen Werke versammeln, die durch zeitlose literarische Qualität herausragen, ist eine zwar beliebte, aber nicht unproblematische Vorstellung. Die Schwierigkeit bei dieser Auffassung liegt darin, dass kein wirklich verbindliches Kriterium für literarische Qualität existiert. Oft erreichen ja gerade die Werke einen kanonischen Status, die auf signifikante Weise von vermeintlich gültigen literarischen Qualitätskriterien abweichen. Auch die Vorstellung, dass die Werke zum Kanon gehören, die von allen gelesen werden, entspricht nicht der Realität. Meist ist es gerade umgekehrt; denn dass sich Kleists oder Hölderlins Werke zu ihren Lebzeiten besonderer Beliebtheit erfreuten, kann wirklich nicht behauptet werden. Welche Werke also einen kanonischen Status erhalten, lässt sich nur in der historischen Rückschau beantworten.

Kulturelle Niedergangsszenarien sind in der Regel das stärkste Argument für einen Kanon: Man beruft sich auf *die* ‹Tradition›, welche ihrerseits durch den Verfall kultureller Überlieferungsmechanismen bedroht sei und nun durch Instrumente wie den Kanon erhalten werden soll. «Kanonreflexion heute», schreibt der Kanonforscher Hermann Korte, «ist Erinnerungsarbeit unter den Bedingungen einer Gegenwart, die keinen verbindlich verfügbaren Orientierungsrahmen mehr kennt» (2002, 67). Und genau das soll ein Kanon ja sein, ein Orientierungsrahmen, der Prozesse kultureller Identitätsbildung ermöglicht, indem er die Normvorstellungen und Werte einer Gesellschaft vermittelt. Kanonbildung ist allerdings primär eine Selektionspraxis: Aus der unüberschaubaren Masse schriftlicher Erzeugnisse wählen wenige (die Deutungseliten) einen winzigen Bruchteil aus. Damit ist natürlich immer auch die Gefahr von Meinungs- bzw. Ideologiebildung verbunden, sodass der Kanon auch zu einem Machtinstrument der herrschenden Klasse werden kann, wo er meist als geschönter Bruder der Zensur auftritt. Nicht zuletzt die Kanons im Nationalsozialismus haben gezeigt, wozu ein literarischer Kanon instrumentalisiert werden kann.

Autor / Leser

Der aus dem Lateinischen stammende Begriff «Autor» (*auctor* = Urheber, Schöpfer) bezeichnet den Verfasser bzw. geistigen Urheber eines Werks. Literarische Autorenschaft ist eng an den Prozess der Literalisierung gebunden. Erst der mit sich selbst identische Text kann in seiner Einmaligkeit sicher identifiziert und auch zugeordnet werden, während der mündlichen Erzählung stets ein flüchtiges Moment anhaftet. Mit anderen Worten: «Dem Rhapsoden gehört der Augenblick, dem Autor die Ewigkeit», meint der Literaturwissenschaftler Dieter Kartschoke. Vor diesem Hintergrund bezeichnet man als *Autorintention* die bewusste oder unbewusste Absicht des empirischen Autors, die es zu rekonstruieren gelte, soll ein literarisches Werk angemessen verstanden werden. In der Germanistik hat sich allerdings seit etwa der zweiten Hälfte des 20. Jahrhunderts die Einsicht durchgesetzt, dass die Auffassung des Autors hinsichtlich der Bedeutung der von ihm verfassten Texte auch nur eine Meinung von vielen ist. Dem Autor, so könnte man formulieren, wurde die Autorität entzogen. Insbesondere von zwei prominenten Vertretern des *New Criticism*, William K. Wimsatt und Monroe C. Beardsley, wurde die Idee, extratextuelle Faktoren wie die Autorintention für das Textverständnis fruchtbar zu machen, einer scharfen Kritik unterzogen. So wird der Einbezug von Ursache (die Intention des Autors) und Wirkung (die Reaktion des Lesers) für das Verständnis dichterischer Texte als *Intentional Fallacy* bzw. als *Affective Fallacy* gebrandmarkt und stattdessen die Konzentration auf das literarische Kunstwerk selbst eingefordert.

Auch die Rezeptionsästhetik hat mit der Betonung der Rolle des Lesers die Position des Autors weiter geschwächt, zumindest was sein Mitspracherecht hinsichtlich der ‹Bedeutung› des Textes angeht. «Der literarische Gegenstand [hat] keine andere Substanz als die Subjektivität des Lesers», schreibt Jean-Paul Sartre in seinem berühmt gewordenen Essay «Was ist Literatur?». Und Hans Robert Jauß ergänzt: «Das geschichtliche Leben des literarischen Werks ist ohne den aktiven Anteil seines Adressaten nicht denkbar.» Aktiv wird der Leser, indem er die *Leerstellen* eines Textes ausfüllt. Auf diese Weise konkretisiert sich ein Text bei der Lektüre immer wieder neu und kann – je nach Rezipient – durchaus unterschiedliche Realisationen erfahren. In den stark konstruktivistisch geprägten Empirisierungsmodellen von Norbert Groeben und S. J. Schmidt bedeutet *Konkretisation* dann, dass (literarische) Texte nicht länger substanziell und materiell vorgefunden werden, sondern sich erst im Moment ihrer Rezeption konstituieren.

Neben der Rezeptionsästhetik haben vor allem die französischen

Theoretiker des Poststrukturalismus den emphatischen Autorbegriff kritisiert. Prominent geworden ist hier ein Zitat aus Roland Barthes' Text «Der Tod des Autors»:

> «Heute wissen wir, dass ein Text nicht aus einer Reihe von Wörtern besteht, die einen einzigen, irgendwie theologischen Sinn enthüllt (welcher die *Botschaft* des Autor-Gottes wäre), sondern aus einem vieldimensionalen Raum, in dem sich verschiedene Schreibweisen [écritures], von denen keine einzige originell ist, vereinigen und bekämpfen. Der Text ist ein Gewebe von Zitaten aus unzähligen Stätten der Kultur.» (Barthes 2000, 190)

Auch Michel Foucault hat in seinem Text «Was ist ein Autor?» darauf hingewiesen, dass für die Moderne ein angemessenes Verständnis von Autorschaft nur dann erlangt werden könne, wenn nicht die empirische Figur, sondern die diskursive Funktion (z. B. als ‹Werk›-Begründer) im Vordergrund steht.

Die wichtige Unterscheidung zwischen Autor und Erzähler hat sich in den 1950er Jahren dank einer Reihe von Studien von Wolfgang Kayser endgültig durchgesetzt (insbesondere «Wer erzählt den Roman?»). Da der Erzähler in Prosatexten seine Sätze mit Wahrheitsanspruch behauptet, der Autor aber im Modus der Fiktion schreibt, folgert Kayser, «daß der Erzähler in aller Erzählkunst niemals der bekannte oder noch unbekannte Autor ist, sondern eine Rolle, die der Autor erfindet und einnimmt». Daher ist auch der Schluss von der Auffassung des Erzählers auf die Autorintention unzulässig.

Epoche / Periodisierung

In der Literaturwissenschaft bezeichnen Epochen bestimmte Zeitintervalle, in denen sich der überwiegende bzw. der repräsentative Teil der Literatur nach bestimmten Mustern formiert, die jenseits der Epochenschwelle keine Leitfunktion mehr haben. Diese Muster prägen sich innerhalb einer Epoche zu signifikanten Merkmalen aus bzw. werden durch bestimmte Motivkonstellationen sichtbar. Häufig lassen sich

Initialereignisse wie das Erscheinen eines bestimmten Werks, ein historisches Ereignis oder Ähnliches angeben, die eine Epoche einleiten. So gilt Goethes Italienreise 1786 gemeinhin als Beginn der *Weimarer Klassik*. In seltenen Fällen liegen poetologische Selbstbeschreibungen vor, die als ‹Programm› einer Epoche verstanden werden. Hier wäre etwa Friedrich Schlegels 116. Athenäums-Fragment von 1798 zu nennen, das die Leitgedanken der *Romantik* skizziert.

Auch wenn der Epochenbegriff es suggeriert, sind Epochen keine organisch gewachsenen Einheiten, die kohärent einer inneren Logizität folgen. Epochen sind Konstrukte der Literaturgeschichtsschreibung und etablieren sich erst mit dieser in der zweiten Hälfte des 19. Jahrhunderts. Karl Otto Conrady bemerkt mit Blick auf den Epochenbegriff nicht ohne Selbstkritik: «Es muß zu einem Urbedürfnis des Menschen, zumal des Wissenschaftlers gehören, ungeordnete Vielfalt zu ordnen und lange zeitliche Abläufe zu gliedern. Anders ist die hingebungsvolle Mühe nicht zu begreifen, die Literaturwissenschaftler aufwenden, um Epochen aufzubauen. Und obgleich längst jeder noch so sorgfältig ausgeführten Konzeption einer Epoche mit triftigen Argumenten widersprochen werden kann, lassen wir von dem geistvoll-nutzlosen Spiel nicht ab» (1983, 19). An diesem Tatbestand hat sich bis heute kaum etwas geändert. So strukturiert die Epocheneinteilung nicht nur die Literaturgeschichte selbst auf so wunderbar einprägsame Weise, sie strukturiert vor allem die Kommunikation über die Literatur. Zwar weiß jeder im Fach um die Problematik der Periodisierung, doch keiner will sie wirklich aufgeben. Man braucht Epochen, um sich Sachverhalte verständlich zu machen, und weiß zugleich, dass sie nie ganz passen.

Zur groben Orientierung sei *eine* Möglichkeit der Periodisierung in Form einer tabellarischen Übersicht angegeben, wobei nicht nur über die Epochenaufteilungen und die Zeitangaben, sondern auch über die Zuordnung der Autoren und Werke im Einzelnen diskutiert werden kann.

Epoche	Zeitraum	Wichtige Vertreter
Althochdeutsche Literatur	750–1100	Otfried von Weißenburg, anonyme Werke wie Merseburger Zaubersprüche, Hildebrandslied
Literatur der höfischen Blütezeit	1100–1250	Walther von der Vogelweide, Hartmann von Aue, Wolfram von Eschenbach, Gottfried von Straßburg
Spätmittelalterliche Literatur	1250–1450	Oswald von Wolkenstein, Meister Eckhart, Heinrich Seuse, Johannes von Tepl
Renaissance / Humanismus / Reformation	1450–1600	Martin Luther, Thomas Murner, Hans Sachs, Ulrich von Hutten, Sebastian Brant
Barock	1600–1720	Martin Opitz, Andreas Gryphius, Hans Jakob Christoffel von Grimmelshausen, Daniel Casper von Lohenstein, Paul Gerhardt
Aufklärung	1700–1800	Johann Christoph Gottsched, Christian Fürchtegott Gellert, Moses Mendelssohn, Gotthold Ephraim Lessing, Friedrich Nicolai
Sturm und Drang	1765–1785	Johann Gottfried Herder, Johann Wolfgang von Goethe, Jakob Michael Reinhold Lenz, Friedrich Schiller
Weimarer Klassik	1786–1805	Johann Wolfgang von Goethe, Friedrich Schiller
Romantik	1799–1835	August Wilhelm und Friedrich Schlegel, Novalis, Ludwig Tieck, Clemens Brentano, E. T. A. Hoffmann, Joseph von Eichendorff
Biedermeier	1815–1848	Eduard Mörike, Adalbert Stifter, Friedrich Rückert
Junges Deutschland und Vormärz	1830–1848	Ludwig Börne, Heinrich Heine, Georg Büchner, Heinrich Georg Herwegh, Ferdinand Freiligrath
Realismus	1848–1890	Friedrich Hebbel, Theodor Storm, Gottfried Keller, Wilhelm Raabe, Theodor Fontane
Naturalismus	1880–1900	Gerhart Hauptmann, Arno Holz, Johannes Schlaf
Symbolismus / Ästhetizismus / Fin de Siècle	1890–1910	Stefan George, Hugo von Hofmannsthal, Rainer Maria Rilke

Expressionismus	1910–1920	Georg Heym, Georg Trakl, Gottfried Benn
Neue Sachlichkeit	1920–1933	Erich Maria Remarque, Erich Kästner, Joseph Roth, Carl Zuckmayer
Exilliteratur	1933–1945	Bertolt Brecht, Alfred Döblin, Lion Feuchtwanger, Heinrich Mann, Thomas Mann, Klaus Mann, Anna Seghers
Literatur nach 1945	ab 1945	Ingeborg Bachmann, Thomas Bernhard, Johannes Bobrowski, Heinrich Böll, Paul Celan, Friedrich Dürrenmatt, Erich Fried, Günter Grass, Peter Handke, Uwe Johnson, Heiner Müller, Peter Rühmkorf, Martin Walser, Peter Weiss, Christa Wolf etc.

Archiv / Gedächtnis

Als Archiv bezeichnet man in der Germanistik im engeren Sinn Institutionen oder Organisationen, die überlieferungswürdige Texte und Schriftstücke sammeln, erfassen, erschließen, erhalten und zugänglich machen. Das prominenteste Beispiel ist hier das *Deutsche Literaturarchiv in Marbach* (http://www.dla-marbach.de/). Im weiteren Sinn kann als Archiv ein Medium oder eine Repräsentationsform bezeichnet werden, die Informationen konserviert. Literatur wäre dennoch ein wichtiger Bestandteil eines übergreifenden kulturellen Archivs, zu dem dann auch Musikstücke, Bilder, Kunstgegenstände usw. gehören. Insbesondere Jan Assmann hat mit dem Begriff des *kulturellen Gedächtnisses* die Transformationsleistung kommunikativer (d. h. gelebter und in Zeitzeugen verkörperter) Erinnerung in kulturelle (d. h. institutionell geformte und gestützte und damit eben *archivierende*) Erinnerung betont. Da zahlreiche komplexe Kulturleistungen an die Existenz von Schriftsystemen gebunden sind, kann auch die Schrift selbst als Archiv begriffen werden. Erst durch die Schrift werden Verweiszusammenhänge und Sinnstrukturen literalisiert und damit dauerhaft gemacht. «Die Vergangenheit des Vergangenen», schreibt Jack Goody, «hängt also von einem historischen

Empfindungsvermögen ab, das sich ohne dauerhafte schriftliche Aufzeichnungen kaum zu entwickeln vermag» (1990, 17).

Text / Kontext

Der Begriff «Text» (von lat. *textum* = Gewebe) bezeichnet eine Verbindung mehrerer aufeinanderfolgender Sätze, die als sprachliche Einheit einen Sinnzusammenhang konstituieren. Insofern bildet jede zusammenhängende Gruppe aktualisierter Sprachzeichen einen Text, und zwar unabhängig davon, ob sie mündlich oder schriftlich realisiert worden ist. Umberto Eco begreift den Text als den menschlichen Versuch, «die Welt auf ein handliches Format zu bringen, das zugleich offen ist für die intersubjektive, erläuternde Rede». Erläuternd kann die Rede genau dann sein, wenn sie den Text in einem *Kontext* verortet, der die potenziell unendliche Anzahl möglicher Sinnhypothesen begründet einzugrenzen vermag. Gleichzeitig führt jedes Wort eines Textes über dessen Grenzen hinaus, wie Michail Bachtin betont.

Konstitutiv für literarische Texte ist nun jene eigentümliche Bewegung der *erweiternden Eingrenzung*: Erst indem der Text sich mit anderen Texten berührt, sich also entgrenzt, grenzt sich sein mögliches Sinnpotential ein. Auf diese Weise wird die Autonomie des einzelnen Textes bestritten, da er ohne seine Referenztexte und ohne seine *intertextuellen* Bezüge sinnlos wäre. Genau diese Überlegungen führten im Strukturalismus dazu, vom auratischen Literaturbegriff auf den Textbegriff umzustellen. Für Julia Kristeva etwa, nicht zuletzt die Übersetzerin der Schriften Bachtins, stellt sich jeder Text als ein «Mosaik von Zitaten» dar, das als «Absorption und Transformation eines anderen Textes» begriffen werden muss. Ihr erweiterter Textbegriff schließt letztlich jede kulturelle Handlung als eine(n) Stellungnahme bzw. Kommentar zum gesamten System ein.

Diskurs

Der Begriff «Diskurs» wird im Wesentlichen von zwei verschiedenen philosophisch-soziologischen Theorieentwürfen in Anspruch genommen, die mit den Namen Jürgen Habermas und Michel Foucault verbunden sind. Bei Habermas ist der Diskurs elementarer Bestandteil seiner zusammen mit Karl Otto Apel ausgearbeiteten *Diskursethik*, deren Grundzüge vor allem in der «Theorie des kommunikativen Handelns» (1981) entfaltet werden. Diskurs meint hier eine idealisierte sprachliche Kommunikationssituation, in der Geltungsansprüche problematisiert werden, um sie durch den «zwanglosen Zwang des besseren Arguments» konsensual zu lösen. Der Diskurs wird bei Habermas somit vor allem als Substanz von Interessen und Handlungsoptionen gedacht. In der Germanistik findet der Diskursbegriff von Habermas vor allem im Kontext von didaktischen Fragestellungen Verwendung (diskursorientierter Deutschunterricht).

Zumeist aber steht der vielschichtige Diskursbegriff von Foucault im Vordergrund, auf den sich verschiedene Varianten der *Diskurs-* sowie der *Interdiskursanalyse* beziehen. Die Aufgabe der Diskursanalyse besteht nach Foucault darin, das jeweilig *historische Apriori* zu bestimmen,

«das nicht Gültigkeitsbedingung für Urteile, sondern Realitätsbedingung für Aussagen ist. Es handelt sich nicht darum, das wiederzufinden, was eine Behauptung legitimieren konnte, sondern die Bedingungen des Auftauchens von Aussagen, das Gesetz ihrer Koexistenz mit anderen, die spezifische Form ihrer Seinsweise anzugeben und die Prinzipien freizulegen, nach denen sie fortbestehen, sich transformieren und verschwinden.» (Foucault 2002, 184)

Foucault beschreibt Diskurse zunächst abstrakt als Praktiken, «die systematisch die Gegenstände bilden, von denen sie sprechen». In seiner Inauguralvorlesung «Die Ordnung des Diskurses» definiert er Diskurse als Regelsysteme für sprachliche Äußerungen. Diskurse werden hier als Ordnungsmechanismen begriffen, die den einzelnen Aussagen zugrunde liegen und diese kontrollieren, selektieren und kanalisieren. Auf diese Weise kann Foucault mit Hilfe des Diskursbegriffs deutlich machen, dass die scheinbar selbstverständliche Einheit des Subjekts erst durch reglementierende Sprachordnungen hervorgebracht wird. Reglementierende Sprachordnungen können – gerade auch in literarischen Texten – über Oppositionen wie männlich/weiblich, wahr/falsch, normal/pathologisch, vernünftig/wahnsinnig usw. aufgebaut werden, durch die eine gesellschaftlich sanktionierte «Ordnung der Dinge» produziert wird. Will man diese Ordnungsmechanismen aufdecken, darf nicht die Suche nach Einheit oder Identität im Vordergrund stehen, sondern die Suche nach Differenz. Foucault schreibt:

«Der Sinn einer Aussage wäre nicht definiert durch den Schatz der in ihr enthaltenen Intentionen, durch die sie zugleich enthüllt und zurückgehalten wird, sondern durch die Differenz, die sie an andere, wirkliche und mögliche, gleichzeitige oder in der Zeit entgegengesetzte Aussagen anfügt. So käme die systematische Gestalt der Diskurse zum Vorschein.» (1973, 15)

Der Mensch als Subjekt konstituiert sich erst innerhalb eines konkreten Sets historisch bedingter, soziokultureller Deutungsmuster, er ist ihnen nicht als Wesen vorgängig und verschwindet mit ihnen wie «am Meeresufer ein Gesicht im Sand».

Metapher / Metonymie

Wenn jemand *das Recht mit Füßen tritt*, *die Nadel im Heuhaufen sucht*, seiner Geliebten *das Herz bricht* und trotzdem *auf der Welle des Erfolgs reitet*, so ist diesen Formulierungen gemeinsam, dass sie metaphorischen Charakter haben. Metapher und Metonymie gehören zu den rhetorischen Figuren, bei denen ein Wort nicht in seiner ‹eigentlichen› Bedeutung gebraucht wird, sondern in einer übertragenen. Man nennt die Klasse der rhetorischen Figuren, die einen Ausdruck durch einen nichtsynonymen Ausdruck ersetzen, auch *Tropen*. Zu ihr gehört neben Metapher und Metonymie insbesondere die Synekdoche.

Die Metapher (von griechisch: *metaphorá* = Übertragung) wird traditionell als die wichtigste Figur bildlichen Sprechens angesehen, für die Aristoteles in seiner «Poetik» die Basisdefinition liefert. Er beschreibt die Metapher als Akt einer semantischen bzw. emotionalen Übertragung (A steht für B):

«Eine Metapher ist die Übertragung eines Wortes (das somit in uneigentlicher Bedeutung verwendet wird), und zwar entweder von der Gattung auf die Art oder von der Art auf die Gattung, oder von einer Art auf eine andere, oder nach den Regeln der Analogie [...] das Alter verhält sich zum Leben, wie der Abend zum Tag; der Dichter nennt also den Abend ‹Alter des Tages›, oder, wie Empedokles, das Alter ‹Abend des Lebens› oder ‹Sonnenuntergang des Lebens›.» (1976, 89)

Anders formuliert wird ein einzelnes (oder auch mehrere) Bedeutungsmerkmal(e) eines sprachlichen Zeichens durch ein anderes Zeichen substituiert. Das metaphorische Zeichen nennt man auch Bildspender oder Substituendum (= das Ersetzende), dem auf der anderen Seite der Bildempfänger bzw. das Substituens (= das Ersetzte) gegenübersteht. In dem Satz «Ein' feste Burg ist unser Gott» ist *Burg* das metaphorische Zeichen. Die semantische Analyse zeigt: Burg = Gebäude, massiv, bietet Schutz usw. Der Bildempfänger ist hier *Gott*, dessen beschützende Eigenschaften durch die Metapher besonders hervorgehoben werden sollen. Die Metapher setzt dabei allerdings keine Ähnlichkeitsbeziehung zwischen den Referenten voraus, sondern basiert allein auf einer semantischen Überschneidung zwischen den Inhalten der Ausdrücke. «Mengentheoretisch formuliert: bei der Methapher ist der semantische Mengendurchschnitt von Substituendum und Substituens nicht leer» (Link 1998). Eine Metapher liegt also dann vor, wenn A und B mindestens ein Bedeutungselement gemeinsam haben. Die Kognitionslinguistik hat gezeigt, dass solche semantischen Überschneidungen für die Strukturierungsprozesse unseres Denkens unverzichtbar sind.

Anders ausgedrückt, unser Denken ist auf die Übertragungsleistung der Metaphern wesentlich angewiesen. Allerdings geht die Metapher in ihrer Funktion als Substitutionsmittel nicht auf; denn schon Aristoteles machte deutlich, dass es Metaphern gibt, die nicht rückübersetzt werden können, mithin also semantische Lücken im Sprachsystem ausfüllen. Metaphern finden nicht nur Ähnlichkeiten, sondern stiften sie selbst, indem sie den symbolischen Überschuss der Situation aufgreifen und auf diese Weise der grundsätzlich mehrdeutigen Verknüpfung von

Sprache und Welt Rechnung tragen. Metaphern springen also stets dort ein, wo die Erfahrung um ihre eigene Unsagbarkeit weiß. Dies ist ein Punkt, der die Literaturtheorie besonders interessiert, da sich hier – so die Hoffnung – gegebenenfalls ein spezifischer Eigen- oder sogar Mehrwert literarischen Sprechens begründen ließe. Hans Blumenberg hat mit seinen Forschungen zur *Metaphorologie* genau diesen Aspekt in den Vordergrund gerückt, indem er die Frage nach der absoluten Metapher stellte. Nach Blumenberg repräsentieren absolute Metaphern innerhalb eines historisch-kulturellen Rahmens Grundvorstellungen menschlicher Weltorientierung, deren Deutungshorizont als organisch gewachsene Einheit nicht ins begrifflich Logische rückübersetzt werden kann. Absolute Metaphern sind Ausdruck der Anstrengung unseres Bewusstseins, «die Unsagbarkeit selbst sprachlich darzustellen». Damit ist die Metapher nicht mehr ‹nur› rhetorischer Zierrat, sondern ein unverzichtbares Moment des Weltzugangs und Weltverständnisses.

Dass sich die für eine Kultur konstitutive Bildlichkeit und Metaphorik insbesondere durch diskursive Austauschprozesse bildet, hat vor allem die von Jürgen Link begründete *Interdiskurstheorie* herausgearbeitet. Unter Interdiskurs sind jene Strukturen zu verstehen, die in funktional ausdifferenzierten, hochspezialisierten Gesellschaften Interferenzen zwischen den Spezialdiskursen bilden. Ein wichtiger Baustein solcher Wissenskomplexe mit spezialdiskursübergreifender Verwendbarkeit sind die Kollektivsymbole. Link versteht unter Kollektivsymbolik die Gesamtheit der so genannten Bildlichkeit einer Kultur, d. h. «die Gesamtheit ihrer am weitesten verbreiteten Allegorien und Embleme, Metaphern, Exempelfälle, anschaulichen Modelle und orientierenden Topiken, Vergleiche und Analogien» (1998, 25). Symbole und Metaphern stellen in diesem Theorieansatz demnach wichtige Verständigungsmittel zwischen den Spezialdiskursen dar, die sich innerhalb einer Kultur herausgebildet haben.

Die Metonymie ist von der Metapher nicht immer sauber zu unterscheiden. Sie stellt sozusagen eine spezielle Übertragungsvariante dar, die auf einer sachlichen Zusammengehörigkeit basiert. Man spricht von einer Beziehung der Kontiguität, welche durch die Metonymie sprachlich realisiert wird. Heißt es etwa in einer Sportberichterstattung: «Ballack schiebt das Leder in den Kasten», so steht *Leder* für den Ball, der Rohstoff also für das Erzeugte (auch wenn Fußballbälle heute nicht mehr aus Leder sind ...), und *Kasten* für Tor, die Form also für die spezielle Anwendung. Nach diesem Muster kann dann auch der Name eines Autors für das Werk stehen («Kafka lesen»), das Gefäß für den Inhalt («ein Glas trinken»), das Land für seine Einwohner («die USA greifen den Irak an»), das Zeitalter für die darin lebenden Personen («die Renaissance ging davon aus ...»), der Raum für die darin befindlichen Personen («der Saal tobte»), der Rohstoff für das Erzeugnis (Eisen für Schwert), Besitzer für Besitztum («unser Nachbar ist abgebrannt») oder das Sinnbild für das Abstraktum (Lorbeer für Ruhm). Metonymien sind demnach eher pragmatisch, Metaphern eher semantisch motiviert, was Mischformen allerdings nicht ausschließt.

Auch die Metonymie hat zu weitergehenden Theorieentwürfen inspiriert. So ist nach Ansicht des französischen Psychoanalytikers Jacques Lacan das «Unbewusste strukturiert wie eine Sprache». Folgerichtig lässt sich für Lacan die Struktur der Freud'schen Theoriebegriffe durch die Funktionsweise rhetorischer Figuren nachvollziehen. So ist nach Lacan das, «was Freud als Verdichtung bezeichnet, das, was man in der Rhetorik Metapher nennt, und das, was er als Verschiebung bezeichnet, das ist die Metonymie» (1997, 261). Ohne weiter auf die schwierigen Implikationen der Lacan'schen Theorie einzugehen, wird auch hier deutlich, in welcher Weise die Struktur einer sprachlichen Figur für weiterführende Theoriekonzepte genutzt wird.

Dass rhetorische Figuren als Bestandteil literarischer Texte eine Aussage nicht nur ausschmücken oder unterstreichen, sondern sie auch untergraben und in ihr Gegenteil verkehren können, darauf hat insbesondere der amerikanische Literaturtheoretiker Paul de Man in seinen «Allegorien des Lesens» hingewiesen. Jeder Text, ja, die Sprache an sich hat nach de Man immer zwei Ebenen, eine logische und eine rhetorische, die unauflöslich ineinander verschränkt sind. Selbst ein rein pragmatischer Text benutzt rhetorische Figuren, um seine Aussagen zu unterstreichen oder um eine elegante Formulierung aufzubauen: Jeder Zeitungsartikel wimmelt von Metaphern, keine Fußballberichterstattung kommt ohne Metonymien aus usw. De Mans Grundüberlegung ist, dass sich die Wirkung von rhetorischen Figuren zwar kalkulieren, nicht aber kontrollieren lässt. Es ist nicht so, dass rhetorische Figuren nur gelegentlich an Wörter herantreten – sie sind vielmehr Teil ihrer eigensten Natur. Daher kann, so de Man, von einer ‹eigentlichen Bedeutung›, die nur in speziellen Fällen übertragen würde, überhaupt nicht die Rede sein. Jeder Versuch, die Bedeutung bzw. Funktion einer rhetorischen Figur – und vor allem einer Trope – genau einzugrenzen, führt notwendigerweise zu einem *Misreading*. Er schreibt: «[D]ie von Tropen erzeugte Zergliederung ist vor allem eine Zergliederung der Bedeutung; sie greift semantische Einheiten wie Wörter und Sätze an» (1988, 230). De Mans Lektüren von Kleist, Kafka, Proust oder Rilke zeigen, dass die sprachlichen Mittel, derer, sich ein Text bedient, häufig genau das Gegenteil von dem aussagen, was der Text auf seiner vermeintlichen Bedeutungsebene logisch kommunizieren möchte. Die rhetorische Ebene eines Textes – de Man spricht auch von der *figurativen* Dimension – subvertiert seine ‹eigentliche› Bedeutung und führt auf der Rezeptionsebene zu einer unaufhebbaren Dialektik von «Blindness and Insight». Literarische Texte zeichnet allerdings aus, dass sie um diese Dialektik ‹wissen›. Sie sind sich über ihre Rhetorizität und die daraus resultierenden Folgen im Klaren und können, indem sie genau das – also *sich selbst* – zum Gegenstand machen, zeigen, auf welche Weise die Sprache aufgrund ihrer Doppelstruktur den Blick auf die Wirklichkeit immer symptomatisch verstellt. Ein Text, der auf diese Weise vorführt, dass eine auf eindeutige Sinnzuschreibung hin ausgerichtete Lektüre notwendig scheitern muss, wird so selbst zu einer Allegorie des Lesens.

2. Grundtechniken der Literaturwissenschaft

Editionsphilologie

Die Editionsphilologie schafft die Voraussetzungen für jeden wissenschaftlichen Umgang mit historisch überlieferten Schriften. Ihr Ausgangspunkt ist stets die Analyse der Textüberlieferung. Zunächst stellt man die Frage, welche schriftlichen ‹Zeugen› eines bestimmten Textes vorhanden sind. Es kann sich dabei um Manuskripte (von der Hand des Autors oder eines anderen Schreibers), Typoskripte, Drucke oder, in jüngerer bis jüngster Zeit, um Repräsentationen in den ‹neuen Medien› handeln. Gibt es mehrere Zeugen, werden sie miteinander verglichen, um eventuelle Differenzen festzustellen. Liegen solche vor, spricht man in der Literaturwissenschaft meist von unterschiedlichen Fassungen eines Textes; die Abweichungen an einzelnen Stellen werden häufig als Varianten oder Lesarten bezeichnet.

Über die Sammlung der Zeugen und die Analyse (ggf. auch die Dokumentation) von Unterschieden geht die Textkritik hinaus, wenn sie die Zeugen qualitativ beurteilt. Sie ist dann bestrebt, die am wenigsten durch Überlieferungsfehler korrumpierte Fassung herauszufinden, um diese zur Vorlage einer Textedition zu machen. Im Bereich der Neueren Deutschen Philologie werden traditionellerweise Fassungen, die direkt auf den Verfasser zurückgehen – z.B. eigene Handschriften oder aber selbst kontrollierte und ‹autorisierte› Drucke – gegenüber unabhängig von ihm zustande gekommenen Fassungen – etwa bloßen Nachdrucken in Zeitschriften – bevorzugt. Auf die Frage, ob die als ursprünglich angesehene Fassung ‹erster Hand› (in der Regel die erste Niederschrift des vollständigen Textes) oder aber die als endgültig apostrophierte Fassung ‹letzter Hand› (meist der letzte vom Verfasser autorisierte Druck) den Vorrang verdient, gibt es keine allgemeingültige Antwort. Zwar sollte die Entscheidung zwischen mehreren Fassungen nach einem klaren Prinzip erfolgen, die Wahl dieses Prinzips muss aber jeweils gegen andere Möglichkeiten abgewogen werden.

Von der Textkritik wird die Textkonstitution unterschieden. Damit ist die Herstellung derjenigen Textgestalt gemeint, die in der neuen Ausgabe erscheinen soll. In der germanistischen Philologie des 19. Jahrhunderts, die sich hauptsächlich mit der Edition von mittelhochdeutschen Epen beschäftigte, war zur Textkonstitution das Verfahren der Kollationierung beliebt, bei dem der Herausgeber aus mehreren voneinander abweichenden und oft nur Fragmente überliefernden Zeugen eine als einzig gültig behauptete Urfassung rekonstruierte. Seit dem 20. Jahrhundert ist man mit solchen Eingriffen vorsichtiger, doch kommt auch ein heutiger Editor nicht um die Aufgabe der Textkonstitution herum. Neben der textkritisch begründeten Auswahl einer Textvorlage gehören zu den Techniken der Textkonstitution unter anderem die Ausscheidung offensichtlicher und sinnentstellender Schreib- bzw. Druckfehler der Vorlage – die Emendation – und die mehr oder weniger behutsame Anpassung der Schreibweise und des Druckbilds an die heute gültigen Regeln und Standards – die Normalisierung. Gerade die Normalisierung ist bei den Editoren wissenschaftlicher Ausgaben verpönt, weil sie die historische Besonderheit des Originals beeinträchtigt. Andererseits erreichen alte Texte ein weitaus größeres Leserpublikum, wenn ihre Schreibweise modernisiert wird.

Aus diesem Grund zählen die meisten Editionen älterer Literatur zum Typus der reinen Leseausgabe, die einen stark normalisierten Text bietet, bisweilen ergänzt durch ein einführendes Vor- oder Nachwort. Auch die Mehrzahl der im schulischen und universitären Unterricht vielfach benutzten Hefte des Reclam Verlags beschränkt sich auf dieses Format.

Anspruchsvoller ist der Typus der kritischen Ausgabe, auch als Studienausgabe bezeichnet. Im Gegensatz zum ersten Typus ist der von ihr angebotene Lesetext philologisch geprüft und daher auch wissenschaftlich zitierfähig. Für Studierende bedeutet dies, dass sie sich in ihren wissenschaftlichen Hausarbeiten nicht auf die reinen Leseausgaben, sondern wenigstens auf die kritischen Studienausgaben beziehen sollten – daher der Name! Sie nutzen damit auch den Vorteil, dass die Studienausgaben in der Regel einen ausführlichen Sachkommentar und ein Verzeichnis ausgewählter Forschungsliteratur enthalten.

Am anspruchsvollsten ist der dritte Editionstypus, der Typus der historisch-kritischen Ausgabe. Historisch wird er genannt, weil solche Ausgaben das Ziel haben, die gesamte Textgenese zu rekonstruieren und zu dokumentieren. Der Typus der historisch-kritischen Ausgabe, als dessen Vorläufer die zwischen 1887 und 1919 entstandene und nicht weniger als 143 Bände umfassende ‹Weimarer Ausgabe› von Goethes Werken gilt, ist klassischerweise so aufgebaut, dass der vorangestellte Textteil einen mit den wissenschaftlichen Mitteln der Kritik konstituierten Lesetext darbietet, während im angehängten Apparatteil sämtliche Fassungen der Textgenese in ein kompliziert konstruiertes Stellenverzeichnis von Varianten überführt werden, das alle Filiationen wie in einem Stammbaum notiert. Neuere Editionen des historisch-kritischen Typus, etwa die ‹Frankfurter Ausgabe› von Hölderlins Werken, schaffen die hierarchische Unterscheidung zwischen endgültigem Lesetext und hinführenden Schreibstufen ab, indem sie unter dem Text den gesamten Schreibprozess verstehen und die in diesem Schreibprozess entstehenden Varianten als gleichberechtigte Teile des Ganzen druckgraphisch wiederzugeben versuchen. Diese radikale Form lässt sich als editionsphilologisches Äquivalent zur photographischen Abbildung von Handschriften (Faksimile) bezeichnen.

Den meisten Bachelor-Studierenden der Germanistik mögen die historisch-kritischen Ausgaben als nutzlose Bleiwüsten erscheinen. In ihren Augen reicht der Text, den sie irgendwo finden, und das heißt immer mehr: im Internet, etwa beim sogenannten Projekt Gutenberg. Dort kopiert man sich schnell den Text, ohne zu überprüfen, wie zuverlässig er ist. Doch vor diesem mühelosen Verfahren muss eindringlich gewarnt werden. Denn die im Internet wiedergegebenen Texte, bei denen fast nie die bibliographische Quelle kenntlich gemacht ist, sind häufig unzuverlässig – korrupt, wie der Editionsphilologe sagt. So enthalten die beim Projekt Gutenberg publizierten Werke der Literatur gravierende Fehler. Vor allem erhält der Nutzer keine editionsphilologischen Informationen darüber, welche Fassung gewählt worden ist und welche Alternativen es gäbe. Als Regel gilt: Die im Internet wiedergegebenen Texte sind noch nicht einmal als Leseausgaben zu gebrauchen. Wenn man dennoch zu ihnen greift, um sich z. B. die Arbeit des Abschreibens zu ersparen, so muss man die Texte unbedingt mit kritischen oder historisch-kritischen Ausgaben des betreffenden Autors abgleichen, die in jeder Universitätsbibliothek vorhanden sind. Zitiert werden dann diese Ausgaben.

Lyrikanalyse

Bei Gedichten hat es sich bewährt, mit der Formanalyse zu beginnen. Dazu gehört die Bestimmung der Metrik, die beim Versmaß ansetzt. In der Verslehre des Deutschen werden Hebungen (betonte Silben) und Senkungen (unbetonte Silben) unterschieden, aus denen sich die Grundeinheiten (traditionell Versfüße oder Takte genannt) des Versmaßes zusammensetzen. Zu den Grundeinheiten aus zwei Silben mit alternierender Betonung zählen der Trochäus (betont, unbetont) und der Jambus (unbetont, betont), wobei die Senkung des Jambus am Anfang des Verses auch als Auftakt bezeichnet wird. Zu den Grundeinheiten aus drei Silben mit nicht alternierender Betonung rechnet man den Daktylus (betont, unbetont, unbetont) und den Anapäst (unbetont, unbetont, betont). Aus diesen Grundeinheiten lassen sich die meisten Versmaße konstruieren, die in der deutschen Lyrik gebräuchlich sind. Deren Klassifikation erfolgt über die Zahl der Hebungen: So spricht man von der Klasse der dreihebigen, vierhebigen, fünfhebigen oder sechshebigen Jamben. Fertigt man ein metrisches Schema an, können Senkungen durch einen waagrechten Strich, Hebungen durch einen aufsteigenden Strich (Akzent) über dem als Platzhalter der Silben eingesetzten ‹x› markiert werden; schwebende Betonungen lassen sich durch eine geschlängelte Linie symbolisieren:

Auf steigt der Strahl und fallend gießt Und strömt und ruht	$\breve{x}\breve{x} \mid \breve{x}\acute{x} \mid \breve{x}\acute{x} \mid \breve{x}\acute{x}$ $\breve{x}\acute{x} \mid \breve{x}\breve{x}$

Vorsicht: Bei der Bestimmung der Metrik müssen unbedingt alle Verse des Gedichts analysiert werden, denn häufig wird das Maß des Anfangs nicht bis zum Ende unverändert durchgehalten!

Die Bestimmung und Zählung der Grundeinheiten reicht für die exakte Analyse des Versmaßes nicht immer aus, gibt es doch weitere Merkmale, die für spezifische Formen charakteristisch sind. Beispielsweise ist ein fünfhebiger Jambus dann ein Blankvers, wenn die Verse keinen Endreim besitzen. Ein sechshebiger Jambus mit Endreim wird dadurch zum Alexandriner, dass nach der dritten Hebung eine – als Sprechpause wahrnehmbare – Zäsur eintritt. Bei einem sechshebigen Daktylus ohne Endreim kann es sich (muss es sich jedoch nicht) um einen Hexameter oder um einen Pentameter handeln, der in der Mitte und am Ende des Verses um jeweils eine Senkung verkürzt ist. Der Hexameter schließt mit einer weiblichen Kadenz, d.h. einer unbetonten Endsilbe, der Pentameter mit einer männlichen Kadenz, also einer betonten Endsilbe. An den Versmaßen des Hexameters und des Pentameters zeigt sich im Übrigen exemplarisch, dass die metrischen Grundeinheiten nicht immer exakt realisiert sein müssen. In manchen Versmaßen ist die Einsparung von unbetonten Silben teils gefordert, teils erlaubt; andere gestatten umgekehrt zusätzliche Senkungen. Speziell der auf eine trochäische oder jambische Grundstruktur aufgebaute Volksliedvers verfügt über eine große ‹Füllungsfreiheit›. Um trotz solcher Schwierigkeiten das vorliegende Versmaß identifizieren zu können, muss man sich in der deutschen Verslehre gut auskennen. Hier hilft nur das Studium entsprechender Handbücher.

Bei der Bestimmung des Versmaßes fällt häufig ein Phänomen auf, nämlich die stellenweise Abweichung des sprachlichen Akzents vom metrischen Schema. So liegt der Verszeile «Nicht ein Flügelschlag ging durch die Welt» ein Trochäus zugrunde, dem aber die vom Sinn erzwungene Betonung des «ein» zuwiderläuft. Man redet in solchen Fällen von einer Spannung zwischen Versmetrum und Sprachrhythmus und versucht, diese Anomalie in die inhaltliche Deutung des Gedichts zu integrieren.

Hat man das Versmaß erkannt, erweitert man die metrische Analyse auf die Strophenform des Gedichts. Wie viele Zeilen umfasst die jeweilige Strophe, besitzt sie eine Reimstruktur? Wird diese Form im ganzen Gedicht (sofern es aus mehreren Strophen besteht) durchgehalten oder nicht? In dem nützlichen «Handbuch der deutschen Strophenformen» (Frank 1993) werden die Formen nach der Zahl der Zeilen klassifiziert. Doch ohne die Merkmale des Versmaßes und, falls vorhanden, der Reimstruktur lassen sich die dort versammelten Vierzeiler, Fünfzeiler, Sechszeiler etc. nicht auseinanderhalten. Umgekehrt kann man, um ein Beispiel zu nennen, die Strophenformen der Ode aufgrund ihres Versmaßes nicht nur von anderen Vierzeilern unterscheiden, sondern bei ihnen selbst auch zwischen mehreren Varianten differenzieren. Geht es um die Reimstruktur, sollte daran gedacht werden, dass die einfachen, besonders in der Volksliedstrophe des 19. Jahrhunderts verwendeten Schemata des Paarreims (aabb), des Kreuzreims (abab), des umschließenden Reims (abba) und des Schweifreims (aabccb) nicht die einzigen Möglichkeiten des Endreims sind. Beispiele für schwierigere Reim- und Strophenformen sind die Stanze und die Terzine.

Mit der Gedichtform erreicht die metrische Analyse die höchste Organisationsstufe. Wenn Gedichte aus mehreren Strophen bestehen, können sie diese in einer mehr oder weniger kunstvollen Gesamtstruktur integrieren. Während volksliedartige Texte gleichartige Strophen hintereinander zu reihen pflegen, sind Gedichtformen wie das Sonett oder die Sestine komplexer gebaut. Das Sonett verteilt seine 14 Verse meist auf zwei Quartette und zwei Terzette, die Sestine formt sich aus sechs Sechszeilern und einem abschließenden Dreizeiler, wobei die Strophen durch wiederkehrende Reimwörter miteinander verflochten sind. Natürlich gibt es auch Texte, die sich keiner traditionellen Strophen- oder Gedichtform zuordnen lassen.

Andere Aspekte der Formanalyse können hier nur stichwortartig erwähnt werden: Bei der Untersuchung des Satzbaus achtet man gezielt auf syntaktische Figuren, die für die Lyrik typisch sind, wie den Parallelismus oder die Inversion. Auch das Enjambement verdient ein besonderes Interesse, weil durch den Zeilensprung eine Spannung zur Vers- oder Strophenstruktur entsteht, die möglicherweise für die Bedeutung des Gedichts wichtig ist. Als lautliche Mittel kommen Assonanzen (vokalischer Gleichklang von betonten Silben), Alliterationen (konsonantische Übereinstimmung im Anlaut) und Formen der Onomatopoeie (Lautmalerei) in Betracht. Sie werden in Gedichten nicht nur für den Wohlklang, sondern häufig auch zur Sinnbildung eingesetzt.

Die Bildlichkeit von Gedichten wird hauptsächlich durch Metaphern, Metonymien, Personifikationen und Allegorien konstituiert. Bei diesen Tropen, die über die buchstäbliche Bedeutung hinaus einen übertragenen Sinn besitzen, ist klar, dass eine bloße Aufzählung der stilistischen Mittel nicht ausreicht. Allgemein kann als Maxime der Gedichtanalyse gelten, dass formale Beobachtungen nicht isoliert für sich stehenbleiben dürfen, sondern zusammen mit inhaltlichen Erkenntnissen in eine Gesamtinterpretation eingehen müssen.

Auch die anschließende Inhaltsanalyse von Gedichten geht am besten Zeile für Zeile, Strophe für Strophe vor. Nicht gut ist es jedoch, das Gedicht wie eine Geschichte nachzuerzählen. Vielmehr sollten erkenntnisleitende Fragen die Inhaltsanalyse strukturieren. Eine grundlegend wichtige Frage lautet: Aus welcher Perspektive wird im Gedicht gesprochen? In der Tradition der Erlebnis- und der Stimmungslyrik pflegt das ‹lyrische Ich› (eine literarische Figur, die nicht mit dem biographischen Ich des Autors identifiziert werden darf) die lyrische Rede zu perspektivieren. Seine Subjektivität artikuliert sich im Gedicht. Es gibt aber auch andere Möglichkeiten. So ist das mittelhochdeutsche Tagelied als Wechselrede von zwei Figuren gestaltet; und die neuhochdeutsche Ballade ähnelt einer auktorialen Erzählung, in der dialogische Partien eingelagert sein können. Von hier aus gelangt man zur zweiten Frage: Gibt es einen Adressaten? Während in der Erlebnis- und Stimmungslyrik die lyrische Rede häufig auf ein weder innerhalb noch außerhalb des Gedichts greifbares Du gerichtet ist, sind in dialogischen Gedichten die Sprecher auch Adressaten, und zwar innerhalb der fiktionalen Rollenstruktur. Dagegen sprechen Huldigungs- und Widmungsgedichte, ähnlich wie politische Agitationslyrik, Adressaten an, die sich außerhalb in der historischen Wirklichkeit befinden. Eine dritte Frage: Welche Inhalte werden in der lyrischen Rede artikuliert? Inhalte können subjektive Gefühle und Stimmungen, philosophische Ideen oder politisch-soziale Probleme sein. Eine vierte Frage: Welche Szenerie wird in der lyrischen Rede imaginiert? Man denke hier etwa an Natur-

und Landschaftsbilder. Eine fünfte Frage: Aus welchen semantischen Bereichen stammt das Wort- und Bildmaterial des Gedichts? Und eine sechste: Lassen sich intertextuelle Bezüge auf andere Texte erkennen, die zum Inhalt und Sinn des Gedichts beitragen?

Selbstverständlich gehört zur Analyse auch die Frage nach dem inhaltlichen Aufbau des Gedichts. Folgt dieser einer Argumentationslogik, einem Handlungsablauf oder einer Bildassoziation? Erst wenn man die Verse am Leitfaden solcher Fragen durchschritten hat, kann man versuchen, das inhaltliche Gefüge des ganzen Gedichts zu beschreiben. In diesem Zusammenhang lässt sich dann auch prüfen, ob das Gedicht symbolisch durchstrukturiert ist.

Das Ziel jeder Gedichtanalyse – zumindest, wenn diese sich einer hermeneutischen Methode des Sinnverstehens verpflichtet fühlt – ist es, die formalen und inhaltlichen Beobachtungen aufeinander zu beziehen und so in einer umfassenden Deutung zu integrieren. (Diese Maxime gilt auch für literarische Texte anderer Art.) Wie das geschehen kann, hängt freilich von der Struktur des jeweiligen Textes ab. Bei einem Erlebnisgedicht mag es sich anbieten, die Thematisierung von leidenschaftlichen Gefühlen mit der Wahl bestimmter Sprachformen, etwa eines stark rhythmisierten Versmaßes oder einer hochsuggestiven Naturmetaphorik, in Verbindung zu bringen. Bei einem Dinggedicht nach Art von Conrad Ferdinand Meyers «Der römische Brunnen» könnte das Augenmerk auf der Entsprechung zwischen dem ‹Wesen› des Gegenstands und der Gestalt des Gedichts liegen. Dagegen liegt es bei einem politischen Gedicht nahe, die formalen Mittel als eine rhetorische Technik zu interpretieren, die agitatorischen Zwecken dient. Natürlich ist es in manchen Fällen auch möglich oder nötig, die Diskrepanz zwischen Form und Inhalt herauszuarbeiten.

Zum Schluss sei erwähnt, dass der Text im formalen und inhaltlichen Zusammenhang eines Gedichtzyklus und/oder eines Lyrikbands stehen kann und sich dann entsprechend analysieren lässt.

Dramenanalyse

Der griechische Philosoph Aristoteles hat in seiner «Poetik» einen grundlegenden Beitrag zur Dramenanalyse geliefert, an dessen Systematik man sich bis heute orientieren kann. Zu Beginn unterscheidet Aristoteles zwischen Tragödie und Komödie. Die damit angesprochene Frage nach der Gattungszugehörigkeit ist bei jeder Dramenanalyse zu stellen, wobei allerdings berücksichtigt werden muss, dass die traditionelle Zweiteilung von Tragödie und Komödie im Laufe der Literaturgeschichte immer wieder durch Zwischen- und Nebenformen (etwa das ‹bürgerliche Trauerspiel› oder die ‹Tragikomödie›) aufgebrochen worden ist; außerdem passen manche Arten des Dramas (wie das mittelalterliche Passionsspiel oder moderne Einakter) überhaupt nicht ins Schema. Häufig besitzt das untersuchte Drama einen Untertitel, mit dem der Verfasser oder ein Herausgeber eine Zuordnung zu einem bestimmten Typus vornimmt. Doch sind solche Zuordnungen stets im historischen Kontext der Gattungspoetik zu interpretieren und immer am Stück selbst auf ihre Plausibilität zu überprüfen.

In seiner Definition der Tragödie führt Aristoteles mehrere Elemente auf, die das Drama als solches konstituieren und deshalb für die Analyse wichtig sind. Von besonderen Ausnahmen abgesehen, hat jedes Drama (mindestens) eine Handlung, in der Einzelereignisse zu einem Gesamtvorgang verknüpft sind. Die Handlung wird, zweitens, durch Figuren vollzogen, welche hauptsächlich als Redende erscheinen. Die Reden der Figuren sind, drittens, durch gewisse Mittel der Sprache gestaltet. Das Element der Inszenierung, die das geschriebene Stück zu einem aufgeführten Schauspiel macht, wird von Aristoteles als nicht unbedingt notwendig betrachtet und soll auch hier aus der Dramenanalyse ausgeklammert werden.

Was die Handlung betrifft, sollte in der Dramenanalyse möglichst prägnant zusammengefasst werden, was in dem jeweiligen Stück geschieht. Dabei kommt es vor allem darauf an, die Konflikte herauszuarbeiten, durch die die Handlung motiviert und strukturiert wird. In einer nach klassischem Muster zugeschnittenen Tragödie gibt es einen zentralen Konflikt, der im Verlauf des Stücks entwickelt wird.

Unter Berufung auf Aristoteles hat man in der Geschichte der Dramentheorie immer wieder versucht, aus der Entwicklung des Konflikts den Aufbau der Handlung zu begründen. Bis zur Renaissance dominierte die Dreiteilung in *prótasis* (Einleitung), *epítasis* (Verwicklung, Verwirrung) und *catastrophe* (Lösung), die dann zu einer Fünfteilung erweitert wurde, um sie der Zahl der Akte anzugleichen. Auf Gustav Freytag, einen Erfolgsautor des 19. Jahrhunderts, geht das folgende, auch heute noch in der Schule gelehrte Pyramidenschema der Tragödie zurück: 1. Einleitung mit Exposition des Konflikts, 2. Steigerung der Verwicklung, 3. Höhepunkt, 4. Umschlag (Peripetie) und ‹fallende Handlung›, 5. Katastrophe. Diesem Modell widersprechen freilich viele Tragödien, und zwar nicht erst in der Moderne. Zur Analyse von Komödien, deren Handlungsstruktur eher auf die Möglichkeit von zahlreichen Intrigen, Verwechslungen und Umschwüngen angelegt ist, eignet es sich noch seltener.

Während in antiken Dramen die Handlung durch den Wechsel von Figurenrede (episodeion) und Chorlied gegliedert war, hat sich in neueren Stücken die Aufteilung in Akte (Aufzüge) und Szenen (Auftritte) durchgesetzt. Die vor allem von französischen Autoren des 17. Jahrhunderts entwickelte Poetik des Klassizismus verbot nicht nur den Auftritt von mehr als drei Figuren in einer Szene, sondern auch solche Übergänge zur nächsten Szene, bei denen die Bühne für einen Moment leer bleiben würde. Außerdem verschärfte sie die Regel von den drei Einheiten der Handlung (keine Nebenhandlung), des Orts (nur ein Schauplatz) und der Zeit (nur ein Sonnenumlauf). Dramen, die sich an diese und andere Regeln des Klassizismus (etwa auch die Ständeklausel für die Figurenwahl und das Dezenzgebot für die Sprachgestaltung) halten, werden in einer von dem Literaturwissenschaftler Volker Klotz aufgestellten Typologie der ‹geschlossenen Form› zugerechnet. Umgekehrt zählt man Dramen, die in mehreren Punkten gegen die genannten Regeln verstoßen, zum Typus der ‹offenen Form›.

Bei der Analyse der Figuren ist die Frage sinnvoll, ob es sich um individualisierte Charaktere oder um soziale Typen handelt. Traditionell sind Charaktere in der Tragödie, Typen in der Komödie zu finden, doch wird auch diese Regel seit dem Ende des 18. Jahrhunderts durchbrochen.

Bei Charakteren sollte man untersuchen, wie sich die Persönlichkeit der Figur in ihren Monologen und Dialogen sowie in ihren Aktionen darstellt und wie sie sich im Fortgang der Handlung entwickelt. Bei Typen interessieren die Rede- und Verhaltensmuster, durch sie zu Repräsentanten bestimmter Gesellschaftsgruppen und -schichten werden. In beiden Fällen muss man über die einzelnen Figuren hinaus ihre verschiedenen Konstellationen im Drama unter die Lupe nehmen.

Die Sprachgestaltung, die schon für die Figurenanalyse sehr wichtig ist, lässt sich unter vielen Aspekten betrachten. Ganz allgemein sind Vers- und Prosadramen voneinander zu unterscheiden. Ist ein Stück in Versen geschrieben, werden diese einer metrischen Untersuchung unterzogen. Mit der Verslyrik haben Versdramen auch den häufigen Einsatz anderer Stilmittel gemeinsam, z. B. die Verwendung von Metaphern und Allegorien. Eigen sind ihnen bestimmte Formen der Figurenrede. Neben dem Monolog sei die Stichomythie genannt, eine in klassischen Stücken zur dramatischen Zuspitzung verwendete Art des Dialogs, bei der die Rede mit jedem Vers zwischen den Figuren wechselt. Mit der Stichomythie verbindet sich zuweilen das Stilmittel der Sentenz.

Zur Sprachgestaltung gehört natürlich auch die Wahl des allgemeinen Stilniveaus. Nach den Regeln der antiken und der klassizistischen Poetik müssen Tragödien im hohen Stil geschrieben sein, während Komödien eine niedere Sprache benutzen dürfen. Es handelt sich um einen bewussten Verstoß gegen diese Regeln, wenn in tragischen Stücken des Naturalismus die Umgangssprache mit ihren Dialekten und Soziolekten verwendet wird.

Eine gesonderte Betrachtung verdienen Bühnen- und Regieanweisungen, die bei den antiken Autoren kaum zu finden, in modernen Stücken zuweilen einen erstaunlichen Umfang besitzen. Diese Paratexte können wichtige Hinweise zur Gestaltung der Szenerie, zum Aussehen und Verhalten der Figuren, ja sogar zur Bedeutung des Stücks enthalten. Wenn sie einen großen Raum einnehmen, sollte man ihre sprachliche Gestalt eigens untersuchen.

Erzählanalyse

Bei der Analyse von narrativen Prosatexten – Versepen werden hier aus Platzgründen ausgeklammert – tendieren Studierende am stärksten dazu, die Form zugunsten des Inhalts zu vernachlässigen. Die Nacherzählung aus der Perspektive der Hauptfiguren, die man wie reale Personen im gesellschaftlichen Leben behandelt, ist die übliche Zugangsweise, die aber wissenschaftlichen Kriterien nicht genügt. Dieser nur in der Alltagskommunikation vertretbaren Praxis steht gegenüber, dass sich die Literaturwissenschaft gerade auf die Analyse von Erzählverfahren und Erzählstrukturen konzentriert und zu diesem Zweck spezielle Termini und Methoden verwendet. Auch in diesem Bereich lassen sich erkenntnisleitende Fragen formulieren:

Welche Stimme erzählt? Aus der Schule sind den Studierenden die Begriffe des auktorialen und des personalen Erzählers bekannt. Sie gehören zur Bestimmung der ‹Erzählsituation› (Franz K. Stanzel) eines Textes. In manchen Theorien unterscheidet man zwischen der Erzählform und dem Erzählverhalten. Was den ersten Punkt betrifft, so stellt man die Frage, ob die Geschichte in der Ich-Form, der Er-Form oder der (weit selteneren) Du-Form erzählt wird. Auch beim Erzählverhalten gibt es drei Möglichkeiten: Auktoriales Erzählen liegt vor, wenn ein Erzähler – der entweder als eigene Figur auftritt oder als eine Stimme aus dem ‹Off› spricht – das Geschehen von außen berichtet und kommentiert, wobei er häufig auch die Möglichkeit nutzt, sich gesprächsweise an den Leser zu wenden. Als allwissend kann man ihn nur dann bezeichnen, wenn er die ganze Geschichte überschaut und sogar in das Innere der beteiligten Figuren hineinsehen kann. Personales Erzählen ist dadurch gekennzeichnet, dass das Geschehen aus der beschränkten Sicht einer Figur dargestellt wird, die sich innerhalb der Geschichte befindet. Zu den besonderen Darstellungsweisen des personalen Erzählens zählen unter anderem die ‹erlebte Rede› und der ‹innere Monolog›. Von neutralem Erzählen lässt sich sprechen, wenn keine Figur – auch nicht die eines auktorialen Erzählers – die Geschichte perspektiviert, so in rein berichtenden oder rein dialogischen Erzähltexten bzw. Erzählpassagen. Vor allzu schnellen Schlüssen sei ausdrücklich gewarnt. Denn erstens können sich Erzählform und Erzählverhalten im Verlauf einer Geschichte verändern. Zweitens kann eine im Großen und Ganzen auktorial erzählte Geschichte auch personale Passagen enthalten. Drittens kann die personale Perspektive zwischen mehreren Figuren wechseln. Deswegen muss man immer die ganze Erzählung analysieren und seine Aussagen gegebenenfalls nach den Stellen im Text differenzieren.

Welche Geschichte wird erzählt? Systematisch lässt sich zwischen den Ebenen der Einzelereignisse, der Einzelgeschichten und der Gesamterzählung unterscheiden. Ist nur eine schlichte Form der Inhaltsanalyse verlangt, wird man als Literaturwissenschaftler die Begebenheiten zu einer Handlung zusammenfassen, die als Plot die Erzählung durchzieht; und wenn es mehrere Handlungen gibt, wird man zusätzlich ihr Verhältnis beschreiben. Anspruchsvoller ist es, in den Ereignissen und Begebenheiten bestimmte Motive als konstitutive Elemente zu erkennen und in der jeweiligen Geschichte eine Fabel zu identifizieren, die der Erzählung als Strukturmuster zugrunde liegt. (So ist der Ehebruch ein Motiv im Gesellschaftsroman des 19. Jahrhundert, und die Abfolge von Verführung, Sündenfall und Verstoßung ist eine – bis auf die biblische Geschichte von Adam und Eva zurückgehende – Fabel, auf der beispielsweise Theodor Fontanes Roman «Effi Briest» basiert.) Sind, wie häufig, die Motive und Fabeln durch die literarische Tradition vorgeprägt, sollte das an dieser Stelle der Erzählanalyse thematisiert werden. Auf der dritten Ebene untersucht man die Komposition der Gesamterzählung, wobei es nicht nur um das Verhältnis mehrerer Handlungen, sondern um die Verknüpfung aller wichtigen Inhalte zu einer umfassenden Beziehungs- und Bedeutungsstruktur geht.

Welche Zeitstruktur besitzt die Erzählung? Bei dieser Frage wird zwischen den Aspekten der Dauer, der Ordnung und der Frequenz differenziert. Zur Analyse der Dauer gehört die Messung der ‹erzählten Zeit› und der ‹Erzählzeit›, die dann ins Verhältnis gesetzt werden. Unter dem ersten Begriff versteht man die Dauer des erzählten Geschehens, etwa die zehn Jahre des Trojanischen Kriegs in Homers «Ilias»; dagegen meint der zweite Begriff die Zeit, die der Vorgang des Erzählens selbst braucht. Während die Messung dieser Zeit im Falle eines mündlichen Vortrags relativ leicht fällt, ist sie im schriftlichen Medium fast unmöglich; statt die durchschnittliche Dauer der Lektüre zu ermitteln, behilft man sich meist mit der Zählung der Seiten. Letztlich kommt es auf das Verhältnis zwischen den beiden Größen an. Möchte man doch bestimmen, wie das Geschehen in der Erzählung dargestellt wird: entweder zeitdeckend (so bei der vollständigen Wiedergabe eines Dialogs) oder zeitraffend (so bei einem kurzen Bericht über eine längere Handlung) oder aber zeitdehnend (so bei einer Art von Zeitlupe). Die meisten Erzählungen wechseln zwischen den unterschiedlichen Verfahren und erzeugen durch Beschleunigung und Verlangsamung einen speziellen Rhythmus. Das gilt auch für die zeitliche Ordnung der erzählten Ereignisse. Wieder lassen sich drei Verfahren unterscheiden. Erzählungen geben die Ereignisse entweder in chronologischer Reihenfolge wieder; oder sie unterbrechen an bestimmten Zeitpunkten die Chronologie, sei es, indem sie in Form einer Rückschau frühere Ereignisse berichten (Analepse), sei es, indem sie in Form einer Vorausschau spätere Begebenheiten darstellen (Prolepse). Der Aspekt der Frequenz verdient in vergleichsweise wenigen Fällen eine genauere Betrachtung, da das singulative Erzählen (ein einmaliges Ereignis wird einmal in der Erzählung beschrieben) die Regel ist; die iterative Form (was sich wiederholt ereignet hat, wird einmal erzählt) und die repetitive Form (was sich einmal ereignet hat, wird wiederholt erzählt) finden im größeren Maßstab kaum Verwendung.

Durch welche Erzählverfahren wird eine Sinnstruktur hervorgebracht? Generell können alle Verfahren, die in einem Text gebraucht werden, zu seiner Bedeutung beitragen. Hier sollen nur einige speziell für den Aufbau einer Sinnstruktur eingesetzte Erzähltechniken genannt werden. Auf der Ebene der Geschichte sind besondere Motive und Symbole wichtig. Das kann z. B. das merkwürdige Aussehen einer Erzählfigur oder ein wiederkehrendes Naturereignis sein. Durch Vorausdeutungen werden Ereignisse auch in einen größeren Sinnzusammenhang gestellt. Nebengeschichten, die die Hauptgeschichte spiegeln, dienen dem gleichen Zweck. Auf einer Metaebene geben die Reflexionen und Kommentare der Erzählerfigur häufig Deutungshinweise, denen man aber als Interpret nicht blind vertrauen darf. Ähnliches gilt für die Paratexte des Autors, also die Vorreden und Nachworte.

Durch welches Gattungsmuster ist der Erzähltext organisiert? Obwohl in vielen Fällen der Untertitel von Erzählungen auf die Gattungszugehörigkeit hinweist, behandeln wir diese Frage als letzten Punkt der Analyse. Denn Gattungen sind komplexe Organisationsmuster, die das Zusammenspiel der einzelnen Darstellungsinhalte und Darstellungsverfahren im Textganzen regeln. Wie eng oder weit die Regeln sind, unterscheidet sich bei den Gattungen. Während etwa die Gattung der Fabel seit der Antike auf ein kaum variiertes Inhalt-Form-Schema festgelegt ist, bietet die Gattung des Romans in der Moderne große Spielräume. Da sich die Regeln von Gattungen mit der Zeit verändern können (wenn auch nicht müssen), kann die diesbezügliche Frage nur im historischen Kontext, d.h. mit Blick auf die zeitgenössische Gattungspoetik und Schreibpraxis, beantwortet werden.

IV. Basismodul Germanistische Fachdidaktik

Am Ende mag jemand zu finden sein, der sich über ein Gedicht von Friedrich Hölderlin oder Paul Celan beugt und das Werk und seine Schönheit lesend begreift. Am Anfang hat dieser Jemand vermutlich seinen Finger von einem Buchstaben zum nächsten Buchstaben wandern lassen, um das Geheimnis der geschriebenen Wörter zu entschlüsseln. Dazwischen liegt der oft mühsame Erwerb einer Fülle unterschiedlicher Fähigkeiten vom elementaren Lesen und Schreiben bis zum Dichten oder Verfassen wissenschaftlicher Abhandlungen. Mit den Wegen, die vom Anfang des Schuleintritts bis zum Lernen im Erwachsenenalter führen, befasst sich die germanistische Sprach- und Literaturdidaktik.

Wie in vielen Disziplinen – so der Medizin oder der Soziologie – musste sich erst die Auffassung durchsetzen, dass sie auf der Grundlage derjenigen Wissensform betrieben werden sollte, die in der Moderne als die höchste und wirksamste gilt, der Wissenschaft. Das vollzog sich, was die Fachdidaktik betrifft, in den 1960er Jahren, als deutlich wurde, dass Schule und Universität den steigenden technologischen, sozialen und kulturellen Anforderungen der Gesellschaft nicht gewachsen sein würden und man auf eine Bildungskatastrophe zusteuerte. Für die bis dahin von praktischen Erfahrungen geprägten Lehrerberufe bedeutete dies eine Veränderung und Verlängerung des Berufswegs. Neben einem fachwissenschaftlichen Studium wurde nun eine gezielte fachdidaktische Ausbildung vorgeschrieben. Auch in der Reformphase der 1960er und 1970er Jahre herrschte weiterhin die von Wilhelm von Humboldt geprägte Vorstellung vor, dass sprachliche und literarische *Bildung* entscheidend zur gesamten Persönlichkeitsentwicklung beitrage. Deshalb setzte Hermann Helmers (1966), der Pionier der Verwissenschaftlichung der Lehrerausbildung im Fach Deutsch, auf die bildungstheoretische Fundierung durch die Allgemeine Didaktik (Wolfgang Klafki), als deren Spezialgebiet die *Fachdidaktik* ihren Namen erhielt. Die Fachdidaktik hat sich schon zu Beginn der 1970er Jahre aus dem Kontext der Allgemeinen Didaktik herausgelöst und ihre Forschungen zunehmend im Zusammenhang der Entwicklungen der Literaturwissenschaft und Sprachwissenschaft betrieben, ohne jedoch das *Berufsfeld Schule* aus den Augen zu verlieren. Sie bewegt sich heute in einem Spannungsfeld von Germanistik, der Institution Schule und pädagogisch-psychologischen Bildungs- und Lerntheorien (vgl. Bogdal 2005, 9 ff.). Die besonderen Leistungen der Fachdidaktik bestehen

- in der systematischen und reflektierten Vermittlung deutscher Literatur und Sprache,
- in der Arbeit am kulturellen Gedächtnis,
- in der Schaffung und im Erhalt elaborierter Fähigkeiten im Umgang mit komplexen sprachlichen und sprachlich-ästhetischen Gebilden,
- in der Beobachtung und Diagnose sprachlicher Defizite und (Kommunikations-)Störungen und in der Entwicklung von Methoden zur deren Beseitigung.

Obwohl die Fachdidaktik dazu befähigen soll, Literatur und Sprache in institutionellen Kontexten wie der Schule vor dem Hintergrund neuester Forschung zu vermitteln, lehrt sie kein praktisches pädagogisches Handeln. Sie ist auch kein Sprachrohr wechselnder pädagogischer Leitideen wie Emanzipation, soziale Verantwortung, effektives Lernen, Flexibilität usw. Ihre Probleme resultieren aus der Tatsache, dass sie ein Feld untersucht, das sowohl Texte, Subjekte und ihre Lebenswelten als auch Institutionen umfasst. Daher besteht stets die Gefahr, zu einer Anwendungswissenschaft der Sprach- und Literaturwissenschaft, der Erziehungswissenschaft oder der Soziologie zu werden. Wie jede moderne Humanwissenschaft muss auch die Fachdidaktik auf die *Wissensbestände* der ihr benachbarten Disziplinen zurückgreifen, um der Komplexität ihres Gegenstands gewachsen zu sein.

1. Sprachdidaktik

Die Sprachdidaktik beschäftigt sich grundlegend mit sämtlichen Aspekten der Sprachentwicklung im Schulalter. In jüngerer Zeit findet auch der vorschulische Spracherwerb von Kindern eine stärkere Beachtung (vgl. Quasthoff 2003, 107 ff.). Heute wird davon ausgegangen, dass Sprachunterricht in allen Schulfächern stattfindet, da Lernen von Sprache begleitet wird, wobei das Spektrum vom unbewussten bis zum zielgerichteten Handeln reicht (vgl. Knapp 2003, 589 ff.). Die systematische Ausbildung ereignet sich jedoch im Deutschunterricht, der heute als integrativer Literatur- und Sprachunterricht konzipiert ist.

In der Sprachdidaktik haben sich einige binnendisziplinäre Gliederungen durchgesetzt, die aus unterschiedlichen Perspektiven herrühren. Der Deutschunterricht war als nationales Bildungsprojekt des 19. Jahrhunderts *muttersprachlicher* Unterricht, dem die übergreifende Aufgabe der Stärkung des Nationalbewusstseins zufiel. Die Didaktik ignorierte weitgehend sprachliche Varietäten und Minoritäten und ging von der deutschen Hochsprache als Erstsprache aus. Erst seit den 1970er Jahren setzt sich die Erkenntnis durch, dass unterschiedliche Weisen des Spracherwerbs die Begründung einer spezifischen *Zweitsprachendidaktik* und einer *Fremdsprachendidaktik* (vgl. Huneke/Steinig 2000) des Deutschen erfordern.

Ein entscheidender Grund für die Entstehung des Deutschunterrichts in der Volksschule im 19. Jahrhundert war die Beseitigung des Analphabetismus, die wiederum eine Voraussetzung zur Entwicklung einer modernen Industriegesellschaft war. In ihr dominierte lange Zeit die Schrift als Kommunikationsmedium. Sie galt, wenn wir an Wissenschaft und Kunst denken, als Indikator für den Zivilisationsgrad der Gesellschaft. Entsprechend hoch wurde der Stellenwert des Schriftlichen für die Sprachentwicklung in der Schule veranschlagt. Dies bedeutete allerdings keineswegs, dass Formen des Mündlichen – meist in sprachpflegerischer Absicht oder in der Tradition der Rhetorik – aus dem Unterricht verschwanden. Doch erst mit den bahnbrechenden Forschungen zum Verhältnis von *Oralität* und *Literalität* seit

Ende der 1970er Jahre setzte in der Sprachdidaktik eine intensive Auseinandersetzung mit den jeweiligen Spezifika gesprochener und geschriebener Sprache ein, die zu einer sektoralen Schwerpunktbildung und zu einer stärkeren Beachtung des Bereichs der *mündlichen Kommunikation* führte.

Gewissermaßen quer dazu steht die Gliederung im Bereich der *Sprachproduktion* und der *Sprachrezeption*, die gleichermaßen Mündlichkeit (Sprechen – Hören) und Schriftlichkeit (Schreiben – Lesen) umfassen. Beide Bereiche haben vor allem durch psycholinguistische Theorien und Forschungen über die ‹Planbarkeit› des Sprechens und Schreibens (vgl. Feilke 2003, 178 ff.) sowie über kognitive Rezeptions- und Verarbeitungsprozesse neue Impulse für eine Didaktik jenseits der traditionellen Aufsatzlehre empfangen, die sich bis in die Methoden hinein auswirken (vgl. Feilke/Portmann 1996).

Die Curricula für den Deutschunterricht – in Deutschland in 16 Variationen der Bundesländer vorrätig – nennen in der Regel vier Lernbereiche: *Mündliche Kommunikation, Schriftliche Kommunikation, Umgang mit Texten, Reflexion über Sprache und Grammatik*, die sich als Kernbereiche auch in der Sprachdidaktik wiederfinden. Nimmt man die Primarstufe und vor- und außerschulische Sprachentwicklungen hinzu, lassen sich folgende Bereiche nennen:

- mündlicher Sprachgebrauch (Sprechen und Hören),
- schriftlicher Sprachgebrauch,
- Schrift und Rechtschreibung,
- Lesen,
- Grammatik,
- Sprachreflexion (Sprachbewusstheit, Sprachkritik).

Als Wissenschaft bewegt sich die Sprachdidaktik auf drei Handlungsfeldern. Sie beobachtet erstens das Sprachlernen, genauer die mündliche und schriftliche Sprachproduktion und -rezeption auf allen Schulstufen einschließlich der Kommunikation in Lehr-Lern-Prozessen. Zweitens entwickelt sie Strategien und Methoden zum Erlernen der Sprache, zur Förderung der Sprachentwicklung im Schulalter und zur Diagnose und Beseitigung von Sprachentwicklungsstörungen. Schließlich erforscht sie die Dimension kognitiver Leistungen von Sprache mit dem Ziel eines alters- und begabungsgemäßen Aufbaus des Deutschunterrichts.

Von der Sprachdidaktik wurden nach 1945 unterschiedliche Programme des Deutschunterrichts favorisiert, die bis heute in modifizierter und abgeschwächter Form Bestand haben. Zunächst dominierte der an traditionellen Grammatikvorstellungen orientierte *systematische Sprachunterricht*, der mit den kleinsten Einheiten von Buchstaben und Lauten einsetzte und über Wörter bis zu Wortarten und zur Syntax führte und mit Textsorten abschloss. In den 1970er Jahren wurde er durch den *kommunikativen Sprachunterricht* abgelöst, der unter nahezu vollständigem Verzicht auf das Erlernen von Regeln die kommunikativen Funktionen von Sprache – meist in der von Karl Bühler (1982) vorgeschlagenen Unterscheidung zwischen Appell, Ausdruck und Darstellung – in den Vordergrund rückte. Mit ihm konkurrierte der – primär mit Paul Watzlawick kommunikationstheoretisch begründete – *situations- und handlungsorientierte Sprachunterricht*, in dem die zur Bewältigung alltäglicher Sprachhandlungen erforderlichen Fähigkeiten und Fertigkeiten im Vordergrund stehen. In der Gegenwart dominiert der sogenannte *integrierte Sprachunterricht*, der die Vorteile der drei genannten Programme zu verbinden sucht und inzwischen die neue Generation schulischer Sprachbücher prägt. Im Bereich der mündlichen Kommunikation umfasst der integrierte Sprachunterricht Komponenten wie Wortschatzarbeit, Intention, Partnerbezug und Referenz, freie Rede, Wiedergabe, Stellungnahme und Kommentar, Argumentation und Diskussion, Nutzung von Sprachvarietäten, Gestik und Mimik und die Reflexion über Verständigung und Verständlichkeit.

Die Sprachdidaktik reagiert mit dem Konzept des integrierten Sprachunterrichts auf den Bedarf an individueller Sprachförderung, ohne dabei Regelwissen und kritische Reflexionsfähigkeit zu vernachlässigen.

2. Literaturdidaktik

Literale Gesellschaften, d.h. Gesellschaften, in denen in den meisten Teilbereichen wie Wissenschaft, Wirtschaft, Recht, Verwaltung, Religion usw. schriftliche Kommunikation vorherrscht, haben in der Umbruchphase von der Oralität zur Literalität die Erfahrung gemacht, dass sich Formen und Fähigkeiten der Schriftlichkeit nicht naturwüchsig tradieren, sondern systematisch erworben und gepflegt werden müssen. Im 18. Jahrhundert setzt sich in Deutschland Schriftlichkeit nicht nur im öffentlichen, sondern – mit der Entstehung einer bürgerlichen Brief- und Lesekultur – auch im privaten Raum durch. Kunst und Literatur differenzieren sich als relativ autonomes Teilsystem und lebensweltlicher Bestandteil der modernen Gesellschaft aus. Damit verändert sich auch das Autor- und Werkverständnis. Genialität und Originalität, Einzigartigkeit und Vieldeutigkeit erschweren den Zugang zur Literatur und setzen zur gelingenden Lektüre einen höheren Grad an Bildung voraus. Literarische Texte integrieren das Wissen ihrer Zeit und formen es nun ästhetisch auf eine Weise um, die bei der Lektüre eine besondere Verstehensleistung erfordert. Die neue Art der Textbegegnung ist als «hermeneutische Wende» bezeichnet worden, die «in der grundsätzlichen Reflexion und Deutungsabhängigkeit jeder, auch der automatisierten Sinnzuweisung und der Maxime, nichts für selbstverständlich zu halten» (Frank 1986, 120), bestand. Auf diese Weise zu lesen setzt beim Rezipienten hohe Kompetenzen voraus, welche die Hermeneutik als Lehre des Verstehens um 1800 systematisch zu beschreiben sucht. Deshalb muss sie zur Vorgeschichte der Literaturdidaktik gerechnet werden.

Schon Goethe und Schiller klagten darüber, dass selbst gebildete Leser nur unzureichend über das zum ‹wahren› Verstehen notwendige Wissen verfügten und daher zu den ‹falschen› Werken griffen. Historisch gesehen sind es zunächst die Schriftsteller selbst und die Literaturkritiker, die dieses Wissen *vermitteln*, dann Wissenschaftler und schließlich seit Mitte des 19. Jahrhunderts, auf breiter Basis, Literaturhistoriker und Deutschlehrer. Ihre primäre Tätigkeit besteht neben der philologischen Textpflege in der *Interpretation* der Werke, die aus hermeneutischer Sicht unabschließbar ist. Die Institutionalisierung der Vermittlung erschwert jedoch offene Deutungen. Die Leser akzeptieren im Gegenteil, wenn auch mit Unbehagen, den Anspruch der Institutionen Literaturkritik, Universität und Schule auf Verbindlichkeit ihrer Interpretation und Wertung, vor allem bei der kanonisierten Literatur. Diese Institutionen behaupten mit der Autorität der Wissenden, das komplexe Zusammenspiel textueller, intertextueller und kontextueller Faktoren methodisch geleitet und nachprüfbar zu beschreiben.

Die Professionalisierung der Literaturvermittlung von der Mitte des 18. bis zur Mitte des 19. Jahrhunderts zeigt, dass sich literale Gesellschaften nicht gleichgültig gegenüber kultureller Kontinuität verhalten, sondern materielle Ressourcen bereitstellen, um sie zu garantieren. Literaturvermittler regeln auf ihrem Gebiet auch das Verhältnis von Archiv, kulturellem Gedächtnis und je aktueller literarischer Kommunikation. Als legitimierte und legitimierende Instanzen mit Interpretationshoheit gewährleisten und schaffen sie Kontinuität, zunächst im Zuge der Nationenbildung in Gestalt einer deutschen «Nationalliteratur», dann in universalisierter Version als Nachweis des erreichten Bildungs- und Zivilisationsgrades (vgl. Bollenbeck 1996).

Die Literaturdidaktik erfüllt heute eine dreifache Aufgabe. Sie *agiert* als professionelle Literaturvermittlerin in den dargestellten Traditionen der Bewahrung kultureller Kontinuität. Als Teildisziplin einer Wissenschaft *beobachtet* sie zugleich die Vermittlungsprozesse. Schließlich *entwickelt* sie Strategien und Methoden zur schulischen Literaturvermittlung auf allen Altersstufen. Vermittlung bedeutet in einem allgemeineren Sinn die systematische, im öffentlichen Raum erfolgende und kontrollierte Deutung oder Interpretation literarischer Werke. Ihr Ziel liegt darin, Subjekte mit dem erforderlichen Wissen und den Fähigkeiten und Fertigkeiten auszustatten, die es ihnen ermöglichen, sich eigenständig und reflektierend die für ihre Lebensgestaltung bedeutsamen Werke anzueignen. Deshalb können diese Fähigkeiten auch nicht abgelöst von der jeweiligen Literaturentwicklung oder jenseits der lebensweltlichen kulturellen Praxis der Individuen nachhaltig erworben werden.

Dabei stellen sich heute neue Probleme. Wir können uns nicht mehr so sicher sein, ob die Gesellschaft nicht doch gleichgültig gegenüber kultureller Kontinuität wird und ob dies nicht damit zusammenhängt, dass die literale Gesellschaft, wie sie sich im 18. Jahrhundert herausgebildet hat, ihrem Ende entgegengeht. Zu konstatieren ist, dass drei hermeneutische Selbstverständlichkeiten, die die Vermittlung von Literatur im institutionellen Rahmen begründet haben, an Bedeutung verlieren:

- Historisch gewordene Werke erfordern historisches Verstehen;
- ästhetische Mittel konstituieren eine eigene Sinnebene;
- der Horizont subjektiver ästhetischer Wahrnehmung ist notwendig begrenzt.

Wenn der gegenwärtige Umbau der Schule dazu führt, dass Literatur immer weniger dem verbindlichen Bildungswissen und stattdessen dem individuellen Freizeitbereich zugeordnet wird, dann reißt zumindest in dieser Institution die kulturelle Kontinuität ab. Ein auf den Horizont subjektiver Wahrnehmung der Heranwachsenden begrenzter Literaturunterricht, wie er schon mancherorts Wirklichkeit ist, beschneidet die Didaktik um ihre Kernaufgabe, Strategien und Methoden der Vermittlung literarischer Tradition zu entwickeln. Vor diesem Hintergrund zeichnen sich die Aufgaben der Literaturdidaktik in der Gegenwart ab:

- Erforschung literarischer Sozialisation,
- Entwicklung eines Programms literarischer Bildung und schulischer Literaturstandards,
- Vermittlung literarischer Werke der Vergangenheit,
- Konzepte literarästhetischer Wahrnehmung und literarischen Lernens,
- Erforschung des Zusammenhangs von literarischem Leben der Gegenwart und der Lebenswelt der Heranwachsenden.

Die drei Handlungsoptionen der Literaturdidaktik, *Vermittlung von Literatur*, *Beobachtung von Vermittlungsprozessen* und *Konzeption von Strategien und Methoden der Vermittlung*, finden sich mit unterschiedlicher Gewichtung auf allen Feldern wieder, die von ihr bearbeitet werden. Über die wichtigsten Grundlagen soll nun Auskunft gegeben werden. Wer sich über dieses Basiswissen hinaus informieren will, der sei zum vertiefenden Studium auf die Literaturempfehlungen verwiesen.

Grundlagenwissen über Vermittlungsprozesse
Wer von *literarischer Sozialisation* spricht, bestimmt Lesen und Lektüre als Teil der Persönlichkeitsentwicklung, die nach dem Verständnis der pädagogischen Sozialisationstheorie (vgl. Hurrelmann 1993) entscheidend vom sozialen Umfeld abhängt. Wie diese Theorie allgemein kann man auch in unserem Fall zwischen gelungener, gestörter und misslingender literarischer Sozialisation unterscheiden. Die Ursachen eines Gelingens oder Scheiterns, die im komplexen Zusammenspiel von Umweltprägung, Lernen und individueller Formung zu finden sind, werden von der Literaturdidaktik seit langem systematisch erforscht (vgl. Eggert/Garbe 1995). Maßstab gelungener literarischer Sozialisation ist eine Persönlichkeit, die fähig ist, selbstbestimmt und kritisch am kulturellen Leben der Gesellschaft teilzunehmen. Insofern sollte die *sozialisierende Funktion* des Lesens nicht unterschätzt werden. Die im Jahr 2000 durchgeführte internationale PISA-Studie (Deutsches PISA-Konsortium 2001) hat allerdings offenbart, dass in Deutschland bei einem unerwartet hohen Anteil von Jugendlichen erhebliche Defizite im Bereich elementarer Lesefähigkeiten bestehen und dass das deutsche dreigliedrige Schulsystem nur unzureichend in der Lage ist, die durch Schichtzugehörigkeit bedingten Mängel zu beheben. Eine hohe Lesekompetenz kann nur in einem langen, kontinuierlichen Prozess erworben werden und bedarf systematischer Förderung.

Wichtige Einsichten lieferte die Lesesozialisationsforschung zum Vorschulalter. Es wurde empirisch nachgewiesen, dass die Weichen für eine Lesekarriere schon vor dem Schuleintritt in der Familie gestellt werden. Das Leseverhalten der Eltern übt ebenso wie das Vorlesen und die Beschäftigung mit Bilderbüchern einen wichtigen Einfluss auf die Motivation aus, Lesen zu lernen. Die Literaturdidaktik hat unterschiedliche Konzepte schulischer Leseförderung auf sämtlichen Schulstufen entwickelt, wobei *kompensatorische* Programme in der Sekundarstufe, der eigentlichen Schwachstelle der Leseerziehung, bisher nur unzureichend umgesetzt werden. In der Primarstufe ist die Phase unmittelbar nach dem Erwerb der Lesefähigkeit (ab dem 3. Schuljahr) besonders wichtig, weil hier die Motivation, das Erlernte zu erproben, besonders groß ist. Die Literaturdidaktik hat zahlreiche Strategien und Methoden – von besonderen Büchern für Erstleser über Vorlese- und Leserituale und der Einrichtung von Klassenbibliotheken bis zur gemeinsamen Lektüre von ‹Ganzschriften›, die nach Schülerinteressen ausgewählt werden – zur Diskussion gestellt, um das Leseverhalten positiv zu beeinflussen. Exzellent erforscht wird seit mehr als 20 Jahren die Lesesozialisation im Jugendalter. In dieser Entwicklungsphase findet erneut eine entscheidende Weichenstellung statt. Unter günstigen motivationalen Bedingungen intensiviert und habitualisiert sich das Lesen und entwickelt sich zum Bestandteil der Lebensgestaltung im Erwachsenenalter. Auf der anderen Seite kommt es zu einem Abbruch des Lesens, das später nur in Ausnahmefällen wiederaufgenommen wird. Beunruhigend ist das Ergebnis der PISA-Studie, dass in Deutschland 42 Prozent der 15-Jährigen nicht mehr freiwillig zu einem Buch greifen (PISA-Konsortium 2001, 115). Untersuchungen zum geschlechtsspezifischen Leseverhalten haben gezeigt, dass sich im Jugendalter die Lesehäufigkeit disproportional zuungunsten männlicher Jugendlicher verschiebt, unter denen, wenn sie untere Schulabschlüsse erreichen, schließlich der größte Teil der Nichtleser zu finden ist.

Bei den ‹Lesern› erweitern und differenzieren sich in der gleichen Entwicklungsphase die Fähigkeiten im Umgang mit Texten. Neben das *identifikatorische Lesen* tritt das *reflektierende Lesen*. Die ästhetischen Gestaltungsdimensionen der Literatur werden wahrgenommen, ebenso die durch die unterschiedlichen Gattungen gewonnenen Ausdrucksmöglichkeiten und das Spiel mit der Sprache. Auch die Fähigkeiten, Texte als Informationsquellen zu nutzen, nehmen durch die Aneignung systematischer Erschließungsmethoden zu.

Weiterhin ungeklärt bzw. von Vorurteilen gegenüber der Institution überschattet ist das Verhältnis schulischen Lesens und des Lesens in der Freizeit. Die Literaturdidaktik strebt ein übergreifendes, die unterschiedlichen *Funktionen des Lesens* – von der imaginären Wunscherfüllung und der Spannungsbearbeitung über das Rollenlernen und die Identitätssuche bis zum eskapistischen Lesen in der Pubertät und

Erkenntnisorientierung (vgl. Graf 2002, 57–60) – berücksichtigendes Gesamtkonzept zur Erlangung, Erhaltung und Steigerung der Lesefähigkeiten an und sieht im schulischen Deutschunterricht weiterhin den entscheidenden Ort, um dieses Ziel zu verwirklichen.

Während sich die Forschung zur literarischen Sozialisation mit der Subjektseite beschäftigt, konzentriert sich die *Kanonforschung* auf gesellschaftliche Selektionsprozesse, durch die Autoren und literarische Werke tradiert oder dem Vergessen anheimgegeben werden. Das Wissen über den kontinuierlichen oder diskontinuierlichen Verlauf literarischer Überlieferung, über deren Regeln und über die Ausformung des kulturellen Gedächtnisses zählt zu den Grundlagen der Literaturdidaktik.

In den Bildungsdebatten der letzten Jahre tauchte immer wieder die Vorstellung auf, dass die Schule den literarischen Kanon bestimmen müsse. Sie ist zwar – mit schwindender Legitimation – an der Kanonbildung beteiligt. Aber auch in der Zeit zwischen 1890 und 1960, in der ihr, wenn es sich um das Gymnasium handelte, in dieser Frage eine größere Bedeutung zugewiesen wurde, stellte sie nur eine unter mehreren legitimierenden Kanoninstanzen dar. Die literaturdidaktische Kanonforschung untersucht auf den Ebenen der Lehrpläne, der Schulprogramme, der Lehrmittel, der Verlagsprogramme, der Abiturthemen und der Erinnerungsdokumente von Tagebüchern über Briefe bis zu literarischen Werken den Einfluss der Schule als kanonbildende Institution (vgl. Korte/Zimmer/Jakob 2005). Daraus lässt sich jedoch noch keine Antwort auf die Frage ableiten, was *heute* in der Schule gelesen werden soll. Jede Lehrplanentscheidung, auch wenn sie methodisch oder pädagogisch mit dem aktuellen Schülerinteresse, der Zugänglichkeit, der Altersgemäßheit, dem ethischen Gehalt, den Minderheitenrechten usw. begründet wird, führt zu einer literarischen Kanonbildung und damit auch zu einem Ausschluss bestimmter Werke. So lässt sich in den beiden letzten Jahrzehnten beobachten, dass die deutsche Literatur des 19. Jahrhunderts – und hier insbesondere die Erzählliteratur des Realismus –, die sich aus pädagogischen Gründen seit 1900 hoher Wertschätzung erfreute, bis auf wenige Ausnahmen wie Theodor Storms «Der Schimmelreiter» oder Theodor Fontanes «Effi Briest» aus dem Schulkanon verschwunden ist. Dass heute kein gesellschaftlicher Konsens über einen verbindlichen Lektürekanon mehr herzustellen ist, zeigen die uneinheitlichen, von Willkür und Beliebigkeit nicht freien Lehrpläne der 16 Bundesländer. Die literaturdidaktische Kanonforschung könnte einen Beitrag dazu leisten, die Bildung des schulischen Lektürekanons rationaler und plausibler zu gestalten, indem sie die sehr unterschiedlichen Entscheidungskriterien wie kultureller Bildungswert, fachspezifische Eignung, schichten- und geschlechtsspezifische Wahrnehmung, Berücksichtigung von Minoritäten, Regionalität und Universalität durch Reflexion, Bewertung und Gewichtung transparent macht. Denn «Kanonbildung war und ist kein innerliterarischer Prozess, sondern eine kulturelle Selektionspraxis, deren Werte einen Bezug zur Alltags- und Lebenswelt haben» (Korte 2005, 63). Die literaturwissenschaftliche Kanonforschung (vgl. Heydebrand 1998) beobachtet diesen Selektionsprozess, die Literaturdidaktik greift in ihn ein, indem sie durch die Kanonreflexion nicht nur Erinnerungsarbeit leistet (vgl. Korte 2005, 67), sondern durch Interpretationen schulische Lektüren legitimiert.

Die ästhetischen Gestaltungsmöglichkeiten der Literatur werden elementar als *Gattungsunterschiede* wahrgenommen. Deshalb hat sich die Literaturdidaktik intensiv mit der Vermittlung der besonderen Ausdrucksformen des Lyrischen, des Dramatischen und des Erzählens beschäftigt. Die Unterschiede bieten einen ersten Hinweis darauf, dass Literatur mehr umfasst als Kommunikation und Informationsübermittlung. Das jeweilige ‹Anders-Sagen› der literarischen Gattungen markiert in seiner ‹Künstlichkeit› eine deutliche Differenz zur Alltagskommunikation und verlangt nach einer angemessenen Lesart. Die vielfältigen Ausprägungen, welche die Gattungen allein in der Neuzeit erfahren haben, müssen erkannt und im historischen Wandel begriffen werden. Lyrik wird in der Didaktik, ausgehend von poetologischen Selbstverständigungstexten der Moderne von Hofmannsthal über Brecht und Benn bis zu Enzensberger und Hilde Domin, meist «in Verbindung gebracht mit Entfaltung von Sprachreflexion und Sprachbewusstsein, mit der Resistenz gegenüber Ideologien und vorgefertigten Wirklichkeitsmodellen, mit dem Aufbau eines dialogischen

Verhältnisses zur Welt aus der Bereitschaft, sich dem offenen Reflexionsangebot des Gedichts zu stellen, schließlich mit einer aus sprachlicher Sensibilität geförderten Ich-Stärkung und Identitätsfindung» (Korte 2005, 213). Erzählende Texte (Romane und andere epische Formen) geben vor dem Hintergrund einfacher Formen der Alltagserzählung den Blick frei auf höchst komplexe Erzählstrukturen, mit deren Hilfe, z.B. des Romans des 20. Jahrhunderts tiefe Einsichten über gesellschaftliche (Fehl-)Entwicklungen vermittelt wurden oder das Vergessene, Verlorene, Verdrängte in der Erinnerung bewahrt werden konnte. Die Dramendidaktik (vgl. Bogdal/Kammler 2005) hat sich erst spät aus dem Klammergriff der Pädagogik befreien können, zumal eine nicht unbedeutende Zahl bedeutender Dramenschriftsteller von Schiller bis Brecht mit ihren Stücken selbst erzieherische Ziele verfolgte. Sie konzentriert sich heute einerseits auf die Vermittlung der grundlegenden Elemente des Dramas: Figur, Dialog und Handlung und betont den performativen Charakter und damit die Aufführungs- und Inszenierungspraxis des Theaters. Andererseits entwickelt sie unterschiedliche Modelle einer kreativen Aneignung vom Rollenspiel bis zum Schultheater.

Im Zentrum des Literaturunterrichts steht immer noch die Lektüre literarischer Werke, die als kritische Aneignung vom gegenwärtigen Standpunkt aus und als Verstehen der historischen Dimension organisiert wird. Die *Interpretation* wurde bis in die 1970er Jahre hinein als ein von subjektiven Vorlieben der Lehrenden und von deren Willkür geprägter Vorgang empfunden. Das Unbehagen an einer theoretisch-systematisch unterkomplexen Praxis des Interpretierens, die zudem meist die historische Perspektive vernachlässigte, führte zur Forderung nach einer empirisch fundierten, durch textlinguistische, rezeptions- und kognitionspsychologische Ergebnisse abgesicherten *Textanalyse*. Diese konnte sich jedoch nur für einen kurzen Zeitraum partiell durchsetzen, weil sie die Subjektseite ebenso vernachlässigte wie die ästhetische Dimension. Etabliert haben sich neben den aus der *Rezeptionsästhetik* heraus entwickelten handlungs- und produktionsorientierten Verfahren (vgl. Waldmann 1984) *hermeneutische Modelle* literarischen Verstehens (vgl. Frank 1986) und eine von neueren, antihermeneutischen Literaturtheorien (Diskursanalyse, Dekonstruktion, Konstruktivismus) sich herleitende, die Voraussetzungen der Interpretation reflektierende Konzeption der *Lesarten* von Literatur (vgl. Förster 2000). Mit der Schärfung des methodischen Bewusstseins und der Differenzierung der Interpretationsverfahren antwortet die Literaturdidaktik auf den kulturellen Wandel zu einer Mediengesellschaft. Sie begegnet damit dem Verlust an traditionellem Bildungswissen. Dieses Wissen bildet immer noch die Voraussetzung des Verstehens literarischer Werke, die ihrerseits – kritisch-destruktiv oder spielerisch-produktiv – kulturelle Traditionen fortschreiben.

3. Mediendidaktik

Konzepte einer systematischen und curricular verbindlichen schulischen Medienerziehung existieren, angestoßen durch den Orientierungsrahmen der Bund-Länder-Kommission für Bildungsplanung von 1995, erst seit einigen Jahren. Vorausgegangen waren im Zuge der Bildungsreformen der 1960er und 1970er Jahre vorgetragene Versuche einmal der Erziehungswissenschaften (vgl. Baacke 1973) und der Deutschdidaktik (vgl. Kübler 1981). Sie zielten, von der Kritischen Theorie beeinflusst, auf eine der modernen Mediengesellschaft angemessene Erziehung zur Medienkritik bzw. zum selbstbewussten Mediengebrauch der Heranwachsenden. Während die frühen Konzepte noch annahmen, die Individuen zu einer distanzierten Haltung gegenüber den Massenmedien erziehen zu können, gehen spätere, die sogenannten Neuen Medien einbeziehende Entwürfe von einer irreversiblen Entwicklung der Massenkommunikation aus, die sie als Teil eines zu bewältigenden Lebensalltags betrachten (vgl. Tulodziecki 1992; Schill/Tulodziecki/Wagner 1992; Kepser 1999).

Die im «Orientierungsrahmen» der Bund-Länder-Kommissionen 1995 beschriebenen medienpädagogischen Aufgaben legen es nahe, ein neues Fach «Medien/Kommunikation» in der Schule einzurichten. Diesen Weg ist mit Ausnahme Sachsens aber kein Bundesland gegangen. Stattdessen wurden für die Bewältigung der neuen Aufgaben «Leitfächer» gewählt: neben den bildungspolitisch vernachlässigten und deshalb aussterbenden Fächern Kunst und Musik in den meisten Ländern das Fach Deutsch. Deshalb ist es erforderlich, sich neben dem sprach- und literaturdidaktischen auch ein mediendidaktisches Grundlagenwissen anzueignen.

Die von wirtschaftlichen Interessen und ideologischen Momenten nicht freien Forderungen nach einem der Medienrevolution, d. h. einem der audiovisuellen Wahrnehmung angepassten Schulunterricht, wurden durch die für Deutschland katastrophalen Ergebnisse der PISA-Studie (Deutsches PISA-Konsortium 2001), die Schriftwahrnehmung und Lesekompetenz betreffen, wieder in den Hintergrund gedrängt (vgl. Hurrelmann 2003). Während im erziehungswissenschaftlichen Diskurs über Medien weiterhin allgemeine kulturanthropologische Betrachtungen vorherrschen, wendet sich die fächerorientierte Mediendidaktik stärker den Zusammenhängen von Lese- und Mediensozialisation der Heranwachsenden und von Lese- und Medienkompetenz zu. Was bisher fehlt, ist eine kritische Untersuchung der im letzten Jahrzehnt entstandenen Unterrichtsmaterialien zum Literatur- und Sprachunterricht, in denen zunehmend audiovisuelle Elemente die schriftsprachlichen Anteile zurückdrängen.

Inzwischen hat sich die Erkenntnis durchgesetzt, dass das Ende der Vorherrschaft eines bestimmten Kommunikationsmediums wie des Buchs in der Gegenwart erstens nur zu Verschiebungen innerhalb des Gesamtsystems der Medien führt und zweitens nicht zwangsläufig mit dem Verlust vormals erworbener Medienkompetenzen verbunden ist. An solche Einsichten knüpft Norbert Groeben (2002) in seinem für das Forschungsprojekt «Lesesozialisation in der Mediengesellschaft» entwickelten Modell von *Medienkompetenz* an. Medienkompetenz ist nach diesem Konzept «weder angeboren noch universell, sondern wird durch historisch und kulturell spezifische Sozialisationsprozesse erworben» (Hurrelmann 2003, 15). Es nimmt vor allem «medienspezifische Rezeptionsmuster» ernst, also auch die des ‹Mediums› Schrift. Der Lernprozess reicht vom elementaren «Medialitätsbewusstsein» über «medienbezogene Kritikfähigkeit» bis zu «Anschlusskommunikationen» im Unterricht, die in literaturdidaktischer Terminologie als methodengeleitete Interpretationen bezeichnet würden.

Dass eine Verbindung von Lese- und Medienkompetenz jedoch Auswirkungen auf das Selbstverständnis des Fachs Deutsch, seine Schwerpunktsetzungen, Gegenstandsbereiche und Methoden haben wird, darauf hat Jutta Wermke schon vor einigen Jahren hingewiesen (vgl. Wermke 1997, 27–29). Eine die Medialität der Literatur berücksichtigende Germanistik beobachtet unter den Stichworten *Intermedialität* und *Intertextualität* historisch und systematisch Austauschprozesse unterschiedlicher Medien und versucht, universelle Gemeinsamkeiten etwa der Gedächtnisbildung oder der Erzählverfahren zu beschreiben. Ein solcher Akzent könnte auch im Deutschunterricht gesetzt werden.

Damit würde aber indirekt die bisherige Zielvorstellung, die Vermittlung *schriftkultureller* Kenntnisse und Fähigkeiten, relativiert. Auf der anderen Seite würde damit eine Annäherung an die kulturellen Lebenswelten der Unterschichten vollzogen, deren Entqualifizierung im Bereich der Lesekompetenz (Reading Literacy), wie die PISA-Untersuchungen zeigen, ohnehin fortschreitet. Schriftkultur und Elitebildung würden dann, wie vor dem Zeitalter der Industrialisierung und Massenbildung, wieder in einen engeren Zusammenhang rücken.

Die medieninteressierte Deutschdidaktik sucht nach einer Phase kulturkritischer Abwehr in den 1970er Jahren nun nach pragmatischen Wegen für den Deutschunterricht sämtlicher Schulstufen. In erster Linie überträgt sie die grundlegenden, standardisierten Formen mündlicher und schriftlicher Kommunikation im Deutschunterricht wie Nacherzählung, Inhaltsangabe, Beschreibung, Erörterung usw. modifiziert auf andere Medien als das Buch (vgl. Wermke 1997, 40f.) und nutzt die Attraktivität vor allem des Audiovisuellen für die Wissensvermittlung z.B. mit CD-ROMs für den Literaturunterricht der gymnasialen Oberstufe. Vertiefte Kenntnisse über Intermedialität sowohl auf der Ebene der Produktion als auch der Rezeption verlangt die unterrichtliche Auseinandersetzung mit der Kinder- und Jugendliteratur, die heute in der Regel nur noch als Element eines «Medienverbundes» (Wermke 1997, 67ff.), d.h. in Kombination mit Hörkassetten, Filmversionen, Fernsehserien, PC-Spielen und sogenannten Merchandising-Produkten, Verbreitung findet.

Erfolgversprechende Konzepte einer Didaktik des Hörens (vgl. Wermke 2000; DU 2004) und einer «Sehschule» des Films (vgl. Kern 2005) weisen in die Richtung eines Deutschunterrichts, in dem die Medien in einen Zusammenhang mit der Fähigkeit zur ästhetischen Wahrnehmung und zur Beurteilung ihres jeweiligen ‹Kunstgrades› gerückt werden. Diese Konzeptionen schlagen als produktive Reaktion auf den Medienwandel eine «Umorientierung hinsichtlich der ästhetischen Kompetenz» (Kern 2005, 217) vor und monieren zu Recht, dass ohne die Kenntnis z.B. einer Semiotik des Films und dessen spezifischer Konstruktion von Zeit, Körper und Raum, ohne Kenntnis der Genres vom Actionfilm bis zum Melodram, ohne Wissen über die visuellen kulturellen Kodes und Kollektivsymbole und über einen Kanon von Filmklassikern der Unterricht dilettantisch ausfallen wird. Anders als bei der neueren Sprachdidaktik und ihren Forschungen zur Sprachproduktion und -rezeption sowie der Literaturdidaktik und ihren langen Traditionen der hermeneutischen Interpretation, steckt die Umsetzung der Forschungen, z.B. über medienspezifische Wahrnehmungen in Konzepte der Vermittlung von Medienkompetenzen, noch in den Anfängen.

V. Aufbaumodul Germanistische Sprachwissenschaft

1. Sprachgeschichte vom Mittelalter bis zur Gegenwart – ein Überblick

Sprachgeschichte und Sprachwandel – ein Thema für Laien und Sprachwissenschaftler

Seit Saussure ist in der Sprachwissenschaft die Unterscheidung von Synchronie und Diachronie üblich; die historische Linguistik versteht sich also als diachrone Sprachwissenschaft, die sich mit sprachlichen Systemen und ihren Veränderungen in historischer (Längsschnitt-)Perspektive beschäftigt. Ihre wichtigsten, bis heute aktuellen Fragen sind:

1. Woher kommen die Sprachen, welches ist ihr Ursprung? Die Frage nach dem Ursprung von Sprache(n) ist von jeher ein legitimer Forschungsgegenstand von Biologie und Anthropologie. Die linguistischen Sprachursprungstheorien des 19. und frühen 20. Jahrhunderts werden heute von der historischen Sprachwissenschaft nicht mehr ernsthaft diskutiert; sie bleiben aber Gegenstand anregender Spekulation.

2. Gibt es eine Geburt von Sprachen? Wie lange «leben» sie, und wann bzw. warum «sterben» sie? Nur in biologistischen oder organizistischen Konzepten kann man (im metaphorischen Sinn) vom «Leben und Sterben der Sprachen» sprechen. Die Schöpfung neuer Sprachen (z.B. Esperanto) oder die Konstruktion von Kunstsprachen (z.B. in Mathematik oder Informationstechnologie) hat nichts mit der Entstehung natürlicher Sprachen zu tun. Allerdings können auch natürliche Sprachen immer wieder entstehen, durch Sprachmischung, Sprachkreuzung oder Derivation (z.B. die Kreol- oder die sogenannten Pidginsprachen).

Sprachen können verschwinden (nicht «sterben»), wenn ganze Sprachgemeinschaften sie aufgeben – oder wenn der letzte Muttersprachler verstorben ist (z. B. das Manx der Isle of Man).

3. Gibt es Verwandtschaften zwischen Sprachen, ja Sprachfamilien? «Verwandtschaften» zwischen Sprachen gibt es überall auf der Welt, wenn diese denselben Ursprung haben und darum Teile ihres Systems gleich oder ähnlich sind. Für die meisten Sprachen ist ihre Zugehörigkeit zu größeren Sprachfamilien erforscht; auch die «engere» oder «weitere Verwandtschaft» kann anhand linguistischer Merkmale gut untersucht werden.

4. Warum verändern sich Sprachen, und was verändert sich an ihnen? Die Frage nach dem «Warum» kann mit den Mitteln der Sprachwissenschaft kaum sinnvoll beantwortet werden, aber das «Was» der Veränderung ist ein wichtiges Forschungsfeld der historischen Linguistik. Sofern es mündliche oder schriftliche Sprachzeugnisse gibt, ist durch Vergleiche gut nachzuweisen, was sich in historischer Zeit an den Sprachen verändert hat.

Vorgeschichte des Deutschen: Indoeuropäisch und Urgermanisch

Zu Beginn des 19. Jahrhunderts wurden nach und nach die historischen Beziehungen vieler Sprachen aufgedeckt; sie zeigten, dass das Deutsche und die meisten europäischen Sprachen Mitglieder einer großen Sprachenfamilie, des Indoeuropäischen (Ieur.), sind. Die Verwandtschaftsbeziehungen – auf der Lautebene, in der Morphologie und der Lexik – sind heute für die meisten Sprachen gut erforscht. Ob und in welcher Form es jedoch eine gemeinsame ieur. Ursprache gegeben hat, ist nur indirekt, d. h. durch Sprachvergleich, zu rekonstruieren; es gibt keine schriftlichen oder mündlichen Quellen.

Ein eigenständiger Zweig des Ieur. ist die Familie der germanischen Sprachen, die sich mit einiger Sicherheit auf einen gemeinsamen Ahnen, das Gemein- oder Urgermanische (Urgerm.), zurückführen lässt. Das Siedlungsgebiet dieser Volksgruppe ist indessen schwer nachzuweisen; vieles (vor allem die neuen Wortschätze des Germanischen und archäologische Funde) spricht jedoch für die Gebiete um die westliche Ostsee: die Küsten Südskandinaviens, das heutige Dänemark und die norddeutsche Küstenlandschaft zwischen Weser- und Odermündung. Anlass für die Ausgliederung des Urgerm. aus dem Ieur. war vermutlich die Wanderung von Stammesverbänden und die Neubesiedlung dieser Gebiete, die etwa um das Ende des 3. Jahrtausends v. u. Z. stattgefunden haben muss. Die wichtigsten sprachlichen Neuerungen waren (nach Stedje 1989, 41):

- die Lautverschiebung,
- der Akzentwandel,
- die damit zusammenhängende Vereinfachung des ieur. Endungssystems,
- die hierdurch beginnende Entwicklung vom synthetischen zum analytischen Sprachbau,
- die Systematisierung des Ablauts bei starken Verben,
- die Herausbildung der schwachen Verben und der schwachen Adjektivflexion.

Die Lautverschiebung, auch die erste oder germanische Lautverschiebung genannt, führte zu einigen Änderungen im Konsonantensystem. Die ieur. stimmlosen Verschlusslaute /p/, /t/ und /k/ wurden zu germanisch /f/, /þ/ (wie das stimmlose engl. /th/ in *thing*) und /x/ (der hochdt. ach-Laut) verschoben; dieser ach-Laut verblasste später zu /h/. Einige Beispiele (mit ieur. Erbwörtern):

- lat. *pellis* dt. *Fell*; lat. *nepos* ‹Enkel› dt. *Neffe;* lat./gr. *octo* dt. *acht;* lat./gr. *pater* mhd. *fater;* lat. *tres* ahd. *thri*, engl. *three*
- Die Verschiebung von /p/, /t/ und /k/ fand nicht statt in bestimmten Lautverbindungen wie /st/, /sp/ und /sk/.
- Die zweite Konsonantengruppe, die (fast) durchgängig von der germ. Lautverschiebung erfasst wurde, bilden die ieur. stimmhaften Verschlusslaute /b/, /d/ und /g/, die zu urgerm. /p/, /t/ und /k/ verschoben wurden; Beispiele: *labium* dt. *Lippe;* griech. *kardia* engl. *heart:* lat. *genu* dt. *Knie.*

Laut- und Formveränderungen bilden die wichtigsten formalen Veränderungen bei der Herausbildung des germanischen Systems; dazu kommen lexikalische Veränderungen, bei denen viele neue Wörter in den Wortschatz aufgenommen werden.

«An dem erweiterten Wortbestand der Germanen können wir die Fortschritte gegenüber der älteren Zeit erkennen. Die ‹Urgermanen› lebten in einer Bronzezeitkultur, also bequemer als ihre Vorfahren. Sie wohnten und aßen besser *(Bett, Stuhl, Wiege, Brot, Kuchen, Brei, Mus)*, hatten mehr Werkzeuge *(Spaten* [...], *Säge, Sense)*, kleideten sich besser *(Hemd, Rock, Hose* [...] *Kleid, Haube)* und wuschen sich mit *Seife*. Die neuen Wörter für Küstenlandschaft, Seefahrt und Fischfang *(Schiff, Segel, Dorsch* u. a.) und für nördliches Klima *(Reif, Frost)*, sagen etwas über die Heimat der Germanen aus [...]; und Wörter wie *König, Volk, Erbe, Ding* (‹Gericht› [...]), *Sache* (‹Rechtssache›), *schwören, Buße, Bann* zeugen von ihrem Staats- und Rechtswesen.» (Stedje 1989, 42 f.)

Die germanische Sprachenfamilie, die sich etwa zur Zeitenwende aus dem Urgerm. entwickelt hatte, entfaltete sich in der Folgezeit zu den folgenden Sprachgruppen und Einzelsprachen:

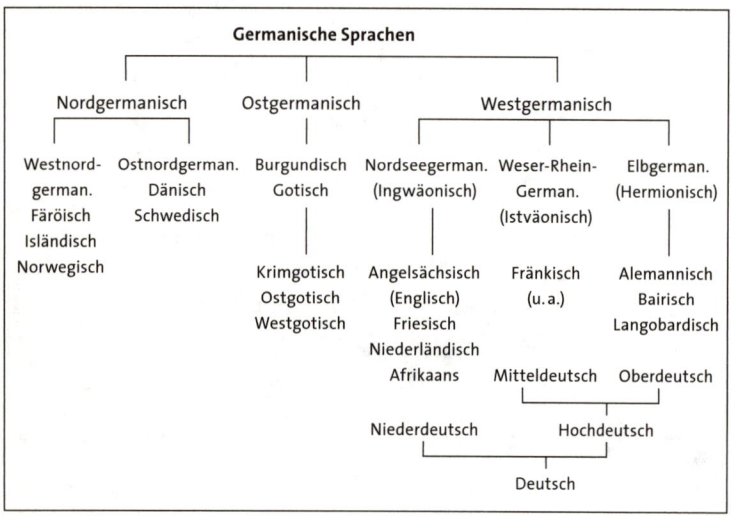

Schaubild nach Bußmann 2002, 251

Zur Geschichte des Hochdeutschen

Althochdeutsch
Für die Geschichte des Neuhochdeutschen (Nhd.) ist die nächste Entwicklungsstufe von Interesse: die Ausgliederung des Althochdeutschen (Ahd.) aus der Gruppe der elb- und weser-rheingermanischen Dialekte. Der Begriff Ahd. steht nicht für eine einheitliche Sprache, sondern für mehrere großräumige oberdeutsche (od.) Dialekte, zu denen vor allem das Alemannische und Bairische gehören. Von dieser Entwicklung wurden wahrscheinlich auch das Westfränkische (Sprache der Franken, die Gallien eroberten) und das Langobardische erfasst; Letztere verschwanden allerdings im 9. bzw. 10. Jahrhundert.

Das Ahd. zeigt noch die vollen Endsilbenvokale des Germanischen und einen großen Formenreichtum. Die Veränderungen zum Ahd., die man als die zweite oder althochdeutsche (ahd.) Lautverschiebung bezeichnet, begannen wahrscheinlich schon im 6. Jahrhundert (sichtbar werden sie in den ersten schriftlichen Zeugnissen um die Mitte des 8. Jahrhunderts) und waren etwa um 1050 im od. Raum weitgehend abgeschlossen.

- Im Lautbestand lassen sich verschiedene Entwicklungen feststellen; die auffälligste lautliche Erscheinung des Ahd. ist der **Umlaut**, das bedeutet:
- Die Vokale /a/, /o/ und /u/ der betonten Silben werden zu /ä/, /ö/ und /ü/ umgelautet, wenn in der Folgesilbe ein /i/ oder /j/ enthalten war; vgl. gotisch (got.) *full-jan*, ahd. *ful-jan*, mittelhochdeutsch (mhd.) und neuhochdeutsch (nhd.) *füllen*; got. *laus-jan*, mhd. und nhd. *lösen*; got. *haus-jan*, nhd. *hören*.
- Sowohl bei den Verben als auch bei Substantiven wird der Umlaut nach und nach morphologisiert, das heißt, er markiert grammatische Funktionen, etwa den Plural bestimmter Substantive *(Vater – Väter; Bruder – Brüder)* und den Konjunktiv bei Verben *(boten – böten; wurden – würden)*.

Auch im Konsonantensystem brachte die hd. Lautverschiebung gravierende Veränderungen; hier sollen nur die wichtigsten erwähnt werden:

- Die stimmlosen Verschlusslaute /p/, /t/ und /k/ werden im Ahd., wenn sie am Ende der Silbe stehen, zu den stimmlosen Reibelauten /f/, /s/ und /x/ (ach-Laut) verschoben; vgl. engl. *ship, book, foot* – nhd. *Schiff, Buch, Fuß*.

- Die Laute /p/, /t/ und /k/ werden zu den Affrikaten («angeriebenen» Lauten) /pf/, /ts/ und /kx/ verschoben, wenn sie am Wort- bzw. Silbenanfang stehen: vgl. z.B. das frühe Lehnwort *persicum* (Frucht des *malus persicus*), nhd. **Pfirsich**.
- Die Verschiebung nach /pf/, /ts/ (geschrieben /z/) und /kx/ (etwa in schweizerdt. *Kchind*) tritt auf im Anlaut, bei Lautverdoppelung (pp, tt) und nach Konsonant (*stampfen*).
- /p/ wird jedoch nach Liquiden (/l/ und /r/) zu /f/: westgerm. *helpan* → ahd. *helfan*; westgerm. *werpan* → ahd. *werfan*.
- Andererseits werden die wgerm. stimmhaften Verschlusslaute /b/, /d/, /g/ zu /p/, /t/, /k/ verschoben, wenn die Lautumgebung gewisse Bedingungen erfüllt (vgl. Wells 1990, 84 ff.).

Auch der Wortschatz, der ja die kulturelle und politisch-soziale Entwicklung einer Gesellschaft in besonderer Weise spiegelt, erlebt in der Epoche des Ahd. eine Reihe von Veränderungen. Die überlieferten Dokumente zeigen, dass die Schriftkultur noch weitgehend von Klerikern beherrscht wird. Da die Sprache der Wissenschaft (Theologie, Philosophie) und der Glaubenslehre Latein ist, werden in dieser Zeit zahlreiche Ausdrücke aus dem Lateinischen (und einige aus dem Griechischen) ins Ahd. übernommen. Schon zur Zeit der römischen Herrschaft im westlichen und südlichen Germanien (1.–4. Jahrhundert) gibt es eine große Zahl von lateinischen Lehnwörtern; über 500 Elemente sind dokumentiert, von denen sich die meisten bis ins Nhd. erhalten haben. Die Entlehnungen dieser ersten lateinischen Welle sind daran zu erkennen, dass sie die zweite Lautverschiebung mitgemacht haben; vgl.:

lat. *planta* → hd. *Pflanze, campus* → *Kampf, pilum* → *Pfeil*,
lat. *discus* → *Tisch, tegula* → *Ziegel, strata* → *Straße*,
lat. *persicum* → *Pfirsich* usw.

Die Zeit der Christianisierung (vom Ende des 7. bis Mitte des 9. Jahrhunderts) bringt eine zweite Welle von lateinischen Lehnwörtern, in der vor allem Wortschätze der Glaubenslehre, der Liturgie und des Sakralbaus ins Ahd. (und ins Altsächsische) übernommen werden:

lat. *papa* → dt. *Papst*, mittellat. (mlat.) *clostrum* → *Kloster*, mlat. *capellanus* → *Kaplan*, lat. *cella* → *Zelle*, lat. *predicare* → *predigen* usw.

Mittelhochdeutsch

Nach einer Übergangszeit zwischen 1050 und etwa 1150 beginnt sich eine neue überregionale Sprache in den oberdeutschen (od.) und mitteldeutschen (md.) Dialektgebieten herauszubilden: das Mittelhochdeutsch (Mhd.). Während die ahd. Sprachzeugnisse die jeweiligen regionalen Dialekte verwenden, handelt es sich beim (klassischen) Mhd. erstmals um eine dialektübergreifende Verkehrssprache, die in weiten Gebieten der md. und od. Feudalherrschaften verbreitet war. Die Zeugnisse des klassischen Mhd. (von 1150 bis 1250) entstammen allerdings fast ausnahmslos einer bestimmten Domäne der Sprachverwendung: der epischen und lyrischen Literatur.

Die von Adeligen und Ministerialen geschriebenen epischen Erzählungen, Minnelieder und Spruchdichtungen lehnten sich thematisch und stilistisch an die Vorbilder der provenzalischen und französischen Höfe an; es war eine auf mündlichen Vortrag bzw. Gesang angelegte, in Versform verfasste Literatur, die aber wahrscheinlich schon in dieser Zeit auch gelesen wurde. Die neue feudal-aristokratische Schicht, der Ritterstand, wurde für gut 100 Jahre zum Träger einer «hochhöfischen» literarischen Kultur. Diese erlebte zwar nur eine kurze Blütezeit; sie erwies sich jedoch in vieler Hinsicht als richtungweisend für die kommenden Jahrhunderte, sprachlich-kulturell und politisch-sozial.

Der Wortschatz der mhd. Literatur zeigt wiederum eine Reihe von Veränderungen und Erweiterungen. Auffallend ist die große Zahl von Entlehnungen aus dem Altfranzösischen (Afrz.) und Provenzalischen (Prov.); sie betreffen vor allem die Sach- bzw. Lebensbereiche Kampfspiel *(Turnier, Lanze)*, Kleidung *(Schapel, Samt)*, Unterhaltung und Kunst *(Melodie, Tanz)* und Kleinodien *(Rubin)*. Die Ausbildung eines eigenen Wertesystems mit ritterlichem Ehrenkodex führt teils zu Entlehnungen, teils zu neuen Lehnbedeutungen oder auch zu Umdeutungen von Erbwörtern, die jetzt zu Schlüsselwörtern für die ritterliche Lebenswelt werden: *arebeit* ‹Mühsal, Qual der ritterlichen Bewährung›, *aventiure* ‹Fahrt in die Fremde als ritterliche Bewährung›; *hôchgezît* ‹Zeit der Feste›; *klein* ‹zierlich, kostbar›; *maget* ‹Mädchen›, ‹Jungfrau›; *snel* ‹kühn›, ‹tapfer›; *tump* ‹unerfahren›, ‹unreif›; *saelde* ‹Gottes Segen, der auf jemandem ruht›; *minne* ‹Liebesdienst gegenüber einer adligen Dame› usw.

Die Zeit zwischen 1250 und 1350 lässt sich sprachgeschichtlich als Spätmittelhochdeutsch einstufen. Sie ist gekennzeichnet vom Niedergang des Rittertums, vom Aufstieg des städtischen Bürgertums und von einer «Epigonenliteratur», die die höfische Epik imitiert und thematisch und stilistisch ausweitet. Neue literarische Formen (Schwänke, Glossen) und Textsorten (Rezeptbücher, Streitschriften, Gebrauchstexte) werden für die deutsche Sprache erschlossen.

Frühneuhochdeutsch

Die Zeit von 1350 bis 1650 wird – nach neuerer Periodisierung – als die Phase des Frühneuhochdeutschen (Frühnhd.) bezeichnet. Verschiedene Faktoren waren an der Ausbreitung neuer Verkehrssprachen – die zunächst aus einer größeren Zahl von lokalen, regionalen und überregionalen Schreibsprachen bestanden – beteiligt:

- technische Voraussetzungen wie der Übergang vom Pergament zum billigeren Papier (erste Papiermühle 1389);
- die Erfindung des Buchdrucks um 1450; der Druck mit beweglichen Lettern revolutionierte die Publikationsmöglichkeiten, erforderte indessen eine Harmonisierung der Schriftarten und die Orientierung an überregional verständlichen Sprachformen;
- kulturelle bzw. soziokulturelle Voraussetzungen: die Literalisierung der oberen Schichten des städtischen Bürgertums und des niederen Adels, was zu einer erheblichen Ausweitung des Lese- und Vorlesepublikums führte;
- der Übergang von der lateinischen zur deutschen Sprache im Kanzleiwesen; normgebendes Vorbild war im süddeutschen und österreichischen Raum zunächst die kaiserliche Kanzlei (1346–1438 in Prag, dann in Wien); nachhaltigere Wirkung hatte jedoch die Meißener Kanzlei, die auf die meisten md. und od. Schrift- und Druckersprachen ausstrahlte;
- die Ausweitung der Handelsbeziehungen, Bankwesen und Geldverkehr;
- die Glaubenskämpfe (Bauernkriege 1525–1527) und die Reformation; die Verbreitung der neuen Glaubenslehren durch Predigten und Schriften über ganz Deutschland erforderte neue Möglichkeiten der sprachlichen Verständigung.

Zu den Veränderungen im Laut- und Formenbestand, die das Frühnhd. vom Mhd. abgrenzen, können hier nur die auffälligsten Erscheinungen genannt werden:

1. Diphthongierung: Die alten Langvokale /î/, /iu/ und /û/ werden zu Diphthongen: /ei/, /eu/ bzw. /äu/ und /au/; vgl. mhd. *mîn niuwez hûs* → nhd. *mein neues Haus*.
2. Monophthongierung: Die alten Diphthonge /ie/, /uo/ und /üe/ werden zu Monophthongen: /i:/ (geschr. ⟨ie⟩), /u:/ und /ü:/; vgl. mhd. *diu lieben guoten brüeder* → nhd. *die lieben guten Brüder*.
3. Eine wesentliche Veränderung im Lautstand bringen die Quantitätsverschiebungen bei bestimmten Vokalen, und zwar in gegenläufiger Richtung: Einerseits werden die alten kurzen Vokale in offener Tonsilbe gelängt: vgl. mhd. *sagen, leben, vride* und *vogel* → nhd. *sagen, leben, Friede, Vogel*; andererseits werden die alten langen Vokale in geschlossenen Silben, meistens vor doppelten Konsonanten, gekürzt: vgl. mhd. *brâhte, hôchgezît, lêrche, slôz* → nhd. *brachte, Hochzeit, Lerche, schloss*.
4. Der Prozess der Synkopierung (Tilgung von Vokalen, besonders /e/, im Wortinnern) setzt sich fort: vgl. mhd. *klagete, arebeit, gelîch* → nhd. *klagte, Arbeit, gleich*; dasselbe gilt für die fortschreitende Apokopierung («Abschlagen» von Lauten, im Allgemeinen /e/, am Wortende): vgl. mhd. *gelücke, gartenaere, swane* –› nhd. *Glück, Gärtner, Schwan*.
5. Der Formenbestand wird weiter vereinfacht, vor allem bei den Personalformen der schwachen Verben; außerdem werden immer mehr Verben der starken Konjugationsklassen (*bellen, falten, hinken, keimen, niesen, salzen* usw.) schwach flektiert.
6. Bei den Substantiven schreitet die Harmonisierung der Deklinationsklassen und die analoge Vereinfachung der Formen fort: Der *-er*-Plural wird auf andere Neutra und Maskulina ausgedehnt (nhd. *Kinder, Wörter, Geister, Leiber, Wälder, Würmer*); die Markierung des Plurals durch Umlautung des Stammvokals wird auf weitere Substantivklassen übertragen (nhd. *Häfen, Höfe, Nägel, Öfen, Stäbe, Vögel*) (s. Schmidt 2000, 309–323).

Mit den Glaubenskämpfen ab 1520 beginnt eine neue Phase bei der Herausbildung einer deutschen Nationalsprache. Die Prediger einer reformierten Glaubenslehre waren darum bemüht, sich immer mehr einer überregionalen gesprochenen Gemeinsprache anzunähern – oder diese erst zu schaffen. Normsetzende Autorität war hier Luther, der ausführlich darüber reflektiert und diskutiert hat, wie die Ausdrucksformen der Predigten und Schriften am besten die Sprache des gemeinen Volks wiedergeben könnten; wie man andererseits eine Sprachform finden könnte, die in möglichst vielen deutschen Regionen verstanden wurde. Mit seiner Entscheidung für die ostmitteldt. Ausgleichsdialekte von Thüringen und Meißen hat er – historisch gesehen – die Weichen gestellt für die spätere neuhochdeutsche (nhd.). Standardsprache.

Neuhochdeutsch

Den Beginn der Entwicklung zum heutigen Neuhochdeutsch (Nhd.) datiert man erst auf die Zeit nach dem Dreißigjährigen Krieg. Der Westfälische Friede (1648) markiert einen tiefen Einschnitt in der Entwicklung zum deutschen Nationalstaat. Deutschland hatte fast die Hälfte seiner Bevölkerung verloren, die meisten Städte und ganze Landstriche waren verwüstet, und die territoriale Zersplitterung bewirkte eine lang andauernde Lähmung des politischen und kulturellen Lebens. Gleichwohl kommt die Entwicklung einer überregionalen Gemeinsprache nicht zum Stillstand. Zunächst ist festzustellen, dass das Niederdeutsche (Nd.) als Schriftsprache immer mehr zurückgedrängt wird (bzw. sich als Niederländische Verkehrssprache ganz ausgrenzt). Ab 1600 gehen fast alle Kanzleien, auch im Bereich der ehemaligen Hanse, zum Hochdeutschen (Hd.) über. Gleichzeitig verzichtet die Reformation auf die Verwendung des Nd. im Schrifttum (die letzte nd. Lutherbibel erscheint 1621 in Goslar).

Immer mehr Gelehrte bemühen sich um die Kodifizierung und Normierung einer hd. Schriftsprache; bereits im 16. Jahrhundert arbeiten Grammatiker an der Standardisierung der Orthographie und der Vereinheitlichung der Laut- und Formenlehre. Während Luther (und viele sprachinteressierte Gelehrte) eine stärkere Berücksichtigung der deutschen Syntax auch in der Schriftsprache fordern, bemühen sich die Humanisten, nach lateinischen Vorbildern differenziertere Möglichkeiten im deutschen Satzbau zu schaffen. Im 17. Jahrhundert spielt J. G. Schottel(ius) eine wichtige Rolle bei der Normierung der nhd. Gemeinsprache. Sein bekanntestes und folgenreichstes Werk, die «Ausführliche Arbeit von der Teutschen HaubtSprache» (1663), dokumentiert den Formenbestand und bereinigt bzw. harmonisiert ihn, es erhebt Forderungen für einen gemeindeutschen Wortschatz (Abgrenzung gegenüber fremden Einflüssen) und schafft die Grundlagen für eine orthographische Normierung.

Die Einflüsse des Französischen auf den dt. Wortschatz sind in dieser Zeit stärker als die anderer Sprachen und früherer Epochen (vgl. v. Polenz I, 1991, 219 ff.). Daneben wurden in bestimmten Bereichen Wortschätze aus dem Italienischen und Spanischen übernommen: ital. Lehnwörter für Bank- und Rechnungswesen, Musikkultur und Militärwesen, span. Lehngut im Bereich der kriegerischen und kommerziellen Seefahrt.

Im 18. Jahrhundert setzen zahlreiche Gelehrte die Bemühungen um eine Standardisierung und Festigung der hd. Sprache fort. Das ehemals «meißnerische» Deutsch der Kanzleien und der Schriften Luthers hat sich vor allem beim städtischen Bürgertum durchgesetzt; es hat nun immer weniger den Charakter eines landschaftlichen Dialekts, sondern übernimmt allmählich die Funktion einer einheitlichen, das gesamte dt. Sprachgebiet erfassenden Verkehrssprache. Im 17./18. Jahrhundert wird auch die Lautung stärker standardisiert; in der mündlichen Artikulation genießt nun das in Brandenburg und Preußen gesprochene Hd. das größere Prestige und bekommt damit Vorbildcharakter.

Das heutige Deutsch

Die sprachgeschichtliche Periode seit Ende des 18. Jahrhunderts bezeichnet man als Phase des heutigen Deutsch. Zwar ist der Sprachbau seit dieser Zeit gefestigt, alle wichtigen grammatischen Regeln werden im gesamten dt. Sprachraum als Normen des Hd. akzeptiert. Hinsichtlich der Wortbildung, der Syntax und des Lexikons erfährt das Hd. im 19. Jahrhundert jedoch erhebliche strukturelle Veränderungen.

Die Übernahme fast aller Funktionen der öffentlichen Kommunikation durch die dt. Schriftsprache spiegelt sich in der Publikationstätigkeit: Zu Beginn des 16. Jahrhunderts wurden nur wenige Schriften in deutscher Sprache gedruckt (fast alle anderen in Latein); zu Beginn des 19. Jahrhunderts waren nur noch vier Prozent der gedruckten Schriften lateinisch. Eine wichtige Rolle für die Konsolidierung und Verbreitung des Nhd. spielt die Literatur des 18. Jahrhunderts, vor allem der deutschen Klassik. Bis heute gelten der Stil, die Ausdrucksmittel, der Wortschatz dieser Epoche als normsetzende Vorbilder für «gutes Hochdeutsch». Im 19. Jahrhundert wird die Alphabetisierung auch bei den unteren Bevölkerungsschichten durchgesetzt (s. v. Polenz III, 1999, 51 ff.). Die Vervielfachung des Lesepublikums schafft neue Möglichkeiten für schriftsprachliche Kommunikation, von der schließlich auch die Massenpresse gegen Ende des 19. Jahrhunderts profitiert.

«Unterhalb» der in den höheren Schichten dominierenden «Hochsprache» entstehen neue großräumige Umgangssprachen; die Dialekte verändern sich bzw. verlieren Zug um Zug ihre Funktionen in öffentlicher und fachlicher Kommunikation.

Das Bedürfnis nach einer allseitig verwendbaren hd. Verkehrssprache steht im Zusammenhang mit der Entstehung mannigfacher neuer Kommunikationsformen und Textsorten: Tagebuch und Briefkorrespondenz werden auch von den neuen Mittelschichten gepflegt; die journalistischen Darstellungsformen differenzieren sich; appellative Textsorten (Wahl- und Werbeplakate, amtl. Verlautbarungen, Flugschriften) finden immer breitere Verwendung.

Entwicklungen des Nhd. im 20. Jahrhundert

Zu den vielschichtigen Entwicklungen des Nhd. im 20. Jahrhundert können hier nur einige Aspekte erwähnt werden. Die beiden Weltkriege bilden zwei große Einschnitte in der deutschen Geschichte dieses Jahrhunderts; 1918 und 1945 markieren politische und gesellschaftliche Brüche, die sich auch in der sprachlichen Entwicklung niedergeschlagen haben. Erst nach 1918 kommt es zu einer tiefgreifenden Umorientierung in sozialer, kultureller und dementsprechend auch in sprachlicher Hinsicht. Die Stichworte, die einige Schlaglichter auch auf die Sprachgeschichte dieser Zeit werfen, sind: Urbanisierung; Massengesellschaft; vertikale und horizontale Mobilität; neue (audiovisuelle) Massenmedien; Migrationsbewegungen.

Urbanisierung: Die Konzentration der Bevölkerung in den Städten, die durch die industrielle Revolution im 19. Jahrhundert begonnen hat, setzt sich beschleunigt fort: 1871 gab es im dt. Reich acht Großstädte, 1910 bereits 48; die Bevölkerung stieg von ca. 41 Mio. im Jahre 1870 auf 67 Mio. im Jahre 1913 (vgl. Wolff 2004, 183).

Massengesellschaft: Durch neue Produktions- und Organisationsformen lösen sich ältere soziale Strukturen auf; das betrifft vor allem Großfamilien, Dorfgemeinschaften, «familiale» Betriebseinheiten wie Bauernhöfe und Handwerksbetriebe. Der soziale Abstieg breiter Schichten bis zur Verelendung (v. a. im Kleinbürgertum) führt zu Orientierungsverlust und allgemeinem Krisenbewusstsein. Das im 19. Jahrhundert kulturell führende Besitz- und Bildungsbürgertum büßt viele Positionen und Funktionen ein; Ursachen sind u. a. der Aufstieg neuer wissenschaftlich-technischer Eliten und wirtschaftlich mächtiger Schichten.

Vertikale und horizontale Mobilität: Soziale Auf- und Abwärtsbewegungen sowie große Binnenwanderungen (v. a. vom Land in die Stadt) sind Folgen politischer Krisen und wirtschaftlichen Strukturwandels. Dazu kommt nach 1945 die Ost-West-Migration als Folge des Zweiten Weltkriegs (ca. zehn Mio. Menschen werden vertrieben bzw. ausgesiedelt). Im Zuge wirtschaftlicher Expansion werden seit Ende der 1950er Jahre Millionen von Arbeitsmigranten, vor allem aus südeuropäischen Ländern, nach Deutschland geholt; die soziale und sprachlich-kulturelle Integration macht bis heute Probleme.

Die neuen *audiovisuellen Medien* (Rundfunk ab 1923; 1950 Fernsehsendungen des NWDR, 1953 der ARD) spielen neben der (fast) vollständigen Alphabetisierung der Bevölkerung die wichtigste Rolle bei der Verbreitung des Standarddeutschen bis in den letzten Winkel des Landes. Hörfunk und Fernsehen wirken vor allem bezüglich der standarddt. Lautung normgebend. Sie dürften aber auch hinsichtlich Morphologie, Syntax und Wortschatz Vorbildcharakter für das bekommen haben, was der Durchschnittssprecher unter gesprochener dt. Standardsprache versteht.

2. Aspekte der Sprachtheorie

Semantik

Zwei große Gebiete der Linguistik, Semantik und Semiotik, haben einen gemeinsamen historischen Ursprung und ganz allgemein einen gemeinsamen Gegenstand: Sie beschäftigen sich wissenschaftlich mit zeichenhaften Phänomenen.

Allerdings findet man auf dem weiten Feld der Semantik und Semiotik eine Vielzahl von Begriffen: Bedeutung – Bezeichnung, Bezeichnendes – Bezeichnetes – Zeichenkörper/-gestalt – Zeichengehalt – lexikalische Bedeutung – aktuelle Bedeutung – syntaktische Bedeutung – Inhalt – Sinn – Denotation – Konnotation – Konzept – Begriff (usw.). Auf einige dieser Termini, die für bestimmte Theorieansätze charakteristisch sind, wird im Folgenden näher eingegangen.

Wir behandeln hier nur die Semantik, die Lehre von der Bedeutung sprachlicher Ausdrücke und der Bezeichnung von Gegenständen/Objekten/Vorstellungen durch sprachliche Ausdrücke. Diese Unterscheidung – Bedeutung vs. Bezeichnung – macht durchaus Sinn; denn man kann von den sprachlichen Zeichenkörpern (dem Bezeichnenden) ausgehen und untersuchen, auf welche Gegenstände/Objekte usw. sie verweisen (können): Dann spricht man traditionell von Semasiologie (Bedeutungslehre). Man kann auch von den Gegenständen/«Inhalten» (dem Bezeichneten) ausgehen und fragen, «wie sie in die Sprache kommen», das heißt, welche sprachlichen Ausdrücke auf welche Weise mit ihnen verbunden werden (können): Dann spricht man von Onomasiologie (Bezeichnungslehre). Saussure (1916/1967) entwarf für die strukturalistische Sprachwissenschaft bereits ein Programm der allgemeinen Zeichenlehre, die «sémiologie» (dt. Semeologie oder Semiologie). Sein Ansatz hat die Grundlagen gelegt für eine strukturalistische Semantik und Semiotik.

Ein zentraler Begriff der wissenschaftlichen Semantik ist «Bedeutung», und hier begegnet eine ähnliche Vagheit bzw. Vieldeutigkeit wie bei «Sprache»; vgl. die folgenden Beispiele und ihre verschiedenen Bedeutungsvarianten im Deutschen:

(1) *Die Entscheidung hat für mich große Bedeutung* (Tragweite, Gewicht; Konsequenzen, Folgen);
(2) *die Bedeutung eines Traums* (tieferer, verborgener Sinn);
(3) *Bedeutung einer Fabel/eines Gedichts* (literarische Aussage, poetischer Sinn);
(4) *das Wort hat hier eine ganz andere Bedeutung* (Wortsinn in einem bestimmten Kontext);
(5) *das Wort wird in übertragener Bedeutung verwendet* (veränderter Wortsinn);
(6) *die ursprüngliche/eigentliche Bedeutung* («richtige» Wortbedeutung).

Die linguistische Semantik beschäftigt sich nur mit den letzten drei Bedeutungsvarianten. Dabei geht es nicht allein um die Bedeutungskomponenten und -strukturen von Wörtern in einem System (Langue), sondern auch um ihren jeweils konkreten Sinn in einem sprachlichen Handlungs-Kontext (Parole).

Strukturalistische Semantik: Mehrdeutigkeit von Wörtern

Der Ausdruck Semantik ist als wissenschaftlicher Terminus erst seit etwa hundert Jahren in Gebrauch, und von Anfang an steht er für eine zentrale Disziplin der strukturalistischen Sprachwissenschaft. Die Semantik beschäftigt sich mit den Beziehungen zwischen Zeichenkörpern und ihren Inhalten, tat dies zunächst unter sprachgeschichtlichem (diachronischem) Aspekt, später vorwiegend unter synchronischem. Dabei wurden und werden u. a. Versuche unternommen, die Mehrdeutigkeit von sprachlichen Ausdrücken systematisch zu erfassen und strukturell zu beschreiben. Man operiert hier mit Begriffen wie Homonymie und Polysemie, die trotz einer gewissen terminologischen Unschärfe bis heute geläufig und für die Erklärung lexikalischer Vieldeutigkeit nützlich sind.

Homonymie liegt vor, wenn ein Wort ganz Verschiedenes bezeichnen kann, z. B. *Weide* ‹Baumart› und *Weide* ‹abgezäunte Grasfläche für Vieh›. Es hat sich als sinnvoll erwiesen, bei diesem Phänomen zwischen der akustischen und der visuellen Erscheinung des Zeichenkörpers zu unterscheiden. Lautgleiche Wörter/Ausdrücke werden entsprechend als Homophone bezeichnet, gleich geschriebene Wörter als Homographe. Im Fall von *Weide/Weide* liegt sowohl ein Homophon als auch ein Homograph vor; dagegen sind *Saite/Seite*, *Lied/Lid*, *Miene/Mine* Homophone, nicht aber Homographe; die Orthographie differenziert hier nach dem logisch-semantischen Prinzip.

Seltener sind Fälle von Homographie, bei denen die Bedeutung durch die Lautung differenziert wird; bei *módern/modérn*, *Tenór/Ténor*, *übersétzen/´übersetzen* erkennt man die unterschiedliche Bedeutung der Homographe an der Akzentsetzung bei der Aussprache.

Homonyme lassen sich also als Wörter bestimmen, bei denen zwei (oder mehr) Bedeutungen mit derselben Laut- oder Schriftgestalt keinen inneren Zusammenhang haben, bei denen also kein inhaltliches Merkmal der einen Bedeutung mit einem der anderen übereinstimmt. Polysemie dagegen liegt vor, wenn es bei den verschiedenen Bedeutungen mehr oder minder große Überschneidungen der einzelnen Merkmale gibt; vgl. die verschiedenen Bedeutungsvarianten von *Bahn*, *Fliege*, *Bein* und anderen, bei denen sich leicht ein Bedeutungszusammenhang erkennen bzw. konstruieren lässt.

Polysemie ist eine Eigenschaft von Sprachzeichen im System (der Langue); von den verschiedenen Bedeutungsvarianten wird jedoch in Verwendungskontexten (in der Parole) jeweils nur eine aktualisiert (Monosemierung).

Vagheit und Mehrdeutigkeit sind wesentliche Bedingungen für die Verwendung von Sprachzeichen natürlicher Sprachen. Man kann Polysemie als Ergebnis der Ausnutzung des semantischen Spielraums betrachten, den Sprachteilhaber beim aktuellen Gebrauch von Sprachzeichen zur Verfügung haben und den sie immer wieder zu (semantischen) Innovationen nutzen. So hat sich oft bei der «abweichenden» Verwendung von anschaulichen Konkreta eine Vielzahl von Bedeutungsvarianten entwickelt, die offensichtlich durch Bedeutungsübertragung der verschiedensten Art zu erklären sind; vgl. *Bein*, *Fuß*, *Boden*, *Haus* oder *Wurzel* (Letzteres als Bezeichnung für einen Teil von ‹Pflanze›, ‹Zahn›, ‹Nase›, ‹Hand›, ‹Entwicklung›, ‹Persönlichkeit›, ‹Wort›, ‹Zahl› u.a.). Die historische Differenzierung von Wortbedeutungen lässt sich meist erklären als eine Usualisierung von Gebrauchsvarianten: Der «uneigentliche» Gebrauch von Sprachzeichen durch einzelne Sprecher in einem bestimmten Kontext (okkasionelle Verwendung) kann von Sprechergruppen aufgenommen und verbreitet (usualisiert) werden, bis die neue Gebrauchsvariante (evtl.) von der ganzen Sprachgemeinschaft akzeptiert und als eigenständige (Teil-)Bedeutung im System verankert (lexikalisiert) ist. Die rhetorischen Verfahren der Bedeutungsübertragung durch Metapher, Synekdoche, Metonymie, Ironie u.a. dürften dabei die wichtigste Rolle spielen.

Semantische Relationen in der strukturalistischen Semantik

Das Lexikon natürlicher Sprachen ist nicht zu verstehen als eine Anhäufung von Einzelwörtern, die sich als Sprachzeichen mit je isolierten Bedeutungen in einem «Sprachschatz» angesammelt haben. Die Lexeme des Systems stehen in einer Vielzahl wechselseitiger Beziehungen, Abhängigkeiten und Netzwerke, die ihnen ihren jeweiligen Ort im Zusammenhang mit anderen Zeichen zuweisen. Eine der Relationen ist die Ambiguität (Unentschiedenheit; Mehrdeutigkeit), d.h. die Vertretung mehrerer unabhängiger Bedeutungsvarianten durch ein einziges Wort. In linguistischer Terminologie liegt hier Homonymie oder Polysemie vor, die bereits behandelt worden sind. Sozusagen die Umkehrung des Ambiguitätsverhältnisses zwischen Bezeichnendem und Bezeichnetem ist die Synonymie; das heißt, dass dieselbe Bedeutung (bzw. Bedeutungsvariante) durch mehrere Ausdrücke repräsentiert wird (bzw. werden kann). So gelten parallele Begriffe aus Fachsprache und Gemeinsprache wie *Gynäkologe* und *Frauenarzt*, *Appendizitis* und *Blinddarmentzündung* als (inhaltlich deckungsgleiche) Synonyme. Ähnliches gilt für manche gemeinsprachlichen Lexempaare wie *Orange/Apfelsine* oder *Sonnabend/Samstag*. Aber eine absolute Synonymie betrachtet die strukturalistische Semantik als einen «Luxus, den eine Sprache sich kaum leistet» (nach Ullmann 1967). Sie wird von der Sprachgemeinschaft meist bald aufgegeben, indem die Konkurrenten z.B. nach ihrem Bedeutungsumfang oder ihrer Gebrauchssphäre (Konnotationen) differenziert werden.

In graphischer Darstellung kann das (idealisierte) Verhältnis von Homonymen und Synonymen zur jeweiligen Bedeutung so veranschaulicht werden:

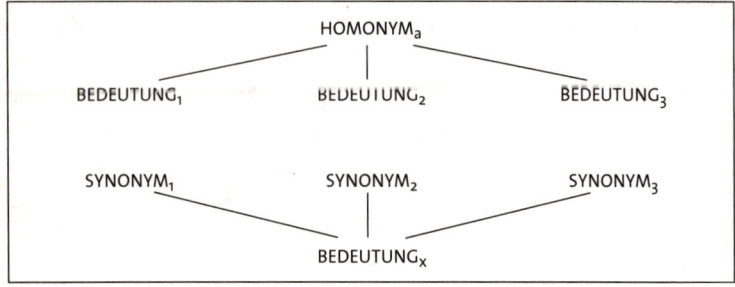

Homonymie und Synonymie lassen sich, wie bemerkt, unter der semantischen Relation der Ambiguität (Uneindeutigkeit, Mehrdeutigkeit) zusammenfassen. Eine andere Relation zwischen lexikalischen Einheiten ist die der Implikation. Ein Großteil der Wörter steht semantisch entweder in einem Überordnungs- (Hyperonymie) oder Unterordnungsverhältnis (Hyponymie) zur Bedeutung von anderen Wörtern. Dies lässt sich, unter Berücksichtigung eines weiteren Beispiels, anhand der folgenden Graphik zeigen.

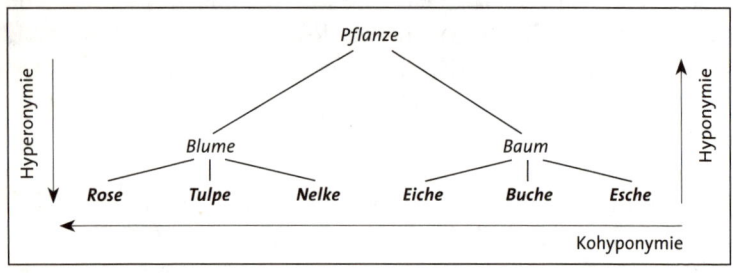

In diesem Beispiel ist *Pflanze* Hyperonym zu *Blume*, *Blume* Hyperonym zu *Rose*. Andererseits sind *Rose, Tulpe, Nelke* (usw.) Hyponyme zu *Blume*. Für Hyponyme gilt, dass sie mehr und spezifischere Merkmale enthalten als ihr Hyperonym; für diese gilt umgekehrt, dass sie weniger und allgemeinere semantische Merkmale aufweisen als ihre Hyponyme.

Wörter, die kategorial auf derselben Hierarchiestufe stehen, in unserem Beispiel *Rose, Tulpe, Nelke,* werden als Kohyponyme bezeichnet, das heißt, für sie gilt gegenüber ihrem Hyperonym dasselbe Unterordnungsverhältnis.

Eine weitere semantische Relation, die die interne Struktur eines natürlichsprachlichen Lexikons kennzeichnet, ist die Antonymie. Darunter versteht man die semantische Opposition von Wörtern («Gegenwörtern»), deren Bedeutungen in einem (oder mehreren) wesentlichen Merkmal(en) Gegensätze darstellen. Nur bei einer solchen direkten Opposition bestimmter Merkmale macht es Sinn, von Antonymie in dem beschriebenen Sinn zu sprechen.

In der strukturalistischen Semantik unterscheidet man in der Hauptsache drei Typen von Antonymie: Kontrarität, Komplementarität und Konversion.

Kontrarität bezeichnet die semantische Opposition von Wörtern, deren gegensätzliches Merkmal graduierbar und steigerbar ist. Außerdem sind sie nur unter bestimmten Vergleichsbedingungen Gegensätze, das heißt, man benötigt jeweils einen «Maßstab»: *lang – kurz, hell – dunkel, groß – klein, hoch – tief* usw. sind nur unter konkreten situativen Voraussetzungen als oppositive Vergleichsbegriffe zu verwenden.

Unter *Komplementarität* versteht man einen polaren Gegensatz von Wörtern, deren Bedeutungen sich wechselseitig ergänzen und sich zugleich polar gegenüberstehen, wodurch die Behauptung des einen die direkte Negation des anderen impliziert (und umgekehrt). Wenn behauptet wird: *A ist ein Männchen,* so heißt das zugleich: *A ist kein Weibchen.* Diese Relation gilt also für Wortpaare, deren Bedeutungen sich (in einem wesentlichen Merkmal) gegenseitig ausschließen, wie bei *tot – lebendig, schlafend – wach, verheiratet – ledig* usw. Die für die Opposition wesentliche Eigenschaft ist damit weder graduierbar noch grammatisch steigerbar.

Konversion bezeichnet eine Unterklasse von Antonymen, bei denen die oppositiven Merkmale in der Relation der Konversion (einem Umkehrungsverhältnis) stehen. Dazu gehören Wortpaare wie *Frage – Antwort; aufstehen – hinsetzen; kommen – gehen* usw. (vgl. Ullmann 1967; Busse 1987).

Exkurs: Komponentenanalyse

Die Komponentenanalyse (auch Merkmalsanalyse) beschreibt die Bedeutung lexikalischer Einheiten (Wörter) und ihre innere Gliederung durch strukturierte Mengen von klassifikatorischen Merkmalen. Die

Komponentenanalyse geht von der Vorstellung aus, dass es möglich ist, mit einem begrenzten Inventar von universell gültigen Merkmalen die Gesamtheit der semantischen Einheiten eines Lexikons strukturell abzubilden. Die Bedeutung eines Lexems wird aufgefasst als Bündel von distinktiven (unterscheidenden, einander ausschließenden) Merkmalen, die in einigen Theorien auch als Seme bezeichnet werden; diese gelten als kleinste für die Bedeutung relevante Eigenschaften. Die Gesamtheit der zusammengehörigen Seme ergibt die Bedeutung(svariante) eines Lexems, das Semem.

Die Beschreibungsmerkmale werden so gewählt, dass sie eine binäre Struktur haben, das heißt, dass bei jedem Lexem geprüft werden kann, ob die Eigenschaft zutrifft (+), nicht zutrifft (-) oder indifferent ist (o).

Nicht alle Merkmale werden für die Beschreibung eines beliebigen Lexems herangezogen, sondern nur die, die zur semantischen Abgrenzung gegenüber lexikalischen «Nachbarn» benötigt werden; dadurch können Gemeinsamkeiten und Unterschiede «ähnlicher» Lexeme in einer digitalen Matrix festgehalten werden (vgl. die Graphik unten). So hat sich das Merkmalpaar ‹konkret› – ‹abstrakt› für die Beschreibung vieler nominaler Lexeme als distinktiv erwiesen, ebenso die Oppositionen ‹belebt› – ‹unbelebt› und ‹menschlich› – ‹nicht menschlich›. Nehmen wir als Beispiel die Homonyme *(der) Tor/(das) Tor*; diese unterscheiden sich u. a. durch die Merkmale ‹belebt› – ‹unbelebt› und ‹menschlich› – ‹nicht menschlich›.

Lexeme: Merkmale:	Verwandter	Eltern	Vater	Mutter	Geschwister	Bruder	Schwester	Kind	Sohn	Tochter	Onkel	Tante	Cousin	Cousine	Neffe	Nichte
[Lebewesen]	+	+	+	+	+	+	+	+	+	+	+	+	+	+	+	+
[Mensch]	+	+	+	+	+	+	+	+	+	+	+	+	+	+	+	+
[verwandt]	+	+	+	+	+	+	+	+	+	+	+	+	+	+	+	+
[direkt verwandt]	(−)	+	+	+	+	+	+	+	+	+	−	−	−	−	−	−
[gleiche Generation]	o	−	−	−	+	+	+	−	−	−	−	−	+	+	−	−
[älter]	o	+	+	+	o	o	o	−	−	−	+	+	o	o	−	−
[männlich]	o	o	+	−	o	+	−	o	+	−	+	−	+	−	+	−
[weiblich]	o	o	−	+	o	−	+	o	−	+	−	+	−	+	−	+
[Mehrzahl]	o	+	o	o	+	o	o	o	o	o	o	o	o	o	o	o

Nach dieser Graphik (aus Bierwisch 1969) lässt sich für deutsche Verwandtschaftsbezeichnungen eine übersichtliche Komponentenanalyse durchführen. In der Matrix bedeuten die Zeichen: + = Merkmal trifft zu; – = Merkmal trifft nicht zu; o = indifferentes Merkmal.

Der kurze Streifzug durch die Welt der Semantik konnte nur einige wichtige Theorieansätze in groben Zügen skizzieren. Daneben gibt es zahlreiche weitere Erklärungsansätze und Modelle, auf die hier nicht eingegangen werden kann.

Textlinguistik

Für den Sprachwissenschaftler begegnet beim Umgang mit dem Phänomen «Text» ein ähnliches Problem wie bei «Wort» und «Satz». Der für den Laien selbstverständliche und unbefangen verwendete Begriff ist für die Linguistik nicht in derselben Weise verwendbar, da sich das Phänomen bei genauerer Betrachtung als ein höchst komplexe und theoretisch schwer fassbare Größe erweist. Zunächst scheint eine Unterscheidung von «Text» als Einheit der Langue und als Einheit der Parole nicht möglich: Obwohl «Text» als ein komplexes Groß-Zeichen der Kommunikation (mit spezifischer Ausdrucks- und Inhaltsseite) aufgefasst werden kann, ist es kaum möglich, auf Langue-Ebene eine entsprechende Einheit zu definieren.

Für die Linguistik ist es zunächst notwendig, von einem externen, vorwissenschaftlichen Textbegriff abzugehen und ein internes, sprachstrukturell begründetes Textkonzept zu entwickeln. Die externen Merkmale wie Schriftlichkeit, abgeschlossene Form durch Bucheinband o. ä., Autornamen, Titel, Kapitelgliederung usw. bilden keine hinreichenden Kriterien für eine sprachstrukturelle Beschreibung.

Der erste Zugang für eine – sich erst seit etwa 35 bis 40 Jahren entwickelnde – Textlinguistik (vgl. u. a. Hartmann 1968; Vater 1963; Harweg 1968) waren Beobachtungen an «übersatzmäßigen Einheiten», die auf eigenen, die syntaktischen Regeln überschreitenden Beziehungen beruhen. Eine frühe Definition wie *Unter Texten verstehen wir eine Folge von zwei oder mehr miteinander verbundenen Sätzen* reichte für die weitere Analyse nicht aus.

Wir werden im Folgenden so vorgehen, dass wir den linguistischen Textbegriff anhand der am meisten diskutierten Textualitätskriterien systematisch entwickeln. Die wichtigste ‹Entdeckung› der frühen textlinguistischen Ansätze ist die Leistung der sogenannten Proformen für den Zusammenhalt mehrerer Sätze, besser, der in ihnen besprochenen Objekte und Sachverhalte. Daraus ließen sich die Grundlagen für eine Theorie textueller Kohäsion ableiten. Referenten (im Text erwähnte Gegenstände, Denotate) werden durch bestimmte sprachliche Mittel eingeführt und durch andere sprachliche Mittel im weiteren Text wieder aufgenommen, und zwar so, dass die Referenten (vom Produzenten wie vom Rezipienten) als identisch mit den im vorausgehenden Text bezeichneten betrachtet werden; die Texttheorie spricht hier allgemein von Koreferenz der Ausdrücke.

Im Deutschen lässt sich das an einer Folge textueller Wiederaufnahmen (textueller Substitution) demonstrieren. Geeignet erscheint ein Beispiel aus einer «archetypischen» Textsorte:

Es war einmal ein König.
<u>Der</u> hatte <u>eine Tochter</u>.
<u>Diese</u> fand <u>eines Tages</u> <u>einen goldenen Ring</u>.
<u>Da</u> begegnete <u>ihr</u> <u>eine alte Frau</u>.
<u>Die Alte</u> fragte <u>sie</u> nach <u>dem Ring</u>.

Die unterstrichenen Ausdrücke leisten vor allem die textuelle Kohäsion, den Zusammenhang auf der Ausdrucksseite und die Identität der Referenten auf der Inhaltsseite. Eingeführt werden die Referenten hier jeweils durch einen unbestimmten Artikel in Verbindung mit einem Gattungsnamen: *<u>ein</u> König, <u>eine</u> Tochter, <u>eines</u> Tages, <u>einen</u> goldenen Ring, <u>eine</u> alte Frau*.

Fortgesetzt (substituiert) werden diese Ausdrücke durch: *Der, Diese, Da, Die Alte, sie, dem Ring*. Es wird also deutlich: Im Deutschen sind bestimmte und unbestimmte Artikel sowie die Personalpronomen wichtige Mittel der textuellen Kohäsion. Auch alle anderen Typen von Pronomina können in Texten die Rolle der Substituenten übernehmen. Für die nominalen Ausdrücke selbst, die die Referenten inhaltlich genau bezeichnen *(König, Tochter, Ring, Frau)*, gelten andere Regeln der Substitution. Erstens kann der Ausdruck durch einen lexematisch identischen Ausdruck wiederaufgenommen werden *(ein König – der König; eine Tochter – die Tochter, eine alte Frau – die alte Frau)*; in diesem Fall spricht man von formaler Rekurrenz als Kohäsionsmittel. Zweitens kann der ganze Ausdruck durch ein Pronomen substituiert werden *(der, diese, da, ihr, sie)*. Drittens kann der Vorgänger (das Antezedens) zusammen mit einem bestimmten Artikel oder Pronomen durch einen anderen Ausdruck substituiert werden, und zwar einen, der zu dem Vorgänger semantisch in einem Inklusionsverhältnis steht (strukturalistisch ausgedrückt: durch ein Hyperonym). So ist für den Ausdruck *ein König* folgende Substitutionskette möglich: *ein König – der Herrscher – der Mann – dieser Mensch*, wobei durch den Textzusammenhang sichergestellt ist, dass hinsichtlich des Bezeichneten immer Koreferenz vorliegt.

Eine weitere Möglichkeit textueller Substitution ist (nach Harweg 1968, 178ff.) die Wiederaufnahme durch Ausdrücke, deren Referenten durch eine Kontiguitätsrelation (Nachbarschafts-, Berührungsverhältnis) zu dem Referenten des Vorgängerausdrucks gekennzeichnet sind. Diese Form der Wiederaufnahme beruht auf gemeinsamem Erfahrungs- bzw. Weltwissen der Textteilnehmer, und sie lässt sich in vier Grundtypen gliedern:

- logisch begründete Kontiguitäts-Relation *(... eine Frage → ... die Antwort)*;
- ontologisch begründete Kontiguitäts-Relation *(... ein Baum → ... die Blätter; ... ein Berg → ... der Gipfel)*;

- kulturell begründete Kontiguitäts-Relation *(... eine Stadt → ... der Bahnhof; ... ein Haus → ... die Fenster)*;
- situationell begründete Kontiguitäts-Relation *(... die Biographie eines Schriftstellers ... → ... schon der Knabe war ...)*.

Wiederaufnahme durch Pronomina, durch (bezeichnungsidentische) Rekurrenz, durch Hyperonyme und durch Ausdrücke für Referenten, die in einem Kontiguitätsverhältnis zu ihrem Antezedens stehen, sind die auffälligsten, manifesten Mittel textueller Substitution. Ein anderes wichtiges formales Mittel textueller Kohäsion sind explizite Verbindungen, die Junktionen. Sie kennzeichnen kausale, temporale, lokale und andere Beziehungen zwischen Satzinhalten (und/oder ihren Referenten) und finden sich im Allgemeinen als explizite Ausdrücke zu Beginn oder an prominenten Stellen im Innern der Sätze. Dazu gehören vor allem Konjunktionen *(weil, da, während, wenn, als)* und Adverbien *(dann, darauf, noch, auch, außerdem, deswegen* usw.).

Dies ist nur ein kleiner Ausschnitt aus dem Regelwerk der textuellen Kohäsion, und er bezieht sich auf das Deutsche als Typus einer artikelhaltigen Sprache. Weitere lexikalische und grammatische Mittel (vor allem Tempus und Modus der finiten Verben) sind am Zustandekommen textueller Kohäsion beteiligt; sie können hier nicht im Einzelnen behandelt werden. Auch suprasegmentale Einheiten der Intonation wie Satzmelodie, Akzentuierung, Lautstärke u. a. werden von den Sprachen und Sprechern – in unterschiedlicher Weise – als Kohäsionsmittel verwendet. Darauf kann hier ebenfalls nur verwiesen werden.

Ein weiterer, ebenso zentraler Begriff der Textlinguistik ist der der textuellen Kohärenz. Textkohärenz meint ganz allgemein die inhaltliche Verknüpfung aufeinanderfolgender sprachlicher Einheiten, also die Sinnverbindungen, die dem Text in seinen Teilen und als Ganzem eine Aussage verleihen. Allerdings wird heute in vielen Texttheorien keine analytische und terminologische Trennung zwischen Kohäsion und Kohärenz mehr vorgenommen. Das erklärt sich u. a. dadurch, dass die Grenzen zwischen den Phänomenbereichen fließend sind. So werden bereits die Phänomene der Koreferenz heute in den meisten Theorien zur textuellen Kohärenz gezählt, Junktionen gelten als wichtige Mittel für die Konstitution des Textsinns.

Textkohärenz ist sozusagen das oberste Kriterium für die Identifizierung eines sprachlichen Gebildes als Text oder Nichttext; das heißt, ohne Kohärenz wird einer Kette sprachlicher Einheiten nicht der Status eines Textes zugebilligt. Textsinn als Ergebnis der Kohärenzbeziehungen erweist sich also als Integration der textsemantischen Verbindungen aller einzelnen sprachlichen Ausdrücke. Der Textsinn als Ganzes wird häufig durch das Thema/den Titel genannt, und diese thematische Setzung ist manchmal die einzige Sinnklammer für die – ohne Kohäsion oder Kohärenz erscheinenden – einzelnen sprachlichen Ausdrücke. Expressionistische Gedichte bieten informative Beispiele für eine (verdeckte, verschlüsselte) Textkohärenz, an der Produzent und Rezipient gleichermaßen beteiligt sein müssen. Vergleiche etwa das Gedicht von August Stramm:

Patrouille
Die Steine feinden
Fenster grinst Verrat
Äste würgen
Berge Sträucher blättern raschlig
Gellen
Tod.

Eine ähnliche «Aufgabe» zur Re-Konstruktion der Textkohärenz bietet ein Gedicht von Helmut Heißenbüttel:

Einfache Sätze
Während ich stehe fällt der Schatten hin
Morgensonne entwirft die erste Zeichnung
Blühen ist ein tödliches Geschäft
ich habe mich einverstanden erklärt
Ich lebe

Während in dem Gedicht von Stramm der Titel eine Art Wegleite zur Re-Konstruktion der Textkohärenz darstellt (die sonst kaum auffindbar wäre), bietet der Text von Heißenbüttel auch innertextlich einige Anhaltspunkte zur (Re-)Konstruktion der Kohärenz, d.h. des Textsinns. Der Titel ist hier eher ein ‹Kommentar› zu der Intention und der Machart, keine thematische Wegleite für die Erschließung der Textkohärenz durch den Rezipienten.

Die textuelle Kohärenz steht, wie gesehen, in engem Zusammenhang mit einem weiteren Merkmal von Textualität: dem Textthema. Dieses wird linguistisch aufgefasst als das größtmögliche Konzentrat der im Text enthaltenen thematischen Einzelelemente. Bei schriftlichen, monologischen Texten ist das Textthema häufig explizit vorhanden, als Ankündigung («Titel») und Verstehenshorizont für die Textinhalte. Bei mündlichen, dialogischen Texten fehlt im Allgemeinen eine explizite Formulierung des Themas; aber dieses erscheint dennoch als notwendige Bedingung, damit der Text als Kommunikat einen Sinn bekommt. Rückfragen und Einwände wie «Ich verstehe gar nicht, wovon hier die Rede ist!» oder «Worüber reden wir hier eigentlich?» sind Hinweise darauf, dass das (übergeordnete) Thema als wesentliche Voraussetzung für die Funktionalität und das Verständnis des Textes vermisst wird. Nun ist das Thema meist keine starre, fixierte kognitive Größe, sondern es unterliegt in den meisten Texten einer thematischen Progression, das heißt, es kann sich im Verlauf der Textentwicklung verschieben, verzweigen oder sogar verlorengehen (was dann den Text als Ganzes gefährdet). Aber Hauptthemen und Nebenthemen lassen sich meist unter dem Dach eines Gesamtthemas zusammenfassen. Es ist schwer denkbar, dass ein Text ohne ein Thema auskommt, und darum erscheint es gerechtfertigt, das (explizit oder implizit vorhandene) Thema als Textualitätskriterium zu berücksichtigen.

An dieser Stelle soll ein weiteres Textualitätskriterium kurz erläutert werden: die Situationalität als textkonstitutives Merkmal. Die Struktur eines Textes, seine Kohärenz, seine Thematizität, seine Informativität und Akzeptabilität (vgl. de Beaugrande/Dressler 1981, 169 ff.) stehen oft in direktem Zusammenhang mit seiner Situationseinbettung. Vergleiche die Kurztexte:

(1) Langsam Spielende Kinder (nach de Beaugrande/ Dressler 1981, 12)
(2) Peds X-ing (Verkehrszeichen in Amerika)
(3) Der Bürgersteig ist kein Hundeklo. Zuwiderhandlungen werden bestraft. (Nach Vater 1992, 72)

Bei allen drei Beispielen handelt es sich um Kurztexte mit hoher informationeller Verdichtung; ohne die Situationseinbettung erscheinen sie so strukturlos wie unverständlich. Außerdem setzen sie ein hohes Maß an Weltwissen (einschließlich Kulturwissen) voraus, um (potentiellen) Rezipienten einen Zugang zu ermöglichen. Die Beispiele (1) und (2) sind nur Texte («machen nur Sinn») im Zusammenhang mit einer bestimmten Situation im Straßenverkehr. Sie sind Appellsignale mit nachgeführten Erläuterungen bzw. Begründungen für das hier geforderte Verhalten eines Verkehrsteilnehmers (speziell Kraftfahrers). Dies ist im ersten Fall zu explizieren als: ‹Fahren Sie (bitte) langsam, weil Sie auf der/an der Fahrbahn mit spielenden Kindern rechnen müssen!›

Ähnliches gilt für das englischsprachige Verkehrszeichen, bei dem die Verhaltensaufforderung fehlt und das nur durch seine Form bzw. Farbe und sein Erscheinen an einer bestimmten Stelle im Straßenverkehr den Appell «Achtung»/«Vorsicht» enthält. *Peds X-ing* (als Kurzform für *pedestrians crossing*) wäre zu explizieren als: ‹Fahren Sie vorsichtig! Sie müssen gleich damit rechnen, dass Fußgänger die Fahrbahn überqueren!›

Das dritte Beispiel wird in anderer Weise durch seine Situationseinbettung zu einem Text. Durch *Der Bürgersteig* (das meint dieser Bürgersteig) ist der Äußerungsort vorgegeben, an dem der Text seine informationelle Funktion erfüllt. Er kombiniert eine an hygienische und ästhetische Normen appellierende Aussage *(... ist kein Hundeklo)* mit einer impliziten, nur an bestimmte Adressaten (‹Menschen, die hier Hunde Gassi führen›) gerichtete Verhaltensaufforderung mit der Drohung einer Strafverfolgung *(Zuwiderhandlungen werden bestraft)*. Außerdem verweist das Textthema indirekt auf spezifische Erfahrungen und eine Kommunikationsgeschichte: Der Textproduzent bekundet (wiederum implizit), dass er negative Erfahrungen mit Hundekot auf ‹seinem› Bürgersteig gemacht hat, dass er darüber verärgert ist und dass er mit dem dort publizierten Text (endlich) die schuldigen Adressaten zur Verhaltensänderung veranlassen will.

Zum Abschluss soll noch ein Kriterium erwähnt werden, das erhebliche Bedeutung für die Textualität eines sprachlichen Gebildes hat: Intertextualität. In der Theoriediskussion hat man sich gefragt, ob dies ein notwendiges Merkmal von Textualität sei oder ein peripheres, zufälliges. Die einhellige Meinung ist heute, dass Texte immer im Zusammenhang mit (historischen) Textwelten stehen und nur vor dem Hintergrund eines Textwissens einen Textsinn bekommen. Einmal wird Intertextualität wirksam durch die Anlehnung des Textes an bestimmte Textmuster, Modelle und Normen, die erst eine Einordnung (und ein Verständnis) als Textsorte ermöglichen – mit allen Konsequenzen für die Kohäsion/Kohärenz, das Thema, die Intentionalität, Akzeptabilität und Situationalität des Textes.

Zum Zweiten ist Intertextualität zu verstehen als intentionaler Bezug auf Vorgängertexte (bzw. Textserien), indem diese in Thema und Inhalt, ihrer Machart, ihrer Intentionalität fortgesetzt, affirmiert, kommentiert, ironisiert, parodiert, karikiert werden usw. Intertextuelle Beziehungen dieser Art müssen nicht expliziert sein, sondern können sich lediglich auf Grund von Verweisen, Zitaten, formalen Nachahmungen und Anspielungen ergeben.

In literarischen Texten spielt Intertextualität eine erhebliche Rolle, der poetische Sinn (die Aussage) ist oft ohne intertextuelle Bezüge nicht erschließbar. Auch die Pressesprache bedient sich, vor allem bei Schlagzeilen und Kommentaren, in großem Umfang intertextueller Mittel.

Linguistische Pragmatik

Die Linguistische Pragmatik befasst sich im weitesten Sinn mit Sprache als Handeln, und ein wichtiges Untersuchungsfeld ist die individuelle sprachliche Äußerung als Handlung (Sprechakt). Heute, besonders seit der «pragmatischen Wende» in den 1970er Jahren, hat sich die linguistische Pragmatik zu einem umfangreichen Forschungsbereich mit verschiedenen Teildisziplinen entwickelt; aber im Mittelpunkt steht weiterhin das Handeln mit und durch Sprache. Wenn man das Forschungsgebiet in drei große Bereiche einteilt, dann lassen sich unterscheiden:

1. sprachliches Handeln als Umgang mit der Welt,
2. sprachliches Handeln als intentionaler Akt eines Individuums,
3. sprachliches Handeln als Form der sozialen Kommunikation.

Zu 1: sprachliches Handeln als Umgang mit der Welt
Der erste Bereich ist eher semiotischer Natur und untersucht das Zeichenhandeln in Bezug auf «die Welt»: Wie kommen die Dinge der

Welt in die Sprache; wie werden Sachverhalte durch Aussagen konstituiert, sodass sie hinsichtlich ihrer Wahrheit/Zutreffendheit überprüft werden können; wie wird mit sprachlichen Mitteln auf Gegenstände, Wahrnehmungen und Relationen der Sprechsituation «gezeigt» usw.?

Unter semantischen Gesichtspunkten spricht man bei der sprachlichen Repräsentation von Außersprachlichem von Referenzsemantik. Es geht um die Fähigkeit sprachlicher Ausdrücke, Objekte im sprachlichen Handeln eindeutig zu bezeichnen, und zwar so, dass sie sowohl im Verlauf der Textentwicklung immer wieder identifiziert als auch auf die außersprachliche Welt bezogen werden können.

In diesem Zusammenhang untersucht man vor allem Ausdrücke, die nur in einer Sprechsituation «Bedeutung» haben, d.h. nur dort ihre Bezeichnungsfunktion erfüllen können. Dazu gehören zunächst die deiktischen Ausdrücke: Auf der Basis des deiktischen Nullpunkts, der «Hier-Jetzt-Ich-Origo» (vgl. Bühler 1982, 102 ff.), «zeigen» lokale Deiktika wie *dort, vorn/hinten, links/rechts, oben/unten* usw. während des Äußerungsaktes in die drei Dimensionen der räumlichen Wahrnehmung; die temporalen Deiktika wie *morgen, nächste Woche, bald* und *gestern, letztes Jahr, vor langer Zeit* usw. «zeigen» in die beiden Dimensionen der Zeitwahrnehmung, vom Sprechzeitpunkt *(jetzt)* aus gesehen; die personalen Deiktika wie *ich, wir* und *du, Sie, ihr* «zeigen» auf die personale Opposition von Sprecher und Angesprochenem/n, wiederum in der Äußerungssituation.

Zu 2: sprachliches Handeln als intentionaler Akt eines Individuums

«Die Hypothese dieses Buches ist [...], daß eine Sprache sprechen eine regelgeleitete Form des Verhaltens darstellt. Um es deutlicher auszudrücken: Sprechen bedeutet, in Übereinstimmung mit Regeln Akte zu vollziehen.» (Searle 1971, 38)

Mit J.L. Austin und J.R. Searle (Ende der 1950er und Anfang der 1960er Jahre) bekommt die Erforschung der Sprache einen neuen Ansatzpunkt. Zum ersten Mal wird aus sprachphilosophischer Perspektive systematisch beschrieben, dass und wie man durch eine sprachliche Äußerung eine Handlung vollzieht, d.h. eine Handlungsintention realisiert, einen Adressaten in bestimmter Weise beeinflusst, einen Zustand in der Welt herstellt und die eigene Person in die sprachliche Handlung einbindet.

Beide Autoren haben dazu nicht nur eine Typologie der Sprechakte zu entwickeln versucht, sondern auch Regeln für den Vollzug dieser Akte gefunden und formuliert. Außerdem hat besonders Searle sich mit den Bedingungen beschäftigt, die einen Sprechakt ermöglichen und die für sein Glücken/Gelingen als Handlung verantwortlich sind.

Zunächst soll kurz daran erinnert werden, dass Searle – dessen klassische Sprechakttheorie hier etwas eingehender behandelt werden soll – den Sprechakt analytisch aufgegliedert hat in verschiedene, unabhängige Teilhandlungen: den Äußerungsakt *(utterance act)*, den propositionalen Akt *(propositional act)*, den illokutionären Akt *(illocutionary act)* und den perlokutionären Akt *(perlocutionary act)*. Sie sollen in ihrer Struktur kurz erläutert werden; dazu zunächst eine Übersicht in graphischer Darstellung:

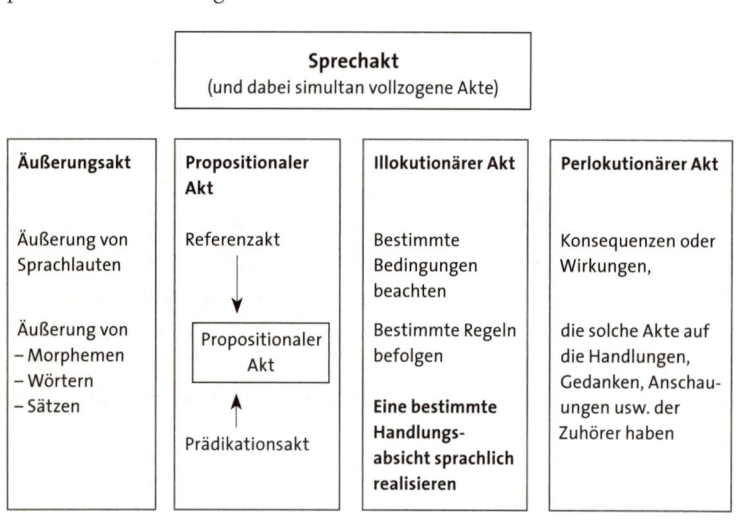

Auf den Begriff des Äußerungsakts braucht hier nicht weiter eingegangen zu werden; er ist auch in einem vorlinguistischen Sinn verständlich. Allerdings ist darauf hinzuweisen, dass es sich bei den Elementen (bzw. Aspekten) der Äußerung um keine getrennten Akte handelt, sondern dass jeder von ihnen stets zusammen mit den beiden anderen vollzogen wird.

Der propositionale Akt ist das Resultat von zwei in einem Sprechakt verknüpften Einzelakten: (1) dem Referenzakt, dem Benennen und Sichbeziehen auf einen außersprachlichen Referenten (durch einen nominalen Ausdruck), und (2) dem Prädikationsakt, der dem Referenten eine bestimmte Eigenschaft (Qualität, Handlung, Zustand usw.) zuschreibt. Durch die beiden Akte in ihrer syntaktisch-semantischen Verbindung wird der Sinn (Inhalt, Sachverhalt) des Satzes, die Proposition, konstituiert.

Der illokutionäre Akt ist der Kernpunkt der Searle'schen Sprechakttheorie (mehr dazu weiter unten). Searle betont, dass alle vier analytisch getrennten Akte gleichzeitig, sozusagen ineinander, vollzogen werden. Das heißt auch, dass man keinen syntaktisch strukturierten Äußerungsakt vollziehen kann, ohne zugleich einen propositionalen Akt zu vollziehen; ebenso kann man keinen propositionalen Akt vollziehen, ohne diesen im Rahmen eines bestimmten illokutionären Akts auszuführen. Gleichermaßen ist der perlokutionäre Akt eine notwendige Konsequenz der realisierten Illokution.

Der illokutionäre Akt ist, wie gesagt, der Kern einer sprachlichen Handlung (Sprechakt). Im Gegensatz zu Austin besteht Searle darauf, dass *jede* sprachliche Äußerung (im kommunikativen Zusammenhang) ein illokutionärer Akt sei und dass auch Behauptungen und Feststellungen, bei Austin lediglich «lokutionäre Akte», eine Illokution haben, ja enthalten müssen, da auch sie sprachliche Akte sind. Unter den sprachspezifischen Illokutionen (d. h. den Handlungsintentionen) nennt Searle u. a.: Behauptungen, Aufforderungen, Fragen, Versprechen, Drohungen, Warnungen, Ratschläge usw.

Anhand des Sprechakts «Versprechen», der in der Forschung ausführlich diskutiert worden ist, hat Searle den Apparat von Regeln entwickelt, deren Erfüllung er als Voraussetzung für das Gelingen eines Sprechakts ansieht. Für den Akt des Versprechens führt er insgesamt neun Bedingungen auf, die sich vier verschiedenen Regeltypen zuordnen lassen. Neben den allgemeinen Voraussetzungen, die die Basis jeder sprachlichen Kommunikation darstellen, beschreiben die Regeln die Bedingungen des propositionalen Gehalts und der Illokution, die (hier: beim «Versprechen») erfüllt sein müssen – andernfalls das Versprechen als nicht ernsthaft, als unaufrichtig, als überflüssig oder als nicht erfüllbar anzusehen ist.

Im Einzelnen nun die Bedingungen und Regeln des «Versprechens» in der Formulierung von Searle:

Legende zu den in den Regeln verwendeten Siglen:
T (Text) = der im Sprechakt verwendete Wortlaut der Äußerung
S (Sprecher) = der den Sprechakt ausführende Akteur/Sprecher
p (Proposition) = der in dem Sprechakt enthaltene Satzinhalt, die Proposition
A (Akt) = der in der Proposition bezeichnete Akt (Handlung; Verhalten)
H (Hörer) = der Adressat als Ziel der im Sprechakt vollzogenen Handlung
I (Intention) = die in dem Sprechakt enthaltene Handlungsintention (Illokution), spezifiziert nach Teilintentionen
K (Erkenntnis) = die gedankliche Erfassung der Handlungsabsicht durch den Adressaten

Allgemeine Voraussetzungen (1):
(1) «(Es herrschen) normale Eingabe- und Ausgabebedingungen.»
Regeln des propositionalen Gehalts (2 und 3):
(2) «In der Äußerung von T drückt S die Proposition aus, dass p.»
(3) «Indem S ausdrückt, dass p, sagt S einen zukünftigen Akt A von S voraus.»
Einleitungsregeln (4 und 5):
(4) «H sähe lieber die Ausführung von A als die Unterlassung von A, und S glaubt, H sähe lieber seine Ausführung von A als die Unterlassung von A.»
(5) «Es ist sowohl für S als auch für H nicht offensichtlich, dass S bei normalem Verlauf der Ereignisse A ausführen wird.»
Regeln der Aufrichtigkeit (6 und 7):
(6) «S beabsichtigt, A zu tun.»
(7) «Es liegt in der Absicht von S, sich mit der Äußerung von T zur Ausführung von A zu verpflichten.»
Wesentliche Regeln (8 und 9):
(8) «S beabsichtigt (I-1), bei H die Erkenntnis (K) zu bewirken, dass die Äußerung von T als S' Übernahme der Verpflichtung zur Ausführung von A anzusehen ist.
S beabsichtigt, K durch die Erkenntnis von I-1 zu bewirken, und es liegt in seiner Absicht, dass I-1 aufgrund von (mittels) Hs Kenntnis der Bedeutung von T erkannt wird.»
(9) «Die semantischen Regeln des Dialekts, den S und H sprechen, sind von solcher Beschaffenheit, dass T korrekt und aufrichtig dann und nur dann geäußert wird, wenn die Bedingungen (1) bis (8) erfüllt sind.»

Bereits Austin (1972) hatte anhand der performativen Verben die Beobachtung gemacht, dass mit ihrer Äußerung in einem Satz bestimmte Zustände in der Welt hergestellt oder verändert werden können. Performative Verben sind solche, bei deren Verwendung nicht nur die Handlung bezeichnet, sondern zugleich die Handlung ausgeführt und die Konsequenzen dieser Handlung in der Welt bewirkt werden. Allerdings müssen diese Verben in eine bestimmte Äußerungsform eingebunden sein, welche die Sprecherperson als handelndes Subjekt einbezieht (grammatisch: 1. Pers. Sing. Ind. Präs. Aktiv); von der syntaktischen Struktur her muss es sich um eine performative Formel handeln, und diese formelhaften Sätze müssen auf das Jetzt und Hier der Sprechzeit und des Sprechorts bezogen sein. Die performative Formel darf keine Negation (oder Ausdrücke des Möglichen, Wahrscheinlichen usw.) enthalten. Im Übrigen kann sie durch *hiermit* verstärkt werden; das ist jedoch keine notwendige Bedingung; Beispiele:

«Ernennen»: Ich ernenne Sie (hiermit) zum Beamten auf Probe.
«Verurteilen»: Ich verurteile Sie (hiermit) zu drei Jahren Zwangsarbeit.
«Taufen»: Ich taufe dich (hiermit) auf den Namen Eva Maria.
«Schwören»: Ich schwöre (hiermit) (feierlich), der Bundesrepublik Deutschland treu zu dienen.
«Eröffnen»: Ich eröffne (hiermit) die heutige Vorstandssitzung.
«Verfügen»: Ich/Wir verfüge/n (hiermit), dass ...
«Versprechen»: Ich verspreche dir (hiermit), das Buch zurückzubringen.

Ein wichtiges Kriterium der Performation ist, dass mit der Äußerung der performativen Formel der durch das Verb bezeichnete Akt tatsächlich vollzogen wird. Viele ähnliche sprechhandlungsbezeichnende Verben wie *sagen, denken, kommentieren, schreiben, beraten* können auch aktuelle, gerade vollzogene Akte benennen; aber mit ihrer Äußerung wird der Akt selbst nicht vollzogen, sondern beschrieben, kommentiert, bewertet usw. (darum sind dies keine performativen Akte).

Nicht nur die formelhafte Einbettung, auch der ritualisierte Handlungskontext ist für performative Akte charakteristisch. Bei den meisten dieser Akte muss außerdem eine bestimmte Rollenkonstellation gegeben sein, damit die Perlokution gelingt. Sogar eine bestimmte zeremonielle Form der Ausführung (vgl. *taufen, schwören*) ist für bestimmte performative Akte gefordert. Schließlich ist darauf hinzuweisen, dass performative Akte auch ohne explizite Verwendung einer performativen Formel vollzogen werden können. Wenn z.B. jemand zu seinem

Chef – bei einer telefonischen Nachfrage – sagt: *Ja, bestimmt, ich werde morgen wieder im Büro sein*, dann kann das in der Regel als (festes, ernst gemeintes) Versprechen gelten, auch ohne performative Formel. Ähnliches gilt für viele performative Akte.

Die Entwürfe von Austin und Searle haben eine breite und intensive Diskussion in der neueren Linguistik ausgelöst, die – trotz mancher kritischer Stimmen (vgl. Burkhardt 1990) – noch nicht abgeschlossen ist. Dabei steht nicht mehr der sprachphilosophische Diskurs von Sprechakten im Mittelpunkt, sondern die Logik der Illokutionen und der Entwurf einer möglichst umfassenden, auf diesen Illokutionen beruhenden Sprechakttypologie. Deshalb noch eine Anmerkung zu den Versuchen, eine gültige, pragmalinguistisch begründete Sprechakttypologie bzw. Sprechaktklassifikation zu entwerfen. Auch hier soll an Searles frühen Vorschlag (1971, 1975) angeknüpft werden, der fünf Klassen unterscheidet:

1. Assertiva oder Repräsentativa: *behaupten, feststellen, dass, bestätigen*
2. Direktiva: *befehlen, auffordern, fragen, bitten*
3. Kommissiva: *versprechen, drohen, warnen*
4. Expressiva: *kondolieren, beglückwünschen, sich entschuldigen*
5. Deklarativa: *taufen, schwören, eröffnen, definieren, ernennen, eröffnen*

Die Möglichkeiten einer umfassenden Klassifikation der Sprechakte sind in der Forschung ausgiebig erörtert worden. Searle selbst hat (vgl. 1975; Searle/Vanderveken 1985) an einer besseren theoretischen Begründung seiner Sprechaktklassen gearbeitet. Außer der schon von Austin (1962/1971) vorgelegten Klassifizierung bieten Ballmer/Brennenstuhl (1981), Wunderlich (1976), Ulkan (1993), Habermas (1971, 1981), Sökeland (1980) u.a. weitere Klassifikationsvorschläge (vgl. Burkhardt 1986, 283–314). Jedoch sollten die theoretischen und methodischen Schwierigkeiten bei der Erstellung einer Klassifikation «nicht darüber hinwegtäuschen, dass es sich hierbei um eine zentrale Aufgabe der linguistischen Pragmatik handelt» (Ehlich 1993, 593).

Zu 3: *sprachliches Handeln als Form der sozialen Kommunikation*
Mit der Gesprächsanalyse, im Deutschen weithin synonym mit dem Terminus Konversationsanalyse (conversation analysis) verwendet, hat sich ein neuer Wissenschaftszweig zwischen Linguistik und Soziologie entwickelt. Er konzentriert sich auf die Erforschung der sprachlichen Interaktion, bevorzugt in der Alltagskommunikation; das Hauptuntersuchungsfeld liegt also auf der dialogischen, spontan produzierten mündlichen Sprache. Gesprächsanalyse versteht sich damit zunächst als eine komplementäre Disziplin zur Textlinguistik, die sich (anfangs) überwiegend mit Texten der monologischen, schriftlich konstituierten Sprache beschäftigt hat. Für die linguistische Gesprächsanalyse hat sich – im Gegensatz zu einer soziologischen oder ethnomethodologischen – hinsichtlich ihres Untersuchungsgegenstandes «Gespräch» ein bestimmter Konsens herausgebildet: So definieren Brinker und Sager: «‹Gespräch› ist eine begrenzte Folge von sprachlichen Äußerungen, die dialogisch ausgerichtet ist und eine bestimmte thematische Orientierung aufweist» (1989, 11).

Aus dem Definitionsmerkmal «dialogisch» (wörtlich «zwischensprachlich»; vgl. Henne/Rehbock 1995, 9) ergibt sich, dass ein Gespräch dann stattfindet, wenn mindestens zwei Personen miteinander sprachlich kommunizieren und mindestens einmal ein Sprecherwechsel vorliegt, das heißt, wenn der Hörer die Sprecherrolle übernimmt und der Sprecher die Hörerrolle. Für diese Kommunikation ist die zeitliche Unmittelbarkeit von Sprechen und Hören wesentlich; daraus ergibt sich, dass die wichtigsten Untersuchungsobjekte Face-to-face-Kommunikation und Telefongespräch (heute außerdem Simultan-Chat) sind. Die Themenzentrierung bzw. -orientierung ist auch beim Gespräch ein textkonstitutives Merkmal, denn ein Gespräch ohne thematische Orientierung misslingt bzw. «zerfällt». Die thematische Orientierung (auch: thematische Motiviertheit) ist im Allgemeinen implizit vorhanden, kann aber bei «Gesprächskrisen» explizit gemacht werden, und sie stiftet im Mündlichen wie im Schriftlichen die Textkohärenz. Die Themenorientierung kann im Mündlichen – je nach Bekanntheitsgrad und «Nähe» der Kommunikationspartner – stärker an gemeinsames Erfahrungs- und Weltwissen anknüpfen; dadurch sind die Bedingungen für eine implizite Wiederaufnahme des Bekannten und «Selbstverständlichen» andere als im schriftsprachlichen Text, der sich an zeitlich und räumlich entfernte (und evtl. unbekannte) Adressaten richtet.

Ein Gespräch ist – wie jeder Text – begrenzt, aber im mündlich konstituierten Text spielen Einleitungs- (meist Begrüßungsformeln) und Beendigungssignale (meist Abschiedsformeln) eine wesentlich größere Rolle als in Schrifttexten. Die Formeln sind im Allgemeinen in ritualisierte Eingangs- und Schlusssequenzen eingebettet und darum in hohem Grad erwartbar.

Die Methodologie der Gesprächsanalyse hat sich ausführlich mit den Problemen der Datenerhebung befasst: Die Flüchtigkeit des «gesprochenen Worts», die Schwierigkeiten der Erfassung und Konservierung der Daten und der relevanten Situationsfaktoren stellen hohe Anforderungen an die Verfahren der Aufnahme und Aufzeichnung des Materials. Schon wegen dieser Restriktionen beschränkt sich Gesprächsanalyse weitgehend auf die gesprochene Gegenwartssprache. Eine weitere Forderung ist die, nur natürliche Dialoge als Untersuchungsobjekte zu berücksichtigen, da es um die Erforschung der Regeln und Strukturen geht, die in der Gesprächskompetenz natürlicher Sprecher verankert sind.

Die Methode der Datenerhebung und -analyse hat unter wissenschaftlichen Anforderungen folgende Arbeitsschritte durchzuführen: Die akustischen und optischen Daten des (natürlichen) Gesprächs (Primärdaten) werden auf einem physikalischen Medium (Tonträger; Film oder Video) fixiert und konserviert (Sekundärdaten), eventuell auf einem anderen technischen Medium (Computer, Sonagramm) weiterverarbeitet; sie werden nach methodischen Gesichtspunkten in ein Transkript übertragen (Tertiärdaten), welches – je nach Untersuchungsziel – redigiert und mit Situations- und Sozialdaten angereichert werden kann. Erst dieses bietet – immer in Rückkoppelung mit der Aufzeichnung der Originaldaten – eine verlässliche Materialgrundlage für die eigentliche Analyse (vgl. Brinker/Sager 1989, 39 ff.).

Die «Natürlichkeit» von Gesprächen ist ein relatives, vorwissenschaftliches Kriterium. Wenn man die «funktionelle Vielfalt der Erscheinungsformen» (Henne/Rehbock 1995, 31) systematisch berücksichtigen will, sollte ein spezifisches, kommunikativ-pragmatisches

Kategorieninventar entworfen werden, das eine – dem jeweiligen Analysezweck angemessene – Typologie der Gesprächsformen erlaubt. Henne und Rehbock (ebd., 32 f.) unterbreiten einen Vorschlag für einen entsprechenden Kriterienkatalog, der hier wiedergegeben werden soll:

1. **Gesprächsgattungen**
   1.1 natürliches Gespräch (natürliches spontanes Gespräch; natürliches arrangiertes Gespräch); 1.2 fiktives/fiktionales Gespräch (fiktives Gespräch; fiktionales Gespräch); 1.3. inszeniertes Gespräch
2. **Raum-Zeit-Verhältnis (situationeller Kontext)**
   2.1 Nahkommunikation: zeitlich simultan und räumlich nah (face-to-face);
   2.2 Fernkommunikation: zeitlich simultan und räumlich fern: Telefongespräche
3. **Konstellation der Gesprächspartner**
   3.1 interpersonales dyadisches Gespräch 3.2 Gruppengespräch (in Kleingruppen; in Großgruppen)
4. **Grad der Öffentlichkeit**
   4.1 privat; 4.2 nicht öffentlich; 4.3. halb öffentlich; 4.4 öffentlich
5. **Soziales Verhältnis der Gesprächspartner**
   5.1 symmetrisches Verhältnis; 5.2 asymmetrisches Verhältnis (anthropologisch bedingt; soziokulturell bedingt; fachlich oder sachlich bedingt; gesprächsstrukturell bedingt)
6. **Handlungsdimensionen des Gesprächs**
   6.1 direktiv; 6.2 narrativ; 6.3 diskursiv (alltäglich; wissenschaftlich)
7. **Bekanntheitsgrad der Gesprächspartner**
   7.1 vertraut; 7.2 befreundet, gut bekannt; 7.3 bekannt; 7.4 flüchtig bekannt; 7.5 unbekannt
8. **Grad der Vorbereitetheit der Gesprächspartner**
   8.1 nicht vorbereitet; 8.2 routiniert vorbereitet; 8.3 speziell vorbereitet
9. **Themafixiertheit des Gesprächs**
   9.1 nicht themafixiert; 9.2 themabereichfixiert; 9.3 speziell themafixiert
10. **Verhältnis von Kommunikation und nichtsprachlichen Handlungen**
    10.1 empraktisch; 10.2 apraktisch

Mit diesen Kriterien kann der Gegenstand der Gesprächsanalyse theoretisch konzipiert und für den jeweiligen Analysezweck genauer spezifiziert werden. Für die Linguistik ist indessen von besonderem Interesse, welche internen Strukturen das im Gespräch entstehende sprachliche Gebilde aufweist, um seinen kommunikativen Zweck zu erfüllen.

Von der Oberflächenstruktur, der Äußerungsebene, ausgehend, ist die Makrostruktur jedes Gesprächs zunächst durch drei Teile charakterisiert: (1) Gesprächseröffnung, (2) Gesprächsmitte, (3) Gesprächsbeendigung. Dass Eröffnung und Beendigung im Allgemeinen aus formelhaften Äußerungen in ritualisierten Sequenzen bestehen, wurde schon erwähnt. In der Gesprächsmitte herrscht eher das freie Spiel der Kräfte zur thematischen und motivationalen Entfaltung der Gesprächsintentionen. Die sich hier abzeichnenden Strukturen und Regeln sind ein zentrales Untersuchungsfeld der Gesprächsanalyse.

Welche Elemente und Gliederungseinheiten lassen sich nun als konstitutiv für die Struktur des Gesprächs herausarbeiten? Als Grundeinheit des Gesprächs wird seit den Arbeiten von Schegloff und Sacks (vgl. u. a. 1973) der Gesprächsschritt («Turn») betrachtet. Nach Goffman ist der Turn «alles das, was ein Individuum tut und sagt, während es an der Reihe ist» (1974, 201). Der Gesprächsschritt wird in der Regel von sogenannten Hörersignalen begleitet, die verbal oder nonverbal sein können. Mit ihnen signalisiert der Hörer vor allem Aufmerksamkeit, eventuell auch Zustimmung oder Ablehnung. Die reinen Rückmeldesignale (back-channel-behaviour) gelten nicht als eigene Turns, können aber einen Anspruch auf Turnübernahme ausdrücken (claiming-of-the-turn-signals). Gesprächsschritt und Hörersignal(e) werden unter dem Begriff Gesprächsbeitrag zusammengefasst.

Für die interne Struktur des Gesprächs ist weiterhin der Gesprächsschrittwechsel (turn-taking) von wesentlicher Bedeutung. Die Typen des Wechsels lassen sich unter pragmatischen Aspekten (vgl. Henne/Rehbock 1995, 190 ff.) so ordnen: (a) Wechsel nach Unterbrechung; (b) ‹glatter› Wechsel; (c) Wechsel nach Pause.

(a) Der Wechsel nach Unterbrechung ist im Alltagsdialog eine normale Form des Gesprächsschrittwechsels. Der Hörer übernimmt den Turn, noch ehe der bisherige Sprecher seinen Turn abgeschlossen hat. Das simultane Sprechen der Partner kann zum Wechsel führen, muss aber nicht: Wenn der bisherige Sprecher auf seinem Turn beharrt und der bisherige Hörer auf den erhobenen Anspruch verzichtet, findet kein Wechsel statt.
(b) Der «glatte» Wechsel liegt dann vor, wenn der Hörer ohne Pause und ohne Zwischenphase simultaner Gesprächsschritte den Turn übernimmt, «d.h., wenn a) der Sprecher ein ‹turn signal› […] gibt, b) der Hörer die Sprecherrolle übernimmt und c) der Sprecher seinen Gesprächsschritt aufgibt und zum Hörer wird» (Henne/Rehbock 1995, 193). «Glatter» Wechsel liegt auch dann vor, wenn der Hörer den Turn in dem Au-

genblick übernimmt, wo der Sprecher nur noch Redundantes, offensichtlich Erwartbares sagt, z. B. eine Satzvollendung (überlappender Wechsel). Als «glatter» Wechsel lässt sich außerdem eine Turnübernahme bezeichnen, wenn der Hörer nach einer kurzen Denk- oder Entscheidungspause, die nach dem Inhalt des vorherigen Gesprächsschritts erwartbar war, den Turn übernimmt (zäsurierter Wechsel).
(c) Der Wechsel nach Pause kann Anzeichen für eine Gesprächskrise sein, muss es aber nicht. «Entsteht nach der Beendigung eines Gesprächsschritts eine Pause, so ist [...] der Wechsel, also die Übernahme der Sprecherrolle durch einen der bisherigen Hörer, nur eine von drei Möglichkeiten; die Pause kann auch als simultanes Schweigen aller andauern und das Ende des Gesprächs bedeuten oder aber durch einen neuen Gesprächsschritt des bisherigen Sprechers beendet werden» (ebd., 195).

Noch einige kurze Anmerkungen zur Ebene der Handlungsbedeutung. Das Gespräch ist stets ein dynamisches, sich durch wechselseitige thematische und motivationale Ansprüche entwickelndes Interaktionsspiel. Gesprächsschritte sind in vielfältiger Weise aufeinander bezogen:

«Wir können diesen Zusammenhang in Analogie zur Textkohärenz ‹Gesprächskohärenz› nennen. Sie beruht letztlich darauf, daß die Gesprächspartner in der Regel wechselseitig die Geltung des Kooperationsprinzips als gemeinsame Basis unterstellen und jeden Gesprächsschritt in den inhaltlichen und kommunikativen Rahmen einordnen, der durch die vorausgehenden Gesprächsbeiträge geschaffen wurde.» (Brinker/Sager 1989, 72)

Die Intentionen der Beteiligten äußern sich in Gesprächsakten, die sich aus kleineren Elementen zusammensetzen. Als kleinste Handlungseinheit auf dieser Ebene ist der Sprechakt anzusehen, der eine punktuelle Handlungsabsicht durch eine Äußerung realisiert. Im natürlichen Gespräch stehen Sprechakte nie isoliert oder in bloßer Addition nebeneinander, sondern sind thematisch und intentional aufeinander bezogen: Sprechakte begegnen in (meist paarigen) Sprechaktsequenzen, und diese sind wiederum in größere Interaktionseinheiten, Gesprächsphasen, eingebettet. Sprechaktsequenzen mit hoher Folgewahrscheinlichkeit (bzw. Obligation) sind u. a.:

Gruß – Gegengruß; Frage – Antwort; Vorwurf – bestreiten/sich rechtfertigen/sich entschuldigen; Auskunft ersuchen – Auskunft geben/verweigern; Bitte – Zusage/versprechen; beglückwünschen – danksagen.

Gesprächsphasen gehören zur Makrostruktur, und sie umfassen bei einem kurzen Alltagsdialog z. B. nur die Eröffnungsphase, die ungegliederte Kernphase und die Beendigungsphase.

Während die Eröffnungs- und Beendigungsphase durch ihre ritualisierten Formen meist klar strukturiert sind, macht die interne Struktur der Kernphase größere Schwierigkeiten für die wissenschaftliche Analyse. Bis jetzt sind erst relativ wenige Gesprächstypen in ihrer Kernphase auf typische Ablaufmuster untersucht worden. Offensichtlich ist, dass es je nach Situation und Redekonstellation spezifische Handlungspläne gibt, an denen sich die Teilnehmer – mehr oder minder eng – orientieren. So gelten für das Telefongespräch andere Handlungsverläufe als für das (behördliche) Beratungsgespräch, für das Verkaufsgespräch andere als für den streitigen Diskurs, für das «gelenkte Unterrichtsgespräch» gilt ein anderer Plan als für das Gespräch am Arbeitsplatz usw. Es macht keinen Sinn, hier eine vollständige Aufzählung der Gesprächstypen zu versuchen; bisher ist – vor allem wegen der Vielzahl der beteiligten Faktoren und Beschreibungsaspekte – keine umfassende, wissenschaftlich zufriedenstellende Gesprächstypologie vorgelegt worden.

Inzwischen hat sich die Pragmalinguistik auch näher mit den verbalen und nonverbalen Elementen beschäftigt, die ein Gespräch aufrechterhalten, entwickeln und steuern. Auf Sprecherseite sind die aufmerksamkeitssichernden und bestätigungsheischenden Signale (Gesprächswörter, Partikeln, Gesten) untersucht worden, außerdem Verzögerungs- und Gliederungssignale, turn-sichernde und -fortführende Mittel usw. Auf Hörerseite wurden (verbale und nonverbale) Antwort- und Bestätigungssignale, Signale des «claiming-of-the-turn» und Verweigerungs- bzw. Abbruchsignale beschrieben. Dabei wurde die besondere Rolle von Modalpartikeln (unbetontes *doch, ja, denn, eigentlich, wohl, auch* u.a.) eingehend untersucht, d.h. ihre Funktion als Signale der – für den Gesprächsverlauf relevanten – Sprechereinstellungen und als Appelle an das Hörerverhalten (vgl. u.a. Burkhardt 1982, 1984).

Schließlich wurde das «lokale» und «regionale Management» bei der Bewältigung von Gesprächskrisen eingehender untersucht (vgl.

Brinker/Sager 1989, 135–170). Natürliche Gespräche sind – sofern nicht arrangiert oder inszeniert – stets Interaktionsspiele, bei denen Themen, Motive und Ziele der Kommunikation gemeinsam «ausgehandelt» und in ihrer jeweiligen Relevanz bestimmt werden.

VI. Aufbaumodul Germanistische Literaturwissenschaft

1. Literaturgeschichte vom Mittelalter bis zur Gegenwart

8. bis 14. Jahrhundert: Literatur des Mittelalters

Wer die Geschichte der deutschen Literatur studieren will, muss sich zunächst bewusstmachen, dass der Ansatz, Literaturgeschichte in nationaler Hinsicht zu betrachten, nur ein Ordnungsschema unter anderen sein kann und darf. Literatur steht immer in vielfältigen Bezügen – von Religion oder Konfession, von Stand, Beruf oder gesellschaftlicher Gruppe, Alters- oder Geschlechtszugehörigkeit, literarischer Tradition und Gattung, Sprache, Region sowie später auch Staat und Nation. Wo Nationalliteratur zur alleinigen Kategorie historischer Literaturforschung erhoben wird, da bleiben notwendigerweise viele Aspekte unberücksichtigt. Besonders bedenklich ist das in Bezug auf diejenigen Epochen, die wir seit den Humanisten als das Mittelalter *(medium aevum)* bezeichnen, in denen Nationen erst langsam sich ausbildeten. Seit dem Ende des 18. Jahrhunderts tendiert man dazu, jegliche Dichtung, die auf dem Territorium des späteren Deutschland entstanden ist, nachträglich für eine nationale Tradition zu reklamieren. Dieses Vorgehen ist recht praktikabel, wenn auch nicht unbedenklich. Vor allem steht es im Verdacht, Kontinuitäten vorzutäuschen, die nicht vorhanden (höchstens aus patriotischen oder gar nationalistischen Gründen erwünscht) sind. Dagegen wäre freilich einzuwenden, dass Tradition kaum je in ungebrochenen Kontinuitäten besteht, vielmehr im beständigen Wechselspiel von Vergessen und Wiederentdecken, Neubearbeiten und Variieren, also in einem produktiven Rezeptionsprozess, den man der deutschen Literaturgeschichte als Ganzer nicht absprechen kann. Allerdings einigt man sich nicht immer leicht darüber, welche Grenzen von Deutschland hierbei anzusetzen wären (inkl. Österreich, der Niederlande?). Der linguistische Ausweg, als deutsche Literatur alles gelten zu lassen, was in deutscher Sprache verfasst ist, ist ebenfalls nicht unproblematisch:

- Zum einen kann von einer einheitlichen deutschen Sprache mit klar abgegrenztem Sprachgebiet im Mittelalter nicht die Rede sein (und es wäre kaum einzusehen, weshalb man das Mittelniederdeutsche dazu zählen sollte, das sich davon kaum unterscheidende Mittelniederländische jedoch nicht, nur weil später daraus eine eigene Sprache entstanden ist).
- Zum Zweiten ist aufgrund der lateinisch geprägten Bildungssituation Europas bis in die Frühe Neuzeit hinein der größte Teil der schriftlichen Überlieferung gar nicht in deutscher, sondern in mittel- bzw. neulateinischer Sprache abgefasst.

Das Latein stellt die deutsche Literatur der Vormoderne in einen gesamteuropäischen Zusammenhang; zugleich entwickelt sich aber gerade lateinische Literatur in regionalen Bezügen (was nicht verwundert, wenn man bedenkt, wie viele Verfasser von landschafts- oder stadtbezogener Literatur Lehrer und Kleriker waren). Allein schon weil viele Autoren in beiden Sprachen gedichtet haben und es nicht wenige lateinisch-deutsche Mischwerke gab (am bekanntesten ist immer noch das Weihnachtslied «In dulci jubilo»), lässt sich die im deutschen Sprachgebiet entstandene lateinische Literatur nicht vollständig aus der deutschen Literaturgeschichte ausgliedern. Ein besonderer Status kommt ihr freilich zu.

Anfänge im Althochdeutschen

Im Frühen Mittelalter, in dem Lese- und Schreibkompetenz sich fast ausschließlich auf die Geistlichkeit und allenfalls noch auf den Hochadel beschränkte, lag im Verhältnis von Latein und Volkssprache der Schwerpunkt aufseiten des Lateins. In der kirchlichen Kultur war die Volkssprache auf die Predigt und die elementare Katechese beschränkt.

Kaiser Karl der Große hatte im Jahr 789 in der «Admonitio generalis» von den Laien (mindestens) die Kenntnis des Vaterunsers und des Glaubensbekenntnisses verlangt, und die Frankfurter Synode von 794 legte fest, Gott könne in allen Sprachen gelobt werden – also auch in den Dialekten des östlichen Frankenreichs, die auf germanische Sprachtraditionen zurückgehen, nicht auf die lateinisch-romanischen Sprachen im Westreich. So entstanden religiöse Gebrauchstexte in der Volkssprache (z. B. Taufgelöbnis, Katechismus, Beichtformel, Gebet, Predigt), von denen sich eine ganze Reihe erhalten hat. Andere kleinere Texte, die nicht in diese kirchlich legitimierte Sparte der religiösen Unterweisung von Laien fallen, weil sie – wie die berühmten «Merseburger Zaubersprüche» – an heidnische Magiepraktiken anzuknüpfen scheinen, oder – wie das «Hildebrandslied» – offenbar theologisch nicht weniger bedenkliche Heldenliedtraditionen der Germanen fortsetzen, solche Texte konnten nur in inoffizieller Überlieferung, etwa auf den Vorsatzblättern eines lateinischen Kodex, die Zeiten überdauern und waren deshalb lange unbekannt. Wenn also nur literarisch unbedeutende oder zufällig tradierte Werke aus althochdeutscher Zeit erhalten wären, dann ließe sich damit kaum der Beginn einer Nationalliteratur begründen. Man müsste Heinz Schlaffer recht geben, der in seiner «Kurzen Geschichte der deutschen Literatur» (2002) bis ins 18. Jahrhundert hinein nur «Mißglückte Anfänge» sieht und der althochdeutschen Dichtung ihren Platz als Anfang der deutschen Literaturgeschichte dezidiert bestreitet.

Volkssprachige Literatur des frühen Mittelalters besteht jedoch nicht nur aus Zufallsüberlieferungen kurzer Texte, sondern auch aus mindestens drei großen geistlichen Werken von Buchumfang. Der althochdeutsche «Tatian» ist die Übersetzung einer sogenannten Evangelienharmonie, in der die Geschichte Christi zusammenhängend nacherzählt wurde (wie später noch lange in sog. Schulbibeln). Eine heute in St. Gallen aufbewahrte Handschrift aus Fulda (2. Viertel des 9. Jahrhunderts) zeigt sehr deutlich, wie der «Tatian» als zweisprachiges Übersetzungswerk benutzt werden konnte. Einen weit höheren literarischen Anspruch erhebt die unter dem Herausgebertitel «Heliand» bekannte altsächsische (also altniederdeutsche) Evangelienharmonie, die in kunstvollen Stabreimversen gedichtet ist. Der anonyme Autor hatte offensichtlich den Ehrgeiz, die Gattung des Bibelepos (Sacra poesis), mit dem das heidnische Epos der Antike christlich überhöht werden sollte, in die Volkssprache zu übertragen und die biblischen Geschichten an die vertraute frühmittelalterliche Adelswelt anzupassen (die Apostel erscheinen als Gefolgsleute usw.). Eine Handschrift aus München überliefert Neumen (linienlose Vorläufer unserer Noten), nach denen der «Heliand» gesungen werden konnte. Das Gleiche gilt für eine Heidelberger Handschrift des althochdeutschen Pendants zum «Heliand», von dem wir nicht nur den originalen Titel («Liber evangeliorum», also «Evangelienbuch»), sondern auch den Autor kennen: Otfrid von Weißenburg, der damit der älteste namentlich bekannte deutsche Dichter überhaupt ist. Otfrid, um 800 geboren, war Mönch im Kloster Weißenburg im Elsass (Diözese Speyer) und hatte in Fulda (beim berühmten Gelehrten und Dichter Hrabanus Maurus) studiert, wo er möglicherweise mit dem althochdeutschen «Tatian» und dem «Heliand» in Berührung gekommen war. Neben lateinischen Kommentaren zu einzelnen biblischen Büchern verfasste Otfrid dieses volkssprachige Evangelienbuch in südrheinfränkischem Dialekt. Es ist in vier Pergamenthandschriften überliefert, in einem Fall prächtig bebildert und vom Autor durchkorrigiert, mit vielen Paratexten versehen, zuvörderst eine Widmung an den König (!), was für eine wohlüberlegte Rezeptionsplanung spricht, kaum für zufällige Überlieferung. Otfrid verwendete im Unterschied zum «Heliand» nicht mehr den altgermanischen Stabreim, sondern er führte den (wohl der lateinischen Hymnenpoesie entnommenen) Endreim in die deutsche Literatur ein, in der dieser bis ins 18. Jahrhundert hinein weitgehend unangefochten blieb. Das Werk ist keine Evangelienharmonie im strengen Sinn; die Erzählung folgt jeweils einem Evangelisten, und sie wird – wie bei der Predigt – unterbrochen durch geistliche Auslegungen, die den Exegesen der Kirchenväter folgen. Diese sind stets von hohem Reflexionsniveau; in einem Fall (bei der Hochzeit zu Kana) thematisiert die Auslegung das dabei angewandte bibelhermeneutische Verfahren der Allegorese sogar selbst. Auch das Projekt, ein großes literarisches Werk in der Volkssprache zu schaffen, wird keineswegs naiv angegangen. Dass Otfrid im Widmungsbrief an den Mainzer Bischof sich als «causa scribendi» auf den Wunsch einer adeligen Dame namens Judith beruft, mit einer religiösen Dichtung das «unzüchtige Singen» («cantus obscenus») der Laien zurückzudrängen, mag topisch klingen. Wenn er dort jedoch über die Probleme des Dichtens und der Rezeption durch den Leser bis in Detailfragen der Metrik und der Orthographie Rechenschaft ablegt, dann zeugt das von einer ambitionierten Literarästhetik, die eine ausdrückliche Legitimation der Volks- als Dichtersprache einschließt. So wird im ersten Kapitel die Frage, weshalb der Autor dieses Buch *theotisce* (von ahd. *theod* «Volk», später dann «deutsch») gedichtet hat («Cur scriptor hunc librum theotisce dictaverit»), auf nahezu dialektische Weise beantwortet: Zwar sei die Sprache der (Ost-)Franken bisher noch nicht literarisch genutzt worden («Nist si so gisungan, mit regulu bithuungan»), doch zeichnet sie gerade deshalb eine «schöne Schlichtheit» aus («si habet thoh thia rihti in sconeru slihti»). Wir würden heute vielleicht sagen: Sie ist noch unverbraucht und gerade deshalb in besonderer Weise geeignet. Und wo doch andere Völker wie die Griechen und Römer eine eigene Literatur haben – Otfrid nennt ausdrücklich Vergil, Lukan und Ovid als Autoren, mit denen er sich misst –, weshalb sollten dann «allein die Franken darauf verzichten, in fränkischer Sprache Gottes Lob zu singen?». («Wanana sculun Frankon einon thaz biwankon, / ni sie in frenkisgon biginnen, si gotes lob singen?») Hier lässt sich beobachten, wie eine neue Literaturgeschichte in doppelter Hinsicht ‹begründet› wird. Man spürt bei jedem dieser Verse ein Pathos des Beginnens, das gleichermaßen religiöse wie literarische und patriotische Aspekte umfasst.

Wenn die nachfolgende geistliche Dichtung offenbar nicht direkt an Otfrid anknüpft (das «Evangelienbuch» erschien erst 1571 im Druck), dann liegt dies vor allem daran, dass vom Ende der Karolingerherrschaft zu Beginn des 10. bis in die Mitte des 11. Jahrhunderts hinein kaum Spuren deutscher Schriftlichkeit nachweisbar sind: Hier müssen wir den größten Kontinuitätsbruch der deutschen Literaturgeschichte konstatieren. Mit geistlichen Dichtungen wie der «Millstätter Sündenklage» oder dem «Ezzolied» setzt die Literatur in frühmittelhochdeutscher Sprache auf ästhetisch weit niedrigerem Niveau wieder ein. Wohl erst das «St. Trudperter Hohelied» (um 1160) ragt schon durch seine rhythmisierte Kunstprosa qualitativ heraus und gibt einen Vorgeschmack auf die spätere Literatur der Mystik.

Mittelhochdeutsche Lyrik

Aus althochdeutscher Zeit ist kein einziges Liebesgedicht überliefert. Eine große Innovation der mittelhochdeutschen Dichtung ist deshalb die meist Minnesang genannte erotische Lyrik (von ca. 1150 bis 1350). Sie greift lateinische und romanische (v. a. provenzalische), vielleicht auch einige volkstümliche Anregungen auf. Als strophische Lieddichtung war sie zum Gesangsvortrag geeignet, wenn auch kaum Melodien oder Zeugnisse für eine musikalische Aufführung überliefert sind. Der Minnesang ist stark an die höfische Sphäre gebunden. Über die Autoren wissen wir jedoch außer den (Künstler-?)Namen fast nichts; die Vorstellung vom umherziehenden Minnesänger, der auf jeder Burg die Dame besingt, dürfte eher eine Romantisierung des 18. und 19. Jahrhunderts sein. Die Variationsmöglichkeiten der Minne sind erstaunlich breit (nur homoerotische Liebe ist tabuisiert). In einer frühen Phase (im sog. Donauländischen Minnesang), besonders beim Kürenberger, dominiert energisches weibliches Begehren und sehnsuchtsvolle Klage der Sprecherin («Ich zôch mir einen valken ...»). Das männliche Ich versucht sich dem zu entziehen, wie im berühmten «Zinnenwechsel» des Kürenbergers. Die höfische Sprache des Lehnswesens (Ritter – *vrouwe*, «Herrin») liefert ein metaphorisches Modell für das Geschlechterverhältnis, häufig in der Klage des Mannes formuliert, die (höherstehende) Dame schenke keinen Lohn für geleisteten Dienst – wobei offenbleibt, wie konkret dieser Lohn vorzustellen ist. In Liedern der sogenannten Hohen Minne findet ein solches Scheitern des Liebeswunsches durchaus Zustimmung im Sinne von ästhetisch verklärter Entsagung und von Verzicht (z. B. Reinmar). Der mittelhochdeutsche Minnesang poetisiert nicht nur Szenen der Werbung, er kennt auch Lieder der Absage an die Minnedame, der Sorgen um das Verhalten der Frau während der Abwesenheit des Mannes (besonders beim Kreuzzug), verlegt höfisches Verhalten satirisch ins Bäuerlich-Dörfliche (z. B. Neidhart), er enthält Strophen von Frauenpreis und -schelte, aber er thematisiert auch die sexuelle Vereinigung. Zu solchen Liedern der niederen Minne gehören zum einen Tagelieder: Ein meist weibliches Ich beklagt am frühen Morgen (wenn es tagt) das Ende einer nichtehelichen Liebesnacht. Und dann gibt es Lieder, die in etwa der romanischen Gattung Pastourelle entsprechen; in ihnen wird – wie meist in der Literaturgeschichte – freie Liebe als Liebe im Freien gestaltet. Das bekannteste dieser Lieder ist das «Lindenlied» von Walther von der Vogelweide, in dem ein weibliches Ich sich verschämt-beglückt an ein Liebeserlebnis jenseits aller gesellschaftlichen Konventionen erinnert, dem die topisch als *locus amoenus* entworfene Szenerie (Blumenbett, Nachtigallensang usw.) entspricht.

Neben dem Minnesang gibt es als zweiten Bereich der mittelhochdeutschen Lyrik die von der Forschung heute so genannte Sangspruchdichtung. Auch sie war für den musikalischen Vortrag geeignet, und ihre (formal kaum unterschiedenen) Strophen werden zusammen mit dem Minnesang in den großen mittelalterlichen Liedersammlungen (z. B. der berühmten Manesseschen) überliefert. Die Autoren bzw. ihre Namen sind jedoch in der Regel andere; wohl nur Walther hat sich in beiden Bereichen hervorgetan. Gegenüber dem Minnesang, der erotische Kommunikationssituationen poetisiert, handelt es sich beim Sangspruch um thematische Lyrik: Nahezu alle möglichen Gegenstände von der Kindererziehung über die Poetologie bis zur Reichspolitik können dichterisch abgehandelt werden. Vor allem religiöse und allgemein-ethische Fragen sind beliebte Sujets, und manche Strophe zeugt von deutlicher Predigtnähe (vielleicht sogar von Konkurrenz zur Predigt). Diese oft übersehene doppelsträngige Lyriktradition im Mittelhochdeutschen ist für die anfangs angesprochene Kontinuitätsfrage der deutschen Literaturgeschichte relevant. Während die Tradition des Minnesangs im 14. Jahrhundert abbricht und erst im 18. Jahrhundert wieder neu entdeckt werden musste, lebte die Sangspruchdichtung über den Epochenumbruch vom Mittelalter zur Neuzeit fort: Die Meistersinger sahen sich in unmittelbarer Nachfolge der Alten Meister der Sangspruchdichtung, deren ‹Töne› sie übernahmen. Und die politische Lyrik ist seit der Begründung durch Walther in der deutschen Dichtung nicht wieder abgerissen.

Mittelhochdeutsche Epik

Die mittelhochdeutsche Dichtung macht die Liebe nicht nur im Minnesang literaturfähig, sondern auch in der Epik (wobei Epik bis zum Ende des Mittelalters selbstverständlich in Versform abgefasst war; Prosa galt in aller Regel auch bei Romanen als unpoetisch). Eine solche «Entdeckung der Liebe» (wie Peter Dinzelbacher das nennt) wird am deutlichsten im Antikenroman, allen voran im «Eneasroman» des Heinrich von Veldeke, der über den altfranzösischen «Roman d'Enéas» (um 1160) letztlich auf Vergils «Aeneis» zurückgeht. Diese Stoffwahl stellt eine Kontinuität zur epischen Tradition der Antike her, zugleich wird jedoch damit gebrochen, indem ein Liebesroman entsteht, der bis in medizinische Details von vielen Formen der Minne erzählt. Mit seinen anschaulichen Beschreibungen und kunstvoll eingesetzten Stilmitteln hat Heinrich von Veldeke für den nachfolgenden höfischen Roman Standards gesetzt, weshalb Gottfried von Straßburg ihn als denjenigen rühmt, der das «erste rîs/in tiutischer zungen» («Tristan», vv. 4738f.) gepfropft habe, den er also – da die Ansätze des Otfrid von Weißenburg offenbar vergessen waren – als den eigentlichen Begründer einer deutschen Literaturgeschichte feiert. Der «Eneas» ist ein höfischer Roman nicht nur in dem Sinn, dass er an Fürstenhöfen entstanden ist und dort wohl auch rezipiert wurde. Im vorbildlichen Verhalten der Protagonisten wird positiv ein höfisches Zivilisationsprogramm entworfen, das zunächst dem alteuropäischen Adel als einer recht rohen Kriegerkaste gilt, schließlich auf alle Gesellschaftsschichten übertragen, noch heute als Ideal von Höflichkeit fortlebt.

Nicht nur in positiver Darstellung erscheint höfisches Verhalten im Artusroman, wenngleich ein Erzählmuster wie das des Doppelwegs, bei dem der Held beim zweiten Durchgang richtig macht, was beim ersten Mal falsch war, sich als zu simpel herausgestellt hat. Artusromane, die anders als der topografisch fixierte Antikenroman in einer nicht lokalisierbaren bretonisch-keltischen Märchenwelt spielen *(matière de Bretagne)*, kreisen um den sagenhaften König Artus, von dem allerdings keines dieser teilweise umfangreichen Erzählwerke wirklich handelt: König Artus richtet zwar die höfischen Feste aus, und von Zeit zu Zeit küsst er die schönste Dame – aber er kämpft nicht.

Das tun die für den jeweiligen Roman titelgebenden Artusritter (Erec, Iwein, Parzival, Lanzelot usw.), deren Geschichte erzählt wird: Sie streben danach, es König Artus in ritterlicher Tat gleichzutun, um würdig zu werden, mit ihm an einem Tisch zu sitzen (in der berühmten Tafelrunde). Artus fungiert demnach als Garant einer höfischen Idealität, die aber kaum je ausdrücklich formuliert wird; sie erschließt sich dem Leser indirekt durch die gelingenden oder scheiternden Versuche der Artusritter, ihr nahezukommen. In den Artusromanen des Hartmann von Aue etwa (die wie die meisten dieser Romane auf französische Vorlage zurückgehen) werden Verstöße gegen diese Idealität auf komplementäre Weise erzählt. Während Erec, nachdem er sich eine Gattin erstritten hat, für sein privates Glück alle gesellschaftlichen Pflichten vernachlässigt, unterläuft Iwein beim Versuch, diesen Fehler des «Verligens» zu vermeiden, das genaue Gegenteil, indem er sich «verfährt»: Er vergisst über allen seinen ritterlichen Abenteuern vollständig, dass er verheiratet ist.

Geht es in der Artuswelt um eine vor allem solche innerweltlichen Gegensätze ausgleichende Harmonie, kommt durch die Welt des Grals im «Parzival» des Wolfram von Eschenbach ein Aspekt hinzu, der in der höfischen Festkultur mit ihrem Gebot allgemeiner «vreude» keinen Platz finden kann: das menschliche Leiden, das durch transzendent begründetes Mit-Leiden (aber auch durch Humor und Witz des Erzählers) nur erträglich wird. Eine Rechtfertigung des (Liebes-)Leids gegenüber höfisch-optimistischer Minne-Ideologie gibt der «Tristan» des Gottfried von Straßburg. Obwohl über die keltische Stofftradition zur *matière de Bretagne* gehörend, steht dieser (fragmentarische) Roman außerhalb des Artus-Zyklus und sprengt mit seinem Absolutheitsanspruch der Liebe alle gesellschaftlichen Grenzen, gerade auch die der Ehe. In einem kühnen Entwurf von Liebestheologie bedient sich Gottfried – insbesondere bei der berühmten Allegorese der Minnegrotte – einer liturgisch-exegetischen Sprache, die noch heute die Leser verblüfft und ratlos darüber lässt, wie so etwas im Rahmen des mittelalterlichen Christentums überhaupt möglich war (als Parodie, Blasphemie, erotische Mystik, Häresie oder ‹moderne› Säkularisierung des Sakralen?). Die ehebrecherische Liebe bringt schließlich auch den

Artusroman an sein Ende. Im «Prosa-Lancelot» (dem ersten deutschen Prosaroman überhaupt) besiegelt die Liebesbeziehung von Lancelot mit Ginover, der Gattin von König Artus, den Untergang des Artusreichs in einem chiliastischen Endzeitszenario.

Obwohl sie einen erheblich archaischeren Eindruck vermitteln, sind die deutschen Heldenepen doch eindeutig später aufs Pergament gekommen als die ersten Artusromane. Das «Nibelungenlied» dürfte sogar erst im Fahrwasser des großen Erfolgs der höfischen Romane entstanden sein, was seine gattungsmäßige Stellung zwischen Roman und Epos erklären könnte. Die weiteren Heldenepen wie das «Buch von Bern (Dietrichs Flucht)» oder die «Rabenschlacht» versuchen, an den Erfolg des «Nibelungenlieds» anzuknüpfen. Heldenepen spielen in einer heroischen Zeit, die für die deutsche Literatur in der Regel die Zeit der Völkerwanderung ist (so wie für die französische Literatur die Zeit der Karolinger und für die spanische die der Reconquista). Dabei gibt es im Deutschen zwei große Heldenkreise, den burgundisch-niederländischen um Siegfried und den gotisch-hunnischen um Dietrich von Bern; das «Nibelungenlied» verbindet beide miteinander über die Lebensgeschichte und die Rache Kriemhilds.

In den Epen tritt ein Großteil des Personals immer wieder auf, wie das ähnlich in den Artusromanen geschieht, doch niemals würde sich ein Artusritter in ein Heldenepos verirren (und auch den umgekehrten Weg gibt es nicht). Der archaische Eindruck entsteht z. B. dadurch, dass sich im Unterschied zu den Romanen kein Autor mit Namen nennt (der Erzähler tritt als anonyme Stimme wie aus einem Kollektiv hervor), dass man sich nicht auf schriftliche Quellen, sondern auf mündliche Überlieferungen («alte Mären») beruft, dass die starke Formelhaftigkeit der Sprache suggeriert, ein Sänger müsse dies alles auswendig lernen, und auch dadurch, dass ein Held vorgeführt wird, der sich durch keinerlei höfische «mâze» einschränken lässt – er ist groß im Kampf, im Leiden wie auch im Untergang. Für dieses vom Artusroman so unterschiedene Heldenbild gibt es zwei mögliche Erklärungen: Entweder gehen die schriftlichen Epen auf mündliche Heldenlieder aus einer Zeit zurück, als in Europa noch kein «Prozess der Zivilisation» (Norbert Elias) eingesetzt hatte; sie wären dann im 13. Jahrhundert nur verschriftlicht worden. Oder es handelt sich um literarische Gegenmodelle zum höfischen Roman, wobei die Elemente von Mündlichkeit nur fingiert wären, um im schriftlichen Kontext auch sprachlich eine heroische Zeit aufzurufen, in denen ‹große› Männer sich bei der Ausübung roher Gewalt weder von Frauen noch von Klerikern ein schlechtes Gewissen einreden ließen. Ein breites Publikum fasziniert solche skrupellosen Haudegen oft mehr als die edelmütigen Ritter, die sich im Abenteuer bewähren wollen, um den Damen zu gefallen. Wird dies – wie etwa im «Wormser Rosengarten» – mit brutaler Komik verbunden, dann ist die Faszination der Gewalt umso größer.

Das französische Heldenepos der Karolingerdynastie *(chanson de geste)* bekommt durch die Übertragung ins Deutsche, bei der die Funktion als nationaler Mythos verlorengeht, eine starke Tendenz zum Legendenhaften. Helden können Heilige sein: so schon im «Rolandslied» des Pfaffen Konrad, dann auch im «Willehalm» Wolframs von Eschenbach. Dass die Bibel- und Legendenepik im eigentlichen Sinn so breit vertreten ist, liegt gewiss nicht so sehr an einer naiven Frömmigkeit des mittelalterlichen Publikums; neben der erbaulichen wird eine unterhaltende Funktion dieser literarischen Gattung nicht zu unterschätzen sein. Das gilt vor allem für die Legenden der Sünderheiligen, die nach schweren Sünden dennoch gerettet wurden. Ihr früheres Sünderleben vor der Conversio wurde mit allerhand Sex and Crime detailreich erzählt – selbstverständlich nur, um die göttliche Gnade zu preisen, die sogar solch schlimmen Sündern noch verzeiht ... Die bekannteste dichterische Gestaltung dieses Heiligentyps ist Hartmanns «Gregorius», ein mittelalterlicher Ödipus, der als Kind eines Inzests selbst wieder Inzest mit der eigenen Mutter begeht, um dann nach harter und langer Buße ein besonders heiliger Papst zu werden, den die Leser um Fürsprache im Himmel anflehen können, obwohl es ihn niemals gab und ihn niemand anders kanonisiert hat als die Literatur.

An weiteren epischen Gattungen sei die Geschichtsdichtung genannt: die «Weltchronik» des Rudolf von Ems etwa, mit über 100 Handschriften ein ‹Bestseller› des Mittelalters. Der Minne- und Abenteuerroman wie «Flore und Blancheflur» (von Konrad Fleck) oder «Wilhelm von Österreich» (von Johann von Würzburg) knüpft an die sogenannte

Spielmannsdichtung an (z. B. «König Rother», «Herzog Ernst») und setzt den spätantiken Liebes- und Reiseroman (Heliodor, Longos usw.) fort. Weit verbreitet schließlich war die Kleinepik, als deren Meister im Mittelhochdeutschen der Stricker gilt. Kurze Erzählungen wie Fabeln mit anschließender Auslegung oder Kommentar werden meist als *bîspel* (Beispiel, Exempel) bezeichnet; steht das Narrative für sich allein, sprach man von einem *maere* (und aus manchem mittelalterlichen Märe ist in der Neuzeit dann eine Novelle geworden, nur selten ein Märchen); eine literarisch anspruchsvolle Abhandlung ohne Erzählteil (unserem Essay vergleichbar) nannte man dagegen *rede* (besonders bei Heinrich dem Teichner), doch reicht diese bereits über die Grenzen epischer Dichtung hinaus.

15. bis 19. Jahrhundert: Literatur der Neuzeit

Meistergesang, Humanismus, Reformation, Volksliteratur
In der heutigen Literaturgeschichtsschreibung bezeichnet man das 15., 16. und 17. Jahrhundert als *Frühe Neuzeit*, zu der manche Germanisten noch das 18. Jahrhundert (Aufklärung) hinzurechnen. Die Zäsur um 1400, die in der literarischen Entwicklung selbst weniger deutlich ist, lässt sich gut mit sozial-, wissens-, geistes- und mediengeschichtlichen Argumenten begründen. Dazu gehört
- der Wandel zu Formen einer frühkapitalistischen Wirtschaft, einer stärker funktional ausdifferenzierten Gesellschaft und eines bürokratisierten Territorialstaats;
- die Entwicklung von nicht mehr durch die theologische Dogmatik beschränkten, sondern nach einer eigenen Logik und Methode arbeitenden Wissenschaften an den neugegründeten Universitäten, die unter anderem zur ‹Kopernikanischen Wende› im physikalischen Weltbild führten;
- die von Luther eingeleitete Bewegung der religiösen Reformation;
- Gutenbergs Erfindung des Buchdrucks mit beweglichen Lettern. Diese Erfindung schuf die medialen Voraussetzungen für das all-

mähliche Entstehen einer ganz Deutschland umfassenden ‹literarischen Öffentlichkeit›, die sich allerdings erst am Ende des 18. Jahrhunderts vollständig ausgebildet hat.

Während in der älteren Germanistik die literarische Produktion zwischen 1400 und 1600 entweder als Ausläufer des Spätmittelalters oder als Vorläufer der mit dem Barock beginnenden Erneuerung der deutschen Literatur aufgefasst worden war, hat sich inzwischen die Erkenntnis durchgesetzt, dass es sich um mehr als eine Übergangsphase handelte. Doch ist es in Bezug auf Deutschland weiterhin kaum möglich, von einer eigenen Literaturepoche mit einem klaren Umriss zu sprechen. Diese Schwierigkeit resultiert unter anderem daraus, dass es zwischen 1400 und 1600 mehrere Arten von Literatur in unterschiedlichen Formen von Öffentlichkeit gegeben hat, die nur wenige Schnittmengen bilden. Zu ihnen zählen

- die Dichtungen der Meistersänger,
- die Schriften der Humanisten,
- die Flugschriften und Kirchenlieder aus der Reformationszeit,
- die Lieder, Schwänke und größeren Erzählwerke der sogenannten Volksliteratur.

Die an die Sangspruchdichtung anknüpfende Tradition des Meistergesangs wurde in einigen west- und süddeutschen Städten von Handwerkern getragen, die sich seit dem 15. Jahrhundert zu Singschulen vereinten. Diese Singschulen standen untereinander in regem Austausch, stellten aber nach außen keine Öffentlichkeit her. So wurden die hier entstandenen und aufgeführten Meistergesänge zwar in schriftlicher Form archiviert, jedoch nicht in gedruckter Form publiziert. Wie die Zunftgebräuche in den Handwerkerinnungen folgte der Meistersang einem strengen Kodex: Die ‹Tabulatur› legte Regeln für die jeweilige Liedform (‹Bar›), die Strophenform (‹Gesätz›), das Reimschema (‹Gebänd›) und die metrisch-musikalische Gestaltung (‹Ton›) fest. Die Leistung der Meistersänger bemaß sich daran, wie kunstfertig sie diese formalen Regeln erfüllten, bestand also gerade nicht in der Einzigartigkeit des Gedichts. Inhaltlich war der Meistersang kaum gebunden, er behandelte geistliche wie auch weltliche Themen; eine wichtige Rolle spielte er als Vermittler der religiösen Lehren der Reformation. Als bedeutendster

Dichter gilt der Nürnberger Schuhmacher Hans Sachs (1494–1576), der aber nicht nur Tausende von Meistergesänge, sondern auch andere Gedichte, Sprüche, Fabeln, Schwänke, Dramen, Fastnachtspiele und Prosadialoge verfasst hat. Obwohl die Blütezeit des Meistersangs mit dem 16. Jahrhundert endete, wurde die Tradition an manchen Orten noch lange weitergeführt: Die letzte Singschule erlosch erst 1875.

Während die Meistersänger über den städtischen Schulunterricht hinaus nur eine laienhafte Bildung besaßen, hatten die Humanisten ein Universitätsstudium absolviert und zählten damit zu der kleinen Bildungselite der Gelehrten. Ihre akademische Ausbildung prädestinierte sie für höhere Lehrtätigkeiten (Universitätsdozenten, Gymnasiallehrer) und Verwaltungsämter, wenn auch nicht alle eine feste Anstellung fanden (‹Wanderhumanisten›). Als Humanisten bezeichnet man jedoch nicht die Angehörigen einer akademischen Berufsgruppe, vielmehr die Vertreter einer bestimmten Geistesströmung, die sich seit dem 14. Jahrhundert von Italien her auf ganz Europa ausgebreitet hatte. Gemeinsam war ihnen vor allem das neu erwachte Interesse an der Antike, deren Philosophen, Dichter und Künstler als Vorbilder angesehen wurden, und zwar als Vorbilder für die Entwicklung der eigenen, in der Konkurrenz zu den anderen europäischen Ländern und Völkern stehenden Kultur. Mit dem Interesse an der Antike verband sich also ein kulturpolitischer ‹Patriotismus›. So bemühten sich die hiesigen Humanisten nicht nur um die Edition der lateinischen und griechischen Klassiker, sondern versuchten diese auch durch Übersetzungen für die deutsche Sprache und Literatur fruchtbar zu machen. Freilich, ihre eigenen Werke verfassten und veröffentlichten sie zum größten Teil auf Latein, in der *lingua franca* der europäischen Gelehrten. Auf diese Weise entstand eine neulateinische Dichtung in verschiedenen Gattungsformen, von den Liebesgedichten eines Konrad Celtis über die Schuldramen eines Johannes Reuchlin bis hin zu den Lehrgesprächen und Sprichwortsammlungen eines Erasmus von Rotterdam.

Mit Martin Luthers Anschlag von 95 Thesen an der Schlosskirche zu Wittenberg begann 1517 die protestantische Reformation. Luther selbst erkannte und nutzte die Vorteile, die die neue Technik des Buchdrucks für die öffentliche Verbreitung seines Gedankenguts bot. Dem Vorbild seiner ‹Sendschreiben› folgten bald die Anhänger und die Gegner der Reformation. In der ‹heißen› Phase der Reformation bis zum Ende der Bauernkriege, 1525, erschienen mehrere hundert Flugschriften, kleinere Drucke, die meist einen Umfang zwischen drei und 50 Seiten besaßen und nicht selten eine Auflage von über tausend Exemplaren erreichten. Um die eigene Position im Konflikt der Konfessionen darzustellen, gebrauchten die Autoren der Flugschriften unterschiedliche Darstellungsformen, unter denen das öffentliche Sendschreiben und das Streitgespräch am beliebtesten waren. Je hitziger der Konflikt wurde, desto stärker arbeiteten sie mit den Darstellungsformen und Stilmitteln der Polemik, der Satire und der Parodie. Diese wurden besonders virtuos von Thomas Murner gehandhabt, einem entschiedenen Gegner der Reformation, der in seiner 1522 veröffentlichten Schrift «Von dem großen Lutherischen Narren» das durch Sebastian Brants «Narrenschiff» (1494) geprägte Muster der moralischen Narrensatire für seine Zwecke umfunktionierte.

Die Reformation, das erste Großereignis der modernen Mediengeschichte, brachte nicht nur die Flugschriften hervor. Folgenreicher für die Entwicklung der deutschen Literatur war, dass Luther das volkssprachliche Lied in den protestantischen Gottesdienst einführte. Er dichtete und komponierte eigene Kirchenlieder, die zusammen mit anderen in dem 1529 erstmals aufgelegten Wittenberger Gemeindegesangbuch erschienen. Die von ihm angeregte Produktion von protestantischen und, obgleich in geringerem Umfang, auch katholischen Kirchenliedern florierte im 16. und 17. Jahrhundert. Das gilt noch für die Zeit des Barock, in der mit Paul Gerhardt, Friedrich von Spee und Angelus Silesius drei der wichtigsten Autoren von geistlichen Gesängen hervortraten. Die Kirchenlieder machten nicht nur quantitativ und qualitativ einen bedeutenden Teil der deutschen Dichtung aus, sie beeinflussten durch ihren Sprachstil auch die weltliche Lyrik, und das weit über das Barock hinaus (empfindsame Dichtung, Erlebnislyrik).

Die größten Schwierigkeiten bereitet die literaturgeschichtliche Charakteristik von Werken der Frühen Neuzeit, die von der Germanistik lange Zeit als ‹Volkslieder› und ‹Volksbücher› bezeichnet wurden. Damit können sowohl Texte gemeint sein, die aus einer anonymen

Tradition stammen, als auch Werke, die zwar von einem namentlich bekannten Autor verfasst oder bearbeitet sind, aber aufgrund ihrer Stoffe, ihrer Formen, ihres Stils und ihres Erfolgs als volkstümlich gelten. Ältere Lieder, die zuvor mündlich überliefert worden waren, sind ab der Mitte des 15. Jahrhunderts in mehreren Sammlungen verschriftlicht worden, so im «Lochamer-Liederbuch» (1452–1460). Seit 1512 gab es solche Liederbücher auch in gedruckter Form. Auf die dort versammelten Texte wurde der von Johann Gottfried Herder und den Romantikern geprägte Begriff ‹Volkslied› erst im 19. Jahrhundert angewendet. Das Gleiche gilt für die Bezeichnung ‹Volksbuch›, die erstmals im Jahre 1807 von Joseph Görres im Titel einer Anthologie von höchst unterschiedlicher Prosaliteratur aus dem Spätmittelalter und der Frühen Neuzeit gebraucht worden ist. Die ältere, an die Romantik anschließende Germanistik verstand unter dem Begriff vor allem die im 15. und 16. Jahrhundert meist anonym erschienenen Sammlungen von kleineren Prosaerzählungen, die lange zuvor aus der ‹Seele› des deutschen Volks entsprungen und von Mund zu Mund gegangen sein sollen. Tatsächlich haben aber die deutschen Herausgeber und Bearbeiter diese Schwänke, Facetien, Novellen und Historien anderer Art häufig der lateinischen, italienischen, französischen oder niederländischen Literatur entlehnt. Auch die Behauptung, die Erzählsammlungen seien für das ganze Volk gedruckt worden, stimmt nicht, vielmehr richteten sie sich hauptsächlich an das lesefähige Bürgertum der Städte. Richtig bleibt allerdings, dass die unterhaltsamen Erzählungen ein vergleichsweise großes Publikum ansprachen und, wenn sie sich gut verkauften, immer wieder in neuen Bearbeitungen und Sammlungen auf den Markt gebracht wurden. Insofern handelt es sich um populäre Literatur, deren Geschichten zum Teil bis in die heutige Zeit fortleben. Die bekanntesten deutschen ‹Volksbücher› sind: «Ein kurzweilig Lesen von Dil Ulenspiegel» (erster Druck um 1510), das «Lalebuch» (1597; eine andere Version unter dem Titel «Die Schildbürger», 1598) und die «Historia von D. Johann Fausten» (1587).

Das aufgrund seiner sprachschöpferischen Kraft wohl bedeutendste Prosabuch des 16. Jahrhunderts ist die «Geschichtklitterung» (1575; 1582) des Straßburger Juristen Johann Fischart. Obwohl humanistisch gebildet, schuf der Autor keine gelehrte Dichtung, sondern eine über weite Passagen äußerst derb anmutende Satire, die sich mit Vorliebe in der – allerdings sprachlich virtuos variierten – Beschreibung sexueller Vorgänge und körperlicher Ausscheidungen ergeht. Wie bei der französischen Vorlage, dem Roman «Gargantua und Pantagruel» (1532–1564) von François Rabelais, ist diese Art der Komik kein Selbstzweck, vielmehr zielt sie im Gegenzug zur christlichen Morallehre auf die Anerkennung der Leiblichkeit als Teil des Menschen.

Barock

Noch heute beginnt für viele Germanisten die Neuere Deutsche Literatur mit dem Barock im 17. Jahrhundert. Gegen eine harte Abgrenzung vom 15. und 16. Jahrhundert spricht allerdings, dass in wichtigen Bereichen eine große Kontinuität zu beobachten ist. So prägte die humanistische Gelehrsamkeit samt ihrer Rhetorik und Poetik die meisten Dichter der Barockzeit, und die im Zuge der Reformation entstandenen oder doch vermehrt genutzten Formen der religiösen Gebrauchsliteratur (Kirchenlied, Predigt, Traktat etc.) hatten weiterhin Konjunktur. Andererseits gab es neue Ansätze zu einer deutschsprachigen Kunstdichtung mit gelehrtem Anspruch. Die Reformen richteten sich zum einen gegen die neulateinische Dichtung der Humanisten, zum anderen gegen die laienhafte Produktion der Meistersänger.

Abgesehen von der Minderheit der adeligen Autoren, die ihre Bildung den sogenannten Ritterakademien verdankten, hatten die meisten Dichter der Barockzeit ein Universitätsstudium in der humanistisch ausgerichteten Artistenfakultät durchlaufen. Ähnlich wie ihre Vorgänger im 15. und 16. Jahrhundert arbeiteten sie überwiegend als Geistliche, Universitätsprofessoren, Gymnasiallehrer, Stadt-, Landes- oder Hofbeamte; auch Ärzte gab es häufiger. In jedem Fall war das Dichten eine Nebentätigkeit. Für die Schriftsteller der Barockzeit war die Tendenz zur Gruppen- und Kreisbildung charakteristisch. Diese Tendenz konnte durch die mäzenatische Politik von Fürsten gefördert werden, die durch die Pflege der schönen Wissenschaften und Künste nicht zuletzt den Ruhm der eigenen Person und den Glanz ihres Hofs vergrößern wollten. Aber auch Universitäts- und Bürgerstädte wurden zu literarischen Zentren.

Nach dem Vorbild von ausländischen Akademien wurde 1617 durch Fürst Ludwig von Anhalt-Köthen die «Fruchtbringende Gesellschaft» ins Leben gerufen, die neben Adeligen auch bürgerliche Gelehrte und Dichter aufnahm. 1643 gründete Philipp von Zesen in Nürnberg die bürgerlich dominierte «Deutschgesinnte Gesellschaft», ein Jahr später folgte am selben Ort der von Georg Philipp Harsdörffer und Johann Klaj initiierte «Pegnesische Blumenorden». Diese und andere Sozietäten bemühten sich hauptsächlich um die Säuberung der deutschen Sprache und die Förderung der deutschen Dichtung.

Die gleichen kulturpolitischen Motive bewegten den Schlesier Martin Opitz, ein «Buch von der Deutschen Poeterey» (1624) zu veröffentlichen. Opitz hielt sich an die Grundprinzipien der von Julius Cäsar Scaliger und anderen Humanisten unter Berufung auf die Antike formulierten Regelpoetik. Eine wichtige Innovation, die sich in der deutschen Prosodie durchsetzen sollte, war die Vorschrift, dass die Versmaße nicht, wie im Griechischen und Lateinischen, durch lange und kurze, sondern durch betonte und unbetonte Silben (Hebungen und Senkungen) gebildet werden müssten. Die gleichzeitig aufgestellte Regel, in der deutschen Metrik dürfe es nur die alternierenden Versfüße des Trochäus und Jambus geben, wurde zumindest von den Autoren des Barock meistens befolgt (später verlor sie ihren Einfluss). Auf sie gründete sich die Empfehlung, aus der französischen Dichtung die jambischen Versmaße des Alexandriners und des ‹Vers commun› zu übernehmen. Allgemein betrachtete Opitz die volkssprachige Dichtung der Romania als Vorbild für Deutschland. So setzte er sich auch für die auf den italienischen Renaissancedichter Petrarca zurückgehende Form des Sonetts ein, die tatsächlich in der deutschen Barocklyrik sehr beliebt wurde.

Die aus dem humanistischen Lehrsystem stammende Auffassung, dass die Poetik ein Teil der Rhetorik ist, bestimmte die gesamte Literatur des Barock. Die rhetorischen Regeln für die Ausarbeitung eines Themas (Inventio, Dispositio, Elocutio), den Aufbau des Textes (Exordium, Narratio, Argumentatio, Peroratio), die Wahl des – dem Thema angemessenen – Stils (Genus sublime, Genus humile), den Einsatz von Figuren (z. B. Amplificatio und Paradoxon) und Tropen (z. B. Metapher und Allegorie) leiteten die schriftstellerische Produktion in allen Gattungen und Genres der Kunstdichtung und der Gebrauchsliteratur.

Die Lyrik des 17. Jahrhunderts war, im Ganzen betrachtet, äußerst vielfältig. Diese Vielfalt kam schon durch die unterschiedlichen Anlässe der lyrischen Rede zustande, denen spezifische Formen und Stile entsprachen. Innerhalb der Bereiche der geistlichen und der weltlichen Lyrik wurde weiter differenziert, etwa in Huldigungsgedichte, Liebesgedichte, Trauergedichte, um nur einige der weltlichen Genres zu nennen. Die einzelnen Autoren bevorzugten oft bestimmte Genres und entwickelten in diesen einen eigenen, wiederzuerkennenden ‹Ton›. Dadurch definierten sie für sich eine Rolle in der als gesellschaftliches Spiel aufgefassten Konkurrenz mit den anderen Dichtern. Andreas Gryphius wurde als Lyriker hauptsächlich durch seine weltanschaulichen Sonette bekannt, die den christlichen Gegensatz zwischen Diesseits und Jenseits in effektvoll gesteigerten Metaphern und Allegorien variieren. Obwohl die von Gryphius gewählten Themen und Motive der Melancholie und der Vanitas, der Todesverfallenheit und der Erlösungssehnsucht zu den Topoi der barocken Literatur gehörten, ist die heute im schulischen (wenn nicht sogar universitären) Unterricht übliche Verallgemeinerung, seine Sonette seien repräsentativ für die durch den Dreißigjährigen Krieg verdüsterte Weltanschauung der ganzen Epoche, überaus problematisch. Schlugen doch die Zeitgenossen auch andere Töne an. Christian Hoffmann von Hoffmannswaldau schrieb neben Gedichten, die fast im Stil von Gryphius die Vergänglichkeit der Welt beklagten, auch erotische Lyrik und feierte in höfisch galanten Formen – etwa dem tändelnden Gespräch – den sinnlichen und geistigen Genuss der Liebe. Wieder anders trat Friedrich von Logau mit seinen epigrammatischen Sinngedichten auf, die auf der Grundlage einer Tugendlehre die menschlichen Sitten, besonders der höfischen Welt, scharfzüngig kritisieren.

Um die Dramen des 17. Jahrhunderts richtig einzuordnen, muss man wissen, dass es noch keinen öffentlichen Theaterbetrieb mit stehenden Bühnen gab. Abgesehen von der höfischen Aufführung italienischer

Opern und französischer Dramen, bildeten sich allerdings im Rahmen des gymnasialen Rhetorikunterrichts zwei regional, konfessionell und sprachlich getrennte Formen des Schultheaters heraus: In einigen katholischen Gebieten Süddeutschlands und Österreichs entwickelte sich seit Mitte des 16. Jahrhunderts das lateinische Ordensdrama der Jesuiten, auch ‹Jesuitendrama› genannt, als dessen prominentestes Beispiel der «Cenodoxus» (1602) von Jakob Bidermann angesehen wird. Nicht mehr auf Latein (wie noch zur Zeit des 15. und 16. Jahrhunderts), sondern auf Deutsch verfasst waren dagegen die Stücke des etwas später in Schlesien aufkommenden protestantischen Schultheaters. Da die meisten deutschsprachigen Dramatiker des Barock aus Schlesien kamen und ihre Trauerspiele für die dortigen Schulbühnen schrieben, fasst man ihre Werke auch unter dem Begriff ‹schlesisches Trauerspiel› zusammen.

Die schlesischen Trauerspiele richteten sich nach den von Opitz vorgegebenen Regeln: Sie haben fünf Aufzüge (Akte) und sind meist in Alexandrinern geschrieben, die Figuren gehören ausschließlich zu den obersten Ständen und sprechen durchgehend im hohen Stil. Eine von Andreas Gryphius im «Leo Arminius» (1650) eingeführte Besonderheit der Trauerspiele war, dass jeder Aufzug mit einem ‹Reyen› schließt. Thematisch unterscheidet man zwei Arten des Trauerspiels: Die ‹Märtyrerdramen› stellen, wie der Name sagt, das Leben und Sterben von christlichen Märtyrern dar, denen in den Stücken häufig politische Tyrannen entgegengesetzt werden. Während die Tyrannen mit allen Mitteln nach diesseitiger Macht streben, ertragen die Märtyrer mit der Kraft der stoisch-christlichen Beständigkeit *(constantia)* ihr irdisches Schicksal und hoffen auf die himmlische Seligkeit. Zu diesem Typus zählt beispielsweise die «Catharina von Georgien» (1657) des Gryphius. Die ‹Geschichtsdramen› behandeln historische Stoffe aus unterschiedlichen Zeiten und Reichen und legen dabei den Akzent auf die innerweltlichen Konflikte der Politik. So wird in Daniel Caspar von Lohensteins «Cleopatra» (1661/1680) der Machtkampf in Szene gesetzt, den die ägyptische Herrscherin mit der Hilfe ihres römischen Ehemanns Antonius gegen dessen Landsmann Augustus führt. Der metaphernreichen Ausmalung von Liebes- und Gewaltszenen verdankten

Lohensteins Trauerspiele ihre große Beliebtheit, bis dieser Stil von den Aufklärern als ‹Schwulst› verdammt wurde.

Die Zahl der Lustspiele war im schlesischen Schultheater gering. Von Gryphius stammen die «Absurda Comica oder Peter Squentz» (1658) und der «Horribilicribrifax» (1663). Wesentlich stärker war die Gattung im umfangreichen Dramenwerk des Zittauer Gymnasialdirektors Christian Weise vertreten, der sogar in seinen Trauerspielen komische Figuren auftreten ließ und damit eine Mischform schuf. Stücke wie das Revolutionsdrama «Masaniello» (1682) verstoßen auch dadurch gegen die Opitz'schen Regeln, dass sie in Prosa geschrieben sind und aus einer Vielzahl von Figuren und Szenen bestehen.

Neben dem Schultheater des jesuitischen und des protestantischen Typus gab es noch die Schauspiele der Wanderbühnen, die durch Deutschland zogen. Hier können die unterschiedlichen Traditionen der englischen Komödianten und der italienischen Commedia dell'arte nur erwähnt werden. Aus ihnen übernahm Anton Josef Stranitzky wesentliche Elemente, als er zu Beginn des 18. Jahrhunderts die Wiener Volkskomödie mit der Hauptfigur des Hanswurst begründete.

Obwohl Opitz, darin der – von der Antike bis ins 19. Jahrhundert hinein gültigen – Tradition der Poetik verpflichtet, nur das Versepos als Gattung der erzählenden Literatur behandelt hat, war im Barock ein anderes Genre weit beliebter, nämlich der Prosaroman. Die germanistische Forschung differenziert zwischen mehreren Haupttypen (Beispiele in Klammern):

- höfisch-historischer Roman (Anton Ulrich von Brauschweig-Wolfenbüttel, «Die durchleuchtigste Syrerinn Aramena», 1669–1673),
- Schäferroman (Johann Thomas, «Damon und Lisille», 1663),
- satirischer Roman (Hans Jacob Christoph von Grimmelshausen, «Abenteuerlicher Simplicissimus Teutsch», 1669),
- galanter Roman (Christian Friedrich Hunold, «Die liebenswürdige Adalie», 1702).

Der erste Typus des Romans verbindet Liebesgeschichten zwischen Figuren von hohem Rang mit historischen Geschehnissen von politischer Bedeutung. In diesem Zusammenhang werden staats- und moralphilosophische Probleme diskutiert. Die nicht immer klar erkennbare

Haupthandlung ist mit zahlreichen Nebengeschichten verwoben; außerdem wird die Erzählung durch teilweise sehr umfangreiche Einschübe erweitert, etwa durch große Dialoge, in denen das enzyklopädische Wissen der Zeit ausgebreitet wird. Manche Romane dieses Typus sind so zu riesigen Gebilden angeschwollen. Die von Herzog Anton Ulrich von Braunschweig-Wolfenbüttel verfasste «Octavia/Römische Geschichte» (1677-1707) brachte es in der zweiten Fassung (1712–14) auf mehr als 7000 Seiten.

Werden solche Mammutwerke im Rahmen des Bachelor-Studiums wohl kaum gelesen, so gilt dies nicht für den bedeutendsten Vertreter des satirischen Romans, den «Abenteuerlichen Simplicissimus Teutsch» (1669) von Hans Jacob Christoph von Grimmelshausen. Das Schema des spanischen Pikaro-Romans variierend, erzählt der «Simplicissimus» in zahlreichen Episoden die Lebensgeschichte des naiven Helden, der, als armer Hirtensohn im Spessart aufgewachsen, durch die Wechselfälle des Dreißigjährigen Kriegs durch ganz Deutschland und Europa getrieben und dabei in die unterschiedlichsten Rollen versetzt wird: Der Simplicissimus tritt unter anderem als Hofnarr, Dragoneroffizier, Quacksalber, Räuber, Pilger und Einsiedler auf, auch in Tiergestalt und in Frauenkleidern ist er je einmal zu sehen. Seine Stationen verschaffen dem Erzähler die Gelegenheit, die sozialen, militärischen, religiösen und sonstigen Verhältnisse der damaligen Zeit mit größter Genauigkeit zu schildern. Obwohl die Erzählung gerade aus heutiger Sicht sehr realistisch wirkt, ist sie doch auf eine allegorische Bedeutung hin angelegt, und zwar im Sinne einer für viele Texte des Barocks charakteristischen Weltanschauung. Dient das zwischen Glück und Unglück wechselnde Schicksal des Helden als Exemplum für die Macht der ‹Fortuna› im Leben der Menschen, so lässt die Beschreibung der konkreten Wirklichkeit das allgemeine Modell des ‹Teatrum mundi› erkennen. In diesem Rahmen bietet der Roman aber den Spielraum für vielfältige Interpretationen, die z. B. die sozialkritischen, die moraldidaktischen oder die theologischen Aspekte betonen können. – Grimmelshausen hat in der Art seines «Simplicissimus» weitere Erzählungen geschrieben, von denen die «Courasche» (1670) heute am häufigsten gelesen wird.

Die übrigen Typen des Romans können hier ebenso wenig wie die kleineren Formen der barocken Prosaliteratur – sei es fiktionaler oder nichtfiktionaler Art – dargestellt werden.

Aufklärung, Empfindsamkeit, Sturm und Drang

Mit einem gewissen Recht wird das ganze 18. Jahrhundert als Epoche der *Aufklärung* bezeichnet, da der kritische, alle überkommenen Meinungen, Gewohnheiten und Einrichtungen prüfende Gebrauch der menschlichen Vernunft den gesamten Zeitraum charakterisierte. Innerhalb der Aufklärung war die *Empfindsamkeit* eine aus englischen (bes. Anthony Shaftesbury, Edward Young, Laurence Sterne), französischen (bes. Jean-Jacques Rousseau) und deutschen (Pietismus-)Quellen der Philosophie, Religion und Literatur gespeiste Geistesströmung, in welcher der Mensch nicht nur als ein von der Vernunft geleitetes, sondern auch von Gefühlen bestimmtes Subjekt begriffen und dargestellt wurde. Beim *Sturm und Drang* handelte es sich um eine kleine Autorengruppe in den 1770er und 1780er Jahren, die, Impulse der Empfindsamkeit aufnehmend, an den dogmatischen (Spät-)Aufklärern die einseitige Betonung der Vernunft kritisierten. Von einer radikalen Ablehnung der Aufklärung überhaupt kann man jedoch nicht sprechen.

Nach der berühmten Definition des Philosophen Immanuel Kant, die das Zeitalter gewissermaßen resümiert, ist Aufklärung der «Ausgang des Menschen aus seiner selbstverschuldeten Unmündigkeit». Dieser Prozess soll hauptsächlich durch das freie Räsonnement in Büchern und Zeitschriften vorangetrieben werden. Aufklärung wird so an eine literarisch-publizistische Öffentlichkeit gebunden, die prinzipiell allen Menschen, d. h. nicht mehr, wie in den vorangegangenen Jahrhunderten, allein den Gelehrten, offensteht. Tatsächlich erweiterten sich im Laufe des 18. Jahrhunderts die Kreise der Schriftsteller und der Leser, wenn auch die Mehrheit der deutschen Bevölkerung mangels Schulbildung, Kaufkraft und Freizeit noch immer ausgeschlossen blieb. Die Produktion von Büchern nahm zu, wobei der bis dahin geringe Anteil von belletristischen Titeln anstieg. Mindestens ebenso wichtig war die Gründung von Zeitschriften unterschiedlichen Typs.

Als Professor in Leipzig und Leiter der dortigen ‹Deutschen Gesellschaft› veröffentlichte Johann Christoph Gottsched 1730 seinen «Versuch einer critischen Dichtkunst», in dem er die Regelpoetik nach den Kriterien der aufklärerischen Vernunft neu ausrichtete. Zentral waren für ihn die Kriterien der Wahrscheinlichkeit (z. B. einer Geschichte), der Natürlichkeit (z. B. der Sprache) und der Nützlichkeit (v. a. für die Verbesserung der menschlichen Sitten). Aus ihnen folgte umgekehrt die Ablehnung großer Teile der barocken Literatur. Über die Frage, wie eng das Gebot der Wahrscheinlichkeit auszulegen sei, entspann sich ab 1740 eine heftige, in der literarisch-publizistischen Öffentlichkeit ausgetragene Kontroverse mit den Züricher Aufklärern Johann Jakob Bodmer und Johann Jakob Breitinger, die der dichterischen Einbildungskraft auch das ‹Wunderbare› gestatten wollten, solange dadurch – wie in Homers «Ilias» oder Miltons «Paradise lost» – in sich stimmige Vorstellungswelten entstanden. Diese Lizenz nahm Johann Gottlieb Klopstock in seinem großen Versepos, dem «Messias» (1749 ff.), für sich in Anspruch und erntete so den Beifall der ‹Schweizer›. Die meisten Dichtungen des 18. Jahrhunderts bis zum Beginn des Sturm und Drang hielten sich jedoch an die von Gottsched gezogenen Grenzen.

In der Lyrik waren Formen mit lehrhaftem Charakter stark vertreten. Barthold Heinrich Brockes, der seine Gedichte in den neun Bänden des ‹Irdischen Vergnügens in Gott› (1721–1748) sammelte, verband die wissenschaftlich genaue Beschreibung von kleinen und großen Naturphänomenen mit dem Lobpreis der von Gott zweckmäßig eingerichteten Schöpfung, die auch vom Leser studiert und bewundert werden sollte. Auf ähnliche Weise schilderte Albrecht von Haller in dem Gedicht «Die Alpen» (1729) die erhabene Natur des Gebirges und pries die einfachen Sitten der ländlichen Bevölkerung, die gegen den unnatürlichen Luxus der städtischen Zivilisation ausgespielt werden. Weniger auffällig waren die lehrhaften Züge in den Gedichten der ‹Bremer Beiträger›, die sich um die Zeitschrift «Neue Beyträge zum Vergnügen des Verstandes und Witzes» (1744–1759) gruppierten. Den geistlichen, zum andächtigen Gefühl aufrufenden Gesängen eines Christian Fürchtegott Gellert und den anakreontischen, zum geselligen Genuss von Wein und Liebe einladenden Liedern eines Friedrich von Hagedorn oder Johann Wilhelm Gleim ist aber gemeinsam, dass die in ihnen beschriebenen und reflektierten Empfindungen vom Leser nachvollzogen werden sollen – sie sind literarische Modelle des richtigen Fühlens.

Das gilt sogar für Klopstocks Oden, selbst wenn hier das lyrische Ich seine persönlichen Empfindungen religiöser, geselliger, erotischer oder patriotischer Art zum Ausdruck bringt:

«Seht ihr den Zeugen des Nahen, den zuckenden Blitz?
Hört ihr den Donner Jehovah?
Hört ihr ihn?
Hört ihr ihn?
Den erschütternden Donner des Herrn?

Herr! Herr! Gott! barmherzig und gnädig!
Angebetet, gepriesen
Sey dein herrlicher Name!»

Noch die berühmten Verse aus der Ode «Die Frühlingsfeier» bleiben zurückgebunden an das zu Beginn des Gedichts angegebene Programm: «Anbeten, tief anbeten, Und in Entzückung vergehn!», das auf die Nachempfindung durch den Leser zielt. Dieser didaktische Grundzug ist erst in den Erlebnisgedichten des jungen Goethe verschwunden, weil dort die Empfindungen des ‹Ich› als nicht verallgemeinerbares Erlebnis dargestellt werden.

Was den Bereich des Theaters betrifft, so hatte Gottsched für Trauerspiele nach den klassizistischen Regeln der Franzosen plädiert, wobei diese Dramen – wie alle anderen Formen der Dichtkunst – einen sittlichen Nutzen haben sollten. Doch konnten sich die von ihm auch durch das Stück «Der sterbende Cato» (1732) angeregten Trauerspiele seiner Schüler nicht durchsetzen, zum einen, weil es den Autoren am nötigen Talent fehlte, zum anderen, weil es weiterhin keine stehenden Bühnen mit künstlerisch geschulten Schauspielern und einem entsprechend gebildeten Publikum gab. Erfolgreicher war Gottscheds Kampf gegen die ‹unsittlichen› Formen des komischen Stegreiftheaters, erreichte er doch immerhin, dass Friederike Caroline Neuber, die Leiterin einer fahrenden Schauspielertruppe, die Figur des Hanswurst in einem symbolischen Spiel von der Leipziger Bühne vertrieb (1737). Zumindest im protestantischen Norden Deutschlands führten die Wanderbühnen vermehrt eine neue, aus England und Frankreich übernommene Form der Komödie auf: das im bürgerlichen Milieu angesiedelte Rührstück oder ‹weinerliche Lustspiel› nach Art von Gellerts «Betschwester» (1745). Eine Generation später unternahm Gotthold Ephraim Lessing den Versuch, ein bürgerliches Trauerspiel zu etablieren. Angeregt durch die von ihm übersetzten Theaterschriften und Bühnenstücke Denis Diderots, entwickelte Lessing in der «Hamburgischen Dramaturgie» (1767–1769) das Konzept eines Trauerspiels, das gekennzeichnet sein sollte durch:

- mittlere Charaktere (nicht notwendig aus den bürgerlichen Schichten),
- moralische Konflikte (allgemein menschlicher Art),
- die psychologische Einfühlung der Zuschauer in die Figuren und ihre Konflikte,
- die wirkungsästhetische Erregung von Mitleid.

Das Hamburgische ‹Nationaltheater›, für das dieses Programm gedacht war, sollte so zum Muster für ganz Deutschland werden. Zwar scheiterte der dortige Versuch einer stehenden Bühne nach kürzester Zeit, aber Lessings Trauerspiel «Emilia Galotti» (1772) wirkte als Vorbild bei den Dramatikern der nächsten Generation, etwa Goethe und Schiller. Diese fanden durch die vermehrte Gründung von allgemein zugänglichen Hof- und Nationaltheatern mit fest engagierten Schauspieltruppen (1751 in Schwerin, 1771 in Weimar, 1776 in Wien, 1778 in München, 1779 in Mannheim, 1786 in Berlin etc.) nun auch erstmals die institutionellen Voraussetzungen für ein öffentliches Theater mit künstlerischem Anspruch.

Im Bereich der Erzählliteratur war das Versepos nur durch die kleinere Form des komischen Heldengedichts nennenswert vertreten, bis Klopstock seinen vielgerühmten «Messias» veröffentlichte. Dieser blieb jedoch ohne adäquate Nachfolger, während die andere Tradition besonders von Christoph Martin Wieland mit den «Comischen Erzählungen» (1765), dem «Musarion» (1768) und dem «Oberon» (1780) weitergeführt und dichterisch durchgestaltet wurde. Die antike Gattung der Versidylle bildete Salomon Geßner in seinen «Idyllen» von 1756 – einem europäischen Erfolg – zu einer Prosaform um, die einige Jahrzehnte später von dem Stürmer und Dränger Friedrich Müller (genannt Maler Müller) nicht mehr empfindsam, sondern volkstümlich gefüllt werden sollte.

Auch in der Romanliteratur der Aufklärung lassen sich mehrere Haupttypen – mit den unvermeidlichen Schnittmengen – unterscheiden (Beispiele in Klammern):

- empfindsamer Roman (Gellerts «Leben der schwedischen Gräfin von G***», 1747/48, und Sophie La Roches «Die Geschichte des Fräulein von Sternheim», 1771);
- satirischer Roman (Nicolais «Das Leben und die Meinungen des Herrn Magister Sebaldus Nothanker», 1773–1776, und Theodor Gottlieb Hippels «Lebensläufe nach Aufsteigender Linie», 1778–1781);
- utopischer Roman (Johann Gottfried Schnabels «Insel Felsenburg», 1731–1743);
- Staatsroman (Albrecht von Hallers «Usong», 1771, und Wielands «Goldener Spiegel», 1772);
- Reiseroman (Moritz August von Thümmels «Reise in die mittäglichen Provinzen Frankreichs», 1791–1805).

Einen zentralen Platz im Romankanon der deutschen Literatur nimmt Wielands «Geschichte des Agathon» ein, die in drei stark differierenden Fassungen erschien (1766/67, 1773, 1794). Die von Wieland erzählte Lebensgeschichte des Protagonisten ist in der griechischen Antike angesiedelt, die weder als bloße Kulisse der Handlung noch als leicht durchschaubares Spiegelbild der Gegenwart dient. Vielmehr verknüpft Wieland die biographische Erzählung mit der historisch reflektierten Darstellung der philosophischen Diskurse, politischen Herrschaftsformen und sittlichen Kulturverhältnisse im Griechenland des 5. Jahrhunderts v. Chr. Die Erfahrungen, die der jugendliche Held in unterschiedlichen Sphären der griechischen Welt macht, werden als ein kultureller Bildungsgang geschildert, der die individuelle Persönlichkeit Agathons formt. Deswegen sehen Germanisten im «Agathon» den ersten ‹Bildungsroman› der deutschen Literatur.

In der Vernunft- und Gefühlskultur der Aufklärung spielten natürlich auch die literarischen und publizistischen Formen der nichtnarrativen und nichtfiktionalen Prosa eine tragende Rolle, von denen hier der Brief, die Abhandlung, die Rezension und die Satire erwähnt seien.

Während die Aufklärung eine große, die meisten Wissenschaften und Künste umfassende Epoche der europäischen Kulturgeschichte war, handelte es sich beim Sturm und Drang um eine kurze Phase in der deutschen Literaturentwicklung, die sich im Kern auf das Jahrzehnt zwischen 1770 und 1780 beschränkte. Die beteiligten Schriftsteller, ausnahmslos junge Männer, standen fast alle miteinander in persönlichem Kontakt und bildeten an einigen Orten (besonders Frankfurt, Darmstadt, Straßburg) kurzfristig bestehende Gruppen und Kreise. Sie einte zum einen die Ablehnung ästhetischer Regeln – wie sie die Aufklärung formuliert hatte – und gesellschaftlicher Zwänge, zum anderen die Begeisterung für neue Ideen und Formen. Insofern kann man von der ersten ‹Jugendbewegung› in der deutschen Literatur sprechen.

Der wichtigste Ideen- und Impulsgeber war Johann Gottfried Herder mit seinen Fragmenten «Über die neuere deutsche Literatur» (1767/68), den «Kritischen Wäldern» (1769) und der zusammen mit Goethe herausgegebenen Sammlung «Von deutscher Art und Kunst» (1773). Das geschichtliche Interesse an der ursprünglichen Sprache und Dichtung des eigenen ‹Volkes›, verbunden mit den kritischen Bemühungen um die literarische und kulturelle Bildung der deutschen ‹Nation›; die Bewunderung von Homer und Shakespeare, die als dichterische ‹Genies› gegen die Normpoetiken des französischen Klassizismus und der deutschen Aufklärung ausgespielt werden; der ekstatische, an den biblischen Psalmen, Ossian, Klopstock und Hamann geschulte Sprachstil des Gefühlsausdrucks: All dies beeinflusste die einige Jahre jüngeren Schriftsteller des Sturm und Drang. Ohne Herder wäre beispielsweise kaum zu erklären, warum sich Goethe in den historischen Stoff des «Götz von Berlichingen» (1773) vertiefte, die Figuren ein alter- und volkstümliches Deutsch mit derben Kraftausdrücken reden ließ, keine Einheit von Handlung, Zeit und Raum herstellte und das Stück nicht in Versen, sondern in Prosa schrieb. Der große Erfolg des «Götz» löste in den 1770er Jahre übrigens eine Modewelle von altdeutschen Ritterdramen aus.

Ähnlich wie Goethe, der zur gleichen Zeit den so genannten «Urfaust» und die «Prometheus-Hymne» schrieb, zeigten sich Friedrich Maximilian Klinger und Johann Anton Leisewitz in ihren Dramen «Die Zwillinge» und «Julius von Tarent» (beide 1776) von starken, gegen die familiäre, gesellschaftliche und göttliche Ordnung revoltierenden Charakteren fasziniert. Trotzdem wäre es falsch, wenn man den Stürmern und Drängern eine ungebrochene Begeisterung für die ‹Kraftmenschen› unterstellte. Denn diese erscheinen zwar als große, aber auch monomanische Persönlichkeiten, die sich aufgrund ihrer eigenen Pathologie nicht in die Gesellschaft einfügen können. Hatte die Aufklärung versucht, die Herausbildung von selbständig denkenden und fühlenden Individuen mit dem Fortschritt ihrer – dem allgemeinen Nutzen verpflichteten – Vergesellschaftung in Einklang zu bringen und Fehlentwicklungen wie die übertriebene Empfindsamkeit auf dem Weg der Kritik und Satire zu korrigieren, stellten die Stürmer und Dränger die Möglichkeit eines harmonischen Verhältnisses radikal in Frage.

Die unlösbaren Konflikte zwischen Individuum und Gesellschaft gestaltete Jakob Michael Reinhold Lenz nicht als Trauerspiel, sondern in einer neuen, tragikomischen Form des Lustspiels, die er in den «Anmerkungen übers Theater» (1774) theoretisch begründete. Mit seinen Stücken «Der Hofmeister» und «Die Soldaten» (1776) wurde Lenz zugleich zum Wegbereiter des sozialen Dramas, das Georg Büchner und die Naturalisten im 19. Jahrhundert weiterentwickelten.

Im Unterschied zu den empfindsamen Briefromanen der Aufklärungszeit waren Goethes «Leiden des jungen Werthers» (1774) weitgehend als Briefmonolog des Protagonisten angelegt, der seine Gefühle fast ungehemmt und unkommentiert artikulieren darf. Diese – allerdings im zweiten Teil durch den sachlich berichtenden Herausgeber aufgebrochene – Perspektivierung lud zu einer identifikatorischen Lektüre ein, die bei einigen wenigen Lesern bis zur Nachahmung des Selbstmords gegangen sein soll. Das Neue des Romans bestand nicht nur in dem scheinbar unmittelbaren Ausdruck von Gefühlserlebnissen, sondern, damit verknüpft, auch in der emotional aufgeladenen und symbolisch deutbaren Naturbeschreibung. Die Technik, Seelenbilder und Naturbilder ineinander zu spiegeln, zog mit Goethes «Werther» und seinen zur gleichen Zeit geschriebenen Gedichten in die deutsche Literatur ein.

Ebenso große Folgen sollte haben, dass die von Herder angeregten Lyriker des Sturm und Drang die Motive, Formen und Töne des ‹Volksliedes› entdeckten bzw. überhaupt erst schufen. Neben Goethe muss Gottfried August Bürger genannt werden, der durch Lieder und Balladen – am bekanntesten wurde die schaurige «Lenore» – hervortrat. Bürgers Sammlung der «Gedichte» (1778, 1789) ist auch deshalb in die deutsche Literaturgeschichte eingegangen, weil Friedrich Schiller sie 1791 zum Anlass nahm, gegen die Volkstümelei des Sturm und Drang das Programm einer idealisierenden Dichtung zu setzen – eine erste Ankündigung der Weimarer Klassik.

Weimarer Klassik und Frühromantik

Die Geschichtsschreibung des 19. und frühen 20. Jahrhunderts, der es um die kulturelle Genese der ‹Nation› ging, hat die Zusammenarbeit von Goethe und Schiller als Höhepunkt der neueren deutschen Literaturgeschichte aufgefasst und von daher die Zeit zwischen 1786 (Goethes Aufbruch nach Italien) und 1805 (Schillers Tod) mit dem Ehrentitel der *Deutschen Klassik* versehen. Nach der Katastrophe des Dritten Reichs spricht man vorsichtiger von der *Weimarer Klassik*, weil die bedeutendsten Autoren dieser Epoche – neben den beiden ‹Dioskuren› besonders Herder und Wieland – zumindest zeitweilig in Weimar wohnten. Aber auch dieses Konstrukt ist problematisch, wird doch, ähnlich wie im Fall des Sturm und Drang, aus einer kleinen Zahl von (mehr oder weniger) gleichgesinnten Schriftstellern eine ganze Epoche gemacht, die freilich nur zwei Jahrzehnte umfasst. Zudem ist die Abgrenzung gegenüber der gleichzeitigen ‹Epoche› der *Frühromantik* schwierig, die vorübergehend ihr Zentrum im benachbarten Jena hatte: Nach Treffen in Berlin (ab 1797) und Dresden (1798) versammelten sich hier 1799/1800 die Brüder August Wilhelm und Friedrich Schlegel, ihre Frauen Caroline und Dorothea Schlegel, Friedrich Wilhelm Joseph Schelling, Ludwig Tieck und für einige Tage auch Friedrich von Hardenberg, genannt Novalis.

Literatursoziologisch betrachtet, handelte es sich bei den Klassikern und den Frühromantikern um zwei Autorengruppen, die untereinander in einem engen sozialen wie intellektuellen Austauschverhältnis standen, aber – zusammen mit weiter entfernten Autorengruppen, besonders den Berliner Spätaufklärern – um die Vorherrschaft in der literarischen Öffentlichkeit Deutschlands konkurrierten. Diese Konkurrenz wurde zeitweise in einem polemischen Stil ausgetragen, wie das Beispiel des von Goethe und Schiller angezettelten ‹Xenienstreits› (1797) zeigt.

Hatten die Literaturtheoretiker der Aufklärung darauf bestanden, dass die schönen Künste auch einen sittlichen Nutzen haben müssten, so vermehrten sich am Ende des 18. Jahrhunderts die Stimmen, die dem Ästhetischen eine Autonomie zusprachen. Kant definierte in der «Kritik der Urteilskraft» (1790) das Schöne als «zweckmäßig ohne Zweck», und Carl Philipp Moritz erklärte in der Abhandlung «Über die bildende Nachahmung des Schönen» (1788), das Schöne habe «seinen ganzen Wert und den Endzweck seines Daseins in sich selber». Moritz ging es primär um die innere Organisation von Kunstwerken, deren möglichst mannigfaltige Glieder so aufeinander bezogen werden sollten, dass sie ein harmonisches Ganzes individueller Art ergeben; sekundär traute er solchen Kunstwerken die Kraft zu, zur inneren Bildung von menschlichen Persönlichkeiten beizutragen. Seine Konzeption lief auf den Wechselbezug zwischen Kunstproduktion, Kunstrezeption und Persönlichkeitsbildung hinaus. Ähnlich argumentierte Schiller in den «Briefen über die ästhetische Erziehung des Menschen» (1795), nur dass hier das ästhetische ‹Spiel›, das im Kunstwerk stattfinde, über die harmonisch gebildete Persönlichkeit zu einer humanen, zwischen der Freiheit der Einzelnen und den Forderungen der Allgemeinheit vermittelnden Gesellschafts- und Staatsordnung hinführen soll – eine Utopie, die, wie manche Dichtung der Weimarer Klassik, als Gegenentwurf zur Französischen Revolution und deren Terror gelesen werden kann.

Die Vorstellung innerer Harmonie, die bei Moritz, Goethe und Schiller, aber auch bei Wieland, Herder und Wilhelm von Humboldt die Kunst- und die Bildungskonzeption miteinander verband, war das ästhetische Ideal der Weimarer Klassik. Als historisches Vorbild für die Verwirklichung dieses Ideals diente die griechische Antike. Die von

Johann Joachim Winckelmann in seinen «Gedanken über die Nachahmung der griechischen Werke in der Malerei und Bildhauerkunst» (1755) geprägte Formel, «edle Einfalt und stille Größe» charakterisiere die alten Griechen, wurde im Sinne einer umfassenden Humanität gedeutet und konnte so einen neuen Klassizismus mitbegründen. Goethe formte während seiner italienischen Reise die ältere Prosafassung der «Iphigenie auf Tauris» zu einem klassizistischen Versdrama (1787) um. Im antikisierenden Gewand erschien das edle Verhalten Iphigenies – sie erzieht den barbarischen Herrscher Thoas zum menschlichen Mitgefühl – besonders überzeugend, obwohl es eigentlich einer modernen Empfindung von Humanität entsprach. Während Schiller, Humboldt und andere Leser sich vom Geiste des Altertums angeweht fühlten, war Goethe die Vermischung von Antikem und Modernem schon bald nicht mehr geheuer: Gegenüber Schiller (Brief vom 19. Januar 1802) bezeichnete er sein «gräzisierendes Schauspiel» als «ganz verteufelt human».

Natürlich lässt sich nicht die gesamte Dichtung der Weimarer Klassik auf den Nenner des Klassizismus bringen, wenn man darunter mehr versteht als jenes hohe Maß der ästhetischen Formung und der menschlichen Idealisierung, das den meisten Werken der genannten Autoren gemeinsam war. Neben Gedichten, Dramen und Epen mit antiken Stoffen oder/und in antiken Formen – an dieser Stelle seien noch die «Römischen Elegien» (1795) und «Hermann und Dorothea» (1797) von Goethe genannt – gab es zahlreiche Dichtungen gänzlich moderner Art. Zwei Hauptwerke sollen kurz vorgestellt werden: Nachdem Schiller eine «Geschichte des Dreysigjährigen Kriegs» (1790–1792) geschrieben hatte, verarbeitete er den Stoff in der Dramentrilogie «Wallenstein» (1800). Innovativ war nicht nur, dass der erste Teil «Wallensteins Lager» in einem Wechsel von Einzeltableaus und Massenszenen das Panorama der Zeitumstände entwirft, sondern auch, wie aus diesem Bild heraus die dynamische Handlung mit ihren individuell profilierten Figuren entwickelt wird – eine Handlung, die sich im zweiten Teil «Die Piccolomini» phasenweise zu einem intimen Familiendrama verengt, um im dritten Teil «Wallensteins Tod» als eine monumentale Geschichtstragödie zu enden. Der Konflikt zwischen einzelnen Persönlichkeiten, welche die Freiheit ihres Willens durchzusetzen oder nur zu bewahren suchen, und allgemeinen Geschichtsmächten, die das Individuum mit der Gewalt der Notwendigkeit fortreißen, kommt in den unterschiedlichen Formen des Dramas zur Darstellung. Mit der aus diesen Formen aufgebauten Gesamtkonstruktion der Trilogie macht Schiller den Versuch, zwischen den beiden Kräften einen ästhetischen Ausgleich – nicht im Sinne einer Harmonie, sondern einer Balance – herbeizuführen. Auch seine späteren Schauspiele, von der «Maria Stuart» (1800/01) über die «Jungfrau von Orleans» (1801) bis zu «Wilhelm Tell» (1804) vereinen, obgleich im kleineren Format, das heroische Charakter- mit dem nationalen Geschichtsdrama. Dadurch sind sie zu dem wichtigsten Vorbild für die Dramenliteratur des 19. Jahrhunderts geworden.

«Wilhelm Meisters Lehrjahre» (1795–1796) sollten einen ähnlich starken Einfluss auf die Bildungs- und Entwicklungsromane des 19. Jahrhunderts ausüben. Im Unterschied zu den diskursiven Konstrukten der deutschen Aufklärer gelang es Goethe durch seine Erzähltechnik, die fiktiven Figuren wie lebendige Menschen erscheinen zu lassen. Im Laufe der Handlung, die sie mit unterschiedlichen Situationen und Personen konfrontiert, geben sie sich durch ihr Verhalten als mehrdimensionale und entwicklungsfähige Charaktere zu erkennen. Dadurch, dass die Handlung präzise in die sozialen und kulturellen Verhältnisse eingepasst wird, die um 1750 in Deutschland herrschten, erhöht sich der realistische Eindruck des Romans. An der Erzähltechnik des «Wilhelm Meister» war auch neu, dass die thematisch und formal äußerst vielfältigen Teile des Romans durch ein enges Netz von Korrespondenzen zusammengehalten werden, zu denen z. B. das Motiv des kranken Königssohns gehört. Friedrich Schlegel pries in seiner Rezension «Über Goethes Meister» (1798) den Roman als das erste Beispiel einer geradezu musikalisch durchkomponierten Prosa.

Schlegels Rezension ist ein Beleg dafür, dass es viele Berührungspunkte zwischen den Weimarer ‹Klassikern› und den Jenaer ‹Frühromantikern› gab. Gleichzeitig lassen sich jedoch divergierende Tendenzen beobachten, etwa im Bereich der Literaturtheorie. Der begriffliche Rahmen einer Autonomieästhetik wurde durch die spekulative Transzendental- und Universalpoetik der Frühromantiker gesprengt. Die vor allem in der Form von Fragmenten vorgetragenen Ideen der Schlegels und des Novalis sind so komplex und so widersprüchlich, dass hier nur einige Grundgedanken angedeutet werden können: Die Frühromantiker betrachteten die Poesie als eine unbeschränkte Schöpferkraft, die alles in der Welt hervorbringe, aber auch wieder vernichte, um wieder Neues zu schaffen. Von der so verstandenen Poesie unterschieden sie die bestehende Dichtkunst mit ihren beschränkten Darstellungsinhalten und Darstellungsformen, in denen sich die Schöpferkraft bislang nur unvollständig realisiert habe. Und aus diesen beiden Grundannahmen entwickelten sie das Programm der romantischen Dichtung als einer ‹progressiven Universalpoesie›. Die romantische Dichtung soll sich in einem potentiell unendlichen Prozess der ‹Selbstschöpfung› und ‹Selbstvernichtung› so lange erweitern, bis sie alles jemals Geschaffene und gerade Entstehende umfasst. Etwas konkreter formuliert: Die romantische Dichtung soll nicht nur die Einteilungen innerhalb des ästhetischen Bereichs durch die Integration aller Gattungen und Künste aufheben, vielmehr soll sie auch die Grenzen zu den anderen Bereichen der Welt überwinden, indem sie etwa den philosophischen und den politischen Diskurs in sich aufnimmt. In Analogie zur überholten Mythologie der Antike wird eine ‹neue Mythologie› gefordert, welche die paradoxe Aufgabe übertragen bekommt, die ins Unendliche vermehrten Ideen- und Erfahrungsgehalte der Moderne zur Anschauung zu bringen. – Der wesentliche Unterschied zu den Konzeptionen der Weimarer Klassik bestand also darin, dass die Frühromantiker nicht das Ideal innerer Harmonie und äußerer Geschlossenheit, sondern eine – diese Ästhetik gerade aufbrechende – Idee unendlicher Progression postulierten.

Weder bildeten diese Theoreme ein einheitliches System, noch wurden sie in den Dichtungen der Frühromantiker konsequent umgesetzt. Es finden sich immer nur partielle Entsprechungen: Novalis' Gedichtzyklus «Hymnen an die Nacht» (1800) und sein Romanfragment «Heinrich von Ofterdingen» (1802) besitzen eine geschichtsphilosophische Grundstruktur, deren Konstruktionslinien von einem mythischen Ursprung ausgehen, einen historisch beschriebenen Zeitraum – im «Ofterdingen» das deutsche Mittelalter – durchqueren und allegorisch in eine messianische Dimension hinüberweisen. Leichter als literarische

Techniken zu erkennen und im Sinne der frühromantischen Theorie zu deuten sind die Erzählverfahren in Tiecks Künstlerroman «Franz Sternbalds Wanderungen» (1798). Hier verkörpert der Held, ein altdeutscher Maler, die romantische Sehnsucht nach dem Unendlichen, das er in immer neuen, philosophisch erfundenen und poetisch beschriebenen Gemälden darstellen möchte. Seine Wanderungen werden zur narrativen Metapher einer zu keinem Abschluss kommenden Suchbewegung. Wie die Beschreibung von Bildwerken ist auch die Einschaltung von Gedichten ein Tieck'sches Erzählverfahren, das unterschiedliche Darstellungsformen miteinander verknüpft und auf einen Bedeutungsgewinn zielt. Beide Verfahren werden in den späteren Erzählungen der Romantik immer wieder angewendet. Tieck ist auch derjenige, der eine mit der frühromantischen Theorie übereinstimmende Version des Dramas erfindet. Seine Literaturkomödien «Der gestiefelte Kater» (1797) und «Verkehrte Welt» (1798) setzen durch das Verfahren des Spiels im Spiel sämtliche Prinzipien des zeitgenössischen Illusionstheaters außer Kraft; wegen ihrer allgemeinen Tendenz zur satirischen und parodistischen ‹Selbstvernichtung› überholter Darstellungsformen gelten sie als Verwirklichung der von Friedrich Schlegel geforderten ‹romantischen Ironie›.

An dieser Stelle können drei Autoren genannt werden, deren literaturgeschichtliche Einordnung schon immer Schwierigkeiten bereitet, weil ihre Werke Züge der Klassik *und* der Romantik aufweisen. In den Romanen Jean Pauls stehen sich unter anderem das ästhetische Ideal der Bildung und die humoristische Brechung aller Figuren und Formen entgegen. In den Gedichten Friedrich Hölderlins wird die klassische Form nicht zuletzt durch die Bewegung der geschichtsphilosophischen Reflexion in Unruhe versetzt. Und wenn Heinrich von Kleist in seiner Tragödie «Penthesilea» (1808) einen antiken Stoff gestaltet, so wird jedes klassizistische Maß durch eine leidenschaftliche Subjektivität gesprengt, die nach Ausdruck verlangt. Weitere Namen von bedeutenden Autoren wie Franz Grillparzer ließen sich hinzufügen.

Romantik, Biedermeier, Vormärz, Realismus

Sozialgeschichtlich lässt sich das 19. Jahrhundert als ein Zeitalter beschreiben, in dem der ökonomische Markt für Literatur gewaltig expandierte und zugleich die gesellschaftliche Wertschätzung der Belletristik anstieg. Neben dem Buchmedium boten die in immer größerer Zahl gegründeten Zeitschriften und – nach 1848 – auch Zeitungen den Schriftstellern neue Publikations- und Verdienstmöglichkeiten. Durch die vermehrte Einrichtung öffentlicher Bühnen, die sogar in kleineren Städten entstanden, erlebte auch die Theaterliteratur einen Aufschwung, zumindest in quantitativer Hinsicht. Die flächendeckende Einführung der allgemeinen Schulpflicht und die stärkere Verbreitung höherer Schulbildung erschlossen neue Leserkreise, die sich in Leihbibliotheken vergleichsweise kostengünstig mit Büchern versorgen konnten. Die soziale Erweiterung des Lesepublikums führte zu einer ästhetischen Ausdifferenzierung innerhalb der Literaturproduktion, insofern deutlicher zwischen populären und gebildeten Werken differenziert wurde.

Für die deutsche Literatur bis 1848 verwenden die Germanisten unterschiedliche Epochenbegriffe, die teilweise miteinander konkurrieren: *Hoch- und Spätromantik, Restauration, Biedermeier, Junges Deutschland, Vormärz*. Klarer ist die Terminologie für die zweite Hälfte des Jahrhunderts: Die Zeit zwischen 1848 und 1890 wird unter dem Begriff *Realismus* zusammengefasst.

Unter der Hoch- und Spätromantik versteht man Autoren, die in ihren Werken manche Ansätze der Frühromantik weiterentwickelten und mit anderen Ideen, Motiven und Schreibweisen verbanden. Zur Hochromantik werden vor allem Achim von Arnim und Clemens Brentano gezählt, die, ähnlich wie Herder und Goethe drei Jahrzehnte zuvor, während ihrer Heidelberger Zeit (‹Heidelberger Romantik›) deutsche Volkslieder sammelten und diese, oft stark überarbeitet, in drei Bänden mit dem Titel «Des Knaben Wunderhorn» (1805–1808) herausgaben. Ihre im Laufe des 19. Jahrhunderts immer wieder aufgelegte Sammlung vermittelte nicht nur die Vorstellung einer aus der Seele des deutschen Volks entsprungenen ‹Naturpoesie›, sondern regte auch die ‹Kunstpoesie› an. Die Lyriker der Hoch- und Spätromantik, von Arnim und Brentano über Joseph von Eichendorff bis hin zu Ludwig Uhland, dichteten mit Vorliebe im Volkston.

«Des Knaben Wunderhorn» inspirierte die Brüder Jacob und Wilhelm Grimm zu ihren Sammlungen der «Kinder- und Hausmärchen» (1812/15) und der «Deutschen Sagen» (1816/18), denen eine «Deutsche Grammatik» (1818ff.) und das 1838 begonnene «Deutsche Wörterbuch» (1854ff.) folgten. Das romantische Interesse an der Geschichte, der Sprache, der Poesie und der Mythologie des eigenen Volks hing eng mit der napoleonischen Okkupation deutscher Staaten zusammen. Viele Dichtungen der Romantiker, die deutsche Stoffe behandelten, verfolgten mehr oder weniger deutlich patriotische Zwecke. Besonders in den historischen Dramen von Arnim, Brentano, Zacharias Werner und Friedrich de la Motte-Fouqué – der seine Stücke als ‹vaterländische Schauspiele› bezeichnete – wurde dieser Zusammenhang greifbar. Ausgesprochen beliebt war die Figur von Hermann/Arminius, weil sich der germanische Fürst als Vorbild des nationalen Befreiungskriegs mythisieren ließ. Nach Heinrich von Kleists «Hermannsschlacht» (geschrieben 1808, erschienen 1821) begann Eichendorff das Drama «Herrmann und Thusnelda» (1811/12), das allerdings Fragment blieb, und veröffentlichte Fouqué seinen «Herrmann, ein Heldenspiel in vier Abentheuern» (1818).

Einige der genannten Autoren verfassten zur gleichen Zeit historische Erzählungen mit Stoffen aus der deutschen Geschichte und Mythologie. Arnims Roman «Die Kronenwachter» (1817) greift mit der mittelalterlichen Kaiserprophetie die Frage nach der Fortsetzung der deutschen Kaiserherrschaft und Reichstradition auf; trotz der mythopoetischen Verrätselung des Romans ist der politische Bezug auf die Auflösung des Heiligen Römischen Reiches Deutscher Nation (1806) und die nach der Befreiung von Napoleon (1815) noch ungeklärte Zukunft Deutschlands nicht zu übersehen. In andere Richtungen gehen die Erzählungen Eichendorffs und E. T. A. Hoffmanns. Der Roman «Ahnung und Gegenwart» (1815) orientiert sich an den von Novalis und Tieck vorgegebenen Mustern frühromantischer Narration, und auch die späteren Erzählungen Eichendorffs, etwa «Das Marmorbild» (1819) und «Aus dem Leben eines Taugenichts» (1826), zeichnen sich nicht durch die Originalität der Ideen, Motive, Konstruktionen und Techniken aus, vielmehr betören sie durch die suggestive Gestik und die musikalische Harmonie ihrer Sprache. Dagegen entsteht mit Hoffmanns Erzählungen ein neues, romantisches Genre der phantastischen Literatur. Seine Texte, darunter «Der goldene Topf» (1814) und «Der Sandmann» aus der Sammlung der «Nachtstücke» (1817), kontrastieren die prosaische Erfahrung der von materiellen Zwecken bestimmten ‹bürgerlichen› Wirklichkeit mit dem poetischen Erlebnis einer von geistigen Kräften beherrschten Welt, die sowohl verführerisch als auch erschreckend wirken kann.

Romantische Schreibweisen dominierten einzelne Gattungsformen der deutschen Dichtung durch die erste Hälfte des 19. Jahrhunderts hindurch. Besonders die Lyriker blieben dieser Tradition zu großen Teilen verpflichtet, obwohl der begabteste unter ihnen, Heinrich Heine, die romantischen Muster seit dem «Buch der Lieder» (1827) ironisierte und parodierte.

Wenn Literaturwissenschaftler wie Friedrich Sengle die Zeit zwischen 1815 (Wiener Kongress) und 1848 (Revolution) nicht mehr als Spätromantik, sondern als Biedermeier bezeichnen, so liegt das daran, dass sie ihren Blick zum einen auf andersgeartete, meist journalistisch geprägte Formen der Literatur konzentrieren, zum anderen eine zwischen ‹Gemütlichkeit› und ‹Weltschmerz› changierende Lebenshaltung und Weltanschauung im Auge haben, die tatsächlich in den Schriften dieser Zeit vorherrschte. Was den ersten Punkt betrifft, so ging die Gründung zahlreicher Unterhaltungszeitschriften mit der vermehrten Produktion von kleinformatigen Prosatexten einher. Stark vertreten waren Reise- und Städtebeschreibungen in Gestalt von feuilletonistischen ‹Briefen› und ‹Bildern›, die häufig Genreszenen aus dem einfachen ‹Volksleben› darstellten. Inhaltlich und formal gab es einen fließenden Übergang zu den novellistischen Kurzerzählungen, die gleichfalls in den Zeitschriften erschienen.

Ein bis dahin unbekanntes Lokalinteresse für das einfache Volk und dessen Sprache, für die engere und weitere Heimat und deren Geschichte prägte große Teile der biedermeierlichen Literatur und brachte neue Genres wie die Dorfgeschichte (bekanntestes Beispiel: Berthold

Auerbachs Schwarzwälder «Dorfgeschichten», 1843) und den historischen Lokalroman (etwa Willibald Alexis' «Der Roland von Berlin», 1840) hervor. Neu war auch, dass in vielen Regionen der örtliche Dialekt für die Literatur entdeckt wurde. So ging Jeremias Gotthelf in seinen Bauerngeschichten zum Gebrauch des Berner Deutsch über. Gleichzeitig entstanden nicht nur in Wien, wo die mundartlich gefärbte Tradition der Wiener Volkskomödie unter anderem von Ferdinand Raimund und Johann Nepomuk Nestroy fortgeführt wurde, lokale Stücke in dialektaler Sprache, etwa Ernst Elias Niebergalls «Datterich» (1841) in Darmstadt. Dass auch Werke, die sich nicht gezielt als Heimatliteratur präsentierten, enge Lokalbezüge herstellten, lässt sich an den Balladen und Erzählungen der Annette von Droste-Hülshoff («Die Judenbuche», 1842) ebenso leicht erkennen wie an den Novellensammlungen Adalbert Stifters («Studien», 1844–1850)

Das lokale Interesse verband sich häufig mit einer auf das Private konzentrierten Lebenshaltung und Weltanschauung, die das persönliche Glück des Menschen in der Liebe seiner Familie, in der Geselligkeit des Freundeskreises, in der Teilnahme an örtlichen Volksfesten und in der Betrachtung von umliegenden Naturschönheiten suchte, während alle weitergehenden gesellschaftlichen und öffentlichen Ansprüche des Bürgers, etwa die, selber an der hohen Politik mitwirken zu wollen, als unangemessene Ambitionen verurteilt wurden. Neben Lobliedern auf ein bescheidenes Lebensglück, die sich da und dort mit Dankworten an die fürsorgliche Regierung paarten, waren aber auch die Töne eines resignativen ‹Weltschmerzes› zu hören. Mit beidem reagierten die Autoren auf den gesellschaftlichen Stillstand und die politische Unterdrückung zur Zeit der Restauration.

Die Möglichkeiten zur öffentlichen Kritik an den sozialen und politischen Verhältnissen waren durch die mit den Karlsbader Beschlüssen (1819) verschärfte Pressezensur stark eingeschränkt. Dennoch begann sich nach der Pariser Julirevolution (1830) auch in Deutschland Widerstand zu regen. Als Heinrich Heine 1831 das «Ende der Kunstperiode» verkündete, postulierte er im Gegenzug zur Autonomieästhetik eine gesellschaftlich und politisch engagierte Literatur, die mit der Verbreitung von ‹Ideen› zur Reform der Verhältnisse beitragen sollte. Ähnlich wie Heine, der schon in den «Reisebildern» (1826–1831) vorgeführt hatte, wie man mit den Mitteln des ironischen Stils die Zensur unterlaufen konnte, kämpften Ludwig Börne, Karl Gutzkow, Heinrich Laube, Theodor Ludolf Wienbarg, Theodor Mundt und andere Schriftsteller für die öffentliche Freiheit des Worts, die gesellschaftliche Emanzipation der Frauen und der Juden, eine politische Verfassung und weitere Reformen. 1835 verbot der deutsche Bundestag alle Schriften von Heine, Gutzkow, Laube, Wienbarg und Mundt, die er unter der Gruppenbezeichnung ‹Junges Deutschland› zusammenfasste. Dieser Beschluss wurde aber von den Behörden der unterschiedlichen Bundesländer schon bald nicht mehr streng befolgt, sodass die Genannten, allerdings mit erhöhter Vorsicht, weiter publizieren konnten.

Zu Beginn der 1840er Jahre, als ökonomische Krisen die soziale Lage der Unterschichten in vielen deutschen und europäischen Ländern massiv verschlechterten (‹Pauperismus›), formierte sich eine zweite, deutlich radikalisierte Oppositionsbewegung, der ‹Vormärz›, wie diese literarische Bewegung nach der Märzrevolution von 1848 genannt wurde. Zum Vormärz rechnet man heute auch Georg Büchner, obwohl der Autor der politischen Flugschrift «Der Hessische Landbote» (1834) schon 1837 gestorben ist und seine Dramen «Dantons Tod» und «Woyzeck» erst Jahrzehnte später veröffentlicht werden sollten. Diese Zuordnung lässt sich damit begründen, dass Büchner die idealistische Hoffnung der Jungdeutschen auf Reformen kritisiert und im «Woyzeck» die soziale Verelendung der Unterschichten vorgeführt hat, die nach seiner materialistischen Überzeugung nur durch eine Revolution zu ändern war. Büchner schuf, wenn man so will, das soziale Drama im Geiste des Vormärz, dessen Autoren sich ansonsten auf Programmschriften und Agitationslyrik beschränkten.

Der Vormärz war keine geschlossene Oppositionsbewegung mit einem einheitlichen Parteiprogramm. Autoren wie Heinrich Heine, Georg Herwegh, Ferdinand Freiligrath, August Heinrich Hoffmann von Fallersleben, Georg Weerth, Friedrich Engels, Karl Marx, Robert Prutz und Anastasius Grün war aber die Überzeugung gemeinsam, dass nur eine revolutionäre Tat die Gesellschaft zum Besseren verändern könnte. Deswegen verstanden sie ihre Schriften als direkte Vorbereitung einer

Revolution. Aus dem Exil in Frankreich, England oder der Schweiz – die meisten wurden im eigenen Land polizeilich verfolgt – riefen sie die Mitbürger zum politischen Umsturz auf. Dabei bevorzugten sie als literarische Gattung das Gedicht. Wie geschickt sie lyrische Mittel für die politische Agitation nutzen, zeigt exemplarisch Freiligraths Gedicht «Die freie Presse» (1846):

«Festen Tons zu seinen Leuten spricht der Herr der Druckerei:
‹Morgen, wisst ihr, soll es losgeh'n, und zum Schießen braucht man Blei!
Wohl, wir haben unsre Schriften: – Morgen in die Reih'n getreten!
Heute Munition gegossen aus metall'nen Alphabeten!›»

Die Literatur sollte buchstäblich in die Revolution übergehen.

Das weitgehende Scheitern der Märzrevolution (viele Forderungen des liberalen Bürgertums wurden allerdings in den 50er, 60er und 70er Jahren schrittweise erfüllt) führte nach 1848 zu einer Entpolitisierung der deutschen Literatur. Julian Schmidt und Gustav Freytag, die Herausgeber der einflussreichen Zeitschrift «Die Grenzboten», kritisierten sowohl die idealistische Reflexionsliteratur der Jungdeutschen als auch die revolutionäre Agitationsliteratur der Vormärzler. Im Gegenzug propagierten sie einen ‹poetischen Realismus›, der anders als die Romantik zwar die gesellschaftliche Wirklichkeit darstellen sollte, aber doch in einer dichterisch verklärten Art und Weise. Umgekehrt, darin waren sich auch die Dichter des Realismus bis zu Theodor Fontane einig, müssten hässliche Phänomene der Wirklichkeit – etwa das soziale Elend hungernder Arbeiter – ausgespart und weniger gravierende Diskrepanzen gegenüber dem Ideal der Schönheit durch die Kraft des Humors gemildert werden. Manche Literaturwissenschaftler sprechen deswegen von einer ‹Verklärungsstrategie› des poetischen Realismus und interpretieren diesen als Kompensation für das politische Scheitern der Revolution von 1848. Ihre Ideologiekritik an der Vorliebe der deutschen Realisten für die Innerlichkeit seltsamer Käuze und die Beschaulichkeit weltabgewandter Provinzen ist aber überzogen. Sie wird unter anderem von Gottfried Kellers Roman «Der grüne Heinrich» (1. Fassung 1854/55, 2. Fassung 1879/80) widerlegt. In der Entwicklung des Protagonisten, der erst bildender Künstler, dann vaterländischer Politiker werden will, prallen die individuellen Phantasien und die gesellschaftlichen Realitäten hart aufeinander, aber so, dass beide Seiten in einem kritischen Licht erscheinen.

Obwohl die zeitgenössische Poetik an der traditionellen Vorrangstellung der Tragödie festhielt, waren Novelle und Roman die wichtigsten Gattungen des Realismus, nicht zuletzt, weil die Tageszeitungen (mit den neu eingeführten Sparten des Feuilletons), die Familienzeitschriften und, ab den 1870er Jahren, die Rundschauzeitschriften einen steigenden Bedarf an Erzählliteratur hatten und auch umfangreiche Texte in Fortsetzungen abdruckten. Für die Novelle entwarf Paul Heyse 1871 ein Idealmodell, das sich implizit von den romantischen Erzählmustern absetzt. Nach seiner ‹Falkentheorie› soll jede Novelle ein zentrales Motiv haben und stringent auf ein entscheidendes Ereignis zulaufen. Die Handlung müsse sich in wenigen Worten resümieren lassen. Die Novellisten des Realismus haben diese Regeln nicht streng befolgt, auch wenn sie sich meist um einen schlüssigen, ohne längere Reflexion nachvollziehbaren Aufbau der Erzählung bemühten. Neben dem einfachen Typus der auktorial und chronologisch erzählten Novelle gab es komplexer gebaute Formen: Ein bekanntes Beispiel für die Verschachtelung von mehreren Erzählhandlungen auf unterschiedlichen Zeitebenen ist Theodor Storms «Schimmelreiter» (1888). Die in der Literatur des Biedermeiers wenig gepflegte Tradition des kunstvoll durchkomponierten Novellenzyklus führte besonders Keller mit seinen «Züricher Novellen» (1876/77) und dem «Sinngedicht» (1881) weiter.

Die Tendenz zur Lokalisierung und Regionalisierung setzte sich in den Novellen und Romanen des Realismus fort. Keller, Storm, Fontane, Wilhelm Raabe, Fritz Reuter, Leopold von Sacher-Masoch und andere Schriftsteller der Epoche haben ihre Erzählungen bevorzugt in der eigenen Heimat angesiedelt, wobei aber in den örtlich gebundenen Stoffen eine allgemeine, auch die Menschen anderer Regionen ansprechende Bedeutung zum Vorschein kommen sollte. Ähnlich wie in der Literatur der Biedermeierzeit paarte sich das örtliche Interesse häufig mit einem geschichtlichen. Von ihren Vorgängern unterschieden sich die Erzähler des Realismus aber dadurch, dass sie die Entwicklung individueller

Charaktere auf psychologische Weise zu beschreiben versuchten. Auch war das soziale Figurenspektrum ihrer Erzählungen erheblich weiter, reichte es doch von den bäuerlichen und kleinbürgerlichen Milieus in den Seldwyler Novellen Kellers («Leute von Seldwyla», 1856/74) bis zur Sphäre des niederen Adels in den Märkischen und Berliner Romanen Fontanes (u.a. «Irrungen, Wirrungen», 1887, «Effi Briest», 1894/95). Den größten Raum nahmen freilich die Repräsentanten der bürgerlichen Mittelschichten ein.

Die Literatur der Epoche wird auch deswegen unter den Begriff des ‹bürgerlichen Realismus› subsumiert, weil den meisten Texten die Perspektive des liberalen Bürgertums mit seiner Wertordnung eingeschrieben ist. Programmatisch geschah das in Freytags Bildungs- und Entwicklungsroman «Soll und Haben» (1855), das dem vorangestellten Motto von Julian Schmidt folgt: «Der Roman soll das deutsche Volk da suchen, wo es in seiner Tüchtigkeit zu finden ist, nämlich bei seiner Arbeit.» Das Buch, in dem das Positivbild des sich aus kleinbürgerlichen Verhältnissen hocharbeitenden Kaufmanns mit den Negativbildern eines verschwendungssüchtigen Adeligen und eines besitzgierigen Juden kontrastiert wird, wurde trotz oder gerade wegen seiner stereotypen Züge zu einem Bestseller.

Im Bereich des Dramas sind den Autoren des Realismus keine überzeugenden Lösungen gelungen. Zu sehr war das Theater dem auf Schiller zurückgehenden Modell der heroisierenden Geschichtstragödie verhaftet, aus dem sich selbst der bedeutendste Dramatiker der Zeit, Friedrich Hebbel, nur einmal mit dem bürgerlichen Trauerspiel «Maria Magdalena» (1844) lösen konnte.

In der Lyrik wandte man sich einerseits gegen die subjektiven Übertreibungen des Romantisierens, das Heine, parodistisch gebrochen, zu einer oft kopierten Manier gemacht hatte; andererseits lehnte man das rhetorische Pathos der Vormärz-Dichtung ab. Den Lyrikern des Realismus fiel es aber schwer, einen neuen Ton zu finden. Storm («Gedichte», 1852) blieb mit seinen Natur- und Liebesgedichten der romantischen Tradition treu. Keller («Neue Gedichte», 1851/54) entwickelte aus dem biedermeierlichen Genrebild eine lyrische Form, in der sich subjektive Empfindungen und objektive Beschreibungen wechselseitig durchdringen. Abgesehen von einigen gelungenen Gedichten dieser Art beeindruckt sein lyrisches Œuvre nur durch die Vielfalt der Themen und Töne, die von romantischer Stimmungslyrik über politische Ideengedichte bis zu patriotischen Festgesängen reicht. Diese Vielfalt entspricht Kellers Auffassung des Realismus, insofern sie die unterschiedlichen Aspekte des persönlichen und des gesellschaftlichen Lebens repräsentieren soll. Seit dem Ende des Realismus hat man nicht nur Keller, sondern auch den stärker auf die Glättung der benutzten Formen bedachten Lyrikern des Münchner Dichterkreises – besonders Emanuel Geibel und Paul Heyse – immer wieder Epigonalität vorgeworfen. So berechtigt die Kritik aus der späteren Sicht der ästhetischen Moderne gewesen sein mag, so sehr verfehlt sie das zeitgenössische Bewusstsein, ein über zwei Jahrhunderte deutscher Dichtung und Übersetzung erworbenes Erbe von Dichtarten zu hüten und zu pflegen. Die konventionellen Züge der deutschen Lyrik zwischen 1848 und 1890 lassen sich nicht allein aus dem Unvermögen der Dichter erklären.

Ein einziger Lyriker der Zeit gilt heute als bedeutend, weil er auf den Ästhetizismus der Jahrhundertwende vorausweist: Conrad Ferdinand Meyer hat in einigen seiner «Gedichte» (1882) konsequent auf den Ausdruck von Emotionen und die Darstellung von Ideen verzichtet, um stattdessen über die Vervollkommnung der Form ein Bild der Schönheit hervorzubringen. Der Realist Keller sah in dem Schönheitskult des Züricher Dichterkollegen freilich nichts anderes als ‹Brokat›.

Literatur des 20. Jahrhunderts

Bevor die Einführung in die Geschichte der deutschen Literatur mit der Moderne im 20. Jahrhundert fortgesetzt wird, soll darauf aufmerksam gemacht werden, dass sich nun die Darstellungsweise ändert. Zwar hat auch die Literaturgeschichtsschreibung immer wieder den Versuch unternommen, das 20. Jahrhundert nach Epochen zu ordnen und dabei Abfolgen wie Naturalismus, Symbolismus, Ästhetizismus, Impressionismus, Neo-Romantik, Neo-Klassizismus, Heimatkunst, Frühexpressionismus, Futurismus, Dadaismus, Spätexpressionismus, Neue Sachlichkeit, Literatur der konservativen Revolution, Exilliteratur, NS-Literatur, Innere Emigration usw. darzustellen. Doch verglichen mit dem vorangegangenen 19. Jahrhundert, ist ein solcher Zugriff für die Zeit nach 1890 wenig plausibel und erfasst Strömungen und Stilrichtungen, die sich meist ohnehin zeitlich überlagert haben. Die wachsende Komplexität der Literaturentwicklung der Moderne, die unter anderem durch eine explosionsartige Vermehrung der literarischen Produktion, eine Vielzahl konkurrierender Gruppierungen und ästhetischer Programme, die Herausbildung unterschiedlicher Autorpositionen und die Öffnung und Erweiterung des Gattungssystems gekennzeichnet ist, legt es nahe, stärker problemorientiert vorzugehen.

Wie kann man das 20. Jahrhundert begreifen: eine Epoche der Kriege und Katastrophen, des Rassismus und der Genozide, der technischen Revolutionen, des sozialen Fortschritts und der Globalisierung? Mit der Geschichte der deutschen Literatur dieses Zeitraums ergreift man womöglich einen Faden, um sich im Labyrinth der Moderne nicht zu verirren. Für den französischen Philosophen Michel Foucault bieten zumindest ihre Anfänge diese Chance, wie er in einer Besprechung der großen Ausstellung «Paris–Berlin» im Centre Pompidou 1978 bekennt.

«Als ich [...] die deutschen Autoren von 1910 bis 1930 las, wurde mir klar, dass es das 20. Jahrhundert mit seinen eigentümlichen Ideen, Problemen und kulturellen Formen tatsächlich gibt. Für mich ist die Ausstellung der Beweis für das 20. Jahrhundert.» (2003, 877 f.)

Es bietet sich an, mit dem Begriff der *Moderne* zu beginnen, denn die kulturellen Ausdrucksformen des 20. Jahrhunderts sind meist mit ihm belegt worden. Dieser Begriff ist nicht unproblematisch, denn er wird in der Geschichtswissenschaft synonym mit *Neuzeit* als allgemeiner historischer Bezeichnung zur Abgrenzung vom Altertum und vom Mittelalter verwendet. In den Kunst- und Literaturwissenschaften hat er sich hingegen als übergreifende Bezeichnung für den Zeitraum zwischen 1880 und 1970 durchgesetzt. Die Moderne wird als eine *europäische* Erscheinung betrachtet, die sich gleichzeitig in Kunst, Musik und Literatur äußerte (vgl. Grimminger u. a. 1995). Moderne ist daher in einem weiteren Sinn auch ein Begriff der *Ästhetik*. Während die französische Literatur für sich in Anspruch nimmt, schon in der Mitte des 19. Jahrhunderts mit der Lyrik Charles Baudelaires und den Romanen Gustave Flauberts Werke der Moderne hervorgebracht zu haben, fällt dieser Begriff in der deutschen Literatur, sieht man einmal von der Romantik ab, in einem programmatischen Zusammenhang als Selbstbezeichnung naturalistischer Schriftsteller erst nach 1880. Mit ihm setzt die Generation der nach 1860 Geborenen ein doppeltes Zeichen. Sie grenzt sich sowohl von den Epigonen der deutschen Klassik und Romantik als auch von den Schriftstellern des Bürgerlichen Realismus ab und bekennt sich zum technischen und sozialen Wandel sowie zum positivistisch-naturwissenschaftlichen Weltbild. Ihre Gegenwartsdiagnose ist widersprüchlich. Sie schwankt zwischen der Bewunderung und Anerkennung der politischen, wirtschaftlichen und technischen Erfolge des seit 1871 existierenden Deutschen Kaiserreichs und der Klage über kulturelle Stagnation und Kunstfeindlichkeit. In den literarischen Werken artikuliert sich eine Sehnsucht nach kultureller Erneuerung und nach Gegenwelten zur selbstgefälligen Bürgerlichkeit und zum Militarismus des neuen Reichs. Eine vorherrschende Leitorientierung lässt sich unter den Schriftstellern nicht erkennen. Die Gegenentwürfe zielen in unterschiedliche Richtungen. So ist von politischer Revolution ebenso die Rede wie von Lebensreform oder der «Revolution in der Lyrik» (Arno Holz).

Die einzige politische Opposition der Zeit, die sozialdemokratische Arbeiterbewegung, stellt für einige Schriftsteller nur in den 1890er Jahren unter dem Schlagwort «Die Kunst dem Volke» eine kulturelle Alternative dar. Vorherrschend wird, was man heute als Modernitätserfahrung bezeichnet: der Verlust von Einheitlichkeit, Überschaubarkeit und Vertrautheit. Zu den Folgen zählen Orientierungslosigkeit, Werteverlust und Identitätskrisen. Allgemeiner gefasst, machen die Schriftsteller um 1900 eine *Schwellenerfahrung* am Übergang von einer Epoche zu einer neuen. Die Veränderungen werden als äußerliche erlebt, die sich ohne eigenes Zutun und ohne ein Bewusstsein der eigenen Rolle vollziehen. Die *Moderne*, so die Bezeichnung für das, was jenseits der Schwelle zu erwarten ist, macht sich durch ihre enorme Dynamik und Beschleunigung, durch das Nebeneinander von Unvereinbarem, die Zerstörung des Bestehenden und nicht zuletzt durch ihre Zukunftsoffenheit bemerkbar. Die Individuen ‹auf der Schwelle› haben zunächst nur jene Verhaltensmuster zur Verfügung, mit deren Hilfe das bewältigt werden konnte, was nun zum Vergangenen zählt. Sie geraten unter Handlungsdruck. In der deutschen Literatur lassen sich im Zeitraum zwischen 1880 und dem Beginn des Ersten Weltkriegs, grob geordnet, folgende unterschiedliche Verarbeitungsmuster und Reaktionen beobachten, die sich an den Rändern allerdings auch überschneiden.

- Die Literatur der Antimoderne reagiert durch eine grundlegende Kritik vor allem am Traditions- und Ordnungsverlust, durch Leugnung, Verdrängung oder Dämonisierung des Neuen und Rückorientierung und Reinszenierungen der Vergangenheit. Ihr sind literarische Strömungen wie die Heimatliteratur, die Neo-Romantik und der Neo-Klassizismus zuzuordnen. In den literarischen Werken wird – meist in Abgrenzung zur modernen Lebensweise – ein an traditionellen Werten ausgerichtetes Ordnungsgefüge ausphantasiert, das durch soziale Gleichheit, Gleichberechtigung der Geschlechter und technische Rationalität bedroht wird.
- Die in ihrer Wirkung und ihrem Verbreitungsgrad nicht zu unterschätzende moderne Massenliteratur nimmt die neue Wirklichkeit thematisch auf, unterlegt ihr aber ein traditionelles Ordnungsmuster. Auf diese Weise federt sie die Schwellenerfahrung mentalistisch ab. So bietet sie z. B. ihren Leserinnen, die nach Gleichberechtigung durch Bildung streben, Verarbeitungsmuster an, die die bestehende Familienordnung nicht sprengen. Sie schafft einen Spielraum für die machtgeschützte Innerlichkeit, die sich in einer Trennung zwischen einer modern gestalteten Privatsphäre und einem ordnungskonformen Verhalten in der Öffentlichkeit äußern kann. Bei ihr erscheint das Neue als das Alte.
- Die literarische Moderne bricht mit dem traditionellen Ordnungsgefüge auf allen Ebenen bis hin zur literarischen Darstellungsweise selbst. Um 1900 ist sie bewusst antibürgerlich und richtet sich gegen gesellschaftliche Vermassungstendenzen. Sie entwirft und

spielt neue Orientierungsrahmen durch, und zwar in zwei deutlich unterschiedenen Varianten.
- In der ästhetizistischen Variante (vgl. Kimmich/Wilcke 2006) sucht sie die strikte soziale Abgrenzung der Künstlerexistenz als einer einzigartigen und hervorgehobenen von allen anderen (bürgerlichen) Lebensformen. Der Künstler reflektiert seine Position ebenso wie die Bedingungen und Voraussetzungen des Schreibens und der Sprache. Ein Resultat der Abgrenzung und Selbstreflexion ist die Aufwertung des Artifiziellen, des durch künstlerische Tätigkeit Hervorgebrachten, das sich sowohl von der Natur als auch der Technik wesentlich unterscheidet. Für den Ästhetizismus liegt die wahre Innovationskraft allein in der Kunst.
- In der avantgardistischen Variante (vgl. Bürger 1974; Fähnders 1998) geht sie den umgekehrten Weg der Vereinigung von Kunst und Leben. Künstlerische Hervorbringungen sollen gegenüber anderen Formen der Produktion keinen Vorrang haben. Als selbstreflexive Kunst verspürt sie seismographisch die gesellschaftlichen Veränderungen und nimmt deshalb eine Vorreiterrolle für sich in Anspruch. Diese Rolle lässt sich nur im sozialen Rahmen einer auf Öffentlichkeit zielenden großstädtischen Intellektuellenkultur realisieren, in der das Mehr-Wissen über Gegenwart und Zukunft kommuniziert wird. Avantgardistische Kunst zielt darauf ab, das Neue vorzeitig sichtbar zu machen, indem sie es ästhetisch formt.

In der Moderne wächst die Distanz zwischen Gesellschaft und Künstlern bis zum gegenseitigen Ausschluss von bürgerlicher Lebensweise und ‹wahrem› Künstlertum. In den Jahren nach der Reichsgründung verändern sich die sozialen Grundlagen berufsmäßigen Schreibens. Der leichtere Zugang zur höheren Bildung lässt rasch ein sogenanntes akademisches Proletariat entstehen, aus dem nur derjenige aufsteigt, der sich in den Bereichen durchzusetzen weiß, die über genügend materielle Ressourcen verfügen. Dazu zählen die großen Kulturzeitschriften und das kommerzielle Theater. Der Autorname auf einem Buchumschlag oder Theaterplakat bietet keine Garantie, als Dichter anerkannt zu werden. Die Legitimation der Künstlerexistenz in der Moderne ist prekär, weil ihre Grundlagen einer ständigen Veränderung ausgesetzt sind.

Wenn zu den wesentlichen Kennzeichen der Moderne die *Destruktion* des Alten, Vorangegangenen und die *Innovation*, d. h. die ständige Überbietung des Vorhandenen durch Originalität zählen, dann führt dies zu einer dynamischen Beschleunigung der Kunstprozesse, zu einer raschen Abfolge von literarischen Strömungen, Stilrichtungen und Kurzepochen und zu ständigen Versuchen der Hierarchisierung und gegenseitigen Ausgrenzung.

Kann man dann angesichts der Vielfalt ästhetischer Programme und literarischer Ausdrucksformen überhaupt noch von einer Literatur der Moderne sprechen? Die Frage ist zu bejahen, denn der Zerfall eines einheitlichen Legitimationsraums in hierarchisierte Legitimationsfelder, auf denen die Anerkennung oder Nichtanerkennung von Texten und von schreibenden Individuen als *Dichter* geschieht, ist eines ihrer markanten Kennzeichen. Hinzu kommen weitere grundlegende Merkmale:

- Der Begriff des Werks als eines geschlossenen Ganzen mimetischen Charakters zerfällt allmählich und wird am konsequentesten im Dadaismus (vgl. Richter 1964) negiert. Diese Entwicklung lässt sich an der Lyrik, am Roman und am Drama ebenso beobachten wie an der Überschreitung der Grenzen zwischen den Künsten.
- Die von der Autonomieästhetik der deutschen Klassik entwickelte Vorstellung von der Kunst als einer besonderen Form der Wahrheit muss angesichts der Entwicklung der Natur- und Gesellschaftswissenschaften erheblich modifiziert und relativiert werden. Der Naturalismus z. B. versucht, das naturwissenschaftliche Weltbild auf die Literatur zu übertragen und das Schreiben zu ‹verwissenschaftlichen›. Brecht unternimmt mit dem Historischen Materialismus Vergleichbares.
- Statt auf Wahrheit setzt die Moderne auf die Erweiterung und Verfeinerung subjektiver Wahrnehmung der Außenwelt und menschlichen Psyche: von der minutiösen Beschreibung der Sinneswahrnehmungen und der Zeiterfahrung bis zur Versprachlichung unbewusster Vorgänge.
- Im Zuge der Selbstreflexion wird die Sprache als genuines literarisches Ausdrucksmittel problematisiert. Von der Jahrhundertwende

bis in die Gegenwart wird – mit unterschiedlichen Konsequenzen – die Erfahrung erörtert, dass die in der Gesellschaft üblichen Formen der Rede das *individuelle* Erleben, die *besonderen* Gedanken und Einsichten nicht angemessen wiederzugeben vermögen, ja diese verfälschen. Sie sind gewissermaßen durch die kollektive Nutzung ‹verbraucht› worden. Die Antwort besteht in der Suche nach einer authentischen Ausdrucksweise, für die sich vielfältige Möglichkeiten anbieten: von der ironischen Subversion und dem Sprachspiel über die Schaffung einer Symbolsprache oder die Sprengung der semantischen und syntaktischen Regeln bis zur Erfindung hermetischer Privatsprachen.

Kehren wir nach dieser ersten Annäherung an die literarische Moderne noch einmal zu ihren Anfängen um 1900 zurück. Gegen die Schwellenerfahrung des Zerfalls einer äußerlich dynamischen und sich selbstbewusst gebärdenden, aber innerlich zerfallenen und zutiefst verunsicherten Gesellschaft werden in dieser Zeit konkurrierende Identitätsmodelle, neue Selbstbilder des Künstlers entworfen. In ihnen markiert die Modernität einen Abstand zur Gesellschaft. Die Selbsterhöhung kompensiert zugleich den faktischen Auraverlust der Schriftsteller in der zweiten Hälfte des 19. Jahrhunderts. Die Distanz zu den anderen: den aus der Sicht der Autoren Gewöhnlichen, Mittelmäßigen, Unkünstlerischen, Lebenspraktischen, Angepassten, wird zu einem zentralen, immer wiederkehrenden Motiv der Moderne von Thomas Manns «Tod in Venedig» (1912) bis zu Heinrich Bölls «Ansichten eines Clowns» (1963), von Stefan Georges «Der Herr der Insel» (1894) bis zu Karl Krolows «Robinson» (1958).

Die bisher dargestellten Veränderungen lassen sich auf das Moment legitimatorischer Selbstreflexion zurückführen. Doch wird die eigene künstlerische Praxis nicht radikal in Frage gestellt. Dies ereignet sich um 1910 in heftigen und provokativen programmatischen Äußerungen einer Gruppierung junger Schriftsteller, für die sich die Bezeichnung *Expressionismus* durchsetzt (vgl. Bogner 2005). Wie die expressionistischen Maler und Komponisten wenden sich die Schriftsteller zunehmend von der mimetischen Kunsttradition ab. Sie sind antirealistisch, antinaturalistisch und antisymbolistisch. Das Dargestellte soll nicht auf etwas außerhalb Liegendes oder über sich hinaus Deutendes weisen, sondern seine Bedeutung in sich selbst finden. Das Werk gilt als Ausdruck, als Expression, eines ‹sehenden› kreativen Künstlers, der sich in einem ‹plötzlichen›, manchmal ekstatischen Schaffensakt verwirklicht und sich dabei an die Grenzen des Realen nicht zu halten hat. Der literarische Expressionismus ist vielfältiger und uneinheitlicher als die expressionistische Malerei.

Einige Gemeinsamkeiten der Autoren lassen sich dennoch nennen. Zu ihnen zählt die Schwellenerfahrung, die sich nun als Endzeiterwartung artikuliert, als Sehnsucht nach einer erlösenden Katastrophe, die die verkrustete Gesellschaft und Kultur aufsprengt und die alte Ordnung unter sich begräbt. Die Literatur sucht bewusst den direkten Weg zur Öffentlichkeit durch Manifeste, Appelle und Bekenntnisse und eine Flut neu gegründeter (meist kurzlebiger) Zeitschriften, von denen die «Aktion» (1911–1932) die erfolgreichste ist. Für die Mehrzahl der Expressionisten ist der Habitus des Revoltierenden charakteristisch. Neben der als Generationskampf inszenierten Revolte gegen die Welt der Väter und deren autoritäres Machtverhalten forcieren sie eine Strategie fortgesetzten Tabubruchs. Für ausgegrenzte oder bis dahin nur verhüllt dargestellte Themen wie Sexualität, Verbrechen, Asozialität, Krankheit, Wahnsinn, Krieg, Technik und Großstadt entwickeln sie neue ästhetische Ausdrucksformen. Als innovativ für die deutsche Dichtungssprache erweist sich ihre Revolte im sprachlich-ästhetischen Bereich. Die Durchbrechung der Gattungsgrenzen und die Verstoße gegen die Regeln der Semantik und Syntax erweitern die Ausdrucksmöglichkeiten erheblich.

Der Erste Weltkrieg beendet die Übergangsphase zur Moderne und das, was hier als Schwellenerfahrung beschrieben wurde, auf abrupte und katastrophale Weise. Am Ende des Kriegs entsteht in der deutschen Literatur eine neue Konstellation, die die Weimarer Republik prägt. Der Expressionismus entwickelt sich zwar zu einer bemerkenswerten, meist pazifistischen Antikriegskunst, das Projekt der Revolte und der ästhetischen Destruktion beeindruckt angesichts des Ausmaßes der Zerstörung materieller und ideeller Werte nicht mehr.

Die erste deutsche Demokratie, 1918 gegründet, in deren Bezeichnung als *Weimarer Republik* noch Geist und Größe des literarischen Weimar der deutschen Klassik mitklingen soll, erweist sich von Beginn an als eine zerrissene, widersprüchliche Gesellschaft. Und ebenso zerrissen oder, positiv gewendet, ebenso vielfältig ist ihre Literatur und Kunst. Diese Widersprüche herrschen nicht in einem geregelten Nebeneinander. Sie äußern sich in erbitterten, gewaltsamen, agonalen Auseinandersetzungen, denen sich nur wenige entziehen können und wollen. Der *Kampf* wird zu einem Hauptbegriff auch der Literatur. Nicht zuletzt heißt eines der folgenreichsten Bücher dieser Zeit, verfasst von Adolf Hitler, «Mein Kampf». Aber es finden sich auch Stimmen, die an aufgeklärte, demokratische Traditionen erinnern. Schriftsteller wie Heinrich Mann, Kurt Tucholsky oder Carl von Ossietzky stellen dem Kampf die geistige Auseinandersetzung entgegen und mahnen – vergeblich – die demokratischen Institutionen zur Gegenwehr an.

Die Weiterentwicklung der deutschen Literatur in den 1920er Jahren lässt sich kaum ohne Komplexitätsreduktionen darlegen. Wenn wir noch einmal auf die beiden grundlegenden Momente der Moderne zurückkommen, die Destruktion (des Vorangegangenen) und die Innovation (überbietende Originalität), dann lassen sich erste Veränderungen beobachten. Im Verlauf der 1920er Jahre erscheint nicht wenigen Schriftstellern das Moment der Destruktion zunehmend problematisch zu werden. Bei Thomas Mann, Klaus Mann oder Walter Benjamin finden wir eine ernsthafte, selbstkritische Suche nach Verbindungen zwischen dem Ästhetizismus und der politischen Entwicklung auf der politischen Rechten. Andere wie Bert Brecht verknüpfen das Moment ästhetischer Destruktion mit einer politischen Programmatik im Sinne politisch-sozialer Umwälzungen.

Die Innovation wird an keiner Stelle in Frage gestellt. Im Gegenteil könnte man von einer Fortschrittseuphorie sprechen, die sich aus zwei Quellen speist: der Technikentwicklung, insbesondere der Verkehrs- und Kommunikationsmittel, und der erfolgreichen sozialen Revolution 1917 in Russland. Wir können in der Kunst sowohl einen Amerika- als auch einen Russlandkult beobachten.

Eine entscheidende Veränderung deutet sich im Verhältnis zur gesellschaftlichen Wirklichkeit an. Die Vorkriegsmoderne hatte sich als

Vorreiter, als Avantgarde eines noch nicht existierenden Neuen verstanden. Die Nachkriegsmoderne – und hier in erster Linie jene Richtung, die als *Neue Sachlichkeit* bezeichnet wird – begreift sich nach den Überbietungsversuchen der Dadaisten und Spätexpressionisten als Teil eines schon existierenden Neuen. Die Literatur zeigt, vom Entdeckergeist getragen, demonstrativ auf moderne Entwicklungen, deutet sie positiv und gibt sich bisweilen dem Allerneuesten anheim: Sie ist zeitgemäß. Insofern sprechen wir auch von einer gemäßigten oder *Klassischen Moderne*, die das Bestehende, sofern es das Signum des Modernen trägt, nicht mehr ästhetisch überbieten will.

Ein Brennpunkt des Geschehens ist die Hauptstadt Berlin, die sich in der Weimarer Republik zu einer Weltmetropole entwickelt und Künstler aus ganz Europa, Amerika und Asien anzieht. Hier konzentrieren sich Zeitungen, Theater, Verlage, Galerien usw., die eine berufliche Perspektive bieten. Ein breites kulturelles Umfeld mit Interessen auch für avantgardistische Versuche entsteht. Auf der anderen Seite häufen sich in Berlin die Probleme und Widersprüche der modernen Massengesellschaft von den sozialen Gegensätzen und dem Konkurrenzkampf über urbane Fehlplanungen bis zur Verelendung, Kriminalität und Vereinsamung. Der Abstand der selbstbewussten modernen Großstadt- zur traditionsverhafteten deutschen Provinzkultur nimmt erheblich zu. Die Metropolenkultur beschleunigt den Wandel der ökonomisch-sozialen Lebensbedingungen der Schriftsteller. Die Kommerzialisierung und Kapitalisierung der Literatur schreitet fort. Literatur wird zu einer Ware, es sei denn, man sucht nach alternativen (eingeschränkten) Distributionsformen. Der Berufsschriftsteller, zumal der großstädtische, versorgt den Literaturmarkt und richtet sich nach den Verwertungsbedürfnissen der Verlage, Theater und Zeitungen. Die wirtschaftliche Abhängigkeit wird zu einem Dauerthema der Schriftsteller. Brecht hat sie in einem Prozess über die Verfilmung der «Dreigroschenoper» (1928 uraufgeführt) offenzulegen versucht.

Innerhalb des Literaturbetriebs der Weimarer Republik verschwindet der Typus des ‹Dichters›, der keinen Zusammenhang zwischen der ‹Schöpfung› eines Werks und dem Verkauf sieht. Dieser Typus wird zu einer Randfigur und zur Existenzweise ökonomisch Privilegierter. An seine Stelle rückt der moderne ‹gebrochene› Berufsschriftsteller, der sich ständig mit Abhängigkeiten auseinandersetzen muss. Als Folge dieser Veränderung organisieren sich die Schriftsteller verstärkt, um berufsständische Belange wie Fragen des Copyrights, der Alters- und Krankenversorgung, der Honorare und Verwertung besser vertreten zu können. Die Organisationen spiegeln wiederum die Zerrissenheit der Weimarer Republik wider. So tritt dem wichtigen «Schutzverband Deutscher Schriftsteller» (SDS) nach internen Auseinandersetzungen (1928) der kommunistisch orientierte «Bund Proletarisch-Revolutionärer Schriftsteller» (BPRS) gegenüber.

Trotz des Paragraphen 118 der Weimarer Verfassung, der die Kunstfreiheit garantiert, gelingt es den Gegnern der Republik über Gesetze und Verordnungen (1922: Gesetz zum Schutze der Republik) erneut, eine literarische Zensur durchzusetzen. Die zahlreichen Prozesse gegen Arthur Schnitzlers Drama «Reigen» (1900, uraufgeführt 1921), Johannes R. Bechers Kriegsgedichte (1914) oder die Verfilmung von Erich Maria Remarques Erfolgsroman «Im Westen nichts Neues» (1929) und weitere Werke, die zum Teil mit Gefängnisstrafen wegen «Verunglimpfung des deutschen Soldaten» und ähnlicher Tatbestände geahndet wurden, lassen sich aus heutiger Sicht als Schritte in die Richtung nationalsozialistischer Machtergreifung erkennen. Ein Teil der Auseinandersetzungen ist als Abwehrkampf gegen eine schleichende Entdemokratisierung zu bewerten, in dessen Verlauf eine demokratische Presse auf hohem Niveau entsteht, die von Schriftstellern wie Theodor Wolff oder Carl von Ossietzky geprägt wird.

Die steigende Konkurrenz von Film, Rundfunk und Massenpresse führt auf der einen Seite dazu, dass der Marktanteil von Büchern und Literaturzeitschriften schrumpft. Auf der anderen Seite wachsen den Autoren neue Arbeitsmöglichkeiten als Reporter, Drehbuchschreiber, Rundfunkautoren, Texter für das Kabarett und den Schlager zu, die nicht wenige von ihnen zur Existenzsicherung wahrnehmen.

Fragt man danach, was zeittypisch für die Weimarer Republik war, oder nach dem, was erfolgreich war, oder danach, was bis heute geblieben ist, muss man, bis auf einen schmalen Kanon, jeweils andere Werke und Autoren nennen. Es bietet sich daher an, die wichtigsten literari-

schen Strömungen und ihr Verhältnis zueinander zu skizzieren. Um ein wenig Ordnung in die von fortlaufender Differenzierung und sinkender literarisch-ästhetischer Halbwertzeit charakterisierten Phase zu bringen, hilft ein Blick auf die Generationenfolge. In den 1920er Jahren überlagern sich konkurrierend drei Generationen:
- die zwischen 1860 und 1880 geborenen Schriftsteller der frühen Moderne wie Heinrich und Thomas Mann, Gerhart Hauptmann, Rainer Maria Rilke, Stefan George, Robert Musil oder Hermann Hesse, die mit bemerkenswerten Alterswerken hervortreten;
- die zwischen 1880 und 1900 geborene Alterskohorte der Expressionisten und Dadaisten, von denen nur wenige die Schlachtfelder des Ersten Weltkriegs überlebt haben. Diese Überlebenden betrachten sich als ‹verratene Generation›. Einige wie Alfred Döblin, Ernst Toller, Gottfried Benn oder Bert Brecht finden in ihrer ‹mittleren Schaffensphase› zu einer neuen Schreibweise;
- schließlich die nach 1900 geborene «verlorene Generation», die gegen Ende der Weimarer Republik mit dem Schreiben beginnt (vgl. Mann 1992).

Mit der mittleren Generation lassen sich zwei Strömungen in Verbindung bringen, die wir heute am ehesten als zeittypisch für die Zwischenkriegszeit betrachten: die politisch-ästhetische Avantgarde (vgl. Fähnders 1998) und die Neue Sachlichkeit (vgl. Lethen 1994; Becker 2000). Unter Einfluss des italienischen Futurismus und der russischen Avantgardekunst erweitert sich das Programm einer Revolution *in* der Kunst zum Konzept der Verbindung von politischer Revolution *und* Kunst. Das Ziel besteht darin, eine proletarische Kultur zu schaffen, die eine moderne Kunst auf einer neuen sozialen Grundlage hervorbringt. Gegen Ende der Weimarer Republik gewinnt diese Strömung durch Organisationen wie den BPRS und dessen Zeitschrift «Linkskurve», durch Verlage und Theaterorganisationen an Breite und Einfluss, der sich z.B. in Brechts Lehrstückversuchen und seiner Filmarbeit bemerkbar macht.

Die *Neue Sachlichkeit*, ein Begriff, der sich für die Bildende Kunst und Architektur stärker durchgesetzt hat als für die Literatur, kann man als Reaktion auf die Modernisierung des Lebensalltags von der sozialen

Umschichtung innerhalb der Gruppe der abhängig Beschäftigten zugunsten der Angestellten über die veränderten Geschlechterbeziehungen bis zu den Freizeitgewohnheiten, für die man damals den Begriff der «Zerstreuung» fand, begreifen. Der ordnende, nüchterne Blick auch auf emotionale Bereiche zwischenmenschlichen Verhaltens, das Interesse an technischen Vorgängen in den modernen Produktionsstätten, an Organisationsabläufen in den Bürokratien und an wissenschaftlichen und technischen Pioniertaten, all dies findet eine ästhetische Gestaltung in einer Sprache, die sich durch betonte Sachlichkeit der Fortschrittsmentalität anzupassen sucht.

Die um 1880 einsetzende Entwicklung der literarischen Moderne bricht 1933, im Jahr der Machtergreifung der Nationalsozialisten, nicht einfach ab. Aber sie setzt sich auch nicht auf dem Stand des Erreichten fort. Ein auffälliges Zeichen dafür ist die Tatsache, dass eine surrealistische Literatur, wie sie in Frankreich Ende der 1920er Jahre Furore macht, in Deutschland kein Echo mehr findet. Wirkungs- und verhängnisvoll sind die gewaltsamen Maßnahmen gegen die Moderne. Die Unterdrückung beschränkt sich nicht auf die politische Dimension. Die Kulturpolitik des Nationalsozialismus richtet sich allgemein gegen die Moderne in der Kunst, weil man in ihr eine der Ursachen für den Niedergang Deutschlands sieht. So kann es geschehen, dass auch Mitläufer und politische Sympathisanten des Systems mit Arbeits- und Berufsverbot belegt werden. Während das Jahr 1933 für die Mehrheit der Bürger in Deutschland zunächst keinen dramatischen Einbruch in ihren Lebensalltag zur Folge hatte, sieht dies für zwei Gruppen schon unmittelbar nach dem Reichstagsbrand anders aus: für die politischen Gegner des NS und die Schriftsteller, die zu einer überproportional verfolgten Berufsgruppe zählen. Die systematische Unterdrückung und Vertreibung von Schriftstellern und anderen Künstlern ist in der Geschichte der Neuzeit ohne Beispiel und ereignet sich in einem Land, das sich als Kulturnation mit einer großen literarischen Tradition versteht. Die Mehrzahl der Autoren begibt sich unfreiwillig in ein anderes Land, um dort zwar weiterhin zu schreiben und nach Publikationsmöglichkeiten zu suchen, aber um letztlich auf eine rasche Rückkehr in die Heimat zu warten (vgl. Stephan 1979). Deshalb sprechen wir von einer

Literatur des Exils im Unterschied zur seltenen, illegal verbreiteten *Literatur des Widerstands* der innerhalb Deutschlands wirkenden NS-Gegner. In Deutschland verbleiben bis auf wenige Ausnahmen nur zweit- und drittrangige Schriftsteller (vgl. Schnell 1998). Das Exil darf aber nicht als heroischer Exodus einer Gemeinschaft aufrechter, verantwortungsbewusster Intellektueller missverstanden werden. Es war eine gewaltsam erzwungene Situation, deren katastrophale Folgen bald sichtbar wurden. Man kann unterschiedliche Phasen des Exils unterscheiden:

- das ‹Warten an der Grenze› (1933–1935/36),
- Resignation und Erwartung eines langen Exils (1936–1939),
- äußere und innere Desorientierung (1939–1941/42),
- das direkte oder indirekte Engagement für die Gastländer und gegen das NS-Regime im Krieg (1942–1945).

In diese Phase fällt die Gründung zweier für die Nachkriegsentwicklung wichtiger Organisationen, des «Nationalkomitees Freies Deutschland» 1943 in der Sowjetunion und des «Council for a Democratic Germany» 1944 in den USA, jeweils unter führender Beteiligung deutscher Schriftsteller. In allen Phasen gelingt es unter großen Schwierigkeiten in einigen Exilländern wie den Niederlanden, der Tschechoslowakei, Frankreich, der Sowjetunion, den USA und Mexiko ein Publikationsnetz mit Verlagen und Zeitschriften in deutscher Sprache aufzubauen. In den Unternehmungen spiegeln sich immer noch die Literaturverhältnisse der Weimarer Republik wider. Es entstehen erstens unabhängige Unternehmungen aus eigener Kraft oder mit Hilfe ausländischer Unterstützer wie Klaus Manns berühmte Amsterdamer Zeitschrift «Die Sammlung». Zweitens werden Unternehmungen der kommunistisch orientierten Schriftsteller in Moskau und Paris aufgebaut. Und drittens kommt es rasch zur Gründung jüdischer Unternehmungen vor allem in den USA und in Palästina.

Diese Netzwerke, die im Verlauf des Zweiten Weltkriegs immer wieder zerreißen, bieten Publikations- und Kommunikationsmöglichkeiten in einem eingeschränkten Maß.

Es ist nicht leicht, die Folgen des Exils zu beurteilen. Im Sinne der Weiterentwicklung und Ausdifferenzierung der Moderne und der Ausschöpfung ihrer Potentiale bedeutet es Diskontinuität und Stagnation.

Ihrer wesentlichen Grundlagen beraubt, fällt die deutsche Literatur gegenüber der internationalen Entwicklung zurück. Das zeigt sich rasch nach 1945 in der Dominanz der französischen und amerikanischen Dramatik und Erzählprosa. Eine Weiterentwicklung gelingt Bert Brecht mit seinen während des Exils geschriebenen großen Theaterstücken wie «Mutter Courage» und dem erfolgreichen Konzept des epischen Theaters. In ihm bewahrt er avantgardistische Momente auf, führt sie jedoch im Blick auf die veränderte gesellschaftliche, kulturelle und mediale Situation weiter. Ein eigenes Profil prägt sich in den groß angelegten Epochenromanen des Exils wie Heinrich Manns «Die Jugend des Königs Henri Quatre» (1935) und «Die Vollendung des Königs Henri Quatre» (1938), Thomas Manns «Joseph und seine Brüder» (1933–1943) und «Doktor Faustus» (1947) sowie Lion Feuchtwangers Josephus-Trilogie (1932–1945) aus. Sie finden zu einer Form literarischen Erinnerns, die in der Nachkriegsliteratur bei Uwe Johnson («Jahrestage») und Peter Weiss («Ästhetik des Widerstands») weiterentwickelt wird.

Wie gestaltet sich die Literaturentwicklung im nationalsozialistischen Deutschland? (Vgl. Ketelsen 1994, 2. Aufl.) Für die in Deutschland bleibenden Schriftsteller bedeutet 1933 keinen Einschnitt. Was wir als völkisch-nationale, faschistische oder konservativ-revolutionäre Literatur bezeichnen, existierte schon vorher. Auch die Mehrzahl der Erfolgsbücher des Dritten Reichs von Hermann Löns bis Ina Seidel wurde zwischen 1900 und 1933 geschrieben, und sie erfreuten sich auch nach 1945 weiterhin großer Beliebtheit. Am 28. Februar 1933 erlassen die Nationalsozialisten ein Gesetz «zum Schutze der Nation», in dem die zukünftige Kulturpolitik festgelegt wird. Darin heißt es: «Wer es unternimmt, deutsches Volkstum und deutsche Kulturgüter, insbesondere deutsche Sitten und Gebräuche zu verfälschen oder zu zersetzen oder fremdrassigen Einflüssen auszuliefern, wird wegen Kulturverrats […] mit Zuchthaus bestraft.» Eine erste gewaltsame Aktion stellen die öffentlichen Bücherverbrennungen vom 10. Mai 1933 dar. Sie sind jedoch nur die spektakuläre Außenseite einer systematischen Unterdrückung und Verfolgung demokratischer Schriftsteller, ihrer Organisationen, Verlage und Zeitschriften. Die Maßnahmen reichen von der Verhaftung und Einsperrung über Schreib- und Publikationsverbote bis zur totalen

Kontrolle des Buchhandels und der Bibliotheken. Sie werden sowohl von der NSDAP als auch von staatlichen Institutionen durchgeführt und zielen auf eine Neustrukturierung des Literaturbetriebs ab. Organisatorisches Zentrum ist die «Reichs-Schrifttums-Kammer», eine berufsständische Zwangsorganisation, die Produktion, Distribution und Rezeption steuert und kontrolliert: von Schreibverbot und Schreibvorschriften, von der Überprüfung von Lexika, Kalendern und Groschenheften über Buchwerbung und die Vergabe von Literaturpreisen bis zur Organisation von Lesereisen (vgl. Barbian 1993). In diesem System erhalten antimoderne Strömungen wie die sogenannte völkisch-nationale Literatur und die regionale Heimatliteratur eine bevorzugte Förderung. Die unterhaltende Massenliteratur, in der Weimarer Republik immer wieder Ziel antiintellektueller und antisemitischer Angriffe der Nationalsozialisten, gewinnt nach ihrer Anpassung während der Zeit des Faschismus deutlich an Boden. Die Erweiterung des Berufsfelds der Schriftsteller in die Richtung der neuen Medien Film, Rundfunk und Schallplatte setzt sich fort. Für die Anpassungsbereiten und mehr noch für die Protagonisten einer Literatur der «nationalen Wiedergeburt» im Geiste des Nationalsozialismus verbessern sich die Existenzbedingungen gegenüber der Weimarer Republik deutlich. Der Bedarf an Propaganda ist enorm und wächst noch mit Beginn des Kriegs. Im Verlauf der nationalsozialistischen Herrschaft suchen einige Schriftsteller aus unterschiedlichen Gründen die Distanz zu dessen Kernideologien, ohne sich offen gegen den NS-Staat zu stellen. Darüber, ob man diese Haltung als *innere Emigration* bezeichnen kann, ist nach der Niederlage und dem Zusammenbruch des Nationalsozialismus erbittert debattiert worden (vgl. Schnell 1998).

Die NS-Diktatur hatte tiefgreifende strukturelle Veränderungen im Literatursystem durchgesetzt, die auch nach 1945 noch anhielten. Vor 1933 führten literarische Konkurrenzkämpfe zu einer weiteren Ausdifferenzierung des Literatursystems. Das NS-Regime erzwang durch gewaltsame Interventionen, Steuerung und Kontrolle die kulturelle Vorherrschaft, um zu verhindern, dass der literarische Raum sich dysfunktional zum Herrschaftssystem verhält. Die Auseinandersetzungen um kulturelle Hegemonie setzen sich nach 1945 unter veränderten politischen Bedingungen auf unterschiedlichen Ebenen fort: im jeweiligen Anspruch der nach der deutschen Teilung 1949 gegründeten Staaten BRD und DDR auf Alleinvertretung auch im kulturellen Bereich, in der Durchsetzung einer einheitlichen sozialistischen Kultur in der DDR und in Auseinandersetzungen über die politische Rolle der Literatur in der BRD in den 1950er und 1960er Jahren.

2. Literaturtheorie

Wenn Wissenschaften über ihre Gegenstände, Methoden, Praktiken und die Reichweite und Grenzen ihrer Ergebnisse systematisch nachdenken, entstehen Theorien. Das ist in der Germanistik nicht anders als in der Soziologie oder Physik. Studierende richten sehr unterschiedliche Erwartungen an die in ihrem Fach kursierenden Theorien. Die einen suchen einen Wegweiser durch den unübersichtlichen Dschungel der ‹Baustelle Germanistik›; viele erhoffen sich konkrete Anregungen und Hilfen für ihre Referate und schriftlichen Arbeiten; einige wenige, die sich schon in einem der Theoriegebäude eingerichtet haben, suchen die kritische Auseinandersetzung; und noch andere haben bei der ersten Begegnung mit der Theorie nun endlich einen Grund gefunden, das Ganze hinzuwerfen. Dieses Kapitel soll den Bedürfnissen nach *Orientierung*, *Systematik* und *Debatte* gerecht werden, die aufzukommen pflegen, nachdem man sich das Grundlagenwissen erfolgreich angeeignet hat.

Was ist Literatur?

Theorie operiert nicht mit Gegenständen, sondern mit Begriffen. Beginnen wir mit dem *Begriff* Literatur, der so selbstverständlich als Bestandteil des Kompositums Literaturtheorie auftaucht. Er ist alles andere als eindeutig. Wir verwenden ihn alltagssprachlich und fachwissenschaftlich, weit und eng, präzise und vage. Germanistikprofessoren haben vor 50 Jahren nur ungern von Literatur gesprochen. Sie bevorzugten die Begriffe *Dichtung* oder *Poesie*. Die Nationalsozialisten hatten gar versucht, den Literaturbegriff als angeblichen Ausdruck einer ‹undeutschen Kultur› aus dem Sprachgebrauch zu verdrängen. Aber kann man auf etwas ein Theoriegebäude errichten, von dem man nicht genau weiß, was es denn eigentlich ist?

Der erste Schritt muss also zu einer Verständigung über eine plausible Definition von Literatur führen. Wenn wir das unternehmen, betreiben wir schon Theorie, indem wir einen Gegenstand der Analyse bestimmen bzw. ein *Objekt konstituieren.*

Historisch betrachtet weist der Begriff auf das Geschriebene, auf die *litteratura* der römischen Antike zurück. Dazu zählte auch die Dichtung. Vor allem meinte Literatur Geschichtsschreibung, Philosophie, Rhetorik, Wissenschaft und Recht. Litteratura bezeichnet hier ganz allgemein die mit der Durchsetzung der *Schrift* möglich gewordene Form der Wissensüberlieferung – im Unterschied z. B. zu einer anderen Form, der *pictura*, dem Bild. Eine deutliche Spezifizierung setzt – nach interessanten Zwischenstufen im Mittelalter und in der Frühen Neuzeit – erst im 18. Jahrhundert ein. Die frühaufklärerische Bezeichnung «Schöne Wissenschaften» sortiert die Texte in zwei Gruppen und scheidet die naturwissenschaftliche, medizinische, juristische Literatur aus. Zu dieser Entwicklung gehört die in Frankreich gebräuchliche Bezeichnung *belles-lettres*, mit der in erster Linie epische, dramatische und lyrische Texte gemeint sind. Die deutsche Übersetzung *Schöne Literatur* setzt sich in der verkürzten Form *Literatur* allmählich im ersten Drittel des 19. Jahrhunderts durch. Sie konkurriert aber weiterhin mit *Dichtung* und *Poesie*.

Zuvor hatte sich in Deutschland eine besondere Verwendungsweise eingebürgert, die sich bis heute in eingeschränkter Form erhalten hat. «Literatur» wird mit *Bibliographie* gleichgesetzt, weshalb wir die Tautologie *Primärliteratur* verwenden und Juristen oder Mediziner in ihren Veröffentlichungen von «Benutzter Literatur» reden dürfen, ohne einen Roman oder ein Gedicht gelesen zu haben.

Der Gebrauch wird einheitlicher und zugleich normativer, als in den 30er Jahren des 19. Jahrhunderts die Projekte einer Geschichte der deutschen Literatur beginnen (vgl. Fohrmann 1989). Ein wichtiges Ereignis für die Durchsetzung des Begriffs ist Georg Gottfried Gervinus' «Geschichte der poetischen Nationalliteratur der Deutschen», deren erster Band 1835 erscheint. Allerdings selektieren und bewerten die zahlreichen Literaturgeschichten – wie sie nun genannt werden – die überlieferten Texte vom «Hildebrandtslied» bis zu Goethe und Schiller, ohne ausdrücklich ihren jeweiligen Literaturbegriff zu reflektieren. Sie bilden faktisch einen *Kanon* deutscher *Literatur* heraus, deren Definition variiert.

Die Situation ändert sich im letzten Drittel des 19. Jahrhunderts, als die *Germanistik* als akademische, universitäre Disziplin entsteht. Sie ist aus zwei Gründen genötigt, ihren Gegenstand zu definieren:
- im Sinne des Legitimierungszwangs *moderner Wissenschaften*, Untersuchungsobjekt und Untersuchungsmethoden nachprüfbar darzulegen;
- zum Nachweis ihrer kulturellen Leistung für eine sie subventionierende Gesellschaft.

Hier nun beginnen die zahlreichen Versuche einer systematischen Begriffs- und Gegenstandsbestimmung der Literatur, die bis heute andauern. 1930 schreibt der Heidelberger Germanist Friedrich Gundolf in seinem Buch über die Romantiker:

«Es ist bei uns üblich, den Begriff Dichter auf jeden Erfinder von Geschichten anzuwenden und Menschenschilderung mit Menschengestaltung zu verwechseln. Die Antike und die romanische Welt, auch die Engländer, unterscheiden hier genauer. Sie verstehen unter einem Dichter nur denjenigen, der in gehobenem Ton und durch diesen unmittelbar sein eigenes Leben ausdrückt oder neues heraufhebt, vergegenwärtigt, nicht denjenigen, der seine Beobachtungen eigenen oder fremden Lebens in erfahrenen oder erfundenen Gegebenheiten berichtet. Der Erzähler kann ein Weiser, ein Seelenkündiger, ein Fabulierer, ein Richter oder ein Unterhalter sein: all das macht nicht das Wesen des Dichters aus: dessen Kennzeichen sind Sprachweihe, das heißt: der echte Vers und unmittelbar als Sprache vergegenwärtigte, erschaffene Schau von Menschen und Dingen.» (1930, 347)

Solche Behauptungen sind eine indirekte Antwort auf den Prestigegewinn der Naturwissenschaften seit der Jahrhundertwende. Gundolf weicht den Schwachpunkten der Germanistik aus, indem er weder bei dem *Gegenstand* noch bei den *Methoden* ansetzt. Auf diesen Gebieten ließen sich die konkurrierenden Wissenschaften nicht mehr überbieten. Deshalb argumentiert er *geisteswissenschaftlich* vom gebildeten Menschen her und bindet das Prestige der Literaturwissenschaft an die von ihm behauptete Bedeutung ‹echter› Dichtergestalten.

Einer der führenden geisteswissenschaftlich forschenden Germanisten dieser Zeit, Julius Petersen, argumentiert in seinem einflussreichen Buch «Die Wissenschaft von der Dichtung» vergleichbar, wenn auch pragmatischer:

«Der Dichter, dessen dämonische Phantasie in der Zauberkraft neuer Ausdrucksprägung ihre Befreiung findet, bleibt Schöpfer, auch wo er Literatur schreibt. Dem fingerfertigen Literaten dagegen kann nie eine wirkliche Dichtung glücken, so geschäftig er sich um die Form bemühen mag. Die Werke des Literaten kommen deshalb für die Literaturgeschichte nur als Literatur zweiten Ranges, als Nachahmungen oder Gegenbeispiele wirklicher Dichtung in Betracht; die Werke des Dichters aber, auch wenn sie keine Dichtungen sind, verdienen um des Verfassers willen in der Dichtergeschichte ihren Platz.» (1939, 65 f.)

Auch hier erfolgt die wissenschaftliche Objektkonstituierung über eine *Zuschreibung sozialen Prestiges* an bestimmte Gruppen von ‹Textproduzenten›, die Dichter, und den Ausschluss anderer Gruppen. Voraussetzung ist die *Mystifizierung* des Schreibprozesses zu einem *Akt der Schöpfung*, dessen Ergebnis, das Werk, andere geistige Produkte an Wahrheit überbiete. Mit Gundolf und Petersen haben wir zwei Varianten des Literaturbegriffs kennengelernt, wie er von der Jahrhundertwende bis in die 1960er Jahre mit Modifikationen in der Germanistik vorherrschte.

Man könnte sagen, dass dieser Literaturbegriff einer vergangenen Epoche der Germanistik angehört. Dies trifft jedoch aus mehreren Gründen nicht zu:
- Die mystifizierende Vorstellung über Dichtung und den besonderen Status der Dichter wirken auch heute im Alltagswissen fort.
- Sie begegnen im Studium auf Schritt und Tritt in der älteren Sekundärliteratur, deren Forschungsertrag im Übrigen trotz dieser Voraussetzungen erheblich sein kann.
- Sie strukturieren einen großen Teil der Werke, mit denen wir umgehen, nicht unwesentlich.

Heute bewegt sich der in der Germanistik gebräuchliche Literaturbegriff auf einem ‹weiten Feld› zwischen zwei Polen:
- einer von der strukturalen Sprachwissenschaft in der Nachfolge Ferdinand Saussures beeinflussten *Texttheorie* auf der einen Seite,
- einer die besonderen Ausdrucksformen der Literatur betrachtenden *poetologischen Theorie* auf der anderen Seite.

Als Beispiel für einen texttheoretischen Ansatz sei die Definition der Literatur aus Jürgen Links 1974 erschienenen «Literaturwissenschaftlichen Grundbegriffen» zitiert:

«Als literarische Rede definieren wir die Menge aller Texte, zu deren wichtigsten Textkonstituenten (im kleinen und/oder großen) literarische Verfremdungen gehören. Die literarische Rede stellt [...] ein *sekundäres semiologisches System* dar, da ihre Elemente primär bereits Zeichen eines linguistischen Systems sind. Daraus ergibt sich eine entsprechend komplexe Struktur der literarischen Rede.» (1974, 102)

Für den poetologischen Ansatz soll ein kurzer Abschnitt aus Peter Szondis wegweisendem Aufsatz «Über philologische Erkenntnis» genügen:

«Kein Kunstwerk behauptet, daß es unvergleichbar ist [...], wohl aber verlangt es, daß es nicht verglichen werde. Dieses Verlangen gehört als Absolutheitsanspruch zum Charakter eines jeden Kunstwerks, das ein Ganzes, ein Mikrokosmos sein will, und die Literaturwissenschaft darf sich nicht einfach darüber hinwegsetzen, wenn ihr Vorgehen ihrem Gegenstand angemessen, das heißt wissenschaftlich sein soll. [...] Die Literaturwissenschaft darf nicht vergessen, daß sie eine Kunstwissenschaft ist; sie sollte ihre Methodik aus einer Analyse des dichterischen Vorgangs gewinnen; sie kann wirkliche Erkenntnis nur von der Versenkung in die Werke, in die ‹Logik ihres Produziertseins› erhoffen.» (1970, 23, 33 f.)

Die Bandbreite des Literaturbegriffs, mit dem die Germanistik operiert, ist bis zur Unvereinbarkeit groß. Aus diesem Grund hat es wiederholt Vorschläge gegeben, die Grundsatzfrage zugunsten eines praktischen, offenen Literaturbegriffs zu vernachlässigen, der die Hauptarbeitsfelder der Germanistik, die Werkinterpretation bzw. Textanalyse und die Literaturgeschichtsschreibung, plausibel umschreibt. Der bekannteste Versuch ist Helmut Kreuzers «empirischer Literaturbegriff» (1975), der sich gegen jede dogmatische Verengung und gegen linguistische ahistorische Definitionen zugleich richtet. Kreuzer möchte all jene Texte als Gegenstand der Literaturwissenschaft zulassen, die historisch nachweisbar innerhalb einer bestimmten Epoche als Literatur gegolten haben: von den Liedern Walther von der Vogelweides bis zu Jerry-Cotton-Heften.

Es ist an der Zeit, aus dem Gesagten eine erste Schlussfolgerung im Blick auf die Literaturtheorie zu ziehen. Diese fällt ein wenig enttäuschend aus:
- Eine allgemeingültige, konsensfähige Definition des Gegenstandes unseres Fachs, der Literatur, ist auch heute nicht in Sicht. Wenn das Gegenteil behauptet wird, sollte man misstrauisch sein.

Aus dieser ersten Schlussfolgerung ergeben sich für die Literaturtheorie der Gegenwart zwei konträre und dennoch produktive Optionen:
- Die Literaturtheorie entwickelt einen historisch und systematisch-analytisch konsensfähigen und plausiblen Literaturbegriff, der wiederum das Feld der Germanistik abzustecken hilft.
- Die Literaturtheorie gibt die Suche nach einem homogenen, einheitlichen Literaturbegriff auf. Dafür untersucht sie historisch und systematisch jene sprachlichen und soziokulturellen Elemente und Regeln, die bestimmte Texte zu einer bestimmten Zeit in der Gesellschaft als Literatur zu kommunizieren erlauben – und zwar anhand der Texte selbst, bei den Autoren, in der soziokulturellen Kommunikation und nicht zuletzt anhand der Literaturwissenschaft und der konkurrierenden Literaturtheorien.

Formen des Wissens über Literatur

Nach einem Blick auf den Begriff der Literatur wenden wir uns dem zweiten Bestandteil des Kompositums, der *Theorie*, zu. Abweichend von der bisherigen Darstellung werden wir nicht mit Definitionen von Theorie beginnen und uns solche ebenso wenig aus philosophischen Handbüchern borgen. Stattdessen soll zunächst eine Reihe von *Aufgaben* genannt werden, die Literaturtheorien übernommen haben oder in Zukunft noch übernehmen könnten.
- Die ersten Aufgaben haben wir schon kennengelernt, nämlich die ordnende, begriffsschärfende *Definition* von Literatur und die *Konstituierung des Gegenstandes* der germanistischen Literaturwissenschaft.
- Der Begriff der Literaturtheorie taucht ebenso im Zusammenhang mit den Regeln systematischer Analyse literarischer Texte auf, bezeichnet also auch die *Methoden* literaturwissenschaftlicher Praxis.
- Die Literaturtheorie gilt zudem als Ort der Reflexion über die Besonderheit von Literatur (und Kunst), also eher als *Ästhetik* und damit als philosophische Disziplin.

- Daneben existiert eine Tradition, Literaturtheorie als programmatischen Teil der Literatur im Sinne einer *Poetik* zu behandeln.
- Ein von ästhetischen und poetologischen Theorien abweichendes Verständnis haben *linguistische Texttheorien*, in denen Literatur als eine Sonderform sprachlicher Äußerung beschrieben wird.

Jede der genannten Tätigkeiten trägt ein unterschiedliches Moment von Theoriebildung in sich, weil sie, ausgehend von Einzelbeobachtungen, zu Aussagen allgemeinerer Gültigkeit fortschreiten. Man könnte sie im Sinne der ersten Option gegeneinander abwägen, um schrittweise zu einer Literaturtheorie mit einem umfassenden Wahrheits- und Geltungsanspruch zu gelangen. Dies nicht zu tun bedeutet deshalb nicht schon, der Beliebigkeit das Wort zu reden. Manchmal ist es in der Wissenschaft hilfreich, den bisherigen Fragehorizont zu überschreiten, wenn es ein schwieriges Problem zu lösen gilt. Statt also weiter nach einem Fundament zu suchen, werden wir nun zunächst in historischer Perspektive danach fragen, in welchen Abstraktionsformen, Redeweisen und Institutionen das *Wissen* über Literatur archiviert, systematisiert, legitimiert, überliefert und kommuniziert wurde und wird.

Seit der griechischen Antike haben sich sehr unterschiedliche Formen, Diskurse und Institutionen herausgebildet, deren Vorhandensein und deren geschichtlicher Wandel die Vielfalt und die Unterschiede heutiger Literaturtheorien erklären hilft. Von der Antike – an erster Stelle ist Aristoteles (384–322 v. Chr.) zu nennen, den man gelegentlich konsultieren sollte – bis zur Frühaufklärung des 18. Jahrhunderts wird das Wissen über Literatur von Dichtern und Gelehrten in der *Poetik* und der *Rhetorik* entwickelt und überliefert.

Mit der Poetik zu beginnen mag als Umweg erscheinen. Aber mit Aristoteles haben wir einen Philosophen vor uns, der in seiner «Poetik» grundlegende Aussagen über Literatur formuliert hat. Die antiken Poetiken, von denen die des Aristoteles im heutigen Germanistikstudium immer noch gelesen wird und die von Horaz («Ars poetica») zumindest zur Kenntnis genommen werden sollte, enthalten in der Form *normativer* Deskription und *Regelkodifizierung* Aussagen über die Rolle und Funktion des Autors und das Schreiben; sie bestimmen das Verhältnis zu anderen Künsten und den Nichtkünsten wie bestimmten hand-

werklichen Tätigkeiten und beschreiben oft sehr genau die Beziehung zwischen sprachlich-literarischen Mitteln der einzelnen Gattungen und deren Wirkungen beim Zuschauer, Zuhörer und Leser. Poetiken sind *Lehrbücher* in einem doppelten Sinn:
- Sie gehen davon aus, dass das in ihnen tradierte Wissen über Literatur *lehrbar* und *erlernbar* ist – wie jede ‹Kunst› (griechisch: *techne*) auch.
- Sie nehmen eine Auswahl und damit eine Abstraktion vor, indem sie das Wissen durch ‹meisterhafte› Beispiele dokumentieren, die sich zu einem Lehr-*Kanon* verfestigen.

Die Bedeutung literarischen Wissens wie des Wissens über Kunst überhaupt wächst in der Renaissance und im Humanismus der frühen Neuzeit an, wie man am Zuschnitt von Werken wie Julius Caesar Scaligers einflussreichen «Poetices libri septem» (1561) ablesen kann. Sie vermitteln eine nun sozial hoch gewertete literarische Bildung als sprachliche Fähigkeit des *Dichtens* (bei vielen Gelegenheiten des Alltagslebens) und als *Geschmacksnorm*.

In Deutschland erscheinen Poetiken wie überall in Europa in der Sprache der Gelehrten und Gebildeten, in Latein. Deshalb ist Martin Opitz' 1624 in Breslau veröffentlichtes «Buch von der deutschen Poeterey» nicht allein literaturgeschichtlich, sondern auch für die Entwicklung der Literaturtheorie ein wichtiges Ereignis. Es entdeckt und propagiert wie zahlreiche andere in seiner Nachfolge erscheinende Poetiken (Harsdörffer, von Zesen, von Birken) Deutsch als Literatursprache und überträgt das von den antiken und humanistischen Poetiken überlieferte Wissen auf die deutsche Literatur: ein Wissen über Gattungen, Stil, Verslehre usw., das noch heute im Germanistikstudium in modifizierter Form als Basiswissen gelehrt wird. Dem Autorbild der Barockpoetiken entspricht der «poeta doctus», der gelehrte Dichter bzw. Dichtergelehrte, der souverän über die Tradition verfügt und ihr Repertoire situationsgemäß zu kombinieren weiß. Auch Johann Christoph Gottscheds «Critische Dichtung» aus dem Jahre 1730 verfährt noch normativ, wenngleich sie das tradierte Literaturwissen reflektiert und im Sinne der Aufklärung einer Revision unterzieht. Aber auch hier erscheint Literatur als ein Teil des «gelehrten» Wissens, dessen Beherrschung den *Geschmack* des aufgeklärten Bürgers befördert (vgl. Markwardt 1937–1967; Wiegmann 1977; Dyck, 2. Aufl. 1969).

Poetiken konnten so lange den Rahmen theoretischer Reflexionen über Literatur abgeben, wie das Dichten als erlernbar und damit die Werke als vom Produktionsvorgang her *entschlüsselbar* galten. Mit dem Wandel des Autorbildes und des Werkbegriffs im Laufe des 18. Jahrhunderts verschwinden diese beiden Voraussetzungen. Ein Dichter, der Genialität und Originalität für sich beansprucht, lässt sich durch Regelpoetiken nicht mehr begreifen und möchte auch nicht an ihnen gemessen werden. Ein auf Vieldeutigkeit und Einzigartigkeit hin entworfenes Werk entzieht sich der ‹technischen› Beschreibung. Da sich das neue Literaturverständnis spätestens mit der Weimarer Klassik als herrschendes Paradigma in Deutschland durchgesetzt hat, werden Poetiken überflüssig. Sie verlieren an Wert und Bindungskraft. Die theoretische Reflexion muss unter den neuen Voraussetzungen die traditionellen Poetiken überbieten.

- Die *philosophische Ästhetik* (Kant, Hegel) bildete sich heraus, die als theoretische Grundlegung der Kunst das poetische Regelwissen nicht mehr tradiert und es nur noch am Rande berücksichtigt.
- In der Romantik setzt sich die *philosophische Hermeneutik* (Schleiermacher) durch, die sich dem neuen Problem der *individuellen Interpretationsbedürftigkeit* der Werke stellt.

Dazwischen – auf mittlerem Abstraktionsniveau sowie in kritischer Übernahme poetologischen Basiswissens und der hermeneutischen *ars critica* – entsteht die *Philologie* als moderne Textwissenschaft. Die Modernitätsschübe des 18. Jahrhunderts bewirken eine Ausdifferenzierung der Theorien über Literatur, die uns noch heute geläufig ist und auf die neueren Literaturtheorien immer wieder zurückkommen:

Ästhetik, Hermeneutik und Philologie stellen konkurrierende Theoriekonstrukte mit unterschiedlichen Zielen, aber mit dem gleichen *hohen Geltungsanspruch* dar. Worin bestanden die Ursachen für diesen Wandel? Entscheidend waren, neben sozialen, ökonomischen und politischen Veränderungen, die Auswirkungen des neuen Wissens über das *Subjekt* auf das Dichterbild. Das anthropologische, historische, soziale, politische und psychologische Wissen erlaubte es, mit dem Dichter, seinem Werk und sogar seinem Leser Vorstellungen von Genialität, Originalität, Freiheit und Autonomie zu verbinden, die den Zeitgenossen plausibel erschienen. Damit konnte in der Gesellschaft um 1800 eine Subjektposition entstehen, in der sich verschiedene Individualitätskonzepte kreuzten und zu einer Sozialfigur von geradezu symbolischer Bedeutung verbanden: dem *freien Schriftsteller*.

Das Ergebnis der Entwicklung der deutschen Literatur im 18. Jahrhundert besteht nicht zuletzt darin, dass sie einen Ausdifferenzierungsgrad und das Wissen über sie einen Komplexitätsgrad erreicht, der die traditionellen Poetiken sprengt und neue Theorieformen über Literatur entstehen lässt.

Bevor wir uns diesen neuen Formen zuwenden, sollte noch ein Blick auf die *Rhetorik* geworfen werden. Sie ist von der Poetik nicht zu trennen, weil das vormoderne Literatursystem die *Rede* neben das Drama oder die Geschichtsschreibung stellte. Es liegt in der Natur der Sache, dass die Rhetorik in erster Linie jenes Wissen systematisierte und überlieferte, das mit der *Wirkung* von Texten zu tun hat. Sie ist insbesondere am Zusammenhang zwischen sprachlich-stilistischen Mitteln und deren Effekten interessiert. Seit der Antike (Cicero und Quintilian) weiß man, dass *ästhetisches Wohlgefallen* Redeabsichten verstärken kann. Deshalb enthalten Rhetoriken nicht nur Darstellungen der Argumentationsstrukturen, der *topoi* (Allgemeinplätze), sondern ebenso des ‹Sprachschmucks› *(ornatus)*, dessen sich die anderen Gattungen der Literatur ebenfalls bedienen. Ein Beispiel sind Theophrasts «Charaktere», menschliche Grundtypen mit Fehlverhalten. Die Rhetorik nimmt seit dem Mittelalter und noch verstärkt im 17. bis ins 19. Jahrhundert hinein eine zentrale Stellung im Bildungswesen ein, deren Nachklang wir in den «Schlüsselqualifikationen» des Bachelorstudiengangs vernehmen können. In dieser Konstellation ist sie der Poesie übergeordnet. Die Redefähigkeit nach den Regeln der Kunst ist vor allem im 17. Jahrhundert ein Teil des kultivierten Lebensstils wie später die empfindsame Roman- oder die romantische Gedichtlektüre. Über rhetorisches Wissen theoretisch und praktisch zu verfügen gehört zum Persönlichkeitsideal der Gebildetenschicht. Ein Teil ihrer Wissensbestände gilt am Ausgang des 18. Jahrhunderts wie bei der Poetik aus den dargestellten

Gründen als trivial. Innerhalb der neuen Wissenskonstellation scheinen beide kaum theoriefähig zu sein. Sie verlieren ihren sozialen Wert. So entwickeln die Schriftsteller des Sturm und Drang gegen die ‹kalte›, berechnende Rhetorik eine «Sprache des Herzens». Als berühmtestes Beispiel für diesen Wandel gilt Goethes «Die Leiden des jungen Werthers», in dem die Natur und eine von der Künstlichkeit der Rhetorik freie Sprache die ästhetische Wirkung begründen.

Wir schließen damit den Rückblick auf die Frühformen literaturtheoretischen Wissens ab, nicht ohne darauf hinzuweisen, dass ein Blick in die eine oder andere Poetik und Rhetorik lehrreich und vergnüglich sein kann (Lausberg 1960; Ueding/Steinbrink 1986; Barner 1970; Bornscheuer 1976).

Ästhetik – Philosophie der Kunst

Die philosophische Ästhetik des 18. Jahrhunderts übertrifft Poetik und Rhetorik rasch an Autorität, obwohl sie sich zu Beginn noch eng an deren Wissen orientiert. Die neuen Ästhetiken von Baumgarten über Kant bis zu Hegel – und dann von Hegel über Nietzsche bis zu Georg Lukács und Theodor W. Adorno – systematisieren, reflektieren und kodifizieren mit einem umfassenden *Wahrheitsanspruch* das Wissen über die *Künste*, die *Künstler* und den *Geschmack* zu einer «Philosophie der Kunst» (G. F. W. Hegel).

Bei Friedrich Schiller wird, wie wenig später bei den Romantikern Friedrich Schlegel und Friedrich Wilhelm Schelling, das aktuelle Bedürfnis nach einer umfassenden philosophischen Grundlegung und Legitimierung der Literatur deutlich. Diese Autoren orientieren sich nicht mehr an der Poetik und Rhetorik, sondern an den zeitgenössischen philosophischen Diskursen. Sie erkunden die Möglichkeiten literarischer Erneuerungen und möchten zugleich überhistorische, allgemeingültige Normen für die Literatur gewinnen. Im Zentrum ihrer Bemühungen steht der Nachweis der *Einzigartigkeit* und *Unersetzbarkeit* der Literatur. Das führt nebenbei dazu, dass das gesamte System der

Künste im Blick auf diesen Nachweis geprüft und bereinigt wird. Die Philosophie der Kunst vollzieht und rechtfertigt die Abgrenzung der Literatur gegenüber anderen Praxis- und Kommunikationsformen und stabilisiert den im 18. Jahrhundert entstandenen Sektor, der nun emphatisch das «Reich der Kunst» genannt wird. An Schillers Schriften lässt sich beobachten, dass nun drei Bereiche als legitimierende Instanzen in Funktion treten:

- die Literatur selbst, auf die Schiller sich induktiv bezieht;
- die Philosophie (und bestimmte Wissenschaften wie die Historiographie, die Anthropologie, die Seelenkunde u.a.), deren er sich deduktiv bedient;
- der Lebensalltag, oder enger das geistig-kulturelle Leben, der als Erfahrungsraum genutzt wird.

Literaturtheorie bezieht sich systematisch auf diese Instanzen, welche die Ästhetik ihrem Denken zugrunde gelegt hat. Deshalb ist der Rückblick darauf unverzichtbar. Noch heute findet man Literaturtheorien, die sich einseitig an einer der drei Instanzen orientieren, und andere, die eine Kombination bevorzugen.

Mit diesem Hinweis verlassen wir die Ästhetik. Es übersteigt die Möglichkeiten einer Einführung, ihre Geschichte oder ihre Grundkategorien darzustellen, das ist schon an anderer Stelle geleistet worden (vgl. Plumpe 1993; Oelmüller 1981). Zusammenfassend sollen fünf Aspekte genannt werden, die zeigen, auf welche Weise das Wissen über Literatur in der Moderne überliefert wird:

- Die Ästhetik oder Philosophie der Kunst ordnet das System der Künste neu und reduziert es folgenreich (vgl. Plumpe 1993, I, 26ff.) auf die Trias von Dichtung, Musik und Bildender Kunst. Aus den Künsten wird *die* Kunst (im Singular).
- Sie schafft eine anthropologische Grundlage, indem sie die den Menschen gegebenen Möglichkeiten zur Herstellung und Wahrnehmung von Kunst systematisch untersucht.
- Sie entwirft das Bild eines besonderen Subjekts, des Künstlers, der als Produzent bzw. Rezipient Träger und Repräsentant der anthropologischen Grundfähigkeit ist.
- Auf diese Weise erhöht die Ästhetik den Status des unter den ge-

nannten Bedingungen Geschriebenen, indem sie es als eine spezifische Form der Wahrheit nachzuweisen sucht, es mit der Idee des Schönen identifiziert und ihm eine ethische Qualität (das Gute), d. h. die Fähigkeit zur Wandlung oder Verwandlung des Bösen in das Gute, des Profanen in das Sakrale und des Hässlichen in das Schöne zuspricht. «Dem Wahren, Guten und Schönen»: Damit ziert man bis ins 20. Jahrhundert hinein Gebäude, die allein der Kunst dienen sollen wie Theater oder Opernhäuser.

- Schließlich erklärt die Ästhetik in einer Tradition, die von der Frühromantik bis zur Existentialontologie Heideggers reicht, die Dichtung zu einer einzigartigen menschlichen Äußerungsform, in der das ‹Unsagbare› Gestalt findet sowie kommuniziert und überliefert werden kann.

Was will die Germanistik über Literatur wissen?

Eine Literatur, die sich in einem hohen Maß ausdifferenziert und individualisiert präsentiert, erfordert zu ihrem Verständnis ein Wissen, über das selbst der gebildete Leser nicht immer verfügt. Schon im 18. Jahrhundert meldet sich ein Stellvertreter zu Wort, der *Literaturkritiker*, der den entstehenden Graben zu überbrücken sucht. Er übernimmt eine Tätigkeit, die bisher nur bei theologischen und juristischen Texten vonnöten war: die *Interpretation*. Neben ihn tritt – ebenfalls nicht zufällig zu Beginn des 19. Jahrhunderts – eine Spezies, die sich frühere Gesellschaften nur schwerlich hätten vorstellen können: spezialisierte Textwissenschaftler, die sich ausschließlich mit dem Lesen und Bewerten, dem Archivieren und Bewahren (durch Bibliotheken und Editionen), der Kanonisierung (durch Literaturgeschichtsschreibung) und der Kommentierung von Literatur beschäftigen. Die Institutionalisierung dieser Tätigkeiten – im deutschsprachigen Raum an den Universitäten – führt zu wissenschaftlich geregelten Zugangsweisen, den *Methoden* der Literaturwissenschaften. Im 19. Jahrhundert entstehen zunächst die *geisteswissenschaftliche* (der sog. Dilthey-Schule) und die *positivistische Methode* (der sog. Scherer-Schule), benannt nach ihren jeweiligen Begründern.

Durch die institutionalisierte Beschäftigung mit der Literatur verändert sich die Position der Leser kanonisierter Literatur. Ihre individuelle Lesart tritt in der öffentlichen Kommunikation hinter den verbindlichen, mit Wissensautorität ausgestatteten Interpretationsanspruch von Wissenschaft, Literaturkritik und Schule zurück. Die Mehrheit der Leser und Leserinnen greift ohnehin zu literarischen Werken, die wenig interpretationsbedürftig sind und unter dem Verdikt des Trivialen oder Unkünstlerischen von den Institutionen ignoriert werden. Diese Leser verlassen sich auf das in den unterschiedlichen sozialen Schichten und Milieus vorhandene *elementare Alltagswissen* darüber, was Kunst und was schön ist. Die Germanistik entfernt sich – dies beginnt im 19. Jahrhundert – von solchem Alltagswissen durch eine Spezialisierung in zwei Bereichen:

- Das Wissen über historische *Kontexte* ordnet sie in einer *Geschichte der deutschen Literatur*. Damit trägt sie der Idee eines autonomen ‹Reichs der Dichtung› Rechnung, dessen Geschichte nun eigens erzählt wird.
- Das Wissen über die Texte wird in der *Philologie* zusammengetragen und systematisiert. Die Philologie – als Deutsche Philologie bezeichnet sie sich in Abgrenzung zur Klassischen Philologie – möchte die Überlieferung der Schriftdokumente und mündlicher Formen wie Märchen, Sagen und Volkslieder durch die Wiederherstellung sogenannter authentischer (Ur-)Texte und den Nachweis der entdeckten Varianten sichern und durch Kommentare wieder lesbar machen. Dazu trägt sie biographisches, historisches sprachkritisches und literaturgeschichtliches Wissen zusammen. Das Ziel ist erreicht, wenn das Werk durch eine autorisierte Interpretation lesbar geworden ist.

Literaturtheorien oder Methoden?

Unter germanistischen Methoden versteht man wissenschaftlich geregelte Zugangsweisen zur Literatur. Sie stellen eine professionelle Form der Lektüre und Interpretation dar. So lernt man schon zu Beginn des Germanistikstudiums, dass man in einer Hausarbeit nicht eine beliebige Ausgabe eines literarischen Werks benutzen bzw. zitieren darf. Es gibt bearbeitete oder gekürzte Fassungen, die einer wissenschaftlichen Interpretation die Grundlage entziehen. Die Literaturwissenschaft hat historisch-kritische Ausgaben herausgegeben, die neben der Textrekonstruktion einen Kommentar enthalten, in dem der Leser über Zeit, Anlass und Umstände der Entstehung, über Handschriften, Druckversionen, Quellen und Einflüsse informiert wird. Kommentare gibt es natürlich auch zu einzelnen Werken. Professionelle Interpreten verwenden dieses Wissen, um auf einer durch Fakten gesicherten Basis zu interpretieren. Fehlt diese, müssen die erforderlichen Informationen systematisch zusammengetragen werden. Ebenso beherrschen sie grundlegende Methoden der Gattungsinterpretation, z. B. Methoden der Erzählanalyse (von der Beschreibung der Erzählperspektive bis zur Zeitgestaltung in der Prosa) oder Lyrikanalyse (der Verslehre z. B.).

Man kann diese Methoden bündeln und unter einem bestimmten Erkenntnisinteresse akzentuieren und etikettieren. Gutzen u.a. (1989) haben in ihrer vielbenutzten «Einführung in die neuere deutsche Literaturwissenschaft» die wichtigsten Methodenbündelungen seit dem Ausgang des 19. Jahrhunderts nach einem groben Raster benannt und beschrieben, wobei Überschneidungen und Kombinationen die Regel sind:

- Dichterbiographie und das Wissen über die Werkentstehung stehen im Zentrum des Interesses der *positivistischen* Literaturwissenschaft.
- Geistige Ideen, Probleme und ästhetische Ausdrucksformen einer bestimmten Epoche stehen im Mittelpunkt der *geistesgeschichtlichen* Methode.
- Inhalt und innere Bauformen des einzelnen Werkes bestimmen das Interesse der *werkimmanenten Interpretation.*

- Das Verhältnis von Kunst und Gesellschaft bestimmt die *sozialgeschichtliche* und *marxistische* Literaturwissenschaft, die Anteile des Unbewussten am künstlerischen Schaffensprozess und am Werk die *psychoanalytische* Methode.

In den zahlreichen Einführungen zur Germanistik finden sich recht unterschiedliche Anordnungen der Methoden der Interpretation. Sie folgen entweder der geschichtlichen Entwicklung des Fachs (vgl. Rosenberg 1981) oder systematischen Gesichtspunkten. Ihre Brauchbarkeit lässt sich daran messen, inwieweit sie die Selbstreflexion der Germanistik über die literatur-, gesellschafts- und wissenschaftstheoretischen Voraussetzungen der jeweiligen Methoden zur Kenntnis nehmen.

Seit den 1990er Jahren rücken die Methoden der Interpretation in den Hintergrund. Im Vordergrund steht das Bemühen, literaturwissenschaftliche Methoden sowie das Wissen und Kontextwissen über Literatur selbstreflexiv mit bestimmten grundlegenderen philosophischen bzw. wissenschaftstheoretischen Ansätzen von Michel Foucault über Pierre Bourdieu bis zu Niklas Luhmann und schließlich der neueren Hermeneutik und der Historischen Anthropologie in Verbindung zu bringen, um sie zu einem *literaturtheoretischen Konzept* weiterzuentwickeln. Durch die literaturtheoretische Fundierung erlangt die Literaturwissenschaft eine größere Reichweite und ist nicht mehr gezwungen, fachspezifische Einzelprobleme jeweils grundsätzlich abzuhandeln. Die Verbindung schafft kontrollierte und kontrollierbare Rahmenbedingungen. Ebenfalls befördert und verstärkt werden *interdisziplinäre* Forschungen, wie man am Beispiel der Gendertheorien oder der Diskursanalyse konkret beobachten kann. Anstelle des in den 1970er Jahren beklagten Methodenpluralismus der Germanistik finden wir heute unterschiedliche literaturtheoretische Programme, die ihre jeweiligen interpretatorischen Leistungen und damit auch ihre methodischen Möglichkeiten und Grenzen ständig überprüfen. Solche Programme werden nun unter den Benennungen, die sich durchgesetzt haben, in drei größeren Einheiten gebündelt dargestellt.

Hermeneutik

Die Methoden hermeneutischer Textauslegung zeichnen sich durch eine lange Tradition aus, die bis in die Auslegungspraxis des römischen Rechts und die theologische Exegese Heiliger Schriften zurückreicht. Hermeneutische Methoden sind die Antwort auf die Tatsache, dass der ‹Buchstabensinn› nur eine untere bzw. eingeschränkte Stufe des *Verstehens* darstellt und jeder doppelsinnige linguistische Ausdruck wie das Symbol, die Metapher oder die Ironie «nach Interpretation verlangt» (Ricœur 1974, 21). Die Bedeutung einer Aussage lässt sich meist nicht unmittelbar aus dem Wortlaut erschließen. Sämtliche Methoden der Interpretation, einschließlich der sich als antihermeneutisch begreifenden, umfassen hermeneutische Problemstellungen und Verstehensverfahren.

Konzentrieren wir uns nun auf die literaturwissenschaftliche Hermeneutik. Diese geht von einer inneren ‹Fülle› literarischer Werke aus, d.h. von unterschiedlichen *Sinnebenen* oder *Sinnschichten*, die sich in einer Tiefendimension unter der Textoberfläche befinden und durch *Interpretation* freigelegt werden können. Ein relativ einfacher Fall ist die biographische Sinnschicht in den Werken Franz Kafkas. Die neuere literaturwissenschaftliche Hermeneutik sieht in der Regel drei Schritte der ‹Sinnentnahme› vor:

- die Reflexion über eine mögliche Doppeldeutigkeit oder Vielschichtigkeit,
- die Rekonstruktion der ‹Botschaft› des Textes als Kern der Interpretation,
- schließlich die Kritik des Textes und seiner Verschlüsselungsverfahren.

So geht Hans-Georg Gadamer, der 1960 mit seinem Buch «Wahrheit und Methode» eine einflussreiche philosophische Grundlegung der Hermeneutik vorgelegt hat, im Blick auf den ersten Schritt davon aus, dass «wir nach dem genauen, dem ‹richtigen› Text oder Wortlaut» nur dann fragen, wenn «das Verständnis eines Geschriebenen oder Gesagten strittig ist» (1986, 6). Der zweite Schritt ist für Gadamer wesentlich, weil er von einer Differenz zwischen ‹Geist› und ‹Schrift› ausgeht. Letztere ist defizitär, weil sie wichtige, am Ursprung der Aussage präsente Anteile wie situative, emotionale und eben geistige Dimensionen nicht sichtbar überliefert. Da aber gerade diese Anteile die Sinnfülle ausmachen, müssen sie mit Hilfe der Interpretation wieder sichtbar gemacht werden. «Insofern bedeutet Lesen und Verstehen, daß die Kunde auf ihre ursprüngliche Authentizität zurückgeführt wird» (1984, 39). Literatur nehme jedoch einen besonderen Status ein. Ihr gelänge vermittels ihrer ästhetischen Mittel die Überlieferung ihrer Ursprünge annähernd oder vollständig. Der Philosoph Martin Heidegger, ein akademischer Lehrer Gadamers, hat dies so ausgedrückt: «Zwar gebraucht auch der Dichter das Wort, aber nicht so wie die gewöhnlich Redenden und Schreibenden die Worte verbrauchen müssen, sondern so, daß das Wort erst wahrhaft ein Wort wird und bleibt» (1977, 33). Ein ‹verbrauchtes Wort› muss zwar ebenfalls ‹verstanden› werden, aber in ihm findet sich keine ‹Sinnfülle›. Die hermeneutische Interpretation von Literatur geht davon aus, dass in wahren Kunstwerken etwas ‹im Wort wirkt›, das nicht mit dem Geschriebenen identisch ist. Das ‹Wort› bildet eine Einheit von Unsagbarem, Sagbarem und Gesagtem/Geschriebenem, deren Bedeutung wir uns durch einen nicht abreißenden Prozess des Interpretierens annähern, ohne sie *begrifflich* fassen zu können. «[...] Auslegung ist wesenhaft und untrennbar mit dem dichterischen Text selbst verbunden, gerade weil er nie durch Umsetzung in einen Begriff auszuschöpfen ist» (Gadamer 1986, 6). Für Gadamer bildet die Interpretation literarischer Werke, die wir aus seiner Sicht nicht dazu ‹überreden› wollen, dies oder das zu ‹bedeuten›, sondern um deren ursprüngliche ‹Botschaft› wir uns bemühen, ein allgemeingültiges anthropologisches Modell:

«So ist die Fähigkeit des Verstehens eine grundlegende Ausstattung des Menschen, die sein Zusammenleben mit anderen trägt und insbesondere auf dem Wege über die Sprache und das Miteinander des Gesprächs vonstatten geht. Insofern ist der universale Anspruch der Hermeneutik außer allem Zweifel.» (1984, 24)

Diesen Anspruch hat Jürgen Habermas, ohne die hermeneutische Grundstruktur in Frage zu stellen, als unhistorisch kritisiert. Damit wären wir beim dritten Schritt, der Kritik der Texte und ihrer Darstellungsverfahren. Habermas rückt das lesende und interpretierende Subjekt mit seinen konkreten Interessen und Bedürfnissen in den Vordergrund, das sich nicht dem Sinnangebot ausliefert, sondern stets auch kritisch Stellung bezieht (1968, 1973). In der Germanistik entwickelten sich auf dieser Grundlage in den 1970er Jahren weitverbreitete *ideologiekritische Methoden* der Interpretation (vgl. Mecklenburg 1972).

Auch die *Rezeptionstheorie* und *-geschichte* (vgl. Jauß 1967) verdankt sich einer doppelten Revision der Hermeneutik Gadamers. Wie Habermas verweist sie mit Nachdruck auf den geschichtlichen Wandel der Wirkung literarischer Werke – und damit auf das Erfordernis einer literaturhistorischen Wirkungsforschung – und auf die Unmöglichkeit, einen ursprünglichen Sinn zu rekonstruieren. Stattdessen lenkt sie den Blick auf den Leser und dessen unterschiedliche Aneignung literarischer Werke. Damit kehrt sie, trotz des Perspektivenwechsels von der Produktion zur Rezeption, zum Begründer der geisteswissenschaftlichen Methode, Wilhelm Dilthey, zurück. Dieser hatte die Interpretation des einzelnen Kunstwerks als Beitrag zur Erschließung eines größeren historischen Zusammenhangs, ja in der Gesamtheit geisteswissenschaftlicher Forschung als Zugang zur «geschichtlichen Welt» und ihren Entwicklungsgesetzen verstanden.

Vom Strukturalismus zum Poststrukturalismus

Im Laufe des Germanistikstudiums wird von einigen ‹turns›, also grundsätzlichen Richtungsänderungen der Fachentwicklung, die Rede sein, z.B. dem ‹cultural› oder dem ‹pictorial turn›. Eine Richtungsänderung hat sich in den 1960er Jahren tatsächlich ereignet: der *linguistic turn*. Damit ist gemeint, dass von einem gewissen Zeitpunkt an die Sprache in der Tradition der strukturalen, funktionalen Linguistik Ferdinand Saussures (1967) zum Ausgangspunkt und Ziel auch der Analyse literarischer Werke und kultureller Artefakte gemacht worden ist. Die Linguistik sieht ihre Hauptaufgabe in der Konstruktion eines formalisierten Beschreibungssystems der Sprache und der Sprachverwendung. Saussure betrachtet die Sprache als *Träger* von Bedeutung, der selbst kein genuiner Sinn innewohnt. In seinem «Cours des linguistique général» (erschienen 1916) geht er von sprachlichen Zeichen (unterschiedlicher Ordnungen wie dem Lautzeichen, dem Wort, dem Satz) aus, die arbiträr (d. h. willkürlich) mit Bedeutung belegt werden können. Ihre Bedeutung ‹wohnt› nicht in ihrer graphemischen oder lautlichen Gestalt, sondern sie ergibt sich aus der Differenz und der Beziehung zu anderen Zeichen innerhalb eines geschlossenen Systems. Verteilung und Positionierung innerhalb dieses Systems lassen sich als *Struktur*, d. h. als ein regelhaftes Ordnungssystem, beschreiben. Ein einfaches Beispiel aus der Phonologie ist das Phänomen maximaler Bedeutungsdifferenz bei minimaler lautlicher Veränderung: **F**ische – **T**ische – T**u**sche – T**a**sche – **L**asche usw. Bedeutung ist aus dieser Sicht eine *Funktion* sprachlicher Zeichen und nicht ihre Substanz. Saussure unterscheidet folgenreich für die strukturalistischen Literaturanalysen zwischen dem universellen Sprachsystem *(langue)* und dem konkreten Sprechakt *(parole)*. Anders als die historische Sprachwissenschaft, die primär an der Erforschung der *Diachronie*, d. h. Transformationen der Sprache von den Ursprüngen bis zur Gegenwart, arbeitet, konzentriert Saussure seine Untersuchungen auf die *Synchronie*, also die Struktur und Funktion der Sprache unter der Bedingung der Gleichzeitigkeit. Auf der Ebene der Synchronie lassen sich zwei Grundoperationen beobachten, die zugleich zwei unterschiedliche Relationstypen bedingen: die *paradigmatische* der Ersetzung eines Elements durch ein anderes (z. B. des unbestimmten Artikels ‹ein› durch den bestimmten ‹der›), das sich in einer Äquivalenzbeziehung zu dem in der Äußerung jeweils abwesenden Element befindet, und die syntagmatische der Verknüpfung der in der Äußerung anwesenden Elemente zu einer Folgebeziehung (z. B. der Pluralform des Subjekts und des Prädikats).

Strukturalistische Methoden spielen außerhalb der Linguistik vor allem in der Ethnologie und Anthropologie eine wichtige Rolle (vgl. Lévi-Strauss 1977). In der Literaturwissenschaft finden sich die Grundzüge der strukturalen Linguistik in unterschiedlicher Anwendung wieder, am unmittelbarsten noch bei Roman Jakobson (1978), für den die Poetik einen Teil der Linguistik darstellt und der deshalb die poetische Funktion von Sprache als eine besondere Form der Sprachverwendung zu erfassen sucht, den *Russischen Formalismus* (vgl. Striedter 1969), der das System literarisch-sprachlicher Mittel im Blick auf die Form literarischer Werke untersuchte, bei Roland Barthes in seiner Untersuchung der «Mythen des Alltags» (dt. 1964) und in der strukturalistischen Erzähltheorie und Forschung (Tzvetan Todorov, Julia Kristeva, Gérard Genette), die heute als *Narratologie* zum Grundbestand literaturwissenschaftlicher Prosaanalyse zählt.

Poststrukturalismus ist ein gebräuchlich gewordener Hilfsbegriff für unterschiedliche literaturwissenschaftliche Richtungen ‹nach dem Strukturalismus›, von denen drei, die Diskursanalyse, die Dekonstruktion und die systemtheoretische Literaturwissenschaft, dargestellt werden sollen. Er profitierte von der Analogie zum Begriffspaar Moderne–Postmoderne, durch das eine vergleichbare Beziehung zum Ausdruck gebracht wird: die Kritik und Negation der Grundannahmen, ohne hinter den erreichten Stand zurückzugehen.

Auf einer allgemeineren Ebene setzt sich der Poststrukturalismus mit der ahistorischen Vorgehensweise des Strukturalismus auseinander und wendet sich – unter Anwendung strukturalistischer Methoden – den evolutionären Dimensionen von Literatur zu. Eng damit zusammen hängt die Zurückweisung des ‹Szientismus›, d.h. des Anspruchs des Strukturalismus auf Objektivität und Wahrheit. Am Anfang der «strukturalistischen Tätigkeit» (Roland Barthes) standen die Reduktion des Gegenstandes auf das empirisch Beleg- und Formalisierbare und die Definition eindeutiger Begriffe. Im Poststrukturalismus werden hingegen Begriffe wie *Sprache* im Sinne einer Wissenschafts- und Wissenskritik (Epistemologie) auf ihre vielfältigen und komplexen Voraussetzungen hin befragt und zugleich in Frage gestellt: *dekonstruiert*. Aus der Sicht der Poststrukturalisten ist, wie Michel Foucault in einer Diskussion mit Noam Chomsky, dem Begründer der *Generativen Grammatik*, hervorhob, die Sprache nicht rational steuer- und kontrollierbar, sondern ereignishaft und kontingent und eben nicht auf Kognition, mentale Strukturen oder zerebrale Funktionen zu reduzieren (Foucault 2002). Selbstverständlichkeiten werden in Problemstellungen umformuliert, wie sich an der Verwendung des Begriffs des *Autors* in strukturalistischen und poststrukturalistischen Kontexten anschaulich nachvollziehen lässt. Während Roland Barthes in seiner strukturalistischen Phase vom «Tod des Autors» spricht, weil sich die Textstrukturen unabhängig von dessen (realer) Existenz vollständig beschreiben ließen, fragt Foucault wenig später: «Was ist ein Autor?» – nicht um einen überwundenen Dichterbegriff und der biographischen Methode des Positivismus wieder zur Anerkennung zu verhelfen, sondern um umfassend zu erkunden, warum «es in einer Zivilisation wie der unseren eine bestimmte Anzahl von Diskursen gibt, die die ‹Autor›-Funktion aufweisen, während andere sie nicht aufweisen» (2003, 245).

Diskursanalyse

Die literaturwissenschaftliche Diskursanalyse hat sich in der Germanistik oder von ihr ausgehend in drei Richtungen entwickelt: in eine semiotisch orientierte *Interdiskursanalyse* (vgl. Link 1988), eine medien- und kulturtheoretische Richtung (vgl. Kittler 1995), die sich gegenwärtig als *Poetologie des Wissens* (vgl. Vogl 1999) präsentiert, und die *Historische Diskursanalyse* der Literatur (vgl. Bogdal, 2. Aufl. 2007). Gemeinsam ist ihnen der Rückgriff auf die epochemachenden Arbeiten des französischen Philosophen Michel Foucault, in denen er in Auseinandersetzung mit Marx, Nietzsche, Freud, Heidegger, der Phänomenologie und dem Strukturalismus eine Theorie der Zusammenhangskonstruktion in systematischer und historischer Absicht entwirft. *Archäologie* und *Genealogie des Wissens*, so lauteten bewusst die antiquierten Bezeichnungen seiner Methoden, suchen die in den Geisteswissenschaften klaffende Kluft zwischen der Geschichte der ‹Wörter› und der ‹Dinge› (Foucault, «Les mots et les choses», 1966) zu schließen. Diesem Werk und vor allem der «Archäologie des Wissens» (1969), der «Ordnung des Diskurses» (1971) sowie den «Schriften zur Literatur» (2003) entnimmt die Literaturwissenschaft wichtige thematische und methodische Anregungen.

Foucaults Untersuchung ist strikt auf die ‹Materialität› der Texte gerichtet. Sie ist antihermeneutisch, insofern die Vorstellung einer ursprünglichen oder eigentlichen Bedeutung unterhalb der ‹Textoberfläche› abgewiesen wird. Die Diskursanalyse untersucht umfassend, d. h. synchron und diachron, die Möglichkeitsbedingungen von «Aussagen».

«Die Aussagenanalyse ist also eine historische Analyse, die sich außerhalb jeder Interpretation hält: sie fragt die gesagten Dinge nicht nach dem, was sie verbergen, [...] nach dem Nicht-Gesagten [...]. Sondern umgekehrt, auf welche Weise sie existieren, was es für sie heißt, manifestiert worden zu sein, Spuren hinterlassen zu haben und vielleicht für eine eventuelle Wiederverwendung zu verbleiben.» (Foucault 1973, 159)

Die untersuchten Dokumente erhalten jedoch im Fall der Dichtung (zunächst) keinen besonderen Status, der sie gegenüber anderen privilegieren würde. Sie gelten als Elemente von Diskursen (z. B. über Sexualität), deren Zusammenhang erst in der Analyse festgestellt wird. Diskurse ordnen nach Foucault unser Wissen durch Einschließung und Ausgrenzung, durch Verteilung auf einem Feld vom Zentrum bis zum Rande, durch bestimmte Repräsentationsformen von der Wissenschaft bis zur Literatur nicht zuletzt durch diskursive Praktiken (z. B. des unterschiedlichen Umgangs mit Schlagertexten und Gedichten der Hochkultur). Als Elemente eines Diskurses übersteigen Texte – und damit auch literarische Werke – die Bedeutung, die nach strukturalistischer Lehre aus ihrer sprachlichen Funktion resultiert, hin zur lebensweltlichen Praxis. «Dieses *mehr* macht sie irreduzibel auf das Sprechen und die Sprache» (Foucault 1973, 74). An diesem «Mehr» ist die Diskursanalyse vor allem interessiert, genauer an den historisch rekonstruierbaren, konkreten diskursiven Praktiken und Wissensordnungen, die Texte in dieser und keiner anderen Form und zu keinem anderen Zeitpunkt als literarische Werke erscheinen lassen.

Dekonstruktion

Dekonstruktive Methoden, zunächst entstanden im Zuge der radikalen Kritik des französischen Philosophen Jacques Derrida (1972) an der

Metaphysik und deren Suche nach Anworten auf die ‹letzten Fragen›, dann übernommen und zugespitzt zu einer Theorie der ‹Unlesbarkeit der Texte› vom amerikanischen Literaturwissenschaftler Paul de Man (1988), gelangen nach Deutschland in einer Variante, in der werkimmanente Methode und Hermeneutikkritik eine überraschende Verbindung eingegangen sind (vgl. Menke 2005; Zima 1994). Ihr antihermeneutischer Impetus ist beträchtlich, insofern die Dekonstruktion der hermeneutischen Theorie des Verstehens (und damit der Überwindung von Verstehenshindernissen im Prozess der Lektüre) eine Theorie der unabwendbaren Fehldeutung entgegensetzt, die der literarische Text selbst in seinem Inneren durch seine Form produziert.

Hermeneutische Lektüren gehen davon aus, dass Texte etwas repräsentieren, das ihnen vorausgeht: das Denken eines produzierenden und die Realität wahrnehmenden Subjekts. Auch die Dichtung geht dem Werk voraus, wie Gadamer stets betont hat. Sonst müsste sie nicht interpretiert werden. Die Interpretationen unterliegen zwar Veränderungen, die durch die subjektive Perspektive der Interpreten und den historischen Wandel bedingt sind, nicht jedoch Werk und Dichtung. Der literaturwissenschaftliche Dekonstruktivismus lehnt die Idee einer vorangehenden Bedeutung, die zudem noch überliefert werden kann, radikal ab. Texte sind für ihn Zeichen im Sinne des *linguistic turn*, die auf nichts als andere Zeichen innerhalb eines Systems verweisen. Aber im Unterschied zum Strukturalismus bestreitet die Dekonstruktion, dass die im System funktional erzeugte Bedeutung jemals gegenwärtig ist. Sie kann immer nur nachträglich und niemals endgültig festgestellt werden. Deshalb gibt es auch keine Botschaft, die von einem Autor mittels eines Werks an den Leser weitergegeben werden könnte, sondern nur die «Schrift», die in dekonstruktiver Lesart in ihrem Inneren durch ihre eigenen Strategien und unbewussten Brüche die Uneindeutigkeit/Mehrdeutigkeit selbst inszeniert. Es ist diese interne Heterogenität der Texte, die unterschiedliche *Lektüren* (so das Synonym für Interpretationen in dekonstruktiven Ansätzen) erlaubt.

Systemtheoretische Literaturwissenschaft

Die Systemtheoretische Literaturwissenschaft schließt unmittelbar an die Theorie der Gesellschaft des Bielefelder Soziologen Niklas Luhmann an, wie er sie in seinem grundlegenden Werk «Soziale Systeme» (1984) dargelegt und in «Die Kunst der Gesellschaft» (1995) auf das «System Kunst» übertragen hat. Eine basale Unterscheidung trifft Luhmann zwischen *sozialen Systemen*, die sich durch Kommunikationen und Handlungen herausbilden, und *psychischen Systemen*, unter denen er die Individuen und ihre Fähigkeit zur Wahrnehmung, zum Denken und zur Imagination versteht, sofern sie nicht als Personen mit Handlungsrollen Teil des Sozialen sind. Beide «Systeme» sind geschlossen und erhalten sich durch innere Regeln, durch Autopoesis, wie Luhmann diesen Vorgang nennt. Sie gehören jeweils zur Umwelt des anderen, das heißt, dass sie aus der ‹Umwelt› Elemente auswählen und ihrem System nach bestimmten Regeln, mit denen sich Luhmann detailliert beschäftigt hat, angepasst werden. «Systeme» reagieren danach auf Störungen oder Komplexitätssteigerungen, die sie aufzuheben drohen, mit einer funktionalen Differenzierung z. B. des sozialen Systems in Subsysteme wie Recht, Wirtschaft, Wissenschaft und Kunst. Die Differenzierung gehorcht einem binären Kode, durch den die spezifischen Zuständigkeiten, Luhmann spricht von Leistungen, geregelt werden: z. B. dem Kode schön–hässlich im Teilsystem Kunst (vgl. Schwanitz 1990). In historischer Dimension stellt Luhmann eine grobe Abfolge der Differenzierungstypen sozialer Systeme vor und unterscheidet zwischen vormodernen segmentären (auf Verwandtschaftsstrukturen beruhenden), stratifikatorischen (hierarchisch geschlossenen) und modernen funktionalen Gesellschaften, die sich in einem Zustand beschleunigter Ausdifferenzierung befinden.

Dieser Teil der Systemtheorie ist zur Beschreibung der Literaturentwicklung angewendet worden, und zwar sowohl für die Beobachtung des Übergangs von der Vormoderne zur Moderne im 18. Jahrhundert (vgl. Schmidt 1989) als auch für die Entwicklung der Literatur in der Moderne (vgl. Plumpe 1995). Eine andere, stärker an Fragen der Wirkung der Literatur interessierte Richtung geht von der Systemunterscheidung zwischen Kommunikation (Soziales) und Bewusstsein (Individuum) aus und versucht, die Beziehung beider mit Hilfe konstruktivistischer Konzepte (vgl. Scheffer 1992) empirisch zu erfassen. Vor dem Hintergrund der Autopoesisthese bestreitet diese Richtung, dass die Literaturwissenschaft empirisch nachprüfbare Aussagen über den Text und das verstehende Individuum zu treffen vermag. Der Wissenschaftler rückt in eine Beobachterposition, von der aus er das einzig zuverlässige Material sammelt und ordnet: die unterschiedlichen Interpretationen der Leser von Literatur oder die kollektiven Vorstellungen über sie, die in der Gesellschaft zirkulieren. Im Sinne des Konstruktivismus löst ein literarisches Werk einen Reiz aus, der eine interpretierende Tätigkeit des Individuums in Gang setzt und zu einem Resultat führt.

Der *Empirische Konstruktivismus* ist vor allem an den emotionalen Verläufen und kognitiven Operationen interessiert, durch die ein Leser Sinn konstruiert. Für ihn stellt die Interpretation keine Auslegung eines Werks im Sinne der Hermeneutik, sondern eine Zuschreibung von Bedeutung dar.

Kulturwissenschaftliche Literaturtheorien

Mit dem Terminus *Kulturwissenschaften* begegnet uns ein Sammelbegriff, der neuerdings organisatorische Einheiten der Universität (Fächer, Fachbereiche, Forschungsbereiche) bezeichnet und hier als semantische Innovation mit älteren Sammelbegriffen wie *Geisteswissenschaften* oder *Gesellschaftswissenschaften* konkurriert. Diese werden wiederum von den Naturwissenschaften, technischen Wissenschaften usw. abgegrenzt und können auf dieser allgemeinen Ebene Fächer von der Soziologie über die Pädagogik und Geschichtswissenschaft bis zu den Fremdsprachenphilologien und der Germanistik umfassen.

Daneben taucht die *Kulturwissenschaft* seit den 1990er Jahren als interdisziplinär angelegtes Fach auf, das sich meist am Zuschnitt der anglo-amerikanischen *Cultural Studies* orientiert (vgl. Böhme u. a. 2000; Fauser 2003). Cultural Studies haben vor allem die Beschränkung der

Geisteswissenschaften auf die Hochkultur zugunsten der Beschäftigung mit der Alltagskultur durchbrochen.

Schließlich setzt sich im gleichen Zeitraum die Vorstellung einer «Literaturwissenschaft als Kulturwissenschaft» (Schößler 2006) durch. Dahinter verbergen sich unterschiedliche Ansätze, die weniger an einer begriffsscharfen Theorie der Literatur als an einer Verbindung von Beschreibungsmethoden komplexer kultureller Phänomene interessiert sind. Sie vereint die Hinwendung von der Zeichenwelt der Texte zu den Dingen, die nun wiederum als Zeichen einer Kultur ‹gelesen› werden. Die Aufmerksamkeit wuchs, als in der Ethnologie und Anthropologie (vgl. Geertz 1983) und in den Geschichtswissenschaften (vgl. White 1986) literaturwissenschaftliche Methoden mit erheblichem Erkenntnisgewinn angewendet wurden. Kulturwissenschaften setzen unter veränderten theoretischen Voraussetzungen einen Ansatz fort, der in den 1970er Jahren unter der Bezeichnung *Sozialgeschichte der Literatur* in der Germanistik vorherrschend war, da sie ebenso wie diese «radikal mit der Vorstellung eines autonomen Kunstwerks jenseits sozialer Kontexte brechen» (Schößler 2006, IX). Während die «Sozialgeschichte» die jeweiligen Beziehungen zweier (oder mehrerer) Ordnungen – der Sozialordnung und der Literatur, der Wirtschaftsordnung und der Literatur, der politischen Ordnung und der Literatur – betrachtete, gehen die Kulturwissenschaften themen- oder problemorientiert vor, indem sie z. B. Geschlechterverhältnisse, Gedächtnisformen oder Rituale quer durch alle gesellschaftlichen Bereiche untersuchen. Neben der Diskursanalyse Foucaults hat die Theorie des literarischen Feldes des Soziologen Pierre Bourdieu (1999) zu einer genaueren Analyse des Verhältnisses von Literatur und Gesellschaft in den Kulturwissenschaften beigetragen.

Sozialgeschichtlich geprägt ist auch der *New Historicism* (vgl. Greenblatt 1993), der Austauschbeziehungen zwischen literarischen Werken und sozialen und kulturellen Praktiken einer Epoche beschreibt. Diese Praktiken spiegeln sich nicht in den literarischen Texten wider, sondern Texte werden zum «Schauplatz» von Auseinandersetzungen, die Greenblatt als «Verhandlungen» über die kulturellen Bestände bezeichnet, die den Text prägen (vgl. Baßler 1995).

Wichtige Ergebnisse haben kulturwissenschaftliche Ansätze bisher in den *Gender Studies* und im Bereich der *Erinnerungstheorien* hervorgebracht. Genderorientierte literaturwissenschaftliche Forschungen (vgl. Hof 1995) gehen davon aus, dass die Schaffung literarischer Figuren immer auf elementare Weise mit der Konstruktion von Geschlechtsidentität *(gender)* und der Positionierung der Geschlechter auf der Grundlage der Ordnungen des Wissens verbunden ist. Konstruktionen von Geschlechtsidentität sind daher einem historischen Wandel unterworfen. Literatur kann diese Konstruktionen bestätigen, verstärken oder unterlaufen. In ihrem einflussreichen Buch «Das Unbehagen der Geschlechter» geht die amerikanische Philosophin Judith Butler (1991) noch einen Schritt weiter und behauptet, dass auch das biologische Geschlecht *(sex)* ein gesellschaftliches, wissenschaftlich-kulturelles Konstrukt darstellt, also von der Genderkonstruktion nicht zu trennen ist. Gender Studies haben sich zunächst in Weiterentwicklung der feministischen Literaturtheorie (vgl. Osinski 1998) mit literarischen Konstruktionen von Weiblichkeit beschäftigt. Seit einigen Jahren wächst auch das Interesse an der Untersuchung von Männlichkeitskonstruktionen (vgl. Erhart/Herrmann 1997).

Seit längerem existiert eine breite interdisziplinäre Forschung und produktive Diskussion über Erinnern und Gedächtnis (vgl. Assmann 1992), die von der Bestimmung des Verhältnisses von mündlicher und schriftlicher Überlieferung über die Mnemotechniken (Topoi, Memoria; vgl. Haverkamp/Lachmann 1991), die institutionelle Seite (Archiv, Kanon; vgl. von Heydebrand 1998) bis hin zu einer Geschichte des Gedächtnisses und zu unterschiedlichen Theorien der Erinnerung reicht. Einige der Ergebnisse halfen dabei, besser und klarer wahrzunehmen, welche Erinnerungsprozesse aus welchen Gründen sich in den gegenwärtigen Auseinandersetzungen um die NS-Vergangenheit vollziehen und wessen Interessen in ihrem Verlauf sichtbar werden.

VII. Aufbaumodul Germanistische Medienwissenschaft

1. Grundbegriffe der Medienwissenschaft

Im Folgenden wird zunächst der Medienbegriff selbst diskutiert, um dann einige seiner Facetten anhand der Begriffe und Begriffspaare Virtualität, Aura, Information/Bit, analog/digital und Oralität/Literalität genauer darzustellen.

Medium

Wer in einem Restaurant sein Steak *medium* bestellt, denkt dabei sicher nicht an den vermeintlich modernen – und d.h. elektronisch und audiovisuell codierten – Medienbegriff, mit dem so unterschiedliche Dinge wie Radio und Fernsehen, das Internet, Handy, E-Mail und vieles mehr assoziiert werden. Doch das Adjektiv *medium* als Gradmesser für die Grilldauer eines Rumpsteaks hat den gleichen etymologischen Ursprung wie das zumeist im Plural gebrauchte Substantiv *Medien*. Im Lateinischen bedeutet *medium* Mitte, Zentrum, dazwischen liegend. Das Steak ist also weder durchgebraten noch blutig, sondern eben irgendwo dazwischen. Irgendwo dazwischen sind dann auch die Medien situiert, die, in der Regel als *Kommunikationsmedien* aufgefasst, zwischen einem Sender und einem Empfänger liegen. Tatsächlich scheint die kontrovers geführte Diskussion um den Medienbegriff zumindest in diesem einen Punkt Konsens hergestellt zu haben, dass nämlich die grundlegendste Definition des Mediums die des Dazwischen ist.

Medien transportieren Informationen über verschiedene Kanäle.

Der Transport ist dabei nicht notwendig zeitlich eingeschränkt, sodass auch die Speicherung von Informationen gemeint sein kann. Gleichzeitig erfahren die Informationen durch den Medientyp eine spezifische Gestalt, sie werden selektiert, präsentiert gegebenenfalls auch kommentiert – kurz: verarbeitet. Damit sind die drei grundlegenden Funktionen der Medien benannt, nämlich Informationen zu speichern, zu transportieren und zu verarbeiten. Medien erscheinen insofern als bloße *Mittel* von Kommunikation. Allerdings ist die Vorstellung, dass die ‹neuen› Medien nicht mehr sind als technologisch entwickelte, aber neutral vermittelnde und letztlich doch sinnindifferente Kanäle der modernen Massenkommunikation, durchaus problematisch. Dies zeigt sich bereits, wenn man nur die Vermittlungsfunktion in ihrem Bedeutungsumfang ernst nimmt:

«Medien treten dazwischen. Zwischen die Kommunizierenden, und zwischen sie und die Welt. Wie alle Mittler sind die Medien freundlich-verbindliche Diener und unüberwindliche Trennung/Barriere. Sphäre der Moderation, der Verständigung und des Ausgleichs, machtvoll/unumgängliche Zwischeninstanz, Ort der Verfälschung, Umleitung, des Mithörens und der Zensur.» (Winkler 2004)

In technischer Hinsicht unterscheidet man in der Regel vier Mediengruppen:

1. *Primärmedien* sind solche, bei denen die Kommunikation zwischen Sender und Empfänger ohne technisches Hilfsmittel zustande kommt. Dazu rechnet man (mündliche) Sprache, Gestik und Mimik, aber auch das Theater oder kultische Rituale.

2. *Sekundärmedien* sind Medien, bei denen zum Übermitteln der Information ein technisches Hilfsmittel benutzt wird, während die Rezeption direkt erfolgt. Dies trifft auf Wand- und Tafelbilder, auf Druckerzeugnisse (Bücher, Zeitungen, Flugblätter, Plakate etc.) und auf Fotografien zu.

3. Als *Tertiärmedien* werden Medien bezeichnet, bei denen beide Kommunikationspartner ein technisches Hilfsmittel benutzen. Zu ihnen zählen neben Hörfunk und Fernsehen auch Kino- und Videofilm, Telefon, Tonträger usw.

4. *Quartärmedien* sind digitale Medien, für die ein Computer als

Kommunikationsinstrument notwendig ist (allerdings ist die Grenze zu den Tertiärmedien hier fließend). Dazu zählen E-Mail, das World Wide Web, Chaträume, das Intranet usw.

Insbesondere bei den Sekundär- und den Tertiärmedien liegen häufig Bedingungen vor, die auf einem unumkehrbaren Sender-Empfänger-Verhältnis basieren (Fernsehen, Rundfunk). An diesen Konstellationen, die letztlich eine Machthierarchie widerspiegeln, ändert auch die im Fernsehen zu beobachtende Tendenz nichts, der Empfängerklientel über diverse Spiel-, Talk- oder Talentshows zu kurzzeitiger Prominenz zu verhelfen, ihm also ‹Sende(r)rechte› zuzuteilen.

Die neuen Medien haben sich als elementarer Bestandteil zwischenmenschlicher Kommunikation mittlerweile so weit etabliert, dass sie gesamtgesellschaftlich als feste Institutionen angesehen werden. Dabei prägen die unterschiedlichen Komplexitätsgrade medialer Vermittlungstechnik nicht nur die Form der Informationsübertragung, sondern auch deren Inhalt. Das gilt für die Produktion wie für die Rezeption. Wer für eine SMS nur 160 Zeichen zur Verfügung hat, teilt etwas anderes und auf andere Weise mit, als wer einen Brief schreibt oder telefoniert. So hat der durch die SMS-Kultur etablierte Zwang zur Kürze innerhalb weniger Jahre eine ganz eigene Form schriftlicher Abkürzungszeichen geschaffen (*LOL*).

Auf der Rezeptionsebene ist vielfach hervorgehoben worden, dass der heutige Wirklichkeitszugang nicht nur auf gravierende Weise medial vermittelt ist, sondern nachgerade von den Medien beherrscht wird. Durch den Vormarsch der elektronischen Kommunikations- und Informationsverarbeitungstechnologie, durch die fast unbegrenzten Möglichkeiten der Vervielfältigung und einer omnipräsenten Bilder- und Datenflut scheint eindrucksvoll belegt zu sein, dass unser Blick auf die Welt nahezu vollständig medial determiniert ist. Niklas Luhmann bemerkt treffend:

«Was wir über unsere Gesellschaft, ja über die Welt, in der wir leben, wissen, wissen wir durch die Massenmedien. Das gilt nicht nur für unsere Kenntnis der Gesellschaft und der Geschichte, sondern auch für unsere Kenntnis der Natur. Was wir über die Stratosphäre wissen, gleicht dem, was Platon über Atlantis weiß: Man hat davon gehört.» (Luhmann 1996, 9)

In solchen Szenarien scheint der moderne Mensch der medialen Informationsflut hilflos ausgeliefert zu sein, wie einst die Gefangenen in Platons Höhlengleichnis. Die Schatten der Wirklichkeit reproduzieren sich indes nicht mehr an vom Feuer bestrahlten Wänden, sondern auf Bildschirmen und in Bild-Zeitungen. Die neuen Medien gleichen Metaphern, bemerkt Neil Postman, «die ebenso unaufdringlich wie machtvoll ihre spezifischen Realitätsdefinitionen stillschweigend durchsetzen» und auf diese Weise Kultur, Politik und Gesellschaft prägen.

Das zentrale Problem des Medienbegriffs liegt in seiner inflationären Verwendung. Die zum Teil höchst unscharf konturierten Konzepte, die mit ihm assoziiert werden, ermöglichen eine fast unbegrenzte Anwendung auf die unterschiedlichsten Sachverhalte und Problembereiche. Es fehlt ein Gegenbegriff, ein Antonym, das die Vorstellungsflut wirksam einschränken könnte. Auch die breite, aus den unterschiedlichsten Bezugsfächern stammende medientheoretische Forschung ist sich höchstens darin einig, dass «ihre Überlegungen bisher nicht zu einem einheitlichen Verständnis des Begriffs ‹Medien› geführt haben.» (Parr 2004, 33) Die frei flottierenden Theorieansätze zeichnet es zudem aus, dass sie in aller Regel kaum aufeinander Bezug nehmen und abwechselnd die technische Basis, die Funktion oder die gesellschaftlichen Bezüge betonen.

Paradoxerweise steht in literaturwissenschaftlichen Kontexten das wohl wirkungsmächtigste Medium der Gesellschaft in der Regel nicht im Vordergrund. Zumindest assoziiert man als Student der Germanistik sicher nicht spontan dieses Medium, wenn man an moderne Leitmedien denkt. Wie alle Medien tritt es zwischen die Partner, um sie zu verbinden; es prägt durch seine spezifische Form den Inhalt der Botschaft; es hat symbolischen Charakter, und es ist der Unwahrscheinlichkeitsverstärker par excellence. Die Rede ist vom Geld. Tatsächlich scheint das Geld «auf dem Weg zu sein, das Medium schlechthin zu werden» (Luhmann 1998, 723). Dass Geld Informationen überträgt, mag zunächst irritieren. Deutlich wird dies erst, wenn man sich vor Augen führt, dass der reale Bargeldverkehr in seiner klassischen Münz- und seiner neoklassischen Papiergestalt immer mehr verschwindet und an seine Stelle die elektronische Bezahlung mit Karte tritt. «Traditionelle Cash-Zahlungen sind langsam out, und Geldströme werden als die Informationsströme durchschaubar, die sie immer schon waren» (Hörisch 2004, 221). Gleichzeitig ist das Geld ein äußerst wirksamer Unwahrscheinlichkeitsverstärker. So bringt es Menschen beispielsweise dazu, ihre wertvollen Güter anderen zu überlassen, oder es motiviert sie zu Tätigkeiten, die sie sonst eher nicht tun würden (z. B. zu arbeiten). Das Geld, sagt Jochen Hörisch, ist ein ontosemiologisches Leitmedium. Ontosemiologisch deshalb, weil Geld nicht weniger verspricht als die Korrelation von Sein und Sinn. Das Medium Geld bringt ein «soziokulturelles Teppichmuster hervor, das alle Einzelereignisse mit einem orientierenden Fundament versieht». Das funktioniert, so Hörisch, paradoxerweise genau deshalb so gut, weil das Geld von geradezu skandalöser semantischer Armut ist. Anders als die Hostie im Abendmahl ist es auf keine gläubige Zustimmung mehr angewiesen: Das Geld durchdringt alle gesellschaftlichen Bezüge, es ist bis in die entferntesten Winkel der Sozialstruktur emittiert und stiftet Zusammenhänge auf rein funktionaler Ebene. Mit anderen Worten, Geld ist ein Medium, das man nicht (mehr) negieren kann – es gibt kein Außerhalb. Das aber heißt:

«[D]er Neuzeit gelingt im Zeichen des Geldes eben das Projekt, an dem die alte Metaphorik vom Buch und von der Lesbarkeit der Welt scheiterte. Geld stellt, anders als das Buchmedium, intersubjektiv verbindliche Lektüren der Welt her; Geld kann man, anders als Bücher, nicht vermeiden; Geld verfügt über die funktionale Autorität, die Bücher im Maße ihrer massenhaften Produktion zunehmend verlieren; die Informationen, die Geld weiterreicht, sind, anders als die von Büchern, gegen Interpretationsabgründe weitestgehend gefeit.» (Hörisch 1996, 62 f.)

Neuere literaturtheoretische Ansätze wie etwa der *New Historicism* haben die mit dem Geldverkehr einhergehende Realabstraktion des Warentauschs als kapitalistische Grundoperation von Gesellschaft auf die Lektüre von Texten übertragen. In der Literatur wie auch in anderen kulturellen Gütern, so könnte man vereinfacht zusammenfassen, kondensieren auf eine spezifische Weise die semantischen Austauschprozesse zwischen den verschiedenen gesellschaftlichen Diskursen.

Virtualität

Ähnlich wie der Begriff der Fiktionalität verweist Virtualität auf die fehlende Referenz zur Wirklichkeit. Dinge, die offensichtlich nicht existieren, aber den Anschein vermitteln, als ob sie real sind, nennt man virtuell. Fiktionalität und Virtualität kommen in dem Punkt überein, dass sich beide im Modus des *als ob* bewegen. Allerdings lassen sich die virtuellen Welten von Computerspielen, die in manchen Fällen erst durch die Kreativität der Spieler entstehen, nicht mehr zureichend durch die Kategorie des Fiktiven erfassen. Während das Fiktive auf einem Fiktionsvertrag zwischen Autor und Rezipient basiert, geht es in der virtuellen Realität eher darum, einen möglichst hohen Grad an Immersion zu erreichen. Unter Immersion versteht man das Eintauchen eines Spielers in eine virtuelle, eine künstlich erzeugte Welt – ein Prozess, der umso vollständiger gelingt, je höher der Ablösegrad von der Realität ist. Vollkommene Immersion wäre dort erreicht, wo der Spieler der Virtualität einen höheren Realitätsgrad zuspricht als der Realität selbst. Immersion in virtuellen Welten setzt Identifikation mit Spielfiguren oder Protagonisten voraus. Hier wird ein weiterer zentraler Unterschied deutlich; denn um sich mit einer Spielfigur eines Computerspiels zu identifizieren, muss diese nicht viel mehr sein als eine leere Hülle, in die man ungehindert hineinschlüpfen kann. Identifikation mit Figuren aus fiktiven Welten (Literatur oder Film) hingegen setzt ein hinreichend substantielles Spiegelbild voraus, das Empathie ermöglicht.

Ein weiterer Aspekt soll hier noch hervorgehoben werden, nämlich die von Wolfgang Iser postulierte Fiktionsbedürftigkeit des Menschen als einer anthropologischen Konstante. Wurde diese Fiktionsbedürftigkeit bei Iser als eine Art sanktionsfreies, kulturelles Testfeld konzipiert, so begreift Jean Baudrillard das virtuelle Universum als eine Simulation des Realen, an das sich der Mensch selbst ausgeliefert hat und aus der es auch keinen Ausweg mehr gibt. Virtualität ist folgerichtig kein Raum – und erst recht kein sanktionsfreier –, den man betritt, wenn man etwa ins Kino geht, ein Computerspiel spielt oder den Fernseher anschaltet. Vielmehr ist Virtualität nach Baudrillard der Modus der Gegenwart, eine vom Menschen entworfene, omnipräsente Zeichenordnung, die uns als Hyperrealität umgibt, um uns Sinnstrukturen vorzugaukeln.

Aura

Der Begriff Aura geht in medientheoretischer Verwendung auf einen Aufsatz von Walter Benjamin aus dem Jahre 1936 zurück: «Das Kunstwerk im Zeitalter seiner technischen Reproduzierbarkeit». Benjamin sucht hier durch den systematischen Vergleich von der manuellen Herstellung und Reproduktion von Kunstwerken einerseits, mit ihrer technisch-massenhaften Produktion und Vervielfältigung andererseits dem Veränderungsprozess der kulturellen Wirklichkeit durch die technischen Medien Rechnung zu tragen. Im Vordergrund stehen dabei Fragen nach dem Verhältnis von Kopie und Original sowie nach der Authentizität von Kunst in der Moderne. Nach Benjamin ist jedes Kunstwerk auf spezifische Weise in einen Traditionszusammenhang eingebettet, der im Akt ihrer kultischen, ja, rituellen Verehrung seinen ursprünglichsten Ausdruck fand. Benjamin schreibt: «Es ist nun von entscheidender Bedeutung, daß diese auratische Daseinsweise des Kunstwerks niemals durchaus von seiner Ritualfunktion sich löst.» Das metaphysisch grundierte Aurakonzept verweist bei Benjamin, der hierin der griechischen Tradition folgt, auf einen kontemplativen Akt der Versenkung bzw. der platonischen Schau. Sein Gegenteil ist die «Chockwirkung des Films», der den freien Assoziationsablauf, wie er etwa vor einem Gemälde stattfinden kann, aufgrund der sich ständig verändernden, nicht einzeln fixierbaren Bilder verhindert.

«Man kann, was hier ausfällt, im Begriff der Aura zusammenfassen und sagen: was im Zeitalter der technischen Reproduzierbarkeit des Kunstwerks verkümmert, das ist seine Aura. [...] *Die Reproduktionstechnik, so ließe sich allgemein formulieren, löst das Reproduzierte aus dem Bereich der Tradition ab. Indem sie die Reproduktion vervielfältigt, setzt sie an die Stelle seines einmaligen Vorkommens sein massenweises. Und indem sie der Reproduktion erlaubt, dem Aufnehmenden in seiner jeweiligen Situation entgegenzukommen, aktualisiert sie das Reproduzierte.*» (1979, 13)

Information / Bit

Begriffe wie *Informationsgesellschaft* oder gar *Informatik* zeigen deutlich an, dass der Terminus Information zum Schlüsselbegriff, wenn nicht zur Signatur unseres Zeitalters geworden ist. Ob das Zeitalter der Information zugleich ein informiertes Zeitalter ist, lässt sich in Analogie zu Kants Thesen über die Aufklärung freilich nicht eindeutig bejahen. Zumindest scheint der Informationsfluss im Vergleich zu früheren Epochen der Menschheitsgeschichte in einem ungeahnten Maß zugenommen zu haben, und dies wiederum ist ein Effekt, der primär durch die Entwicklung der elektronischen Medien evoziert worden ist. Der französische Philosoph Jean-François Lyotard hat angesichts der fortschreitenden «Informatisierung der Gesellschaft» bereits 1979 in seinem Essay «Das postmoderne Wissen» davor gewarnt, dass Information auch zu einem Kontroll- und Regulierungsinstrument des Systems des Markts werden kann.

Der Begriff Information leitet sich vom lateinischen *informare* (= bilden, eine Form geben) ab. Berücksichtigt man diesen etymologischen Ursprung und führt man sich vor Augen, dass Medien auch als spezifische Formen von Kommunikation begriffen werden können, so wird die enge Relation von Medien und Information deutlich. Verabschieden sollte man sich allerdings von der Vorstellung, dass Medien Informationen im Sinne eines Sender-Empfänger-Modells transportieren. Denn zum einen beeinflusst die mediale Form den Informationsgehalt, zum anderen existiert zumindest auf semantischer Ebene Information nicht an sich – etwa im Sinne eines elementaren Wissenspartikels, das je nach Belieben einfach so weitergegeben werden könnte. «Information ist eine überraschende Selektion aus mehreren Möglichkeiten», schreibt Luhmann in «Die Gesellschaft der Gesellschaft». Sie hat einen (Informations-)Wert insofern, als sie den Zustand des Systems, das sie erzeugt, verändert: *a difference that makes a difference*. Dieser Punkt ist ein besonders wichtiger Aspekt des Informationsbegriffs: Ein Zeichen, ein Signal, eine Botschaft kann nur dann einen Informationswert haben, wenn es, bezogen auf den Informationsstand des Empfängers (des aufnehmenden Systems), anders und neu ist und in diesem Sinne auch erkannt und verarbeitet wird. Alte Informationen sind keine Informationen, sondern redundante Daten. Das etwas so und nicht anders ist, vermag also nur einmal zu überraschen, denn der Überraschungseffekt resultiert aus dem Abgleich mit dem eigenen Erwartungshorizont. Luhmann beschreibt Information als eine Entscheidung zwischen mindestens zwei Möglichkeiten und schließt damit implizit an das informationstheoretische Konzept von Claude Elwood Shanon an, das dieser 1948 in seiner Studie «A Mathematical Theory of Communication» entwickelte. Dort taucht auch erstmals der Neologismus *Bit* auf, als Resultat der Wortkreuzung aus *Binary Digit* (engl. für Binärziffer). Ein Bit bezeichnet den Informationsgehalt, der in einer Auswahl aus zwei gleich wahrscheinlichen Möglichkeiten enthalten ist: Mit n Bits lassen sich 2^n Zustände darstellen. Shanon interessiert sich jetzt weder für semantische noch für pragmatische Aspekte von Information; ihm geht es nicht um Sinn und Bedeutung, sondern nur darum, wie viele Bits nötig sind, um ein Zeichen (also die Botschaft oder Information) darzustellen und zu übertragen. Sein Ziel ist es, den Informationsgehalt einer Nachricht als logarithmische Größe (Anzahl der Bits) genau zu quantifizieren.

analog / digital

In einem populärwissenschaftlichen Verständnis von Medienentwicklung stehen *analog* und *digital* für alt und neu. Richtig daran ist, dass Digitalisierungstechniken in der Informationsübertragung zu den jüngeren Techniken gehören, wohingegen analoge Informationsübertragung so alt ist wie die Menschheit selbst. In medientechnischer Hinsicht bezeichnen «analog» und «digital» lediglich zwei verschiedene Übertragungs- und Verarbeitungsvarianten von Signalen. In medientheoretischer Hinsicht lassen sich die Begriffe «analog»/«digital» annäherungsweise mit *konkret/abstrakt* übersetzen.

Der Begriff «analog» kommt aus dem Griechischen *ana logon* = dem Logos, der Vernunft entsprechend; gleichartig. (Auch die rhetorische

Figur der «Analogie» bezeichnet eine Übertragung auf *etwas Entsprechendes*.) In der Physik heißen zwei Systeme analog, wenn sie durch die gleichen mathematischen Beziehungen beschrieben werden können. Folgerichtig heißt in der Informationsverarbeitung eine Darstellungsform analog, wenn zwischen dem Dargestellten und der Repräsentation eine klar definierte Ähnlichkeitsbeziehung existiert. Analogmedien operieren noch mit einem vollständigen Abbild der physikalischen Realität. Ihre Daten basieren auf kontinuierlich veränderlichen, physikalischen Größen (wie Längen, Spannungen, Stromstärken usw.). So werden etwa bei einem analogen Telefongespräch Schallwellen in elektromagnetische Wellen konvertiert. Der entscheidende Nachteil analoger Signale sind zufällige Variationen, die durch systembedingte Störungen zwangsläufig auftreten. Je länger der Übertragungsweg und je häufiger ein Signal kopiert werden muss, desto stärker sind die Signalverluste bzw. die Signalverzerrungen, die sich z. B. als Rauschen bemerkbar machen und irreversibel sind. Eine Verstärkung des schlechten Radiosignals verstärkt auch das Rauschen.

Der Begriff «digital» leitet sich von lateinisch *digitus* = Finger ab. Bei der Informationsverarbeitung ist damit gemeint, dass man für die Darstellung der Daten auf einen vereinbarten Zeichensatz (Code) zurückgreift, wie etwa die Finger einer Hand für die Zahlen von 1 bis 10 stehen können. Im Unterschied zu analogen werden bei digitalen Darstellungen die Informationen also in diskrete Bestandteile (z. B. Ziffern) aufgelöst und weisen keine kontinuierlichen Unterschiede auf. Digitalisierte Daten sind somit wert- und zeitdiskret. Ein einfaches Beispiel ist der Unterschied zwischen einer analogen Zeigeruhr, die den Zeitfluss kontinuierlich durch Umdrehungen mit vollzieht, und einer digitalen Uhr, bei der die Zeit durch Ziffernfolgen dargestellt wird.

Das Begriffspaar «analog»/«digital» wurde von Paul Watzlawick in die Kommunikationsforschung eingeführt. Danach gibt es zwei verschiedene Arten, durch die ein Objekt zum Gegenstand von Kommunikation gemacht werden kann. Wird es durch einen Namen bezeichnet, spricht Watzlawick von digitaler Kommunikation. Wird es durch eine Analogie (z. B. eine Zeichnung) in die Kommunikationssituation eingeführt, spricht er von analoger Kommunikation. Digital ist eine

Kommunikation genau deshalb, weil zwischen dem Gegenstand und dem Namen (der Zeichenfolge) keine Ähnlichkeitsbeziehung besteht, sondern eine rein willkürliche – Saussure würde sagen: arbiträre. Das Wort TISCH hat nichts besonders Tischartiges an sich – lediglich onomatopoetische (lautmalerische) Wörter bilden hier eine Ausnahme. In der analogen Kommunikation hingegen findet sich nach Watzlawick etwas besonders Dingartiges im Ausdruck. Er schreibt:

«Der Unterschied zwischen digitaler und analoger Kommunikation wird vielleicht etwas klarer, wenn man sich vor Augen hält, dass bloßes Hören einer unbekannten Sprache, z. B. im Radio, niemals zum Verstehen dieser Sprache führen kann, während sich oft recht weitgehende Informationen relativ leicht aus der Beobachtung von Zeichensprachen und allgemeinen Ausdrucksgebärden ableiten lassen, selbst wenn die sie verwendende Person einer fremden Kultur angehört. Analoge Kommunikation hat ihre Wurzeln offensichtlich in viel archaischeren Entwicklungsperioden und besitzt daher eine weitaus allgemeinere Gültigkeit als die viel jüngere und abstraktere digitale Kommunikationsweise.» (2003, 62 f.)

Digitale Kommunikation zeichnet sich also durch eine komplexe und vielseitige logische Syntax aus, ist aber auf der Beziehungsebene unzulänglich. Analoge Kommunikation hat hingegen ein großes semantisches Potential, ihr mangelt es jedoch an der für eindeutige Kommunikationen erforderlichen logischen Syntax.

Die Frage, ob die Literaturwissenschaft per definitionem mit einem digitalen Code operiert, wird kontrovers diskutiert. Dies nicht nur, weil auch Aspekte der *Schriftbildlichkeit* gerade in multimedial ausdifferenzierten Kulturen noch einmal eine ganz neue Dimension ins Spiel bringen (man denke nur an Markenprodukte, deren Namenszüge zwar als Schriftzeichen lesbar sind, die aber ihre Wirkung im kulturellen Gedächtnis als Symbol entfalten). Die Frage nach der Funktion wie nach der Materialität des Mediums Schrift wird in der Literalitätsforschung entlang der medienkulturhistorischen Differenz zwischen Oralität und Literalität sowie zwischen Bildlichkeit und Schriftlichkeit entfaltet. Medientechnisch eigentlich tautologische Bezeichnungen wie *digitale Literatur* für die neu aufgekommenen Varianten literarischen Schreibens im Internet (z. B. Webseiten, die periodisch neue Einträge enthalten, sog. Weblogs oder kurz: Blogs) rücken die Frage nach dem digitalen Charakter von Literatur in ein neues Licht (primäre vs. sekundäre Digitalität usw.).

Oralität / Literalität

Der wohl wichtigste Aspekt, der mit der Literalisierung einer Kultur einhergeht, ist die Tatsache, dass das Wissen nicht mehr personal gebunden ist. Wer über Schrift verfügt, muss nicht mehr ‹nur› erinnern, also aus dem Eigenen schöpfen, sondern auch das Äußere, im Medium der Schrift niedergelegte, *ver*-innerlichen. Diese Externalisierung und Objektivierung des Wissens hat eine enorme kognitive Entlastung zur Folge. Gleichzeitig schafft die Schrift Rezeptionsräume, in denen Sprecher und Hörer, Schreiber und Leser nicht mehr in einer gemeinsamen sozialen Situation agieren müssen.

Literale Zeichen entzeitlichen auf diese Weise Kommunikationsprozesse und ermöglichen so erst die kognitiven Operationen, durch die jene Fragen nach dem Verhältnis von Mensch und Wirklichkeit artikuliert werden können. Die Technologisierung des Worts, um eine Formulierung von Walter Ong aufzugreifen, stellt die ursprüngliche Oralität des Menschen in ein gänzlich neues Bedingungsgefüge von sich ausdifferenzierenden technischen Medien und kommunikativen Institutionen. Vergegenwärtigt man sich die schlichte Tatsache, dass im Medium der Schrift die Sprache in Einheiten von ungeahnter Komplexität kommuniziert werden kann, «die ihre Bezogenheit auf das menschliche Gedächtnis überschreitet und außer Kraft setzt» (Assmann 2003, 392), so wird deutlich, dass Literalität nicht nur die gesellschaftlichen Entfaltungsbedingungen der menschlichen Sprachfähigkeit grundlegend verändert, sondern darüber hinaus gravierende Einflüsse auf Kognition und Sprache an sich haben muss.

Die fundamentale Bedeutung literaler Zeichen wird immer dann evident, wenn man sich die Unterschiede zwischen mündlichen und schriftlichen Kulturen verdeutlicht. Oralität zeichnet sich insbesondere durch das Fehlen eines außerkognitiven Speichermediums aus, sodass sich geschichtliches Wissen in der Regel nur über drei bis vier Generationen zurück erstreckt. Darüber hinausgehende Erfahrungen können nur in mythischen Erzählungen tradiert werden. Mit anderen Worten, alles, was nicht gebraucht wird, wird vergessen. Das Erinnerte hingegen wird im Zuge gesellschaftlichen Wandels unmerklich den neuen Verhältnissen angepasst. Es gibt ja keinen Urtext, an dem man sich orientieren kann, sodass Änderungen im Wissensbestand irreversibel sind. «Die Vergangenheit des Vergangenen», schreibt Jack Goody, «hängt also von einem historischen Empfindungsvermögen ab, das sich ohne dauerhafte schriftliche Aufzeichnungen kaum zu entwickeln vermag» (1990, 17). In literalen Kulturen werden die Elemente des kulturellen Erbes unter anderen Prämissen selektiert und überliefert. Eine zeitliche Zerdehnung der Kommunikationsketten ist nur dort möglich, wo auf technologische Medien der Produktion, Speicherung, Übertragung und Kommunikation von kultureller Bedeutung zurückgegriffen werden kann. Sind diese literalen Übertragungs- und Archivierungssysteme einmal kulturell installiert, ist der Modus, in dem sie unsere Wirklichkeitsauffassung prägen, irreversibel.

Doch Schrift ist nicht nur Archiv, sondern auch Medium des Wissens, also Träger und Substanz in einem. In literalisierten Kulturen ist das Wissen auf besondere Weise an die Materialität des Schriftzeichens gebunden und damit eben der medialen Repräsentationsform der Buchstabenkunst gleichsam ausgeliefert. Was von Derrida als das Linearitätsdogma der Schrift kritisiert wurde, meint ja nichts anderes, als dass das Wissen im Medium der Schrift sich einer spezifischen Organisations*form* zu unterwerfen hatte. Durch diese Organisationsform konnte sich freilich überhaupt erst so etwas wie Logizität im historischen Denken ausbilden, wie viele Theoretiker meinen. Erst durch das zeilenförmige Aneinanderreihen von Zeichen – so könnte man etwa im Anschluss an Vilém Flusser (2002, 11 f.) formulieren – wird Geschichtsbewusstsein als reflexives Moment überhaupt möglich.

2. Medientheorie

Die vorgestellten medientheoretischen Ansätze arbeiten sich an gänzlich verschiedenen Aspekten bzw. Effekten des Medienbegriffs ab. Selbst wenn die Reihenfolge der Darstellung mehr oder weniger zeitlich chronologisch verläuft, kann in keiner Weise von einer kohärenten Theorieentwicklung gesprochen werden. Mit anderen Worten, das Feld ist äußerst heterogen, was natürlich an der inflationären Verwendung des Medienbegriffs selbst liegt. Die Auswahl der Positionen ist somit allein ihrem Bekanntheits- und Wirkungsgrad geschuldet und soll als kleines Panoptikum einen ersten Einblick in die Vielfalt der aktuell und kontrovers diskutierten Ansätze vermitteln.

Medien in der Kulturindustrie: Horkheimer / Adorno

Horkheimer und Adorno diagnostizieren in ihrem berühmten Buch «Dialektik der Aufklärung» für die bürgerlich-kapitalistische Gesellschaft ebenso wie für den ‹real existierenden Sozialismus› nicht nur einen totalitären Herrschaftszusammenhang, sondern auch einen Zustand umfassender Verdinglichung der Subjekte. Dieser Zustand lässt sich als Resultat einer Menschheitsgeschichte kennzeichnen, in der das Streben nach individueller wie kollektiver Selbsterhaltung zur Verselbständigung instrumenteller Rationalität geführt habe. Dergestalt instrumentell zugerichtet, erscheint die Vernunft selbst wiederum als Ursache aller bestehenden Herrschaftsmechanismen, die sich in der Ausbeutung des Menschen durch den Menschen ebenso manifestieren wie in der Unterwerfung der äußeren Natur. Letztere offenbart sich überdeutlich in den ökonomischen Prinzipien einer verwalteten Warenwelt. Selbst wenn sich die Kunst um eine besondere Distanz zur Warenwelt bemüht, entlarvt der geschärfte Blick diese Distanz doch stets als Schein, der die Produkte als distinguiertere Ware auszeichnet und einer gesellschaftlich besonders positiv bewerteten Art der Konsumtion zuführt. Kunst ist damit den Anpassungserfordernissen des Markts ebenso unterworfen wie jedes andere Produkt, sie ist Teil der Kulturindustrie. Auf diese Weise aber affirmiert sie das Bestehende. Adorno schreibt in der «Ästhetischen Theorie»:

«In der nach der Katastrophe auferstandenen Kultur [...] nimmt Kunst durch ihr schieres Dasein, vor allem Inhalt und Gehalt, ein Ideologisches an. Ihr Mißverhältnis zu dem geschehenen und drohenden Grauen verdammt sie zum Zynismus; noch dort lenkt sie davon ab, wo sie ihm sich stellt. Ihre Objektivation impliziert Kälte der Realität gegenüber. Das degradiert sie zur Spießgesellin derselben Barbarei, der sie nicht minder verfällt, wo sie die Objektivation drangibt und unvermittelt, wäre es auch durchs polemische Engagement, mitspielt.» (2003, 348)

Wenn aber die kulturelle Produktion der Logik von Marktgesetzen folgen muss, wird auch nur noch das produziert, was sich rechnet. Und da sich nur das rechnet, was von vielen gekauft wird, steht Kunst fortan unter dem Diktat des Massengeschmacks, was wiederum eine Nivellierung der Produktion bedeutet. Adorno und Horkheimer geht es vor allem darum, den Prozess der kulturellen Nivellierung politisch zu erfassen. Denn mit der Preisgabe der avantgardistischen Leitidee und der Assimilation jedweder ‹hohen› Bildungsidee ging nicht nur der Verlust des aufklärerischen Widerstandspotentials einher. Vielmehr bereitete die Entmündigung des Kulturkonsumenten zugleich der Entmündigung des Staatsbürgers den Weg. Denn eine Kulturproduktion, die sich gänzlich dem Fetischcharakter der Warenwelt ausgeliefert hat, kann auf kein kritisches Reservoir mehr zurückgreifen, den Verblendungszusammenhang des Bestehenden zu entlarven. Dies umso mehr, als in einer massenmedial geprägten Kultur die Gegenstände ihre Unterscheidbarkeit sukzessive verlieren: «Kultur heute schlägt alles mit Ähnlichkeit. Film, Radio, Magazine machen ein System aus. Jede Sparte ist einstimmig in sich und alle zusammen» (Horkheimer/Adorno 2003, 141).

Medien im Kontext der Kulturindustrie stellen somit Verfallsformen der Kunst dar, denen jedwedes kritische Potential abhandengekommen ist. In der «Dialektik der Aufklärung» stehen die Ausführungen zur Struktur der Massenmedien vor allem unter dem Eindruck der NS-Propaganda und den dort erstmalig konsequent ausgeschöpften Möglichkeiten medialer Massensuggestion. Die Medientheorie von Horkheimer und Adorno ist daher in erster Linie eine Kritik der Medien, aber auch eine Kritik der affirmativen Rezeption massenmedialer Erzeugnisse. Als Effekt technischer Rationalität repräsentieren Massenmedien eine *Technik der Kulturindustrie*, deren erstes Ziel darin besteht, kapitalistische Herrschaftsstrukturen zu reproduzieren und die Rezipienten auf diese Weise zu kontrollieren: «Technische Rationalität heute ist die Rationalität der Herrschaft selbst. Sie ist der Zwangscharakter der sich selbst entfremdeten Gesellschaft» (ebd., 142).

Magische Kanäle: Marshall McLuhan

Der kanadische Medientheoretiker Marshall McLuhan operiert mit einem relativ weit gespannten Medienbegriff. Für ihn sind Medien Extensionen des menschlichen Körpers, Prothesen sozusagen, mit denen der Mensch seinen natürlich beschränkten Weltzugriff kompensieren und ausdehnen kann.

> «In den Jahrhunderten der Mechanisierung hatten wir unseren Körper in den Raum hinaus ausgeweitet. Heute, nach mehr als einem Jahrhundert der Technik der Elektrizität, haben wir sogar das Zentralnervensystem zu einem weltumspannenden Netz ausgeweitet und damit, soweit es unseren Planeten betrifft, Raum und Zeit aufgehoben.» (1995a, 9)

Schon dieses kurze Zitat macht den Charakter der Denkbewegung McLuhans plastisch. Wenig interessiert an konsistenter Theoriebildung, sucht er in seinen Überlegungen dem von ihm proklamierten Ende der Gutenberg-Galaxis und damit dem propagierten Ende einer linear operierenden Argumentationsstruktur durch Analogiebildung und zum Teil auch fragmentarische oder zirkuläre Denkmuster gerecht zu werden. Der Grund für seine mosaikartigen Wahrnehmungs- und Beobachtungsmuster ist dem Dilemma geschuldet, dass McLuhan im Medium des Buchs dessen Überwindung herbei*schreiben* muss und also immer noch an die vermeintlich anachronistische Schrift gebunden ist. Dennoch sind seine plakativen Thesen und aphoristischen Wortspiele bis heute höchst inspirierend und haben gerade in den letzten Jahren zu einer positiven Rezeption seiner Werke geführt.

Die bekannteste Formulierung McLuhans ist sicher: «Das Medium ist die Botschaft.» Nicht umsonst mutierte dieser Satz zur Zentralformel des Ressentiments der Medienpädagogik, die darin eine willkommene Formulierung sah, das Fernsehen als «Nullmedium» zu demaskieren. Für McLuhan aber sind ‹die› Medien durchaus positiv besetzt, dienen sie doch als Techniken, als Ausweitungen unserer Körperorgane und unseres Nervensystems dazu, «Macht und Geschwindigkeit zu vergrößern» (1995a, 99). Doch geht es McLuhan nicht nur um Erweiterung, sondern vielmehr um – fast könnte man sagen: transzendentale – Grundlegung. Wirklichkeitswahrnehmung, so seine These, ist immer schon medial präformiert. Die Wirklichkeit *an sich* ist dem Menschen überhaupt nicht zugänglich. Sie ist immer vermittelte Wirklichkeit. Das, was zwischen Mensch und Wirklichkeit als Vermittlungsorgan tritt, sind die Medien. Zu ihnen zählt McLuhan natürlich auch die Sprache:

«Alle Medien sind mit ihrem Vermögen, Erfahrungen in neue Formen zu übertragen, wirksame Metaphern. Das gesprochene Wort war die erste Technik, die es dem Menschen möglich machte, seine Umwelt loszulassen und sie in neuer Weise zu ‹begreifen›. Wörter sind eine Art Informationsspeicher, mit welchem man mit großer Geschwindigkeit die ganze Umwelt und Erfahrung wiedererwecken kann. [...] Durch Übertragung der unmittelbaren Sinneserfahrung in Lautsymbole kann die ganze Welt in jedem Augenblick gebannt und wiedererweckt werden.» (1995a, 97)

Ein adäquates Verständnis sozialer und kultureller Veränderungen ist für McLuhan ohne eine gewisse Kenntnis der Wirkung von Medien als Umwelt(en) schlechterdings unmöglich. Als Umwelt aber steht nicht die von den Medien transportierte Botschaft im Vordergrund, sondern vielmehr ihre Funktion für die bzw. in der Gesellschaft. Letztere aber ist durch den Vormarsch der elektronischen Medien enger zusammengerückt, da räumliche Differenzen nunmehr quasi ohne Zeitverlust (Telefon, E-Mail, Videokonferenz, Internet) überbrückt werden können. Die medial vermittelten, weltumspannenden Kommunikationsmöglichkeiten machen die Bewohner eines ganzen Planeten (und darüber hinaus, denkt man etwa an Liveschaltungen aus der Raumstation ISS) füreinander ebenso präsent wie die Einwohner eines winzigen Dorfs in der Südeifel. Daher spricht McLuhan auch vom *Global Village* bzw. in der ihm eigenen Diktion: «Im Zeitalter der Elektrizität wird die ganze Menschheit zu unserer eigenen Haut» (1995a, 83).

McLuhan unterteilt die Kulturgeschichte der Menschheit vor dem Hintergrund seines umfassenden Medienbegriffs in vier Epochen. Jeder Epoche werden ein Leitmedium und ein durch dieses primär angesprochenes Sinnesorgan zugeordnet:

1. die orale Stammeskultur: Sprache → Ohr,
2. die literale Manuskript-Kultur: Schrift → Ohr / Auge,
3. die Gutenberg-Galaxie: Buchdruck → Auge,
4. das elektronische Zeitalter: Elektrizität → Zentralnervensystem.

Während die Erfindung des phonetischen Alphabets im 5. Jahrhundert v. Chr. den Menschen aus der magisch-auditiven Epoche der oralen Stammeskultur hinausführte in die neutrale visuelle Welt, hat 2000 Jahre später die Erfindung des Buchdrucks durch die mechanische Reproduzierbarkeit der Zeichen zu einer umfassenden visuellen Homogenisierung geführt. McLuhan schreibt: «Die Botschaft des Drucks und der Typographie ist in erster Linie die der Wiederholbarkeit. Mit der Typographie brachte das Prinzip der beweglichen Typen die Möglichkeit, jede beliebige Handarbeit durch den Prozeß der Zerlegung in Abschnitte und Aufteilung einer ganzen Handlung zu mechanisieren» (1995a, 174). Dieser Mechanisierungprozess ist zugleich ein Rationalisierungprozess, der nicht nur Sinnlichkeit und Phantasie in den Hintergrund drängt, sondern die Sinne selbst auseinandertreten lässt und damit ihr taktil-synästhetisches Wechselspiel empfindlich stört. Diese Beobachtungen führen McLuhan zu der provokanten These, dass das Unbewusste eine direkte Schöpfung der Buchdruck-Technik sei, «der ständig wachsende Schlackehaufen eines verdrängten Bewußtseins» (1995b, 304).

Mit der Erfindung der Elektrizität wurde das Gutenberg-Zeitalter abgelöst. McLuhan sieht auch in den elektrischen Leitungen und Schaltkreisen eine Ausweitung des menschlichen Körpers, sie repräsentieren für ihn eine Externalisierung des menschlichen Zentralnervensystems (das ja auch mit elektrischen Impulsen operiert). Das revolutionär Neue an dem neuen Leitmedium Elektrizität besteht darin, dass erstmals in der Geschichte der Menschheit Zeit und Raum quasi in Echtzeit medial überbrückt werden können. Durch die globale elektronische Interdependenz verwandelt sich die Welt in ein Dorf – ein Vorgang, dem McLuhan durchaus eine ethische Perspektive abgewinnen kann. Denn durch den globalen Informationsfluss (in Echtzeit) wissen die Menschen viel mehr voneinander, was dazu führt, dass Minderheiten nicht mehr abgesondert oder ignoriert werden können: «Unsere neue Umwelt fordert Engagement und Teilhabe. Unwiderruflich sind wir aneinander beteiligt und füreinander verantwortlich geworden» (1984, 21).

Die Invasion der bewegten Bilder und das Verschwinden der Kindheit: Neil Postman

Deutlich weniger optimistisch als sein Lehrer argumentiert McLuhans bekanntester Schüler Neil Postman, wenn es um die Rolle der elektronischen Medien in der modernen Gesellschaft geht. Postman, der vielen als einer der engagiertesten Verfechter des gesprochenen und geschriebenen Worts gilt, hat schon in seinem 1969 erschienenen Buch «Teaching as a Subversive Activity» die These vertreten, «that language is not merely a vehicle of expression, it is also the driver; and that what we perceive, and therefore can learn, is a function of our languaging processes» (Postman/Weingartner 1969, 101). Mit dieser These schließt Postman an Überlegungen an, die in der Linguistik im Kontext der Sapir-Whorf-Hypothese als Relativitätstheorie der Sprache diskutiert worden sind: die Frage also, inwieweit Sinn, Erfahrung und Wirklichkeit abhängige Variablen der Medien sind, deren wir uns bedienen. Postmans Auffassung ist hier eindeutig. Für ihn sind Medien Metaphern, «die ebenso unaufdringlich wie machtvoll ihre spezifische Realitätsdefinition durchsetzen» (2006, 20). Medien determinieren auf je spezifische Weise den Modus der Wirklichkeitswahrnehmung, indem sie im

Rezipienten die Neigung verstärken, die Welt auf eine ganz bestimmte Weise zu konstruieren, bestimmte Dinge höher zu bewerten als andere, eher diese als jene Einstellung anzunehmen usw. Postman geht es somit um den Nachweis, dass die materielle Form eines Mediums niemals neutral ist – hier liegt er auf einer Linie mit McLuhan –, sondern mit ihren Nutzungsmöglichkeiten auch ganz bestimmte Deutungsmöglichkeiten und präferenzen einhergehen.

Vor diesem Hintergrund eröffnet sich ein erster Zugang zum Verständnis von Postmans beißender, mitunter auch polemischer Kritik der elektronischen Medien, hier insbesondere des Fernsehens. Die durchgehende audiovisuelle Berieselung habe sich zu einem allumfassenden Infotainment ausgewachsen, das eine Trivialisierung und Infantilisierung der Gesellschaft nach sich zieht. Die Unkultur der bewegten Bilder versetze die Bürger in ebenjenen Zustand der bequemen Unmündigkeit, der schon von Kant als selbstverschuldet gebrandmarkt worden ist. Postman bemängelt an der Dominanz der Bildebene in den neuen Medien vor allem das Fehlen einer übergeordneten, syntaktischen Struktur, wie sie der Sprache eigen ist und durch die erst eine Kommunikation zwischen Vergangenheit, Gegenwart und Zukunft möglich wird.

«Der Photographie fehlt auch eine Syntax, so daß sie nicht imstande ist, mit der Welt zu diskutieren. Als ein ‹objektives› Stück Raum-Zeit bezeugt sie, daß jemand an einem bestimmten Ort war oder daß dort etwas geschehen ist. Ihr Zeugnis ist wichtig, doch es umfaßt keine Stellungnahme – keine Aussagen darüber, wie es hätte sein sollen oder wie es hätte sein können. Die Photographie hat es vor allem mit der Welt der Fakten zu tun, nicht mit Meinungsverschiedenheiten über diese Fakten oder mit Schlußfolgerungen, die man aus ihnen ziehen könnte.» (2006, 93)

Nicht nur an diesem Punkt erweist sich Postman als Hermeneutiker unter den Medientheoretikern, korrespondiert seine Forderung nach einer umfassenden Syntax doch mit dem bekannten Diktum Hans-Georg Gadamers: «Sein, das verstanden werden kann, ist Sprache.» Ganz anders verhalte es sich mit der medialen Form des Fernsehens, die nachgerade einen bestimmten Mangel an Inhalt und Kontext erfordert: Denken komme auf dem Bildschirm ebendeshalb nicht gut an, weil es dabei nicht viel zu sehen gibt. Doch Postman kritisiert nicht nur die Form der audiovisuellen Medien, sondern auch ihre Formate:

«The invention of new and various media of communication has given a voice and an audience to many people whose opinions would otherwise not have been solicited, and who, in fact, have little if anything to contribute to public issues.» (1969b, 14)

Tatsächlich produziert die Fülle der Sendungen und Sender eine erstaunliche Anzahl sogenannter Stars und Prominenter mit geringer Halbwertzeit, die ungeachtet ihrer Qualifikation ihre Meinung der Öffentlichkeit kundtun. An die Stelle reflektierter Argumentation treten die Großaufnahmen von ‹VIPs› in Talkshows und Unterhaltungssendungen, denen auch dort, wo sie etwas Substantielles zu sagen hätten, in der Regel niemand mehr wirklich zuhört. Analytische Urteilsbildung und kritischer Dialog werden so durch die Vorurteile und Emotionen einer Pseudorealität bedroht, die dem Zuschauer allenfalls noch ein affirmatives Kopfnicken abverlangt. Postman glaubt auch nicht, dass die Pseudorealität der neuen Medien in der Lage ist, durch ihre globalen Vernetzungsmechanismen der Idee einer *Human Society* wirkungsvoll Vorschub zu leisten. Echte Gemeinschaft entsteht nicht durch E-Mail und Chaträume. Zwar sei die Gemeinschaft des Internets wahrscheinlich immer noch besser als eine reine Ego-Gesellschaft, aber nur, so Postman,

«wenn wir sonst wirklich gar keine Gemeinschaft mehr zustandebringen; nur, wenn wir jeden Gedanken daran aufgeben müssen. Dazu bin zumindest ich nicht bereit. Sollten wir eines Tages tatsächlich die Möglichkeit verlieren, ein sinnvolles, ein echtes Leben zu führen, dann akzeptieren wir wohl besser diese Pseudogemeinschaft. Dann sollten uns die Tränen aber nur so aus den Augen strömen. Wenn wir nur noch dumme Maschinen haben, um die Hand auszustrecken und jemanden zu berühren, sollten wir – und würden wir in stiller Verzweiflung vor uns hin leben.» (Die Zeit, Jg. 1996, Nr. 43)

Zwischen Schrift und Bild: Vilém Flusser

Ähnlich wie McLuhan entwirft auch der tschechische Medienphilosoph Vilém Flusser ein kulturgeschichtliches Stufenmodell der Medien, das die fortschreitende Entfremdung des Menschen vom Konkreten zum Abstrakten zu beschreiben versucht. Im Mittelpunkt seiner Überlegungen steht die These, dass der binäre Code der digitalen Medienwelt die dem Schriftsystem geschuldeten linearen Denkstrukturen ablösen wird. Um diese These zu verstehen, muss zunächst erläutert werden, was Flusser als lineare Denkstrukturen auffasst und was diese mit der Schrift zu tun haben. In seinem Buch «Die Schrift» vertritt Flusser die These, dass die Struktur der Schriftzeile als Formprinzip die Keimzelle des logisch deduzierenden Bewusstseins schlechthin bildet. Erst durch die Schrift gewinnt das Bewusstsein jene für die Moderne so charakteristische Stringenz, jene Zielgerichtetheit des Fühlens, Wollens, Wertens und Handelns. Flusser schreibt:

«Die Sache ist radikaler, als sie aussieht. Es ist nämlich nicht so, als ob es ein historisches Bewußtsein gäbe, das sich in verschiedenen Codes, unter anderem auch der Schrift, ausdrücken könnte. Die Schrift, dieses zeilenförmige Aneinanderreihen von Zeichen, macht überhaupt erst das Geschichtsbewußtsein möglich. Erst wenn man Zeilen schreibt, kann man logisch denken, kalkulieren, kritisieren, Wissenschaft treiben, philosophieren – und entsprechend handeln. Vorher dreht man sich in Kreisen.» (2002, 11)

Lineares Denken und Geschichtsbewusstsein (im Sinne einer teleologischen Ereignisfolge) fallen bei Flusser in eins. Ähnlich wie McLuhan sieht auch Flusser die Literalisierung als eine der entscheidenden Entwicklungsstufen in der Kulturgeschichte der Menschheit. Flussers Grundüberlegung ist nun die, dass der neue Code der *technischen Bilder* die Alphabetenschrift sukzessive ablöst. An die Stelle der linearen Schrift treten die technischen Bilder in Form von Fotos, Filmen, Videos, Fernsehschirmen und Computerterminals, welche die Aufgabe übernehmen, als zentrale Informationsträger von Individuum und Gesellschaft zu fungieren. Wenn aber die Schrift unser Bewusstsein derartig geprägt hat, wie von Flusser proklamiert, muss die Ablösung dieses dominanten Codes auch gravierende Auswirkungen auf das Denken und Handeln haben.

«Wenn Texte von Bildern verdrängt werden, dann erleben, erkennen und werten wir die Welt und uns selbst anders als vorher: nicht mehr eindimensional, linear, prozessual, historisch, sondern zweidimensional, als Fläche, als Kontext, als Szene. Und wir handeln auch anders als vorher: nicht mehr dramatisch, sondern in Beziehungsfeldern eingebettet.» (1985, 9)

Technische Bilder sind digitalisierte Bilder. Sie stehen nicht in direkter Abfolge zu traditionellen Bildern, sondern ihre Entwicklung setzt die mediale Evolutionsstufe der Schrift und die an sie gekoppelten linearen Denkstrukturen bereits voraus. Durch das Aufkommen der technischen Bilder wird ein Prozess eingeläutet, den Flusser als *informatische Revolution* bezeichnet und der im Sinne einer kopernikanischen Wende aus der Kombination von neurophysiologischen, konstruktivistischen, quantenmechanischen und elektrotechnischen Erkenntnissen einen Neueinsatz des Denkens erfordert. Zwei Faktoren sind nach Flusser für dieses neue Denken kennzeichnend:

«Erstens, daß wir nun Bilder und nichts als Bilder denken, denn alles, was wir Wahrnehmung nennen – seien sie äußere oder innere –, sind nichts als im Gehirn komputierte Bilder. Zweitens, daß das Denken kein kontinuierlicher, diskursiver Vorgang ist: Das Denken ‹quantelt›.» (2002, 138 f.)

Der kulturologische ‹Sinn› der technischen Bilder liegt somit weniger darin, dass sie die Welt verändern – die Welt ist ohnehin ständig im Fluss. Vielmehr verändern sie den Blick des Menschen auf die Welt und damit eben auch seinen Modus der Bedeutungszuschreibung. Ein technisches Bild zu entziffern kann also nicht heißen, seinen Gehalt zu bestimmen, sondern sein Programm zu lesen. Und hier zeigt sich, dass das Programm der technischen Bilder genau deshalb so revolutionär ist, weil es hinsichtlich seiner Funktionsweise dem physikalischen Prinzip unseres Gehirns gleicht. Ähnlich wie bei McLuhan werden die elektrischen Schaltkreise als Ausweitungen des Nervensystems verstanden: Die Apparate sind genau deshalb nach der binären ‹1-0›-

Struktur entworfen, weil sie auf diese Weise die Bauart des Gehirns simulieren.

«Demnach sind die digitalen Codes eine Methode – die erste, seit der Mensch kodifiziert –, den quantischen Sprüngen im Gehirn von Außen (durch Apparate) einen Sinn zu verleihen. Wir stehen hier vor einer sich selbst verschlingenden erkenntnistheoretischen Schlange. Das Gehirn ist ein Apparat, welcher den in ihm vor sich gehenden quantischen Sprüngen einen Sinn verleiht, und jetzt ist es dabei, diese seine sinngebende Funktion aus sich selbst hinaus auf Apparate zu werfen, um das Hinausprojizierte wieder in sich aufzunehmen. Im Grunde also sind die neuen Codes digital, weil sie die sinngebende Funktion des Gehirns in simulierten Gehirnen simulieren.» (2002, 139f.)

Wenn nun zwischen der Art und Weise, wie im Gehirn und auf Bildschirmen Bilder entstehen (nämlich durch elektrische Impulse), kein entscheidender Unterschied besteht, ist auch die Frage müßig, welche Bilder der Realität (und was wäre das?) eher entsprechen. Ist eine ontologische Unterscheidung zwischen wirklich und virtuell überhaupt möglich bzw. überhaupt noch sinnvoll?

Flusser ist weit davon entfernt, seine Überlegungen in einem düsteren Endzeitszenario münden zu lassen. Vielmehr begreift er die fortschreitende mediale Digitalisierung als Erweiterung des Handlungs- und Kommunikationsspielraums. Der neue Gesellschaftstyp, der erst durch das Auftauchen der technischen Bilder möglich geworden ist, wird von Flusser mit dem Begriff der Telematik charakterisiert. Telematik, ein Neologismus aus Telekommunikation und Informatik, meint eine Form kommunikativer Komplexität, die nicht länger an lineare Zweck-Ziel-Relationen gebunden ist. Flusser begreift die telematische Gesellschaft als ein dialogisches Spiel, das durch die methodische Suche nach neuen Informationen gekennzeichnet ist. Informationen meint dabei eine Form struktureller Ordnung, die der Mensch gegen die natürliche und ständig wachsende Unordnung (Entropie) des Universums produziert: «Wenn man den Menschen als negativ entropische Tendenz definiert, dann wird dort der Mensch zum erstenmal tatsächlich Mensch sein, nämlich ein Spieler mit Informationen; und die telematische Gesellschaft [...] die erste tatsächlich freie Gesellschaft» (1985, 80).

Flusser geht es somit darum, die Möglichkeiten fortschreitender Medienevolution in einem umfassenden Sinn zu nutzen und damit eben die vermittelnde Funktion der Medien im emphatischen Sinn ernst zu nehmen. Dank der medial rasant erweiterten Möglichkeiten globaler Kommunikation – und auch hier stimmt Flusser mit McLuhan überein – hat der Mensch die einmalige Möglichkeit, sein Dasein als «Mit-andern-in-der-Welt-Sein» zu erfahren.

Realität als Simulakrum: Jean Baudrillard

Sieht Vilém Flusser in der fortschreitenden Medienentwicklung auch eine Chance für die Menschheit, so ist der französische Soziologie Jean Baudrillard diesbezüglich eher skeptisch. «Es gibt keine Medientheorie», schreibt er in seinem «Requiem für die Medien» und zielt damit insbesondere gegen die Position der Kritischen Theorie im Positivismusstreit wie auch gegen den materialistisch-emanzipatorischen Ansatz, den Hans Magnus Enzensberger in seinem «Baukasten zu einer Theorie der Medien» vertritt. Dennoch sind seine Überlegungen zum Verhältnis von Realität und Simulation, denen Baudrillard mit dem Begriff des *Simulakrums* eine ganz eigene Façon verliehen hat, für die moderne Medientheorie höchst bedeutsam geworden. Simulakra sind vom Menschen entworfene, künstliche Zeichenwelten. Diese Zeichenwelten sind einem evolutionären Wandel unterworfen, weil sie in Korrelation zum dominierenden Sozialsystem einer Epoche stehen. «Die Simulakren sind nicht bloß Zeichenspielereien», schreibt Baudrillard, sondern «sie implizieren gesellschaftliche Verhältnisse und gesellschaftliche Macht» (1982, 82). Mit dem Wandel des Sozialsystems ändert sich also auch das Zeichenmodell einer Epoche. Die Kritik Baudrillards an materialistischen Theoriemodellen wird verständlich, wenn man sich sein dreistufiges Phasenmodell der Simulakren vor Augen führt:

«Drei Ordnungen von Simulakren sind parallel zu den Mutationen des Wertgesetzes aufeinander gefolgt:

- Die *Imitation* ist das bestimmende Schema des ‹klassischen› Zeitalters von der Renaissance bis zur Revolution.
- Die *Produktion* ist das bestimmende Schema des industriellen Zeitalters.
- Die *Simulation* ist das bestimmende Schema der gegenwärtigen Phase, die durch den Code beherrscht wird.

Das Simulakrum der ersten Ordnung handelt vom Naturgesetz des Wertes, das der zweiten Ordnung vom Marktgesetz des Wertes, das der dritten Ordnung vom Strukturgesetz des Wertes.» (1982, 79)

Das Simulakrum der ersten Ordnung hält den Unterschied zwischen dem Realen und dem Zeichen aufrecht. Wer etwas imitieren will, muss das Original noch kennen, um sich ihm anzugleichen. Ganz anders hingegen das Simulakrum der zweiten Ordnung, das durch (Re-)-Produktion gekennzeichnet ist. Hier wird das Reale im industriellen und damit seriellen Produktionsvorgang aufgelöst, der allein der immanenten Logik des operationalen Prinzips gehorcht. Was Baudrillard unter einem Simulakrum der zweiten Ordnung versteht, verdeutlicht er am Beispiel der Kunst Andy Warhols. Warhols Campbell-Dosen als seriell produzierte Kunstwerke suchen die Selbstentfremdung des Systems, dem sie entspringen, mit dessen eigenen Waffen (sprich: Produktionsmechanismen) zu entlarven. Indem das Künstliche am Kunstwerk der Campbell-Dose gerade darin liegt, dass es dem ‹Original› bis zur Ununterscheidbarkeit angenähert ist, mutiert es selbst zur Ware und kann gerade dadurch diesen Vorgang und mit ihm die immanente Logik des Warentauschs kritisieren. «Das ganze Verschwinden der Kunst», schreibt Baudrillard, «liegt in der Kunst des Verschwindens» (1990, 123).

Die eigentliche Pointe seines Ansatzes offenbart sich jedoch erst beim Simulakrum der dritten Ordnung, dessen bestimmendes Schema die Simulation ist. Simulation meint eine immer weiter voranschreitende Vernichtung von Referenzen und Finalitäten. Was bleibt, ist ein selbstbezügliches und selbstorganisierendes Spiel von digitalen und programmatischen Zeichen, die auf nichts anderes als auf sich selbst verweisen und «dessen ‹Wert› rein *taktisch* durch die Überschneidung mit anderen Signalen [...] bestimmt wird» (1982, 90). Die durch die frei flottierenden Codes evozierte Hyperrealität der Medien stellt nichts anderes als eine medial simulierte Realität dar, an die die Frage nach dem Original nicht mehr sinnvoll gerichtet werden kann. Der eigentliche ‹Sinn› dieses Simulakrums liegt darin, dem Chaos der Wirklichkeit, und d. h. der Illusion der Welt, dadurch zu entkommen, indem das Reale im medialen Modus der Simulation einer Hyperrealisierung unterzogen wird:

> «Simulation ist jener unwiderstehliche Ablauf, bei dem die Dinge so miteinander verkettet werden, als ob sie einen Sinn hätten, während sie eigentlich nur durch eine künstliche Montage und durch den Unsinn organisiert werden.» (1994a, 30)

Die Verschleifung der Wirklichkeit in der Simulation, die Agonie des Realen, ist freilich ein alter philosophischer Hut. Schon etwa 400 Jahre vor Christus hat der griechische Sophist Gorgias von Leontinoi in seiner Schrift «Über das Nicht-Seiende» die Nichtexistenz der Wirklichkeit zu beweisen versucht. Doch Baudrillard geht es nicht darum, die Existenz einer materiellen Realität zu leugnen. Vielmehr stellt er die Frage, ob das, was wir für soziale Realität halten, nicht nur ein Effekt medialer Zeichen ist – ein Effekt freilich, der höchst reale Folgen haben kann. Baudrillard dekliniert seine These am Beispiel der verschiedensten Institutionen durch, von der Mode über die Architektur zur politischen Ökonomie bis hin zu Krieg und Terrorismus. Immer zeigt sich das gleiche Grundschema der Simulation: Zuerst existieren die Modelle und dann erst die Ereignisse. Bilder wie jene aus den Nachrichten über den Golfkrieg (durch die man über die Beobachtungs- und Zielgeräte des Kampfjetpiloten die Zielerfassung, den Raketenabschuss und -einschlag mitverfolgen konnte) kannte man längst aus den einschlägigen Computerspielen. Es verwundert wenig, dass Zuschauer bei den Sendern anriefen und sich über die mangelnde Auflösung der Bilder beschwerten. Angesichts solcher Effekte kann Baudrillard folgern:

> «Es bedarf keines televisiven Mediums, um unsere Probleme in Echtzeit zu widerspiegeln: jede Existenz ist sich selbst telepräsent. Das Fernsehen und die Medien sind längst aus ihrem medialen Raum herausgetreten, um das ‹reale› Leben von innen her zu bewältigen und sich dort genau so einzunisten, wie sich ein Virus in einer normalen Zelle einnistet. Es braucht keinen Bildschirm mehr, keine mediale Macht, weder Sichthelm noch digitale Anzüge.» (1994b, 7)

Um es provokant zu formulieren: Baudrillard leugnet nicht die Realität des Realen – er glaubt bloß nicht mehr daran. Das klingt jetzt freilich sehr nach «Matrix», und tatsächlich wird Baudrillard im ersten Teil der Trilogie auch explizit zitiert. Der Computerhacker Neo bewahrt seine Disketten in einer als Buch getarnten Kiste auf, und der Titel des Buchs ist Jean Baudrillards «Simulacra and Simulation». Baudrillard selbst hat immer wieder darauf insistiert, dass der Film vor allem auf einem Missverständnis seiner Theorie basiere. Denn Simulation meint eben nicht Illusion!

«Die als radikale Illusion gesehene Welt, das ist ein Problem, das sich allen großen Kulturen gestellt hat und das sie durch die Kunst und die Symbolisierung gelöst haben. Was wir erfunden haben, um dieses Leid ertragen zu können, ist ein simuliertes Reales, ein virtuelles Universum, aus dem vertrieben wurde, was es an Gefährlichem, an Negativem gibt, und das nunmehr das Reale verdrängt, das seine letztendliche Lösung wäre.» (2007)

Baudrillard kritisiert, dass in dem Film «Matrix» die Personen entweder in der computergenerierten Scheinrealität der Matrix, d.h. in der Digitalisierung der Dinge, sind oder eben radikal draußen, wie etwa in Zion, der Stadt der Widerstandskämpfer. Viel interessanter aber wäre es zu zeigen, was an der Verbindungsstelle der beiden Welten geschieht. Denn nach Baudrillard bedeutet Simulation doch gerade, dass zwischen drinnen und draußen nicht mehr sauber unterschieden werden kann.

Niklas Luhmann: die Kommunikation der Medien

Medien sind Unwahrscheinlichkeitsverstärker, behauptet die systemtheoretische Medientheorie. Das klingt äußerst elegant, bedarf aber der Erläuterung. Zunächst muss man sich vergegenwärtigen, dass in der Architektur der Luhmann'schen Systemtheorie die Gesellschaft nicht aus Menschen, sondern aus Kommunikation besteht. Kommunikation ist für Luhmann die Synthese von *Mitteilung*, *Information* und *Verstehen*. «Verstehen» meint hier vor allem das Verstehen der Differenz von Mitteilung (= Form) und Information (= Inhalt) der Kommunikation. Die zentrale und auf den ersten Blick ziemlich banale Aufgabe von Kommunikation besteht darin, Anschlusskommunikation zu ermöglichen. Auf diese Weise soll die *autopoietische Selbstreproduktion* sozialer Systeme gewährleistet werden. Allerdings ist Kommunikation, obwohl sie so wichtig ist, hochproblematisch. Luhmann schreibt: «[I]m Kontext evolutionärer Errungenschaften muß kommunikativer Erfolg als zunächst äußerst unwahrscheinlich gelten» (1984, 217). Denn dass eine Botschaft den Empfänger erreicht, dass sie als Informationsverarbeitung gelingt im emphatischen Sinn des Wortes, kann man definitiv nie wissen. Schließlich kann der Sprecher nicht in den Kopf des Hörers hineinschauen, sondern kann wieder nur das hören (und interpretieren), was der andere dazu sagt, was häufig auch zeigt, dass das, was gemeint war, nicht richtig verstanden wurde, sodass nun eine weitere Erläuterung nötig wird, die wiederum anders aufgefasst werden kann und so weiter und so fort. Dieses endlose Spiel aus Fragen und Nachfragen, aus Präzisieren und Verdeutlichen, aus Informieren und Austauschen ist genau das, was man als den Normalfall von Kommunikation bezeichnen kann. Durch sie wird erst das hergestellt, was man als *soziale Realität* bezeichnet. Medien sind also genau deshalb Unwahrscheinlichkeitsverstärker, weil sie dabei helfen, die Kommunikation wahrscheinlicher zu machen.

Wahrscheinlicher meint allerdings nicht, dass die Botschaft durch den Medieneinsatz erfolgreicher übertragen, dass sie irgendwie reiner oder ‹besser› vermittelt oder dass das, was der Sender im Kopf hat, unverfälschter im Kopf des Empfängers ankommen würde. Vielmehr scheint sich die Störanfälligkeit und Konfusion durch ein Mehr an Kommunikationsoptionen (handy- oder mailgestützte Kommunikation) eher zu verstärken – was allerdings auch die Möglichkeiten von Anschlusskommunikation vermehrt. Mediengestützte Kommunikation wirkt aber universeller, da man schneller mit vielen und teilweise auch gleichzeitig kommunizieren kann. Aus diesem Grund gilt die Erfindung des Buchdrucks durch Gutenberg als ein Meilenstein der Medienevolution: Es war der Beginn der modernen Massenkommunikation. Plötzlich konnte *einer* seine Meinung – wie z.B. Luther seine Thesen – durch

Flugblätter an *viele* gleichzeitig vermitteln. Das zeitliche Auseinandertreten der im medial vermittelten Kommunikationsakt implizierten Vorgänge des Informierens, Mitteilens und Verstehens unterbindet mit Luhmanns Worten allerdings alle Sofortreaktionen. Wann bzw. ob ein Brief geöffnet, eine E-Mail beantwortet oder der Telefonhörer abgenommen wird, bleibt ganz allein mir überlassen.

3. Mediengeschichte

Mediengeschichte bis ins späte Mittelalter

Dass Schrift in Büchern zu lesen ist, war nicht immer selbstverständlich. Die ältesten erhaltenen Aufzeichnungen in Keilschrift aus Mesopotamien waren in Tafeln von weichem Ton geritzt, die ein beständiges Medium dann ergaben, wenn sie gebrannt wurden. Auch Tonscherben (Ostraka) wurden bis in die Antike zum Beschreiben durch Ritzen verwendet. In härtere Steinarten musste Schrift gehauen werden; als bekanntes Beispiel gelten die Gesetze des babylonischen Königs Hammurapi, die in eine zwei Meter große Stele (18. Jahrhundert v. Chr.) eingraviert sind. Von den zwei Gesetzestafeln mit den Zehn Geboten des Alten Testaments, die Moses vom Berg Sinai mitbrachte, heißt es in der Bibel, sie seien aus Stein gewesen, den Gott selbst mit seinem Finger beschrieben habe. Menschen hingegen müssen zu Hammer und Meißel greifen, wenn sie Inschriften in Stein anbringen wollen, wie es heute noch vielfach, z. B. bei den Grabmälern unserer Friedhöfe, geschieht. Tafeln aus Holz wurden vor allem beschriftet, indem man Farbe auf sie auftrug; sie dienten – teilweise mit Bildern versehen – in mittelalterlichen Kirchen und Schulen der religiösen Unterweisung und dem Leseunterricht; dominiert das Bildhafte gegenüber der Schrift, spricht man von Tafelmalerei.

Ein weniger aufwendiges Schreiben durch Ritzen geschah von der Antike über das Mittelalter bis weit in die Neuzeit hinein auf Wachstafeln. Auf einer stabilen Unterlage (meist aus Holz, bei kostbarer Ausführung auch aus Elfenbein) wird in einer vertieften Fläche eine gefärbte Wachsschicht aufgetragen, in die mit einem spitzen Griffel (aus Metall, Holz oder Knochen) die Buchstaben als kleine Rillen gezogen werden. Die Griffel hatten am anderen Ende eine breitere Fläche, mit der man das Wachs wieder glätten konnte, um es erneut zu beschreiben. Wenn auch durch den Abrieb immer etwas Wachs verlorenging, sodass dieses Verfahren nicht endlos wiederholt werden konnte, stand mit der Wachstafel doch ein häufig wieder beschreibbares Instrument zur Verfügung, das sich vor allem für Alltagsschriftlichkeit, für vorläufige Konzepte und die Aufnahme von Diktaten eignete. Der größte Teil der vormodernen Literatur wird zunächst auf Wachstafeln entstanden und notiert worden sein. Für längere Texte wurden dabei mehrere solche Tafeln zusammengebunden; geschah dies mit zwei Tafeln (als Diptychon), dann ließen sie sich zusammenklappen, und die Außenseiten schützten den im weichen Wachs gefährdeten Text. Auf solche Weise konnten Briefe relativ sicher verschickt werden. Auch ließ sich das Diptychon am Gürtel befestigen, um es jederzeit für Notizen parat zu haben. Mittelalterlichen Schülern wurde deshalb empfohlen: «Halte die Tafel stets an deiner Seite wie deine Freundin.»

Sobald ein Text auf einer Wachstafel (oder auf Einzelblättern) konzipiert, korrigiert und möglicherweise von Vorgesetzten genehmigt worden war, konnte er in einen nachhaltigeren Überlieferungsträger überführt werden: in ein Buch. Vor der Zeit des Buchdrucks boten sich dafür zwei unterschiedliche Buchformen an: die Buchrolle (Rotulus) und der Kodex. Auch die Rolle ist ein Buch (gr. *biblíon*, lat. *liber* oder *volumen*), doch eines, bei dem Einzelblätter nicht gefaltet und gebunden oder geheftet, sondern aneinandergeklebt oder -genäht sind, wodurch sich eine Länge von bis zu zehn Metern ergeben kann. Zumindest das Ende (bei längeren Rollen auch der Anfang) war an einem Stab befestigt, von dem bei der Lektüre immer ein Stück abgerollt wurde, das die quer angebrachte Schrift in Kolumnen sichtbar werden ließ. Nach der Lektüre wurde der Streifen wieder zurückgerollt. Beide Hände waren für das Lesen notwendig, und der Leser sah immer nur eine Spalte Text vor sich. Die Rückseite konnte in der Regel nicht beschrieben werden. Zusammengerollten Rotuli wurden, um sie im Regal liegend identifizieren zu können, kleine Etiketten angeheftet, die sogenannten *tituli*, die in dem Begriff Titel fortleben. Größere Werke mussten auf mehrere Rollen als *libri* aufgeteilt werden, was die Gliederungseinheit Buch (oberhalb von Kapitel) begründete. Obwohl der Rotulus seit dem frühen Mittelalter nur noch wenig benutzt wird, ist er auch sonst sprachlich präsent geblieben: Die Begriffe Entwicklung und Evolution gehen auf ihn zurück sowie – da Rotuli bis lange in die Neuzeit hinein im Theaterwesen benutzt wurden – die Rolle, die jemand auf der Bühne oder in der Gesellschaft spielt.

Eng mit der Ausbreitung des Christentums verbunden war der Siegeszug des Kodex (lat. *codex*) genannten gebundenen Buchs, das unsere Vorstellung von Buch heute dominiert (weshalb unhistorisch arbeitende Medienwissenschaftler dem Rotulus den Charakter als Buch bestreiten). Große Bögen werden gefaltet (Lagen) und dann an einer Seite mit stabilen Buchdeckeln oben und unten zusammengebunden. An den drei übrigen Seiten aufgeschnitten, ergeben sich Blätter (lat. *folia*), die vorn (lat. *recto*) und hinten (lat. *verso*) beschrieben werden können. Vorbilder für den Kodex waren wohl entsprechend gebundene Wachstafel‹bücher› (Polyptica). Kodizes können erheblich mehr Text fassen als Rotuli, weshalb sie für Bibelhandschriften so geschätzt waren. Und sie ermöglichen einen völlig anderen Umgang mit Literatur: Während Rotuli zu fortlaufender und damit zu vollständiger Lektüre zwingen, kann man in einem Kodex ‹blättern›; man kann ihn nicht nur lesen, sondern auch benutzen. Literarische Gattungen wie Nachschlagewerke (ob mit systematischen oder mit alphabetischem Ordnungsprinzip) erhalten erst im Kodex eine wirkliche Funktion. Freilich verleitet diese ‹moderne› Buchform, die im Grunde bis heute vorherrscht, zu selektiver und damit zu oberflächlicher Lektüre sowie dazu, während des Lesens schon mal weiterzublättern (etwa um vorzeitig zu erfahren, wer der Mörder ist …). Bei der Buchrolle bestehen diese Gefahren nicht.

Beschreibstoffe sind Materialien und damit im strengen Sinn keine Medien, doch haben sie oft eine erhebliche mediale Relevanz. Im Großen und Ganzen lässt sich eine Tendenz beobachten vom Papyrus über das Pergament zum Papier. Allen dreien ist eigen, dass die Schrift als Farbstoff (Tinte) auf sie aufgetragen wird, nicht geritzt; als Schreibgerät dient deshalb kein Griffel, sondern (neben Pinsel und Schreibrohr) vor allem die Feder (von Vögeln). Die ältesten erhaltenen Rollen bestehen aus Papyrus, dem üblichen Beschreibstoff der Antike, der bis ins Frühmittelalter hinein benutzt wurde. Es wurde meist in Ägypten aus der gleichnamigen Pflanze hergestellt, die immer wieder nachwuchs und damit ein relativ preiswertes, wenn auch höchst empfindliches Material ermöglichte: Von den vielen Papyrusrollen (und später auch -kodizes) der Alten Welt haben sich fast nur Fragmente erhalten.

Viel geeigneter für den Kodex, da erheblich stabiler und beidseitig beschreibbar, ist Pergament, das aus der Haut verschiedener Tiere (besonders von Schafen) gewonnen wird, indem man sie enthaart und glatt schabt, auf einem Rahmen trocknet, in Kalklauge beizt, aber nicht (wie Leder) gerbt. Auf Pergament lässt sich nicht nur hervorragend schreiben, sondern auch malen, was zu einer Blüte der Buchmalerei führte. Das zum Kodex verarbeitete Pergament wurde damit zum typischen Beschreibstoff des Mittelalters. Aufgrund der umständlichen Herstellung war (und ist) Pergament allerdings ein sehr teurer Beschreibstoff. Für einen umfangreichen Kodex muss eine ganze Schafherde ihr Leben lassen.

Das hat Konsequenzen für die Literatur. Wenn man davon ausgeht, dass der Pergamentkodex vom 4. bis ins 13. Jahrhundert als Hauptmedium der Literaturgeschichte gelten kann, dann bedeutet dies, dass Literaturproduktion nur im Kontext reicher Institutionen (Kirche, Fürstenhof, Stadt) denkbar ist. Wo einzelne Autoren in dieser Zeit mit ihren Werken hervortreten, da wird es sich deshalb höchstwahrscheinlich um Auftragsliteratur ebendieser Institutionen handeln. Für individuelle, subjektive Herzensergüsse der Dichter war solchen ‹Sponsoren› das Pergament gewiss zu teuer. Sie verlangten anderes von den Autoren, z. B. eine literarische Legitimation ihrer Herrschaft. Allerdings hat man häufiger versucht, die hohen Kosten des Beschreibstoffs zu reduzieren, indem man ihn mehrfach benutzte. Das Pergament wurde (mit einem Bimsstein) abgeschabt und neu beschriftet. Dieses Verfahren nennt man Palimpsest. Da das Abschaben nicht immer vollständig geschehen war, kann man heute oft noch Teile der früheren Schrift rekonstruieren, die sich über (nicht unter) der aktuellen Schrift befunden hatte. In der gegenwärtigen Literaturwissenschaft wird Palimpsest gern als Metapher benutzt für die Beziehung literarischen Schreibens zu vorgängigen Texten.

Eine radikale Innovation stellt die Einführung des Beschreibstoffs Papier in Europa dar. Seit dem 13. Jahrhundert verbreiten sich in Europa die Papiermühlen, und schon im 14. und 15. Jahrhundert sind die meisten Handschriften aus Papier. Das Papier (häufig aus Lumpen hergestellt) verbindet eine relative Stabilität mit äußerst günstigen Herstellungskosten. Obwohl es sich beim Wechsel vom Pergament zum Papier im strengen Sinn nicht um einen Medienumbruch handelt, sondern um einen der Beschreibstoffe, sind die medialen Folgen kaum zu unterschätzen (und bisher nicht genügend erforscht). Literatur musste nun nicht mehr Auftragsliteratur sein, private und individuelle Textformen wie Briefe, Tagebücher und Autobiographien hatten nun auch eine materielle Voraussetzung. Zudem nahm die Alphabetisierung der Bevölkerung enorm zu: Es lohnte sich, schreiben zu lernen, weil man sich Schreibmaterial leisten konnte. Die enorme Ausweitung der Literaturproduktion des Spätmittelalters (Hugo Kuhn sprach von einer «Literaturexplosion») hat hierin ihren Grund, nicht erst in Gutenbergs Buchdruck mit beweglichen Lettern, der den Papierkodex als Medium übernimmt und technisch reproduzierbar macht.

Mediengeschichte seit der frühen Neuzeit

In der Mitte des 15. Jahrhunderts machte der Mainzer Goldschmiedemeister Johann Gensfleisch, genannt Gutenberg, jene Erfindung, mit der eine neue Epoche der Mediengeschichte begann. Die gängige Meinung, Gutenberg habe den Buchdruck überhaupt erfunden, ist freilich falsch, da es ja die Technik des Blockdrucks schon früher gegeben hatte. Gutenbergs Innovation bestand erstens im Metallguss der einzelnen Lettern und zweitens in der Zusammenfügung der jeweils benötigten Lettern zum Satzspiegel der Druckplatten. Gutenberg nutzte seine Erfindung vor allem zum Druck von Bibeln (Gutenberg-Bibel). Doch seine ‹Offizin› machte Bankrott, und auch andere Buchdruckereien hatten mit der neuen Technik zunächst nur geringen Erfolg. Denn die traditionellen Buchkäufer aus vermögenden Schichten, denen die Schönheit der Handschrift und der Buchmalereien wichtig war, betrachteten die gedruckten Exemplare als ästhetisch minderwertig. Deshalb wichen Druckereien auf kleinere Produkte aus, etwa Kalender, die ein weniger anspruchsvolles Publikum aus niederen Schichten ansprachen.

Der Siegeszug der neuen Drucktechnik begann erst im 16. Jahrhundert. Als wichtigster Wegbereiter gilt die religiöse Bewegung der Reformation, und das aus mehreren Gründen: Zum einen konstituierte Martin Luther den protestantischen Glauben auf dem Prinzip, dass jeder die Heilige Schrift selbst lesen solle («sola scriptura»), und setzte sich infolgedessen für die drucktechnische Verbreitung der – von ihm übersetzten – Bibel in der gesamten protestantischen Bevölkerung ein. Noch wirksamer war, dass die Auseinandersetzungen zwischen den unterschiedlichen Konfessionen im Medium von gedruckten Flugschriften geführt wurden. Nach dem Vorbild der Protestanten nutzten bald auch ihre Gegner die Möglichkeit der billigen Vervielfältigung für die Zwecke der religiösen Polemik und Propaganda. Und damit wurden über das neue Druckmedium neue Lesergruppen erschlossen, die sich im Laufe eines sehr langen, bis ins 19. Jahrhundert dauernden Prozesses für andere Arten der Literatur öffnen sollten.

Ein zweiter für die Durchsetzung der neuen Drucktechnik entscheidender Faktor war im 16. Jahrhundert die wissenschaftlich gelehrte Buchkultur der Humanisten. Im Gegensatz zur Tradition der handschriftlichen Vervielfältigung in den Institutionen der Kirche und in den ähnlich nach außen abgeschlossenen Universitäten nutzten die Humanisten den Buchdruck – neben der Briefkorrespondenz – als Mittel, um ein europäisches Netzwerk gelehrter Kommunikation zu errichten. Allerdings verwendeten die Humanisten das Lateinische als internationale ‹lingua franca› der Wissenschaft, sodass ihre Bücher nicht auf Deutsch erschienen. (Erst im Laufe des 18. Jahrhunderts setzte sich die Volkssprache auch in den Bereichen der Gelehrsamkeit und Wissenschaft durch.)

Anfänglich erfüllten die Buchdrucker zugleich die Funktionen des Verlegers und des Verkäufers. Der überregionale Handel war so organisiert, dass die Buchdrucker auf die regelmäßig im Frühjahr und im Herbst stattfindenden Buchmessen nach Leipzig oder Frankfurt fuhren, um ihre mitgebrachten Produkte untereinander zu tauschen. Später, als der materielle Warentausch hauptsächlich per Post abgewickelt wurde, fand auf den Messen die finanzielle Endabrechnung unter den Geschäftspartnern statt. Die dort gehandelten Bücher (nicht aber die nur lokal verkauften Publikationen und auch nicht die populäre Literatur der Kalender, Flugschriften, Einblattdrucke, Volksbücher etc.) wurden in den halbjährlichen Messkatalogen verzeichnet, auf deren Grundlage man heute die jeweilige Buchproduktion zu schätzen versucht. Die folgende Statistik stellt die Entwicklung der Buchproduktion in den deutschsprachigen Ländern (in Titeln pro Jahr) zwischen 1600 und 1985 dar, wobei die Zahlen, nicht zuletzt wegen unterschiedlicher Berechnungsgrundlagen und -maßstäbe, mit großer Vorsicht interpretiert werden müssen. Die Angaben für das 19. Jahrhundert sind per Division der jeweiligen Titelzahl eines Jahrzehnts gebildet – so ist im Falle des Jahres 1840 die Gesamtmenge der Jahre 1836 bis 1845 durch den Faktor 10 geteilt. Die Zahlen für die Zeit nach 1945 beziehen sich nur auf die Buchproduktion der BRD inkl. Westberlin (*Quelle:* Schön 1987, 31–61):

1600	1625	1637	1650	1675	1700	1740
1059	1391	575	948	827	978	755

1770	1800	1840	1870	1895	1908	1920
1144	2569	11697	10823	23228	24474	27793

1930	1935	1951	1961	1971	1985
26961	23212	14049	23132	42957	57623

Das Verhältnis von deutschen zu lateinischen Büchern betrug schätzungsweise 29/71 Prozent im Jahr 1600, 33/67 Prozent im Jahr 1650, 62/38 Prozent im Jahr 1700, 72/28 Prozent im Jahr 1740, 86/14 Prozent im Jahr 1770 und 96/4 Prozent im Jahr 1800. Gleichzeitig wuchs der Prozentsatz der sogenannten schönen Künste und Wissenschaften, die auch die poetische und fiktionale Literatur umfassten. Hatte sich der Buchdruck und Buchhandel in seinen Anfängen fast ausschließlich auf die Bereiche der Religion und der Gelehrsamkeit beschränkt, so erreichten die ‹schönen Künste und Wissenschaften› um 1800 einen Marktanteil von knapp 30 Prozent (davon machten Romane rund zehn Prozent aus).

Im 16. und 17. Jahrhundert wurde das gedruckte Buch zum wichtigsten Medium der religiösen, der wissenschaftlichen und der literarischen Schriftkultur. An die Stelle der früheren Buchmalerei trat die Druckgraphik in Form von Holzschnitten oder Kupferstichen, mit denen zumindest die wertvolleren Bücher ausgestattet wurden.

Im selben Zeitraum tauchten gedruckte Zeitungen auf (mit die erste war die 1609 in Straßburg erscheinende «Relation»; seit 1660 kamen die «Leipziger Zeitungen» an fünf Tagen der Woche heraus), doch pflegte es sich bis ins 19. Jahrhundert hinein um reine Nachrichtenblätter zu handeln. Aus literaturwissenschaftlicher Sicht sind die etwas später aufkommenden Zeitschriften interessanter. Entwickelten sie sich doch im 18. Jahrhundert, dem Zeitalter der Aufklärung, zu Organen der literarischen Kritik und Diskussion. Nachdem der in Halle lehrende Professor Christian Thomasius mit seinen «Monatsgesprächen» (1688/89) einen ersten Versuch gemacht hatte, erschienen in den folgenden Jahrzehnten zahlreiche nicht nur der Wissenschaft gewidmete Rezensionsblätter, von denen Friedrich Nicolais «Allgemeine Deutsche Bibliothek» (1765–1805) die größte Bekanntheit hatte. In den ‹Moralischen Wochenschriften›, einem anderen, bis zur Jahrhundertmitte beliebten Typus der Zeitschrift, wurde in einem nicht mehr wissenschaftlich gelehrten, sondern leichtverständlichen Stil über alle möglichen Fragen der Aufklärung räsoniert, wobei die literarische Form mancher Artikel nur ein Mittel der moralischen Didaktik war. In der zweiten Jahrhunderthälfte dominierte der Typus der intellektuell und stilistisch anspruchsvolleren Kulturzeitschrift nach Art von Christoph Martin Wielands «Teutschem Merkur» (1773–1810). Doch gilt für alle Zeitschriften dieser Epoche, dass es nicht ihre vorrangige Aufgabe war, poetische Texte (Gedichte, Erzählungen, Dramen etc.) zu veröffentlichen. Diese Funktion erfüllte, neben dem Buch, das Medium des periodisch – meist jährlich – erscheinenden Almanachs.

Die literarische Öffentlichkeit des 18. Jahrhunderts wurde jedoch nicht nur durch diese Printmedien, sondern auch durch den handschriftlichen Brief konstituiert. Während in den vorangegangenen Epochen der Brief hauptsächlich als bloßes Kommunikationsmittel für den politischen, merkantilen und wissenschaftlichen Informationsaustausch eingesetzt worden war, wurde er nun zu einer genuin literarischen Darstellungsform, die vor allem dem individuellen Ausdruck von Empfindungen und der geselligen Mitteilung von Reflexionen und Ideen diente. Als eine solche Darstellungsform konnte er auch in größere Literaturgattungen, etwa den fiktionalen Briefroman, eingehen. Obwohl der Brief die spezielle Funktion, die ihm in der Gefühls- und Geselligkeitskultur des 18. Jahrhunderts zukam, allmählich wieder verlor, hat er sich als eine literarische Darstellungsform bis heute erhalten. Dagegen sind die neueren Kommunikationsmedien Telegraphie und Telefon nur so weit gekommen, dass sie literarische Schreibweisen beeinflusst haben.

Die Entwicklung des Zeitschriftenwesens setzte sich im 19. Jahrhundert mit wachsendem Tempo fort. Ein Grund dafür war die voranschreitende Alphabetisierung, besonders der Stadtbevölkerung, durch die auch die Angehörigen der kleinbürgerlichen Schichten zu potentiellen Lesern wurden. An dieser Stelle sei eine auf groben Schätzungen beruhende Statistik eingeschoben, in der angegeben wird, wie viel Prozent der deutschen Gesamtbevölkerung die Fähigkeit zum flüssigen Lesen und damit zur regelmäßigen Lektüre besessen haben dürften (nach Schenda 1970, 444, und Schön 1987, 37 und 45):

1500	1600	1700	1800	1830	1870	1900
1–2%	2–4%	5–10%	25%	40%	75%	90%

Die soziale Ausweitung der Lesekompetenz wirkte sich im 19. Jahrhundert auch auf den Konsum von literarischen Büchern (speziell Romanen) aus, erhöhte aber vor allem die Nachfrage nach unterhaltenden Zeitschriften. In der Ära der Restauration bis 1848, die durch das Instrument der Zensur die Entstehung einer politischen Meinungspresse verhinderte, beherrschten die sogenannten Konversationszeitungen den Zeitschriftenmarkt. Auf wenigen Seiten brachten sie literarische Texte kleineren Formats und plauderten über alle möglichen Ereignisse des kulturellen Lebens.

Innovationen in der Drucktechnik (Erfindung der mit einer Druckwalze arbeitenden ‹Schnellpresse›, seit 1822 in der deutschen Zeitungsproduktion verwendet) und der Papierherstellung (Einführung des nicht mehr aus Lumpen gefertigten ‹Holzschliffpapiers›, seit etwa 1850 von Fabriken geliefert) ermöglichten eine Erhöhung der Auflage und eine Verbilligung des Preises. 1833 erschien zum ersten Mal das mit zahlreichen Holzschnitten bebilderte «Pfennigmagazin», der Vorläufer der ‹Familienzeitschriften› in der zweiten Hälfte des Jahrhunderts, von denen «Die Gartenlaube» (1853–1944) ihre Auflage bis auf 382 000 Exemplare (1875) steigern konnte. Von den Familienzeitschriften setzten sich später die weniger populären Bildungszeitschriften ab, die nach dem Vorbild der «Deutschen Rundschau» (1874–1942) nur hohe Literatur vermitteln und einen weiten Überblick über die deutsche und europäische Kultur bieten wollten. Literaturgeschichtlich sind die Revuen bedeutsam, weil in ihnen die führenden Autoren ihre Dichtungen und Essays veröffentlichten, bevor diese gesammelt in Buchform erschienen. Die aufgrund ihrer Auflage höhere Honorare zahlenden Zeitschriften und Zeitungen waren in der zweiten Hälfte des 19. Jahrhunderts die bevorzugten Medien für die Erstpublikation.

Nach der 1848er Revolution explodierte auch die Zeitungsproduktion. Bis dahin hatte die staatliche Lizenz- und Zensurpolitik die Zahl der Zeitungen stark limitiert – in vielen Städten durfte nur ein privilegiertes und damit amtliches Blatt erscheinen – und zudem den Inhalt ziemlich rigoros auf Nachrichten beschränkt. Diese Zügel wurden nach und nach gelockert, sodass eine aus konkurrierenden Blättern bestehende Nachrichten- und Meinungspresse entstehen konnte. Die mindestens einmal am Tag erscheinenden Zeitungen führten Sparten für alle Bereiche des öffentlichen Lebens ein und beschäftigten nicht mehr, wie zuvor üblich, einen einzigen Redakteur, sondern mehrere, für unterschiedliche Ressorts zuständige Journalisten. Zu den neuen Sparten gehörte auch das Feuilleton, das als Kulturteil den Inhalt der früheren Konversationsblätter übernahm und einen eigenen Raum (‹Romanfeuilleton›) für die Veröffentlichung von Fortsetzungsromanen (‹Feuilletonroman›) einrichtete. Auf solche Weise bildete sich der Typus der modernen Tageszeitung aus, wie er im Wesentlichen bis heute besteht. Auch in diesem Bereich wurde die Auflage enorm gesteigert: Die wichtigsten Blätter der

Hauptstädte, etwa das «Berliner Tageblatt» (1872–1938) oder die in Wien erscheinende «Neue Freie Presse» (1864–1939) druckten am Ende des 19. Jahrhunderts mehrere zehntausend Exemplare. Den absoluten Höhepunkt sollte die Expansion des Zeitungsmarkts in der Ära der Weimarer Republik erreichen.

Wenn man von der fortschreitenden Diversifikation der Zeitschriftenproduktion nach Themengebieten bzw. Zielgruppen ebenso absieht wie von partiellen Innovationen bei den weiterhin bestehenden Zeitschriften- und Zeitungstypen (z. B. der Verwendung der Photographie in Illustrierten und neuerdings auch in der Tages- und Wochenpresse), dann lässt sich festhalten, dass sich das Erscheinungsbild der Printmedien seit dem Beginn des 20. Jahrhunderts nicht entscheidend verändert hat. Das gilt auch für die Buchproduktion. Bemerkenswert ist allerdings der Siegeszug des nicht mehr gebundenen, sondern nur noch broschierten (Taschen-)Buchs, das dank seines vergleichsweise günstigen Preises ein wesentlich größeres Lesepublikum erreicht.

Als ‹neue Medien› bezeichnet man den Kinofilm, den Hörfunk, das Fernsehen und das Internet. Auf dem von Louis Jacques Mandé Daguerre 1837 entwickelten (und zunächst nach ihm als ‹Daguerreotypie› bezeichneten) Verfahren der Photographie beruhte die Erfindung des Films, durch die die bis dahin erprobten Techniken des ‹bewegten Bildes› (u. a. die ‹Camera obscura›) obsolet wurden. Nachdem 1889 die Eastman Company in Rochester, USA, den ersten Zelluloid-Rollfilm produziert hatte, ließen sich 1891 die Amerikaner Thomas Edison und Laurie Dickson ihren ‹Kinetographen› patentieren, eine Kamera mit perforiertem Rollfilm zur Aufnahme bewegter Bilder. Sechs Jahre später, 1895, meldeten die Franzosen Auguste und Louis Lumière einen ‹Cinématographe› zum Patent an, der die Funktionen der Kamera und des Projektors in sich vereinte und durch einen speziellen Mechanismus des Filmtransports das Problem löste, dass die Einzelbilder für einen kurzen Moment stillstehen müssen, um im Auge des Betrachters die Illusion einer natürlichen Bewegung zu erzeugen. Mit diesem Apparat, der sich gegen gleichzeitig auftretende Konkurrenten durchsetzte, veranstalteten die Lumières am 28. Dezember 1895 in Paris die erste öffentliche Filmvorführung. In den folgenden Jahrzehnten entstanden in

Europa und Amerika verschiedene Filmproduktionsfirmen und zahlreiche Lichtspieltheater. Zwischen 1907 und 1914 erhöhte sich die Zahl der Kinos in den USA von 5000 auf 18 000. Zur gleichen Zeit begann die Bildung von großen Filmkonzernen, die, zuerst in Hollywood, das sogenannte Studiosystem einführten. Ihre Filmfabriken beschäftigten in den Produktionsteams nicht nur Regisseure und Schauspieler, die vom Theater kamen, sondern boten auch Schriftstellern die Möglichkeit, sich als Drehbuchautoren ein besseres Einkommen zu verschaffen.

Die Epoche der Stummfilme, die bei ihrer Aufführung in den Kinos durch Klavier- oder Orchestermusik begleitet wurden, neigte sich zu Ende, als die Firma Warner Brothers im Jahre 1927 mit «The Jazz Singers» den ersten Tonfilm auf den Markt brachte. Doch zum Durchbruch kam es erst nach der Einführung des ‹Lichttons›, einer Technik, bei der die Toninformationen als Lichtspur auf dem Zelluloidstreifen gespeichert werden. Parallel experimentierte man mit verschiedenen Techniken zur Herstellung von Farbfilmen, von denen sich in den 1930er Jahren das Drei-Streifen-Verfahren von Technicolor für aufwendige Filmproduktionen durchsetzte. Anfang der 1950er Jahre sorgte das von Kodak entwickelte Eastman-Color-Verfahren für ,eine deutliche Verbilligung des Farbfilms, der seitdem den Schwarz-Weiß-Film vom Kinomarkt fast völlig verdrängt hat. Mit «Star Wars» begann 1977 der Einsatz der Computertechnik in der Filmproduktion. Sie wurde und wird hauptsächlich für die Generierung von Trickaufnahmen und die Synthetisierung dieses Materials mit konventionell erzeugten ‹Realaufnahmen› verwendet. Die Digitalisierung sämtlicher Herstellungsprozesse schreitet aktuell voran.

Die intermedialen Beziehungen zwischen Literatur und Film beschränken sich nicht auf die oben erwähnte Beschäftigung von Theaterregisseuren, Theaterschauspielern und Schriftstellern in den Kinoproduktionen. Das Vorbild der Theaterkunst war in der Ära des expressionistischen Stummfilms besonders wirksam und zeigte sich vor allem in der Dramaturgie, der Spieltechnik sowie in der Kulissenarchitektur. Seit den Anfängen des Spielfilms wurden literarische Texte, speziell Dramen und Erzählungen, als Vorlagen verwendet und im neuen Medium transformiert (Stichwort ‹Literaturverfilmung›).

Umgekehrt hat die Filmkunst mit ihren spezifischen Darstellungsweisen immer wieder die zeitgenössische Literatur beeinflusst (Stichwort ‹filmisches Schreiben›).

Die Medien des Hörfunks und des Fernsehens arbeiten mit der Übertragung von elektromagnetischen Wellen. Während der Sendeapparat akustische bzw. audiovisuelle Signale in bestimmte Frequenzen transformiert, kehrt das Empfangsgerät diesen Vorgang um. (Zu Beginn des 21. Jahrhunderts zeichnet sich die Ersetzung der alten Analog- durch die neue Digitaltechnik auch bei Radio und Fernsehen ab.) – 1906 gelangte dem Amerikaner Reginald Fessenden mit Hilfe eines elektromagnetischen Senders die erste Tonübertragung, im selben Jahr wurde in den USA eine erste Hörfunksendung veranstaltet. Nachdem der Erste Weltkrieg die technische Entwicklung vorangetrieben hatte, strahlte man seit 1920 in den USA, 1921 in Frankreich und 1923 in Deutschland regelmäßige Hörfunkprogramme aus. Die deutschen, auf Länderebene gegründeten Sendeanstalten versammelten sich 1925 unter dem Dach einer «Reichsrundfunkgesellschaft», die 1933 von den Nationalsozialisten – im Zuge der politischen «Gleichschaltung» der gesamten Presse – dem Reichspropagandaministerium unterstellt wurde. Die schon in den 1920er Jahren rasant steigende Zahl der Radiogeräte – 1928 gab es bereits 2,5 Millionen Gerätebesitzer in Deutschland – wuchs auch durch die Einführung des billigen ‹Volksempfängers› bis zum Jahr 1943 auf 16 Millionen. Heute verfügen so gut wie alle Haushalte in Deutschland über Radio und Fernseher.

Nach dem Zweiten Weltkrieg gründeten die alliierten Siegermächte in ihren jeweiligen Besatzungszonen neue Rundfunksender, die auf dem Gebiet der Bundesrepublik Deutschland unter Landeshoheit weitergeführt und 1950 in der «Arbeitsgemeinschaft der öffentlich-rechtlichen Rundfunkanstalten in Deutschland» (ARD) zusammengefasst wurden. Zu ihnen kamen die öffentlich-rechtlichen Rundfunkanstalten aller Länder (Deutschlandradio) und des Bundes (Deutschlandfunk, Deutsche Welle) hinzu. In der DDR gab es bis 1989 einen staatlich gelenkten Rundfunk mit mehreren Sendern und Programmen (Deutschlandsender, Radio DDR 1, Radio DDR 2, Berliner Rundfunk, seit 1964 das Jugendradio DT 64). In Folge einer Grundsatzentscheidung des

Bundesverfassungsgerichts (1981) wurden seit Mitte der 1980er Jahre auch private, nicht durch öffentliche Gebühren finanzierte Rundfunksender (Hörfunk und Fernsehen) in der Bundesrepublik zugelassen. Die auf Langwelle, Mittelwelle, Kurzwelle und Ultrakurzwelle gesendeten Hörfunkprogramme werden heute über Funktürme, Satelliten oder das unterirdisch verlegte Kabelnetz ausgestrahlt.

Schon in den ersten Jahren des Hörfunks interessierten sich Schriftsteller für die literarischen Möglichkeiten des neuen Mediums. Seit 1924 entwickelte sich das Hörspiel zu einer eigenen Gattung der Literatur. In der Zeit der Weimarer Republik verfassten Autoren wie Bertolt Brecht und Alfred Döblin die ersten Beiträge zur Theorie des Rundfunks und des Hörspiels. Literatur (in Form von Hörspielen, aber auch Lesungen aller Art) und Literaturkritik (in Form von Rundfunkreden, Radioessays und -features) waren bis in die 1980er Jahre hinein ein bedeutendes Programmsegment des Hörfunks. Inzwischen geht ihr Gewicht mit dem Anteil der Wortbeiträge überhaupt zurück, weil die meisten Programme der öffentlich-rechtlichen Anstalten sich an die musiklastige Programmgestaltung der konkurrierenden Privatsender anpassen. Trotzdem spielt der Hörfunk noch immer eine wichtige Rolle als Arbeitgeber von festangestellten Autoren und Auftraggeber für freie Schriftsteller.

Die technischen Schritte – angefangen mit der bereits 1843 formulierten Idee, ein feststehenden Bild in Helligkeitspunkte zu zerlegen, bis zu dem 1934 vorgestellten Verfahren der vollelektronischen Übertragung von bewegten Bildern –, die im Laufe eines Jahrhunderts zum Fernsehen führten, lassen sich hier nicht darstellen. Seit 1935 strahlte in Berlin der «Sender Paul Nipkow» Fernsehsendungen aus, die in einigen wenigen ‹Fernseh-Stuben› empfangen werden konnten. Nach der 1939 erfolgten Gründung der «National Broadcasting Company» (NBC) und des «Columbia Broadcasting System» (CBS) entwickelte sich das Fernsehen zunächst in den USA zu einem Massenmedium. In der Bundesrepublik startete Weihnachten 1953 der Nordwestdeutsche Rundfunk ein Fernsehprogramm, aus dem 1954 das «Deutsche Fernsehen» der ARD hervorging, 1961 folgte das «Zweite Deutsche Fernsehen», kurz ZDF. Nach vier Versuchsjahren gründete die DDR 1956 den «Deutschen

Fernsehfunk», kurz DFF, der ab 1969 zwei Programme anbot. In der Bundesrepublik wurde 1967 das Farbfernsehen eingeführt, seit Mitte der 1980er Jahre durften private Fernsehsender den Betrieb aufnehmen (zuerst RTL und SAT 1), unter denen es auch Anbieter von Pay TV gibt (Premiere World).

Ähnlich wie der Hörfunk eröffnete auch das Fernsehen der Produktion und Rezeption von Literatur neue Möglichkeiten. In Analogie zum Hörspiel ließe sich das Fernsehspiel als eine literarische Gattung im erweiterten Sinn bezeichnen. Die Adaptation von Theateraufführungen im Fernsehen und die Produktion von Literaturverfilmungen für die Bedingungen dieses Mediums (Beispiel: Rainer Werner Fassbinders Verfilmung des Romans «Berlin Alexanderplatz» in 14 Teilen für die ARD, 1980) sind als spezifische Formate zu nennen. Auch für die Literaturkritik hat das Fernsehen eigene Formate entwickelt, etwa das Literatur- und Kulturmagazin oder das Literaturgespräch (Beispiel: die Sendereihe «Das literarische Quartett» im ZDF, 1988–2001).

Die in den 1970er Jahren beginnende und in den 1980er Jahren beschleunigte Verbreitung des Personal Computers bedeutete zunächst, dass die bis dahin gebräuchlichen Schreibmedien der Handschrift (Bleistift, Füllfederhalter, Kugelschreiber etc.) und der Maschinenschrift (Schreibmaschine) ergänzt oder ersetzt wurden. Heute geben die meisten Schriftsteller und Wissenschaftler der jüngeren Generationen ihre Texte direkt in den Computer ein. Die Weiterentwicklung der Textverarbeitungsprogramme führte auch dazu, dass die Autoren über das Schreiben der Texte hinaus Aufgaben übernehmen, die bis dahin zu den Pflichten des Verlags gehörten (Formatierung des Textes für die wissenschaftliche Publikation). Umgekehrt fielen damit Arbeitsplätze für Korrektoren, Schriftsetzer und Hersteller im Verlagswesen weg. Die auf dem Internet basierende Einführung von Online-Medien hat für die Textproduktion und Textrezeption noch weitergehende Folgen. Während die E-Mail zunehmend den Brief ersetzt und das Telefon ergänzt, ermöglicht der seit 1992 arbeitende World-Wide-Web-Browser seinen Nutzern sowohl die direkte Veröffentlichung eigener Text-, Bild- und Tondokumente als auch den direkten Zugriff auf andere Publikationen. Die durch das WWW gebotenen Möglichkeiten der interaktiven Kommunikation werden nicht nur für den Austausch von Informationen und die Speicherung von Wissen (Beispiel: das Online-Lexikon von Wikipedia) genutzt, sondern auch für die kollektive Herstellung von Literatur.

Seit einigen Jahren gehen immer mehr Verlage dazu über, literarische Texte parallel als Buch und auf einem Tonträger zu veröffentlichen, weil sich die medialen Vorlieben des literarischen Publikums entsprechend verändern. Mit dem ‹Hörbuch› gewinnt die mündliche Repräsentation literarischer Texte wieder an Bedeutung, die durch die Entwicklung schriftlicher Medien in der Geschichte der Neuzeit zurückgedrängt worden war.

VIII. Ergänzungsmodul Deutsche Nachkriegs- und Gegenwartsliteratur

Das Ergänzungsmodul führt auf historisch vermittelnde Weise an das aktuelle literarische Leben der Gegenwart heran. Obwohl seit dem Ende des Zweiten Weltkriegs mehr als ein halbes Jahrhundert vergangen ist, ist die Literatur der Gegenwart immer noch eng verklammert mit der Nachkriegsliteratur. Autoren wie Günter Grass, Martin Walser, Hans Magnus Enzensberger, Rolf Hochhuth und Christa Wolf, die ihre ersten Werke in den 1950er und 1960er Jahren publiziert haben, bestimmen weiterhin das Bild der deutschen Literatur.

Die europäische Nachkriegsordnung macht eine für den einzelnen Leser oft nicht nachvollziehbare Unterscheidung zwischen *deutschsprachiger* und *deutscher* Literatur erforderlich. Während in der langen Geschichte deutscher Literatur der Zusammenhang von Sprache, Territorium und Nation so unscharf und wechselhaft blieb wie die nationalstaatliche Entwicklung, wird 1945 nach der Niederlage des sogenannten Großdeutschen Reichs eine auf räumliche Unveränderbarkeit zielende Friedensordnung durchgesetzt. Sowohl in Österreich als auch in der Schweiz blühen eigenständige Literaturen auf, die zur kulturellen Identität ihres Heimatlandes einen Beitrag leisten. Dennoch wachsen rasch neue Gemeinsamkeiten heran. Den Antiprovinzialismus, das Bestreben, künstlerisch den Anschluss an die globalisierte Moderne zu gewinnen, die Distanz zur Macht und eine grundlegende Sprachskepsis teilen sie mit der westdeutschen Nachkriegsliteratur. Ebenso wie diese misstrauen sie der ‹zweiten› deutschen Literatur, die nach der Spaltung Deutschlands in der DDR entsteht, und lehnen deren Staatsnähe und antimodernes ästhetisches Programm des «Sozialistischen Realismus» ab.

Im Blick auf die deutsche Nachkriegsliteratur kann man sich, ohne damit die eigenständigen Entwicklungen in den beiden Nachbarländern zu erfassen (vgl. dazu Schmidt-Dengler 1995; Zeyringer 1999; Pezold 1991), auf die Formel einigen, dass Schweizer und österreichische Schriftsteller, zumal wenn sie regelmäßig in deutschen Verlagen veröffentlicht und auf deutschen Bühnen gespielt werden wie Ingeborg Bachmann, Friedrich Dürrenmatt, Max Frisch, Peter Handke oder Thomas Bernhard, im Literaturbetrieb in Deutschland eine wichtige Rolle als Intellektuelle gespielt haben bzw. spielen, die ihre Staatsbürgerschaft zweitrangig erscheinen lässt. Ähnliches gilt für Autoren wie Hermann Hesse, Elias Canetti, Paul Celan, Nelly Sachs, Peter Weiss oder Erich Fried, die aus unterschiedlichen Gründen nach ihrem Fortgang bzw. ihrer Vertreibung nicht dauerhaft aus ihrem jeweiligen Exil nach Deutschland (oder Österreich) zurückkehren mochten.

In der Literaturentwicklung nach 1945 lassen sich drei Phasen unterscheiden, deren Einschnitte durch politische Ereignisse markiert sind.

- Die erste Phase (1945–1949) beginnt nach der Niederlage und Vernichtung der NS-Herrschaft und ist durch eine Neuorientierung und den Wiederaufbau des Literatursystems in den vier Besatzungszonen mit der Perspektive eines vereinten Deutschlands gekennzeichnet. Die durch die Gründung zweier deutscher Staaten vollzogene Spaltung lässt solche Hoffnung bald als illusorisch erscheinen.
- Die zweite große Phase (1949–1990) wird durch die unterschiedliche Entwicklung zweier deutscher Literaturen als Folge der Spaltung bestimmt, die mehr als eine territoriale Aufteilung darstellt. Die innerdeutsche Grenze bildet die Frontlinie der Einflusssphären der beiden Supermächte USA und UdSSR. Sie trennt zugleich zwei verschiedene Gesellschaftsordnungen und politische Systeme. Obwohl Beziehungen vielfältiger Art zwischen westdeutschen und ostdeutschen Schriftstellern und Lesern mit wechselnder Intensität gepflegt werden, entstehen in dieser Phase zwei konkurrierende literarische Felder mit jeweils eigenen Regeln, literarischen Programmen, Werten, sozialen Rollen und Machtstrukturen. Die Differenzen sind im ersten Jahrzehnt größer als in den Jahren vor dem Zusammenbruch der DDR.

- Die dritte Phase (1990 bis heute) lässt sich nur vorläufig beschreiben. Ihr Beginn ist dadurch gekennzeichnet, dass die meisten Institutionen, die das Literatursystem der DDR getragen haben, zusammenbrachen, zerstört wurden oder wie die Literaturzeitschriften an Bedeutung einbüßten. Gleichzeitig setzte eine bis heute nicht abreißenden Serie von Selbstverständigungsdebatten ein. Vehemente Kritik richtet sich zunächst gegen die Verstrickungen der kritischen DDR-Literatur in das System und kurz darauf gegen führende Repräsentanten der westdeutschen Nachkriegsliteratur und deren politisch-moralische Autorität als Intellektuelle in öffentlichen Diskursen. Diese Kämpfe, die sich auch als verzögerter literarischer Generationenkonflikt zwischen den ‹Großvätern› und ‹Enkeln› deuten lassen, konnten für eine gewisse Zeit die tiefgreifenden Veränderungen im Literatursystem verdecken, die sich seit den 1970er Jahren ankündigten und nun kaum noch zu übersehen waren. In einer Mediengesellschaft, wie sie sich in der Gegenwart formiert hat, verliert die Literatur ihre intellektuelle Leitfunktion. Die Aufmerksamkeit richtet sich immer weniger auf das ästhetisch Innovative und Bedeutsame, sondern zunehmend wie bei den anderen Medien auf das Interessante, Informative und Unterhaltsame.

Die Ausgangssituation nach dem Krieg weckte bei den Schriftstellern sowohl in der Sowjetisch Besetzten Zone (SBZ) als auch in den drei Westzonen die Illusionen über einen Neuanfang in der ‹Stunde Null›. Die materiellen Grundlagen des Literatursystems waren weitgehend zerstört und die Ressourcen gering. Doch der elementare Wiederaufbau des literarischen Lebens ließ sich nicht vom Vorangegangenen trennen. Dazu zählte der Umgang mit jenen Autoren, die behaupteten, trotz äußerlicher Anpassung zwischen 1933 und 1945 durch ‹innere Emigration› eine nichtnationalsozialistische Literatur auf deutschem Boden vertreten zu haben (vgl. Schnell 1998, 120–160). In einer scharf geführten Debatte um die Nichtrückkehr Thomas Manns nach Deutschland bildete sich ein erstes Umgangsmuster mit der NS-Zeit heraus. Mitläufer und Zuschauer rechneten Verbrechen des Nationalsozialismus gegen persönlich erlittenes Leid, Benachteiligungen, Kriegsschäden, Flucht und Vertreibung auf und bestritten den Exilierten das Recht auf eine Beurteilung der Lage in Deutschland. In der frühen Bundesrepublik setzten sich zunächst diejenigen Autoren durch, die sich der ‹inneren Emigration› zurechneten. Die Gründe für ihren Erfolg beim vorwiegend bildungsbürgerlichen Publikum waren vielschichtig. Zuallererst teilten sie die ästhetischen Werte und Normen ihrer Leser. Als im ‹Reich› Gebliebene boten sie ein größeres Identifikationspotential als die widerständigen Exilanten, die ihre Existenz verloren hatten. Sie schufen in ihren Werken Verarbeitungsmuster, die den Einzelnen von Schuld freisprachen und den Nationalsozialismus in eine Globalkritik an der Moderne als Ausdrucksform ungeistiger Massenherrschaft einordneten. Und sie leisteten semantische Umcodierungen, indem sie, anstatt von Verbrechen, Massenvernichtung, Rassismus usw., von der Krise abendländischer Kultur, von Schicksal und Unheil und von der Entweihung des Geistes redeten.

Auf vormoderne Traditionen der Literatur griff auch eine literarische Strömung zurück, deren Einfluss im ersten Nachkriegsjahrzehnt erheblich war. Für sie hat sich der nicht unproblematische Begriff *Magischer Realismus* eingebürgert (vgl. Scheffel 1990), der ebenfalls für vergleichbare Richtungen in anderen Ländern Europas und Lateinamerikas gebräuchlich ist. In den Werken von Ernst Kreuder, Hermann Kasack, Elisabeth Langgässer u.a. und in der sogenannten *Naturlyrik* von Wilhelm Lehmann, Peter Huchel u.a. werden programmatisch poetologische Konzeptionen der Romantik und des Symbolismus wiederaufgenommen, allerdings nicht ungebrochen. Im Rückgriff erweist sich aus Sicht der Autoren die ästhetische Souveränität einer selbstkritischen Moderne, die mit ihren Destruktions- und Innovationskonzepten gescheitert sei.

Von den Exilschriftstellern kehrten nicht wenige nur zögerlich in den Westteil Deutschlands zurück. Die Auseinandersetzung um Thomas Mann hatte offengelegt, dass die Haltung, in der Migration das ‹andere›, geistige Deutschland repräsentiert zu haben, nicht uneingeschränkt anerkannt wurde. Eine nicht geringe Zahl ging in die SBZ/DDR (Bert Brecht, Anna Seghers, Arnold Zweig, Stefan Heym u.a.), Thomas Mann ließ sich endgültig in der deutschsprachigen Schweiz nieder.

Die *literarische Moderne* gelangte nun erfolgreich durch die Überset-

zungen, Theateraufführungen und Programmschriften der wichtigsten Repräsentanten zeitgenössischer ausländischer Literatur mit Verspätung nach Deutschland. Drei Einflusslinien lassen sich ausmachen, deren Spuren sich später in nahezu sämtlichen Werken deutscher Nachkriegsschriftsteller finden lassen:
- die breite Rezeption amerikanischer und englischer Erzähler, Dramatiker und Lyriker wie Ernest Hemingway, John Steinbeck, Thomas Wolfe, Thornton Wilder, William Faulkner, Ezra Pound, T.S. Eliot, Eugene O'Neill, Tennessee Williams;
- die nachhaltige, den intellektuellen Lebensstil prägende Aufnahme der französischen Existenzialisten Jean-Paul Sartre und Albert Camus;
- die Wiederentdeckung und Paradigmatisierung Franz Kafkas zu einem Dichter deutscher Sprache weltliterarischen Rangs.

Die Wiederkehr der Moderne lässt sich nicht vom Auftritt einer Gruppe deutscher Autoren trennen, die sich selbst als die *Junge Generation* bezeichneten (Heinrich Böll, Wolfdietrich Schnurre, Wolfgang Weyrauch, Wolfgang Borchert, Alfred Andersch, Luise Rinser, Walter Kolbenhoff, Günther Weisenborn u.a.). Mit ihnen lassen sich am ehesten die Schlagworte ‹Stunde Null›, ‹Kahlschlag› oder ‹Trümmerliteratur› verbinden. Ein Teil dieser Schriftsteller fand sich in der «Gruppe 47» wieder, die für zwei Jahrzehnte das Bild der westdeutschen Nachkriegsliteratur prägte.

In der Übergangsphase zeichneten sich in allen Besatzungszonen vergleichbare literarische Strömungen ab. Doch die drohende Teilung Deutschlands und der allmähliche Übergang zu einem ‹Kalten Krieg› führten zu einer anderen Entwicklung im Ostteil des Landes. Dort erfuhr die Literatur als Mittel zur geistigen ‹Säuberung› einer von inhumanen Ideologien wie dem Rassismus durchdrungenen Gesellschaft und zur Schaffung neuer moralischer Werte eine außerordentliche Wertschätzung. Die unterschiedlichen literarischen Richtungen wurden zunächst unter dem Schlagwort des *kulturellen Antifaschismus* organisatorisch im 1947 gegründeten «Kulturbund zur demokratischen Erneuerung Deutschlands» zusammengebracht. Viele Künstler verließen diesen, als die demokratische Erneuerung in eine Politik zur Schaffung eines sozialistischen Staates umschlug. Die politische Doppelstrategie der Übergangsphase, ein sämtliche soziale Schichten umfassender Antifaschismus und eine auf die «Herrschaft der Arbeiter und Bauern» zielende Sozialismuskonzeption, hatte erkennbare Auswirkungen auf das literarische Feld. Sie verhalf drei literarischen Traditionslinien zu einer Vorrangstellung. Es handelte sich dabei erstens um das sogenannte humanistische Erbe, einen Kanon deutscher Literatur von Lessing über Goethe und Schiller, Heinrich Heine bis zu Thomas Mann, zu dessen Pflege die öffentlichen Institutionen verpflichtet wurden, und zweitens um die Werke bestimmter ‹bürgerlich-humanistischer› Exilschriftsteller, von denen Heinrich Mann, Lion Feuchtwanger, Leonhard Frank und Arnold Zweig in den 1950er Jahren zu ‹Ersatzklassikern› der Moderne (so der Literaturhistoriker Hans Mayer) avancierten, und nicht zuletzt um die von der sowjetischen Militäradministration durch Übersetzungen, Artikel, Theaterinszenierungen usw. geförderte zeitgenössische Sowjetliteratur.

Es ging also insgesamt um Werke und Schriftsteller, die nicht im Zentrum der Entwicklung der Moderne standen, und mehr noch um eine Traditionspflege, die solche Werke wie die Kafkas oder der Expressionisten ausgrenzte. Nach 1945 lief in der Sowjetunion mit dem «Kampf gegen Formalismus und Kosmopolitismus» eine Anti-Modernismus-Kampagne an, die seit dem Anfang der 1950er Jahre auch in der DDR geführt wurde. Der literarische Traditionalismus, der durch derartige populistische Maßnahmen noch gestärkt wurde, koppelte die Literaturentwicklung in der DDR für lange Zeit von der europäischen Moderne ab (vgl. Erbe 1993).

Seit Gründung der DDR wurde in einer ersten Phase (1949–1961) der literarische Raum Schritt für Schritt an entscheidenden Stellen mit kontrollierbaren Institutionen wie dem Schriftstellerverband und kontrollierenden Einrichtungen wie dem «Amt für Literatur- und Verlagswesen» (später eine Hauptabteilung des Kulturministeriums) besetzt. Mit dem «Sozialistischen Realismus» wurde zudem ein ästhetisches Leitkonzept verbindlich. Literatur wurde auf wenige Funktionen wie die ‹Erfüllung› des ‹Auftrags› der Gesellschaft beim Aufbau des Sozialismus reduziert. Die mangelnde künstlerische Produktivität, eine

Folge der strukturellen Defizite des geschaffenen Literatursystems, konnte spätestens zwischen 1959, als die junge westdeutsche Literatur mit Heinrich Böll, Günter Grass, Martin Walser u.a. ihre großen Erfolge feierte, nicht mehr übersehen werden (vgl. Bogdal 2004).

In einer zweiten Phase (1961–1976) ging die direkte parteipolitische Kontrolle und Zensur in Formen abgestufter Selbstkontrolle über. Staat und Partei beschränkten sich auf gezielte Interventionen wie die massive Kritik an Christa Wolf und Rainer Kunze 1969, die Ausweisung des Lyrikers und Sängers Wolf Biermann 1976 oder die Ausschlüsse von Stefan Heym u.a. aus dem Schriftstellerverband 1979. Der Literatur wurden nun weiterreichende gesellschaftliche Funktionen und Aufgaben zugestanden, die zugleich mit einer sozialen Aufwertung des Schriftstellerberufs verbunden waren. Im Zentrum stand in dieser Phase die pädagogische Vorstellung, dass die Literatur an der *Persönlichkeitsentwicklung* der Individuen in der sozialistischen Gesellschaft mitwirken und diese um ästhetische Dimensionen bereichern könne. In den 1960er und frühen 1970er Jahren, der Blütezeit der DDR-Literatur, veröffentlichten Autoren von Erwin Strittmatter, Christa Wolf, Hermann Kant, Erik Neutsch, Volker Braun über Heiner Müller und Jurek Becker bis zu Ulrich Plenzdorf wichtige und bei den Lesern erfolgreiche Werke. Stand bis dahin die Darstellung des Kollektiven im Vordergrund, so wandten sich die Werke jetzt den Lebensentwürfen des Einzelnen innerhalb der durch den Sozialismus gezogenen Grenzen zu. Dies verlangte eine Erweiterung des Spektrums literarischer Formen, die unter dem Schlagwort «Weite und Vielfalt des sozialistischen Realismus» von den Autoren immer wieder ausgehandelt werden musste. Von staatlicher Seite wurde jede Rücknahme direkter, offener Kontrolle durch den umfassenden Ausbau der heimlichen Überwachung durch die ‹Staatssicherheit› kompensiert.

Eine letzte Phase (1976–1990) begann mit der Ausbürgerung Biermanns und den daraus resultierenden Loyalitätskonflikten der Schriftsteller. In den folgenden, durch äußerste Schärfe charakterisierten und vor dem Hintergrund repressiver Maßnahmen des Staates geführten Auseinandersetzungen innerhalb und außerhalb des Schriftstellerverbandes lassen sich drei Positionen unterscheiden:

Eine erste Gruppe, die schon die Erweiterung der Spielräume seit den 1960er Jahren als strategischen Fehler verurteilte und zum Literatursystem der Anfangsjahre, in dem die Funktion des Schriftstellers nicht von seinem politischen ‹Auftrag› zu trennen war, zurückkehren möchte. Eine große Gruppe um den Verbandsvorsitzenden Hermann Kant, die keine Alternative zur Politik der kontrollierten Erweiterung sah und, bei scharfer Abgrenzung zum politischen System der Bundesrepublik, Spielräume mit den politisch Herrschenden neu aushandeln möchte. Die dritte Gruppe, in der sehr unterschiedliche Persönlichkeiten von Stefan Heym und Jurek Becker über Heiner Müller und Christoph Hein bis zu Christa Wolf zusammenfanden, gelangte zu der Überzeugung, dass die Spielräume zu eng für eine Weiterentwicklung in ästhetischer und thematischer Hinsicht geworden seien. Ihre Forderungen zielten darauf ab, die künstlerische Autonomie der Schriftsteller zurückzugewinnen. Ob man sich durch Selbstverlage dem kontrollierten Publikationssystem der DDR entzog wie die Autoren des «Prenzlauer Bergs» in den 1980er Jahren, ob man aus dem Schriftstellerverband austrat wie Jurek Becker, ob man ohne behördliche Erlaubnis in der Bundesrepublik publizierte wie Stefan Heym oder ob man öffentlich die Abschaffung der Zensur forderte wie Christoph Hein: Alle diese Handlungen liefen auf eine Aufhebung des dysfunktional gewordenen Literatursystems hinaus, dessen Ende mit dem Ende der DDR zusammenfiel.

Die Literatur in der Bundesrepublik entwickelte sich auf marktwirtschaftlicher Grundlage. Autoren, Verlage und Buchhandel befanden sich in einer Konkurrenzsituation. Einkommen, Gewinn und Existenz hingen vom Kaufverhalten der Leser ab. Der Staat nahm eine zwiespältige Position ein, denn er durfte nicht wie die NS-Diktatur direkten Einfluss nehmen, hatte aber die grundgesetzliche Verpflichtung, Kunst, Kultur und Wissenschaft zu bewahren und zu fördern. So entstand die Vorstellung, dass er, angesichts der wachsenden kommerziellen Massenkultur, der ‹hohen› Kunst einen ökonomischen Freiraum schaffen müsse. In Folge wuchs seit den 1950er Jahren ein direktes und indirektes Subventionierungssystem heran. Es reichte von der Unterstützung der Theater über Literaturpreise und Druckkostenzuschüsse bis zum halbierten Mehrwertsteuersatz für Bücher. Dieses System verband sich mit dem marktwirtschaftlichen Sektor zum *Literaturbetrieb*, der eine Eigendynamik entwickelte. Für den literarischen Erfolg wurde zunehmend von Bedeutung, wer innerhalb dieses ‹Betriebs› welche Position einnahm und damit Einfluss ausüben konnte. Zu einem mächtigen Netzwerk wuchs gegen Ende der 1950er Jahre die «Gruppe 47» heran. Zu ihren Stärken zählte, dass sie regelmäßig Schriftsteller, Literaturkritiker, Verleger und Lektoren zusammenbrachte. In den 1950er und 1960er Jahren erfreuten sich die Schriftsteller in der Rolle unabhängiger Intellektueller beträchtlicher Reputation. Sie bildeten in den geistigen Auseinandersetzungen um die Grundorientierung der Bundesrepublik ein Gegengewicht zur herrschenden Politik der sogenannten Adenauer-Ära. Diese Phase war durch politischen und gesellschaftlichen Konservatismus, Verdrängung und Verschweigen der NS-Vergangenheit auf der einen, durch einen enormen wirtschaftlichen Aufschwung und die Versöhnung mit den westeuropäischen Nachbarn auf der anderen Seite gekennzeichnet. Die Mehrheit der Schriftsteller von der ‹Jungen Generation› bis zum Präsidenten des deutschen PEN-Zentrums, Erich Kästner, übernahm politische Verantwortung auf eine neue Weise. Ihr Selbstbild des *freien Schriftstellers* in einer Demokratie, der sich nonkonform gegenüber der Mehrheitsmeinung verhält, durfte durch politische Interventionen nicht diskreditiert werden. Deshalb waren die strikte Abgrenzung zum Nationalsozialismus und der Kampf gegen sein Fortwirken in Deutschland, aber auch die Distanz zur kommunistischen DDR wesentlich für das Selbstverständnis. Die Gruppe 47, keine institutionalisierte Vereinigung, sondern eine regelmäßige Zusammenkunft von Schriftstellern unterschiedlicher politischer und poetologischer Auffassungen, spiegelte dieses Politikverständnis wider (vgl. Gilcher-Holtey 2000).

Die beiden originellsten Erzähler der ersten Phase westdeutscher Literatur (1949–1959), Wolfgang Köppen und Arno Schmidt, blieben allerdings der Gruppe 47 fern, und der bedeutendste Lyriker dieser Zeit, Paul Celan, fühlte sich dort fremd. Zusammen mit Peter Weiss, dessen erste Prosawerke in der Nachfolge des Surrealismus zu sehen sind, setzten sie formbewusst die Traditionen des modernen Erzählens fort.

Die Mehrzahl der erfolgreichen Romanautoren von Heinrich Böll über Alfred Andersch bis zu Martin Walser eignete sich diese Tradition auf eine gemäßigte, das Experiment scheuende Weise an und schrieb in einem realistisch-sozialkritischen Stil. Thematisch bildeten sich zwei Schwerpunkte heraus: die Auseinandersetzung mit den Kriegserfahrungen und später der NS-Vergangenheit sowie die Kritik an der bundesrepublikanischen ‹Wohlstandsgesellschaft›. 1959 erreichte diese Entwicklung mit drei erzählerisch ambitionierten und auch international außerordentlich resonanzreichen Werken ihren Höhepunkt: mit Günter Grass' «Die Blechtrommel», Heinrich Bölls «Billard um halbzehn» und Uwe Johnsons «Mutmaßungen über Jakob».

In der Nachkriegslyrik lässt sich eine vergleichbare Entwicklung beobachten (vgl. Korte 1989). Doch während es mit Ausnahme Thomas Manns keinem der bedeutenden deutschen Erzähler der Moderne wie Alfred Döblin, Hermann Broch oder Hans Henny Jahnn gelang, im Literaturbetrieb Anerkennung zu finden, kehrte der Lyriker Gottfried Benn trotz seiner 1933 gesuchten Nähe zum Nationalsozialismus in den 1950er Jahren erfolgreich als Wiedergänger der Moderne in den Literaturbetrieb zurück (vgl. Lethen 2006). Den jüngeren Lyrikern von Ingeborg Bachmann über Karl Krolow bis zu Ernst Meister erschienen sämtliche sprachliche Ausdrucksmöglichkeiten ‹vergiftet›, die sich der Faschismus dienstbar gemacht hatte. Daher bedienten sie sich einer lakonischen, unprätentiösen Sprache, die an Benns Artistik geschult wurde. In den häufig selbstreflexiven Gedichten wurde eine Poetologie vorgetragen und praktiziert, die im ästhetischen Neuen die Chance zur Überwindung des Vergangenen sah. Die Kunst schuf den notwendigen Abstand zu einer verunstalteten Geschichte, indem sie, anders als bei Benn, wieder zeitgemäß wurde. Paul Celan und Nelly Sachs nahmen die Sprache auf eine andere Weise ernst. Sie wollten ihre Kraft erproben, Erinnerungen an Auschwitz und die Shoah auszusprechen, für die es keine Worte mehr zu geben schien. Gänzlich anders versuchte die *experimentelle Lyrik* der späten 1950er und 1960er Jahre Anschluss an die europäische Avantgarde zu gewinnen, die sich in Österreich besser durchsetzte als in Deutschland. Die Bezeichnung ‹experimentell› weist auf eine andere Form ästhetischer Wahrnehmung: die durch Verfremdung oder Schock ausgelöste Wirkung des Augenblicks. Für diese Richtung setzte sich trotz erheblicher Unterschiede der Begriff *Konkrete Poesie* durch. Diese radikalisierte die Sprachskepsis der Moderne, indem sie die Möglichkeiten, im Gedicht zu einem subjektiven Ausdruck zu finden, jemanden zu überzeugen oder Wahrheiten darzustellen, nicht mehr ergriff. Unter dem Einfluss der strukturalen Linguistik wandte sie sich dem ‹Material› der Sprache (Graphemen, Phonemen, Layout) zu.

Die zweite Phase bundesrepublikanischer Literatur (1959–1972) ist in den tiefgreifenden Wandlungsprozess einer «Gesellschaft im Aufbruch» (vgl. Korte 1987) eingebettet und durch eine *Politisierung der Schriftsteller* charakterisiert. Angesichts der Stagnation der wirtschaftlichen Entwicklung und eines den Herausforderungen des wissenschaftlich-technischen Sektors nicht mehr gewachsenen Bildungssystems wuchs die Bereitschaft, auf fast allen Gebieten Veränderungen zu wagen und Reformprogramme unterschiedlicher Reichweite zur Debatte zu stellen. Zunehmend artikulierte sich das Bedürfnis, die als beengend empfundenen Lebensentwürfe der Nachkriegsphase um solche Dimensionen zu erweitern, die bis dahin außerhalb der Normalitätsvorstellungen lagen. Dies betraf vor allem generationsspezifische Lebensweisen von Jugendlichen in einer ‹pädagogikfreien› Jugendkultur, aber ebenso den Umgang mit der stetig wachsenden Freizeit für die Arbeiterschicht, die Forderung von Frauen nach gleichberechtigter Partizipation an allen gesellschaftlichen Entscheidungen und schließlich die Anerkennung und den Schutz von Minderheiten, z. B. mit anderer sexueller Orientierung. Die genannten Gruppen äußerten sich zunehmend außerhalb der politischen Parteien und suchten den Anpassungsdruck durch öffentlichkeitswirksame Gegenoffensiven zu mindern. Die Literatur geriet rasch in den Strudel der Auseinandersetzungen um die Zukunftsgestaltung der westdeutschen Gesellschaft. Nicht wenige Schriftsteller gaben ihre nonkonformistische Haltung auf und engagierten sich direkt in politischen Initiativen oder sogar zeitweise parteipolitisch wie Günter Grass und Peter Rühmkorf für die SPD oder Martin Walser und Franz Xaver Kroetz für die Kommunistische Partei. In den Jahren 1966 bis 1972 gewannen sogenannte *operative Literaturfor-*

men wie das Straßentheater, das politische Lied (Wolf Biermann), die Sozialreportage (Günter Wallraff), die Sozialdokumentation (Ulrike Meinhof) oder die Betriebsliteratur (Gruppe 61; Literatur der Arbeitswelt) an Attraktivität. Auch die bedeutenden Schriftsteller wie Heinrich Böll (Nobelpreis 1972) und Peter Weiss griffen mit Werken («Die verlorene Ehre der Katharina Blum», 1974; «Viet Nam Diskurs», 1968; «Gesang vom Lusitanischen Popanz», 1968) unmittelbar in die Tagespolitik ein. Die gesteigerte öffentliche Aufmerksamkeit für das gesellschaftliche Engagement von Schriftstellern schlug sich am deutlichsten in den außerordentlichen Erfolgen des politischen Theaters nieder. Herrschten in den 1950er Jahren Roman und Lyrik vor, so sprach man von den 1960er Jahren als dem Jahrzehnt des deutschsprachigen Gegenwartstheaters. Die Uraufführungen von Rolf Hochhuths «Der Stellvertreter» (1963), Peter Weiss' Dokumentarstück über den Frankfurter Auschwitzprozess «Die Ermittlung» (1965) oder Heinar Kipphardts «In Sachen J. Robert Oppenheimer» (1964) waren öffentliche Ereignisse, die den Anlass für die überfälligen Selbstverständigungsdebatten der jungen Bundesrepublik boten.

An den Diskussionen über Schuld und Erinnerung, Mittäterschaft und Mitläufertum, Zivilcourage und Forscherethik beteiligte sich nun auch die Generation der späteren ‹Achtundsechziger›. Diese nahmen die von der Kritischen Theorie geübte Kritik an der ‹Überflussgesellschaft› und ihrer ‹Kulturindustrie›, die die Bildung autonomer, selbstbewusster, mündiger Individuen verhindere, auf und verbanden sie mit radikalen Emanzipationsvorstellungen. Die Frage nach der Funktion der Literatur und ihrer politischen Wirksamkeit in einer solchen Gesellschaft wurde in zunehmender Schärfe gestellt. Sie wurde aber auch im berühmten 15. Heft des von Hans Magnus Enzensberger und Karl Markus Michel herausgegebenen «Kursbuchs» (1968) in einer Debatte über den «Tod der Literatur», in dem die Diagnose eines Funktionsverlustes überwog, nicht klar beantwortet. Das literarische Leben um 1970 erscheint vielfältig und zugleich unübersichtlich, wenn man an so unterschiedliche Debüts wie die von Hubert Fichte, Peter Handke, Elfriede Jelinek (Nobelpreis 2004) oder Rolf Dieter Brinkmann denkt. Vereinfacht lassen sich vier Positionen unterscheiden:

- die Fortführung des nonkonformistischen Schreibens unter stärkerer Betonung gesellschafts- und konsumkritischer Aspekte;
- das Projekt einer politisch ‹eingreifenden› Literatur, die von sozialistischen und anarchistischen bis zu ästhetisch-avantgardistischen Positionen reicht und zum Teil von alternativen Subkulturen getragen wird;
- das Projekt individueller Selbstverwirklichung durch Literatur («Neue Subjektivität»);
- die Anfänge postmoderner Literatur, die sich bewusst der Verpflichtung auf konkrete politische und ästhetische Programme entzieht und sich aus dem reichen kulturellen Archiv vergangener Literaturen und dem Repertoire zeitgenössischer Massenkultur bedient (vgl. Renner 1988).

Die beiden letztgenannten Positionen bestimmten das Bild der nächsten Phase (1972–1990). Autoren wie Peter Handke («Die Stunde der wahren Empfindung», 1975) und Nicolas Born («Die erdabgewandte Seite der Geschichte», 1976) wandten sich demonstrativ von jeglicher ‹Stellvertreterliteratur› für die Unterdrückten und Benachteiligten ab und erkundeten bei gleichzeitig geschärfter Gefühlswahrnehmung in ihren Texten auf subjektive, den analytischen Blick und die Verallgemeinerung vermeidende Weise individuelle Erfahrungen von Leid und Erfüllung. In die biographischen Leerräume des gescheiterten ‹Aufbruchs› der Achtundsechziger schrieben sie Geschichten gelingender oder scheiternder Neuorientierung und Selbstverwirklichung ein. Autobiographische Texte dominierten, auch in der *Frauenliteratur*, die in den 1970er Jahren im Zuge der Frauenbewegung große Aufmerksamkeit erfuhr. Dass ihr Interesse in der eigenen Gegenwart aufging, begrenzte ihre Wirkung.

Durch den Vorrang, der der Authentizität von Selbstwahrnehmung und -erkundung eingeräumt wurde, verlor die Frage nach den Formen des Erzählens an Bedeutung. Der Kunstlosigkeit vieler Werke dieser Zeit stellte die *postmoderne Literatur*, die sich in den 1980er Jahren durchsetzte, eine disziplinierte Erzählökonomie und formales handwerkliches Können entgegen.

Autoren wie Sten Nadolny («Die Entdeckung der Langsamkeit»,

1983), Patrick Süskind («Das Parfum», 1985) und Christoph Ransmayr («Die letzte Welt», 1988) wandten sich von der Gegenwart ab und spielten gekonnt die Stärken des Erzählens aus: die Erfindung unterhaltsamer, anekdotischer, komischer, grotesker, unheimlicher Geschichten und Figuren. Trotz inszenierter Doppelbödigkeit und zahlreicher Anspielungen auf die Gegenwart erteilten sie der Geschichtsaufarbeitung und Gesellschaftskritik eine Absage und entzogen sich weitgehend einer politisch-intellektuellen Positionierung im literarischen Feld (vgl. Renner 1988).

Werke autobiographischen Charakters begleiteten auch den langen *Abschied der Nachkriegsschriftsteller*, der immer noch andauert. In den 1970er Jahren begann mit Uwe Johnsons «Jahrestage» (1970–1983) und Peter Weiss' «Ästhetik des Widerstands» (1975–1981) eine Serie teilweise monumentaler Epochenbilanzen. Im Mittelpunkt solcher Werke wie Elias Canettis (Nobelpreis 1981) «Die gerettete Zunge» (1977), Dieter Fortes Trilogie «Das Haus auf meinen Schultern» (1992–1998), Martin Walsers «Ein springende Brunnen» (1998) und zuletzt Günter Grass' (Nobelpreis 1999) «Beim Häuten der Zwiebel» (2006) stand der Versuch, sich in der an Brüchen und territorialen Wechseln reichen Geschichte zu verorten und den Augenblick zu erkennen, in dem man seine Berufung oder Begabung als Dichter erfahren hat. Dies ist immer auch der Moment, in dem die Sprachlosigkeit angesichts kaum zu bewältigender Erfahrungen überwunden wird. Am Ende erscheint das Schreiben als Sieg über die Barbarei, weil Geschichte kommentiert und aus der eigenen Perspektive neu erzählt wird.

Die Reibungen und Widersprüche zwischen der eigenen Erinnerung und der öffentlichen Gedächtnispolitik wurden in der nächsten Phase der deutschen Literatur nach der Vereinigung (1990 bis heute) zum Thema einer beeindruckenden und beunruhigenden Erinnerungsliteratur. Sie strebte nicht mehr eine Repräsentativität der Darstellung an, sondern wollte ein spätes Zeugnis ablegen über das trotz allen Wissens Unbegriffene, Unverarbeitete und lange Verdrängte. So zerstörte Ruth Klüger in «weiter leben. Eine Jugend» (1992) die Illusion einer gemeinsamen Erinnerung von Opfern und Tätern des Nationalsozialismus (vgl. Braese 1998) und setzte sich Uwe Timm in «Am Beispiel meines

Bruders» (2003) mit dem ‹Familiengeheimnis›, der möglichen Beteiligung seines Bruders an Verbrechen der Wehrmacht, auseinander. Auf spektakuläre Weise griff Bernhard Schlink das Erinnerungsthema in seinem Erfolgsroman «Der Vorleser» (1995) auf.

Doch zunächst begann die zusammengeführte Geschichte der west- und ostdeutschen Literatur mit dem Zusammenbruch und der Zerstörung des Literatursystems der DDR (vgl. Emmerich 1996). Zugleich setzte mit den Auseinandersetzungen um Christa Wolfs Erzählung «Was bleibt» (1992) eine Serie von Selbstverständigungsdiskussionen mit einer Heftigkeit ein, die selbst um 1968 nicht zu beobachten gewesen war. Die Debatten um die Stasi-Tätigkeit bekannter DDR-Autoren (vgl. Walther 1996), Günter Grass' Roman «Ein weites Feld» (1995), Peter Handkes Eintreten für Serbien (1996) und Martin Walsers Frankfurter Rede (1998) sowie seinen Roman «Tod eines Kritikers» (2002) waren immer auch Machtkämpfe um die Deutungshoheit im Raum öffentlicher Meinungen und den Einfluss, den die Gesellschaft ihren Intellektuellen zubilligt.

Während die Literaturkritik sich auf die Suche nach dem epochalen Wiedervereinigungsroman der ‹Berliner Republik› begab und in den 1990er Jahren Jahr für Jahr erfolglos neue Kandidaten präsentierte, fand das in den 1970er und 1980er Jahren stagnierende Gegenwartsdrama mit dem *postdramatischen Theater* zu neuen Formen und Ausdrucksmöglichkeiten (vgl. Schößler 2004). In den Stücken von Elfriede Jelinek, Albert Ostermaier, Dea Loher, Rainald Goetz oder Marlene Steeruwitz wurde eine aus den Fugen geratene Welt orientierungsloser, von Gewalt und Sprachlosigkeit bestimmter Figuren gezeigt.

Entschieden verabschiedete sich die *neue Lyrik* von der politischen Funktion und dem Authentizitätsanspruch der vorangegangenen Phase. Sie kehrte auf reflektierte Weise zur Artistik der klassischen Moderne zurück. Lyrische Texte von Thomas Kling und Durs Grünbein erzeugten ihre hohe Komplexität durch ein Netz intertextueller Bezüge und den Anspruch, eine grundlegende philosophische Auseinandersetzung mit Geschichts- und Wissenschaftsbildern zu führen.

Große öffentliche Aufmerksamkeit erfuhr eine neo-avantgardistische Ausformung postmoderner Literatur, für die sich bald die Bezeichnung *Pop-Literatur* durchsetzte. Ursprünglich als ‹Szene-Literatur› innerhalb des hedonistischen Jugendmilieus Mitte der 1990er Jahre entstanden, wurde sie zur lange erwarteten neuen deutschen Literatur stilisiert. In den Texten findet eine spielerische und bisweilen provokative Aufhebung der Kluft zwischen ‹niederer› Massenkultur und ‹hoher› Kunst statt. Gezielt bedienen sich die Autoren populärkultureller Formen, setzen zur Verbreitung auf die Massenmedien und berücksichtigen die Konsumierbarkeit und Warenförmigkeit ihrer Werke. In den pop-literarischen Texten findet Leben als Medien-Leben (vgl. Parr 2004) und damit ausschließlich in der Gegenwart statt, aus deren Bann sich weder die Figuren noch die Autoren lösen können. Als die Literaturkritik und die Verlage diese Werke in dem ihnen unvertrauten Milieu entdeckten, hatten sich die kulturellen Gewohnheiten in der dort üblichen Geschwindigkeit längst geändert. Aufstieg, Fall und das Verschwinden der Pop-Literatur vollzogen sich im Aufmerksamkeitsrhythmus populärkultureller Produkte, also innerhalb eines kurzen Zeitraums.

Die Frage, an welcher Stelle man aus heutiger Sicht einen Epocheneinschnitt zwischen der Nachkriegs- und der Gegenwartsliteratur markieren kann, lässt sich nicht eindeutig beantworten. Den stärksten gesellschaftlichen Wandel offenbarte das Jahr 1968, die größte politische Veränderung ereignete sich 1990 mit der Vereinigung. Eine literaturhistorische Kontinuität, die durch bestimmte Autoren, Schreibweisen und Themen bestimmt ist, findet sich von den 1950er Jahren bis in die Gegenwart. Dem stehen tiefgreifende Veränderungen im Selbstverständnis der Schriftsteller und in der Funktionsbestimmung von Literatur entgegen, die in den 1970er Jahren einsetzten. Die gesellschaftskritische literarische Öffentlichkeit, die sich in den 1950er und 1960er Jahren herausbildete, konnte den sozialen und medialen Umbrüchen der 1970er und 1980er Jahre nicht standhalten. Ob heute gelesen wird, darüber entscheiden nicht mehr allein Bildungsgrad, finanzielle Ressourcen oder der kulturelle Kanon, sondern die Interessen, Bedürfnisse, Werte und Gewohnheiten der unterschiedlichen Milieus unserer Gesellschaft von der traditionalen Oberklasse bis zum sogenannten Prekariat. Eine Literatur, die auf diese Änderungen reagiert bzw. aus ihr hervorgeht, kann man als *Gegenwartsliteratur* bezeichnen. Ob sie den Zeitraum ihres

Entstehens überdauert, ist eine andere Frage. Ihre Chancen sind, wie die nahezu vollständig ausgebliebene Kanonisierung von Werken in den letzten 25 Jahren nahelegt, eher gering. Die vorherrschenden Publikationspraktiken, die auf öffentliche Erregung und kurzfristige Aufmerksamkeit abzielen, wie 2006 an der Debatte über die Mitgliedschaft von Grass in der Waffen-SS zu beobachten war, führen ausschließlich im jeweils aktuellen Vollzug zum Erfolg. Sie sind ‹präsentistisch›, d. h. massenmedial geprägt und lassen sich nicht auf Dauer stellen. Formen und Rituale der kulturellen Archivierung, Bewahrung und Vermittlung von Literatur verlieren dagegen an Bedeutung. Die langfristigen Auswirkungen auf die Entwicklung der Literatur lassen sich noch nicht absehen (vgl. Bogdal 2004a).

IX. Germanistische Arbeitstechniken

Wir beziehen uns an dieser Stelle nur auf diejenigen Arbeitstechniken, die in einem BA-Studium der Germanistik von den Studierenden erlernt und angewendet werden müssen. Die zum Teil hochgradig spezialisierten Forschungstechniken, die in einigen germanistischen Teildisziplinen zur Anwendung gelangen, werden hier nicht weiter erörtert.

Lesen

Das Studium der Germanistik setzt bei allen Studierenden eine hohe Lesebereitschaft voraus, schließlich konstituiert sich das Fach erst durch ein besonderes Interesse an Sprache und Literatur. Aus diesem Grund ist es für einen professionellen und wissenschaftlichen Umgang mit Sprache und Literatur für jeden Germanisten unabdingbar, sich ein breites Spektrum an Lektürepraxis sowohl in der Primär- als auch in der Forschungsliteratur anzueignen. Hier bieten kommentierte und strukturierte Leselisten eine erste Orientierung, z. B.:
- Segebrecht, Wulf 1994: Was sollen Germanisten lesen? Ein Vorschlag. Berlin.
- Griese, Sabine u. a. (Hg.) 1994: Die Leseliste: Kommentierte Empfehlungen. Stuttgart.

Schreiben einer Hausarbeit

Das Verfassen einer Hausarbeit stellt gerade beim ersten Mal viele Studenten vor erhebliche Probleme. Angesichts der tendenziell unüberschaubaren Forschungsliteratur zu fast jedem möglichen Thema, der vom Dozenten suggerierten Erwartungshaltung, des knappen Zeitbudgets, der formalen Vorgaben und des mangelnden Vertrauens in die eigene wissenschaftliche Leistungsfähigkeit schleichen sich im Zuge der Arbeit häufig Zweifel ein, ob man dem Thema überhaupt intellektuell und mit Blick auf die Niederschrift dann auch sprachlich gewachsen ist. Solche Zweifel sind vollkommen normal und kein Anlass, den Kopf in den Sand zu stecken: Auch für den Flug durch die unendlichen Weiten des Wissenschaftsraums gilt das Motto, das Douglas Adams seinem Reiseführer «Per Anhalter durch die Galaxis» auf den Deckel geschrieben hat: KEINE PANIK! Unser *Leitfaden für das Erstellen einer wissenschaftlichen Hausarbeit* führt in drei Schritten zum Erfolg.

Erster Schritt: Themenfindung
Hausarbeiten werden in der Regel im Rahmen einer bestimmten Lehrveranstaltung geschrieben, die eine spezifische Fragestellung, einen Autor, eine Epoche, eine Theorie oder Ähnliches zum Gegenstand hat. Zunächst sollte man sich von seinem Interesse leiten lassen. Folgende Fragen können eine erste Orientierung bieten:
- Welcher Aspekt, welche Fragestellung hat mich in der Veranstaltung besonders fasziniert?
- Welche(n) Text/Theorie/Ansatz würde ich dazu gerne eingehender studieren?
- Fallen mir spontan weiterführende Fragestellungen oder Querverbindungen zu anderen Themen ein?
- Lässt sich die übergreifende Fragestellung der Veranstaltung auf einen bestimmten Aspekt, auf eine Person, eine Gattung usw. eingrenzen?
- Gibt es eine gesellschaftliche, politische, anwendungsbezogene oder didaktische Fragestellung, die mit dem Thema in Verbindung gebracht werden könnte?

- Lässt sich eine Fragestellung oder ein Teilaspekt des Veranstaltungsthemas historisch aufarbeiten bzw. bis in die Gegenwart verfolgen oder in die Zukunft prolongieren?
- Gibt es in der Forschung zu Fragestellungen der Veranstaltung kontroverse Ansätze oder Strömungen, deren Unterschiede herausgearbeitet werden könnten?
- Lassen sich eigene (empirische) Studien zu einer Fragestellung erheben und auswerten?
- Gibt es noch unaufgearbeitetes Material in Archiven, das sich einsehen und aufarbeiten lässt?

Wenn man sich diese und ähnliche Fragen eingehend gestellt hat, sollte man sich zunächst einen ersten Überblick über die Sekundärliteratur verschaffen (s. u.: Recherchieren). Stellt sich dabei heraus, dass zu dem Thema kaum etwas Brauchbares in der Bibliothek zu finden oder kurzfristig zu beschaffen ist oder die meisten Texte zu dem Thema in einer Fremdsprache, die man nicht beherrscht, verfasst sind, sollte man sich nach Alternativen umschauen. Zeigt sich aber, dass es einschlägige Forschungsliteratur am Standort gibt, dann sollte man das Gespräch mit dem Seminarleiter suchen und einen Themenvorschlag unterbreiten. In der Regel erhält man dort weitere Tipps, wie man das Thema am besten angeht und welche Literatur eingesehen werden sollte. Es macht immer einen guten Eindruck, wenn man in diesem Gespräch schon auf den einen oder andern Sekundärtext verweisen kann, auf den man sich beziehen möchte. Wer vollkommen ahnungslos in die Sprechstunde kommt, läuft Gefahr, dass ihm ein gewisses Desinteresse an der Materie unterstellt wird.

Grundsätzlich gilt für das Thema einer Hausarbeit: *Je präziser, desto besser!* Das Thema sollte die zu behandelnde Fragestellung schon möglichst genau eingrenzen. Weitschweifige und allgemeine Themen können im Rahmen einer Hausarbeit grundsätzlich nicht vollständig bearbeitet werden und hinterlassen immer den Eindruck einer Lücke. Daher sollten Themen wie «Schiller und die deutsche Klassik» oder «Das Verb im Deutschen» vermieden werden. Zudem erleichtert ein konkret eingegrenztes Thema die Auswahl der Sekundärliteratur. Um es an dieser Stelle noch einmal zu betonen: Viel ist gewonnen, wenn man die Hausarbeit nicht als lästige Pflicht, sondern als den eigentlichen Kern seines Studiums betrachtet. Sie sollte als das aufgefasst werden, was sie im wahrsten Sinn auch ist: ein eigenes wissenschaftliches Forschungsprojekt.

Zweiter Schritt: Recherchieren
Ist das Thema gefunden, beginnt die Suche nach Informationen. Hier führt der Weg in der Regel vom Allgemeinen zum Speziellen, d.h. über Fachbibliographien, Fachlexika, Fachzeitschriften, Handbücher usw. zu speziellen Abhandlungen. Auch hier gibt es Literatur, die hilfreiche Tipps vermittelt:

- Moennighoff, Burkhard / Meyer-Krentler, Eckhardt 2005: Arbeitstechniken Literaturwissenschaft. 12. Aufl. Stuttgart.
- Blinn, Hansjürgen 2005: Informationshandbuch Deutsche Literaturwissenschaft. Frankfurt/M.
- Raabe, Paul 1994: Einführung in die Bücherkunde zur deutschen Literaturwissenschaft. 11. Aufl. Stuttgart/Weimar.

Die einschlägige und konkret erreichbare Forschungsliteratur sollte möglichst früh bibliographiert, d.h. ermittelt und zusammengestellt werden. Dass dies bei den meisten Themen nicht vollständig geschehen kann, ist von vornherein klar. Eine wichtige und naheliegende Quelle sind zunächst die eigenen Mitschriften aus den Seminaren und Vorlesungen – sofern man sie denn angefertigt hat! Einige Dozenten stellen die Skripte ihrer Vorlesungen in einen Semesterapparat der Bibliothek oder gleich ins Internet. Der nächste Weg führt in der Regel zum Schlagwortkatalog der Universitätsbibliothek. Hier ist allerdings Vorsicht geboten, denn die Verschlagwortung von Literatur kann in Bibliotheken nur nach einem groben Muster erfolgen. Dennoch bietet sie eine erste Orientierung, muss aber unbedingt durch weitere Recherchen ergänzt werden. Wenn die Universität über eine Freihandbibliothek verfügt (eine Bibliothek also, deren Bestände frei zugänglich sind), dann lohnt sich immer auch der Blick nach rechts und links im Regal vom gesuchten Buch aus, da in der Regel die Bücher nach Sachgruppen aufgestellt sind.

Dritter Schritt: Schreiben
In Goethes *Faust* treffen wir in der Eingangsszene den gleichnamigen Protagonisten in seiner Studierstube an, wo er mit sich und der Welt und vor allem mit seiner wissenschaftlichen Tätigkeit hadert, die ihn so manche Nacht an den Schreibtisch bannte ...

«O sähst du, voller Mondenschein,
Zum letztenmal auf meine Pein,
Den ich so manche Mitternacht
An diesem Pult herangewacht:
Dann über Büchern und Papier,
Trübsel'ger Freund, erschienst du mir!
Ach! könnt' ich doch auf Bergeshöhn
In deinem lieben Lichte gehn, [...]
Von allem Wissensqualm entladen,
In deinem Tau gesund mich baden!»

Um beim Verfassen der eigenen Hausarbeit nicht in einen ähnlich frustrierten Zustand zu verfallen, der ja bekanntlich sehr empfänglich für diabolische Einflüsterungen macht, sollte man im Vorfeld einige Tipps beherzigen.

Gliederung

Eine gute Gliederung hilft nicht nur dem Leser der Arbeit, sich einen schnellen Überblick zu verschaffen, sie strukturiert auch den eigenen Arbeitsprozess, indem sie die verschiedenen Arbeitsphasen schon im Vorfeld klar umgrenzt. Grundsätzlich besteht jede Arbeit aus drei Hauptelementen: Einleitung – Hauptteil – Schluss. Hinzu kommen das Deckblatt und das Inhaltsverzeichnis.

Das Einleitungskapitel sollte die Fragestellung und die Methoden der Arbeit kurz skizzieren und eine Übersicht über den Gang der Argumentation geben. Das Schlusskapitel muss die Ergebnisse noch einmal pointiert zusammenfassen und gegebenenfalls einen Ausblick auf weiterführende Fragestellungen geben. Für den Hauptteil bieten sich je nach Themenstellung verschiedene Gliederungsformen an:
- die *chronologische Gliederung*, bei der die zentralen Punkte der Theorie-

Universität Davos

Philosophische Fakultät
Germanistisches Institut

Erotische Krankheitsmetaphorik im «Fin de Siècle»

Hausarbeit für das literaturwissenschaftliche Seminar
Das Ende. Figuren einer Denkform

Dozent:
Prof. Dr. Ludovico Settembrini

vorgelegt von
Hans Castorp

BA Studiengang Germanistik (Kernfach)
und Philosophie (Nebenfach)

2. Semester

Anschrift:
Am Sanatorium 7
7270 Davos Platz
Tel.: 081 012 345 67
Mail:
hans_castorp@gmy.ch

Beispiel für ein gelungenes Deckblatt

entwicklung, die Fragestellungen, Entwicklungsschritte, Phasen usw. nach ihrem zeitlichen Ablauf angeordnet werden.
- Bei der Gliederung vom *Allgemeinen zum Besonderen* wird eine übergreifende Fragestellung immer genauer eingegrenzt bzw. fokussiert, bis der spezielle Aspekt der Arbeit klar vor Augen tritt.
- Häufig anzutreffen ist auch die *diskursive Gliederung*, bei der vergleichend vorgegangen wird. Hier können verschiedene Ansätze, Autoren, Systeme usw. nebeneinandergestellt und diskutiert werden.
- *Deduktive Gliederungen* stellen zunächst einen Ansatz, eine Theorie, eine Biographie, einen übergreifenden Zusammenhang oder Ähnliches in den Vordergrund, um dann ein konkretes Beispiel, ein Werk, eine Figur, ein Phänomen darzustellen.
- *Induktive Gliederungen* hingegen beschreiten den umgekehrten Weg, indem sie von einem Einzelphänomen ausgehend eine umfassendere bzw. allgemeinere Fragestellung entwickeln – also vom konkreten Einzeltext zum Gesamtwerk, vom besonderen Problem auf die Regel usw. Natürlich gibt es weitere Möglichkeiten der Gliederung, die jeweils entlang der konkreten Fragestellung entwickelt werden müssen. Wichtig ist immer, dass der Argumentationsaufbau möglichst stringent verläuft und logisch nachvollziehbar ist. Wird zu einer einschlägigen Fragestellung gearbeitet, so kann zu Beginn des Hauptteils auch zunächst die Forschungslage in einem eigenen Teilkapitel dargestellt werden.

Formalia

Nichts läuft der Berufsehre eines Germanisten mehr zuwider als ein nachlässig verfasster, von Fehlern strotzender und mit sprachlichen Grausamkeiten gespickter Text. Die Hausarbeit muss auf jeden Fall sorgsam Korrektur gelesen werden! Drei Bücher sind hier nützlich:

DUDEN: Die deutsche Rechtschreibung, DUDEN: Das Fremdwörterbuch, DUDEN: Richtiges und gutes Deutsch.

Hausarbeiten werden heute in der Regel mit Hilfe eines Textverarbeitungsprogramms, zumindest aber maschinenschriftlich verfasst. Dies bietet den Vorteil eines sauberen Erscheinungsbildes. Die Blätter werden einseitig beschrieben und paginiert. Die Arbeit wird dann in einen Schnellhefter gebunden oder in einer Schutzhülle verpackt abgegeben und sollte persönlich wieder abgeholt werden.

Zitierweise und bibliographische Angaben

Viele Dozenten geben die Zitierrichtlinien sowie die Gestaltung der bibliographischen Angaben in ihren Veranstaltungen bekannt, an die man sich dann auch sorgsam zu halten hat. Ist dies nicht der Fall, so ist man mit den folgenden Richtlinien zur Gestaltung von Seminar- und Examensarbeiten in jedem Fall auf der sicheren Seite. Wichtig ist grundsätzlich, die einmal gewählte Zitierweise konsequent durchzuhalten.

- Seitenzählung: Titelblatt und Inhaltsverzeichnis zählen mit, die erste Seitenzahl steht jedoch erst auf der dritten Seite.
- Seite einrichten: Seitenränder: rechts 2,5 cm, links 3 cm, oben 2,5 cm, unten 2 cm.
- Deckblatt: Es enthält folgende Angaben: Universität, Fakultät, Institut, Thema der Hausarbeit, Seminarthema, Dozent, Name des Verfassers, Haupt- und Nebenfächer, Semesterzahl, Postanschrift, Telefon, E-Mail (möglichst zentriert).
- Neue Rechtschreibung – Schreiben Sie Ihre Arbeit nach den Richtlinien der neuen deutschen Rechtschreibung. In Zweifelsfällen gibt der DUDEN verlässliche Auskunft. Achtung: Zitate in alter Rechtschreibung werden nicht angeglichen!
- Bei Zitaten aus älteren Texten sind Ligaturen (æ, œ) und Diakritika (z. B. â, ê, î) genau wiederzugeben.

> Uns ist in alten mæren   wunders vil geseit
> von helden lobebæren   von grôzer arebeit,
> von fröuden, hôchgezîten,   von weinen und von klagen,
> von küener recken strîten   muget ir nu wunder hœren sagen.

- Haupttext / Textgestaltung: Der Haupttext der Arbeit wird in Times New Roman 12 Punkt oder Arial 11 Punkt gestaltet; Fußnotentext wird 2 Punkt kleiner gesetzt. Der Zeilenabstand beträgt bei wis-

senschaftlichen Arbeiten 1,5 Zeilen, in den Fußnoten gilt einfacher Zeilenabstand.
- Aufzählungen und Abkürzungszeichen: Zwischen Aufzählungszeichen und dem Aufzählungstext sollten Tabulatoren verwendet werden. Insgesamt sollten nur die üblichen Abkürzungszeichen genutzt werden.
- Werktitel: Zitierte Werke werden im Text durch «doppelte Anführungszeichen» (oder durch Kursivsetzung) hervorgehoben.
- Zitate: Zitate werden im laufenden Text durch doppelte Anführungszeichen kenntlich gemacht. Längere Zitate (ab drei Zeilen) werden optisch vom Haupttext abgehoben, indem man sie ohne weitere Kennzeichnung 2 Punkt kleiner als der Haupttext und mit einfachem Zeilenabstand setzt.

«Es drängte ihn, den nichtswürdigen Dickwanst in den Kot zu werfen, und den Fuß auf sein kupfernes Antlitz zu setzen. Doch sein Rechtsgefühl, das einer Goldwaage glich, wankte noch; er war, vor der Schranke seiner eigenen Brust, noch nicht gewiß, ob eine Schuld seinen Gegner drückte.»

- Eigene Zusätze und unvermeidliche Eingriffe in den Lautstand, z.B. im Fall von Flexionsendungen und sonstigen grammatikalischen Angleichungen, werden im Zitat durch eckige Klammern [Ergänzung] kenntlich gemacht; Auslassungen durch eckige Klammern mit drei Punkten [...]. Auslassungen am Anfang und am Ende des Zitats werden nicht gekennzeichnet. Endet das Zitat mitten im Satz, so wird der Punkt nach den schließenden Anführungszeichen gesetzt. Hinter jedes Zitat wird eine Anmerkungsziffer für den Stellennachweis (in der Fußnote) gesetzt.
- Wird aus lyrischen oder dramatischen Texten zitiert und die Verse nicht in der ursprünglichen druckgraphischen Gestalt wiedergegeben, so werden die Versumbrüche im Zitat durch eine Virgel («/») kenntlich gemacht, Strophenumbrüche durch eine Doppelvirgel («//»).

«Ach Gott! die Kunst ist lang,/Und kurz ist unser Leben./Mir wird, bei meinem kritischen Bestreben,/Doch oft um Kopf und Busen bang./Wie schwer sind nicht die Mittel zu erwerben, / Durch die man zu den Quellen steigt! / Und eh' man nur den halben Weg erreicht, / Muß wohl ein armer Teufel sterben.»

- Bei indirekten Zitaten oder Verweisen auf konkrete Sinnzusammenhänge oder Ähnliches beginnt der Nachweis mit «Vgl.».
- *Siglen:* Falls bei einer Arbeit häufig aus derselben Werkausgabe zitiert wird, können die Nachweise durch Siglen abgekürzt werden. Bei der ersten vollständigen Angabe wird der entsprechende Siglenschlüssel eingeführt.

Sembdner, Helmut (Hg.) 1984: Heinrich von Kleist. Sämtliche Werke und Briefe in zwei Bänden. 7. ergänzte und revidierte Aufl. München. Bd. 2, S. 345. Heinrich von Kleist wird im Folgenden zitiert durch Angabe des Bandes in römischen und der Seitenzahl in arabischen Ziffern.

- Anmerkungen werden im Text fortlaufend (nicht seitenweise) mit arabischen Ziffern durchnummeriert und erscheinen als Fußnoten auf der entsprechenden Seite. Fußnoten werden in Hausarbeiten 2 Punkt kleiner als der Haupttext gestaltet, einzeilig gesetzt und mit einem kurzen Strich (Fußnotentrennlinie) vom Haupttext abgetrennt (Fußnotenautomatik des Textverarbeitungsprogramms nutzen).
- Anmerkungsziffern erscheinen im laufenden Text als Exponenten, also hochgestellt (Beispiel:[17]). Die Anmerkungsziffer steht hinter dem schließenden Anführungszeichen, wenn das Zitat im Haupttext integriert ist, oder nach dem Punkt, wenn das Zitat vom Haupttext abgesetzt ist und keine Anführungszeichen stehen. Bei indirekten Zitaten steht die Anmerkungsziffer nach dem nächsten Satzzeichen. Bezieht sich eine Anmerkung auf einen konkreten Begriff, so steht das Anmerkungszeichen direkt hinter dem entsprechenden Begriff.
- Literaturangaben erscheinen bei der ersten Nennung ausführlich in den Anmerkungen (als Fußnote) in folgender Form:

1. Bücher

a) Monographien

Foucault, Michel 1999: Die Ordnung der Dinge. Eine Archäologie der Humanwissenschaften. 15. Aufl. Frankfurt/M., S. 24.

b) Herausgeberschriften

Bogdal, Klaus-Michael (Hg.) 2005: Neue Literaturtheorien. Eine Einführung. 2. Aufl. Opladen, S. 16.

c) Gesamteditionen

Kafka, Franz 2001: Gesammelte Werke in zwölf Bänden, nach der Kritischen Ausgabe hg. von Hans-Gerd Koch. XII Bde. 8. Aufl. Frankfurt/M. Bd. 4, S. 34.

2. Artikel / Aufsätze

a) Artikel / Aufsätze aus Sammelwerken

Heuer, Wolfgang 1997: Ein schwieriger Dialog. Die Hannah Arendt-Rezeption im deutschsprachigen Raum. In: Ganzfried, D. / Hefti, S. (Hg.): Hannah Arendt – Nach dem Totalitarismus. Hamburg, S. 21–28, hier S. 22.

b) Artikel / Aufsätze aus Zeitschriften

Honold, Alexander 2001: Lust am Fremden. Szenen einer interkulturellen Literaturgeschichte. In: Der Deutschunterricht (53,3), S. 12–21, hier S. 20.

Zeitschriftentitel können nach dem Verzeichnis der «Germanistik» abgekürzt werden, etwa: Zeitschrift für Deutsche Philologie = ZfdPh.

c) Artikel aus Lexika

Fohrmann, Jürgen 1997 ff.: Stichwort «Diskurs». In: Weimar, K. gemeinsam mit Fricke, H. / Grubmüller, K. / Müller, J.-D. (Hg.): Reallexikon der deutschen Literaturwissenschaft. Neubearbeitung des Reallexikons der deutschen Literaturgeschichte. Berlin / New York. Bd. 1, S. 369.

3. Internetzitate

Mein, Georg: Kultur als Mehrwert. Überlegungen zum methodischen Potential kulturwissenschaftlicher Theoreme für die literaturwissenschaftliche Analyse. (Rezension über: Schößler, Franziska [2006]: Literaturwissenschaft als Kulturwissenschaft. Eine Einführung. Tübingen). In: IASLonline (12. 09. 2006), Datum des Zugriffs: 29. 05. 2007. URL:
http://iasl.uni-muenchen.de/rezensio/liste/Mein3825227650_1711.html

- Wiederholung von Literaturangaben erfolgen ab der zweiten Nennung entweder durch Rückverweis auf die Fußnote, in der die vollständigen Angaben stehen, oder durch Kurztitel, der eine eindeutige Zuordnung ermöglicht.

Foucault (Anm. 1), S. 45
Foucault: Die Ordnung der Dinge, S. 45

Um der Klarheit willen sollten Kürzel wie «a. a. O.», «ibid.», «loc. cit.» usw. besser vermieden werden. Wird direkt aufeinanderfolgend aus derselben Quelle zitiert, genügt der Hinweis: Ebd., S.
- Literaturverzeichnis: Am Ende der Arbeit müssen alle Titel, die im Haupttext oder in den Fußnoten zitiert wurden, im Literaturverzeichnis alphabetisch geordnet und unterteilt in Primär- und Sekundärliteratur nachgewiesen werden.

Quellen und weitere Hilfsmittel

Lexika: Unentbehrlich für jedes Studium – und nicht nur für das Anfertigen von Hausarbeiten – sind fundierte Fachlexika. Die wichtigsten sind:
- Weimar, Klaus u. a. (Hg.) 1997 ff.: Reallexikon der deutschen Literaturwissenschaft. 3 Bde. Berlin / New York.
- Bußmann, Hadumod 2002: Lexikon der Sprachwissenschaft. Stuttgart.
- Linke, Angelika / Nussbaumer, Markus / Portmann, Paul R. 2004: Studienbuch Linguistik. Tübingen.
- Metzler 2002: Lexikon Literatur des Mittelalters, Stuttgart. Bd. 1: Themen und Gattungen, Bd. 2: Autoren und Werke.
- Nünning, Ansgar (Hg.) 2004: Metzler Lexikon Literatur- und Kulturtheorie: Ansätze – Personen – Grundbegriffe. Stuttgart.
- Lutz, Bernd (Hg.) 1997: Metzler Autoren Lexikon. Deutschsprachige Dichter und Schriftsteller vom Mittelalter bis zur Gegenwart. Stuttgart.
- von Wilpert, Gero 2001: Sachwörterbuch der Literatur. Stuttgart.
- Jens, Walter 1988 ff.: Kindlers neues Literatur-Lexikon. 22 Bde. München.

Bibliographien: Ein wichtiges Instrument im Rahmen der Recherche stellen Bibliographien dar, also Zusammenstellungen von Werken eines Autors oder von Literatur zu einem bestimmten Gegenstand. Die

aktuellste Bibliographie für den deutschsprachigen Raum ist die *Deutsche Nationalbibliographie*, die als CD-ROM und wöchentlicher Ausdruck erscheint, am bequemsten aber online einzusehen ist unter: http://dnb.ddb.de/. Allerdings sind hier nur Bücher und keine Zeitschriftenartikel verzeichnet! Sucht man auch Zeitschriftenartikel, so sind für die Germanistik zwei Organe besonders wichtig:
- Begründet von Eppelsheimer, Hanns W./fortgeführt von Köttelwesch, Clemens/derz. Schmidt, Wilhelm R. (Hg.) 1957 ff.: *Bibliographie der deutschen Sprach- und Literaturwissenschaft* (BDSL). Frankfurt/M. Erscheint jährlich gedruckt, ist aber auch in einer Online-Version zugänglich: http://www.bdsl-online.de/. Die Berichtsjahrgänge 1985 bis 1995 sind online frei zugänglich. Der Zugriff auf die Folgejahre wird vom Verlag über ein kostenpflichtiges Abonnement angeboten.
- Barner, Wilfried u.a. (Hg.) 1969 ff.: Germanistik: Internationales Referatenorgan mit bibliographischen Hinweisen. Tübingen. Erscheint viermal jährlich als Printversion. Die Jahrgänge ab 1998 sind auch als CD-ROM erhältlich.

Periodika/Fachzeitschriften: Sucht man Informationen zu bestimmten Autoren, so sollte man auch Periodika durchsehen, die sich auf einen Autor und seine Umgebung beziehen, also z.B. das «Kleist-Jahrbuch», das «Goethe-Jahrbuch», das «Lessing-Yearbook» usw. Darüber hinaus gibt es eine Reihe germanistischer Fachzeitschriften, deren Inhaltsverzeichnisse häufig auch online einsehbar sind. Hier eine Zusammenstellung von einigen wichtigen Fachzeitschriften der Germanistik:

Deutsche Vierteljahrsschrift für Literaturwissenschaft und Geistesgeschichte, Stuttgart. Jährlich vier Hefte mit Beiträgen zur deutschen Literatur und Literaturwissenschaft. Sonderbände zu speziellen Themen. Sonderhefte mit Forschungsberichten. (In Literaturangaben häufig mit DVjs abgekürzt.)

Jahrbuch der Deutschen Schillergesellschaft. Internationales Organ für neuere deutsche Literatur. Stuttgart. Literaturwissenschaftliches Periodikum, das vorwiegend Beiträge zur deutschsprachigen Literatur von der Aufklärung bis zur Gegenwart veröffentlicht. Weitere Gebiete, denen ein verstärktes Interesse gilt, sind die Geschichte der Germanistik (der sich auch eine Marbacher Arbeitsstelle widmet) und die deutschsprachige Literatur seit 1945. Darüber hinaus ist es ein Ziel des Schiller-Jahrbuchs, wichtige unveröffentlichte Texte und Dokumente zu publizieren.

Zeitschrift für deutsche Philologie, Berlin. Erscheint viermal jährlich mit Aufsätzen und Forschungsberichten zu allen Bereichen der Germanistik.
Zeitschrift für Germanistik. Bern. Jährlich drei Hefte. Die Zeitschrift versteht sich als ein Forum der internationalen Germanistik und beteiligt sich aktiv an den Diskussionen um die Perspektiven des Faches.
Weimarer Beiträge: Zeitschrift für Literaturwissenschaft, Ästhetik und Kulturwissenschaften, Wien. Eine der renommiertesten Literatur- und Kulturzeitschriften der ehemaligen DDR mit interdisziplinärem Ansatz.
Euphorion: Zeitschrift für Literaturgeschichte, Heidelberg. Jährlich vier Hefte mit Beiträgen zum Gesamtgebiet der Literaturwissenschaft, Rezensionen und Mitteilungen aus dem Fach. Erschien während des Nationalsozialismus unter dem Titel *Dichtung und Volkstum*.
Arbitrium: Zeitschrift für Rezensionen zur germanistischen Literaturwissenschaft, Tübingen. Erscheint dreimal jährlich mit ausführlichen Rezensionen zu Neuerscheinungen der deutschen Literaturwissenschaft sowie Mitteilungen aus dem Fach (international) und einem Verzeichnis eingetroffener Bücher.
Wirkendes Wort: Deutsche Sprache und Literatur in Forschung und Lehre, Trier. Erscheint dreimal im Jahr mit Beiträgen und Rezensionen aus den Bereichen der deutschen Sprache, der Literatur vom Mittelalter bis zur Gegenwart sowie der Didaktik der deutschen Sprache und Literatur.
Linguistische Berichte, Hamburg. Erscheint viermal im Jahr. Versteht sich als Diskussionsforum für jede ernsthafte Richtung innerhalb der Linguistik und ihrer Nachbardisziplinen (z.B. Psycholinguistik, Soziolinguistik, Spracherwerbsforschung, Sprachdidaktik, Literaturwissenschaft, Philosophie, Computerlinguistik).
Zeitschrift für Sprachwissenschaft, Berlin/New York. Hg. von der Deutschen Gesellschaft für Sprachwissenschaft mit Beiträgen aus allen Bereichen und Strömungen der modernen Linguistik. Neben Aufsätzen und Rezensionen finden sich in der Zeitschrift auch Diskussionsbeiträge zu aktuellen fachbezogenen Kontroversen.
The Journal of Comparative Germanic Linguistics, Niederlande. Erscheint dreimal jährlich mit Beiträgen aus der theoretischen linguistischen Forschung sowohl zu den neueren wie den älteren deutschen Sprachen und Dialekten.
Journal of Semantics, Oxford. Erscheint viermal jährlich mit explizit interdisziplinärem Fokus. Beiträge, Diskussionen und Buchbesprechungen aus der Forschung zur Semantik der natürlichen Sprache.
The Linguistic Review, Berlin/New York. Erscheint viermal jährlich mit Veröffentlichungen aus den Bereichen Syntax, Semantik, Phonologie und Morphologie im Kontext der generativen Grammatik.
Zeitschrift für Dialektologie und Linguistik, Stuttgart. Erscheint dreimal jährlich mit Beiträgen zu Dialektologie und Linguistik. Die Zeitschrift hieß vormals *Teuthonista. Zeitschrift für Mundartforschung*.
Mitteilungen des Deutschen Germanistenverbandes, Bielefeld. Erscheint viermal jährlich mit jeweils eigenem Thementeil. Im allgemeinen Teil werden aktuelle Informationen über den Verband sowie aus Fach- und Hochschulöffentlichkeit publiziert. Die Rubrik «Zeitschriftenschau» bietet einen guten Überblick über wichtige neu erschienene Aufsätze.
Der Deutschunterricht, Seelze. Erscheint sechsmal jährlich mit Beiträgen zur wissen-

schaftlichen Grundlegung und Praxis des Deutschunterrichts. Gliedert sich in einen heftspezifischen Thementeil und ein Diskussionsforum.

World Wide Web: Am vermeintlichen ‹Ende der Gutenberg-Galaxis› stehen auch den Literaturwissenschaftlern neue Speicher- und Übertragungsmedien zur Verfügung, die es angemessen zu nutzen gilt. So bietet das World Wide Web denjenigen, die es zu nutzen verstehen, eine Fülle von fachspezifischen Informationen: Die virtuelle Fachbibliothek http://www.germanistik-im-netz.de/ bietet eine gute Übersicht zu allen Teilbereichen der Germanistik und ist mit diversen Institutionen vernetzt. Auch die *Erlanger Liste* (http://www.erlangerliste.de/) hat unter der Rubrik ‹Ressourcen› eine gut recherchierte Liste der im Internet verfügbaren Quellen und Hilfsmittel für alle Teilbereiche der Germanistik zusammengestellt, die ständig aktualisiert wird. Auf http://www.canoo.net/ findet sich eine umfassende Beschreibung der deutschen Wortbildungsregeln mit grafischen Darstellungen der Wortbildungszusammenhänge sowie eine Liste mit Seiten zur Wortgrammatik, zur Satzgrammatik und zur Rechtschreibung. Hinter http://wortschatz.uni-leipzig.de/ steckt eine umfangreiche Wortschatz-Datenbank, die derzeit 35 Millionen Sätze mit 500 Millionen laufenden Wörtern und mehr als neun Millionen verschiedenen Wörtern und Wortgruppen umfasst. Das ebenfalls gut recherchierte Internetportal http://www.mediaevum.de/ hat für mediävistische Fragestellungen alle relevanten Links zusammengestellt. Unter http://gutenberg.spiegel.de/ findet sich die größte deutschsprachige Textsammlung im Internet mit mehr als 550 Autoren, über 2000 Romanen, Erzählungen und Novellen und Tausenden von Gedichten, Fabeln, Märchen und Sagen. Allerdings unterliegen die dort gesammelten Lesetexte keiner philologischen Prüfung und sind deswegen in wissenschaftlichen Arbeiten nicht zitierfähig.

Über die Verfasser

Klaus-Michael Bogdal, Jg. 1948, Studium der Germanistik, Philosophie und Slavistik in Bochum; Professuren in Freiburg/Breisgau und Duisburg, Gastprofessur in Graz, seit 2002 Professor für Germanistische Literaturwissenschaft an der Universität Bielefeld. Leitung des DFG-Projekts «Rezeption deutschsprachiger Theaterliteratur in Frankreich», Mitglied der internationalen Forschergruppe «Potentiale europäischer Philologien», 2007 Aufnahme in das «Opus-Magnum-Programm» der Volkswagen-Stiftung, Vorstand des Deutschen Germanistenverbandes (1997–2004), Mitglied des germanistischen Beirats des DAAD und der Literaturkommission Westfalen. Mithg. von *Der Deutschunterricht* und diversen Reihen.

Veröffentlichungen u. a.: Historische Diskursanalyse der Literatur (2., überarb. Aufl. Heidelberg 2007); als Hg.: Neue Literaturtheorien. Eine Einführung (3. Aufl. Göttingen 2005); Grundzüge der Literaturdidaktik (4. Aufl. München 2006); Die Abwesenheit des Werks. Nach Foucault (Heidelberg 2006); Orientdiskurse in der deutschen Literatur (Bielefeld 2007); Literarischer Antisemitismus nach Auschwitz (Stuttgart 2007).

Kai Kauffmann, Jg. 1961, Studium der Germanistik, Philosophie und Politikwissenschaften in Tübingen, Paris, Freiburg, Konstanz, Wien und Berlin; seit 2005 Professor für Germanistische Literaturwissenschaft an der Universität Bielefeld, seit 2007 Professeur associé an der Université du Luxembourg; Leiter des DFG-Projekts «Essayistik in den deutschen Rundschauzeitschriften 1870–1918», Vorstand der Rudolf-Borchardt-Gesellschaft e. V.

Veröffentlichungen u. a.: «Es ist nur ein Wien!». Stadtbeschreibungen von Wien 1800 bis 1873 (Köln/Wien/Weimar 1994); Rudolf Borchardt und der ‹Untergang der deutschen Nation› (Tübingen 2003); als Hg.: Essayismus um 1900 (Heidelberg 2006), «Nichts als die Schönheit». Ästhetischer Konservatismus um 1900 (Frankfurt a. M./New York 2007); Edition im Deutschen Klassiker Verlag: Gottfried Keller, Gedichte (Frankfurt a. M. 1995).

Georg Mein, Jg. 1970, Studium der Germanistik, Philosophie und Erziehungswissenschaften an der Rheinischen Friedrich-Wilhelms-Universität Bonn; seit 2006 Professor für Neuere Deutsche Literaturwissenschaft an der Université du Luxembourg (www.germanistik.lu).

Veröffentlichungen u. a.: Die Konzeption des Schönen. Der ästhetische Diskurs zwischen Aufklärung und Romantik (Bielefeld 2000); Erzählungen der Gegenwart. Von Judith Hermann bis Bernhard Schlink (München 2005); als Hg.: Soziale Räume und kulturelle Praktiken. Über den strategischen Gebrauch von Medien (Bielefeld 2004); Tauschprozesse. Kulturwissenschaftliche Verhandlungen des Ökonomischen (Bielefeld 2005); Giorgio Agamben und Hannah Arendt. Parallelen, Perspektiven, Kontroversen (München 2007); Schriftkultur und Schwellenkunde (Bielefeld 2007).

Meinolf Schumacher, Jg. 1954, ist seit 2007 Professor für Germanistische Mediävistik an der Universität Bielefeld.

Johannes Volmert, Jg. 1940, bis 2005 Hochschuldozent an der Universität Magdeburg (Linguistik; Sprachdidaktik); ab 2005 Lehraufträge am Germanistischen Institut der Bergischen Universität Wuppertal.

Zitierte Literatur

Abraham, Ulf/Kepser, Matthis (Hg.) 2005: Literaturdidaktik Deutsch. Eine Einführung. Berlin.
Adamzik, Kirsten 2001: Sprache: Wege zum Verstehen. Tübingen/Basel.
Adorno, Theodor W. 2003: Ästhetische Theorie. In: Tiedemann, R. (Hg.) unter Mitwirkung von Adorno, G./Buck-Morss, S./Schulz, K.: Gesammelte Schriften, Bd. 7. Frankfurt/M.
Aristoteles 1976: Poetik. Eingeleitet, übersetzt und erläutert von Manfred Fuhrmann. München.
Assmann, Aleida und Jan 2003: Artikel «Schrift». In: Reallexikon der deutschen Literaturwissenschaft. Berlin/New York.
Assmann, Jan 1992: Das kulturelle Gedächtnis. Schrift, Erinnerung und politische Identität in frühen Hochkulturen. München.
Austin, John L. 1972: Zur Theorie der Sprechakte. Stuttgart.
Baacke, Dieter 1973: Kommunikation und Kompetenz. Grundlegung einer Didaktik der Kommunikation und ihrer Medien. München.
Baacke, Dieter u.a. (Hg.) 1999: Handbuch Medien: Medienkompetenz. Modelle und Projekte. Bonn.
Bachmann-Medick, Doris (Hg.) 1996: Kultur als Text. Die anthropologische Wende in der Literaturwissenschaft. Frankfurt/M.
Bachtin, Michael 1979: Die Ästhetik des Wortes. Frankfurt/M.
Ballmer, Thomas/Brennenstuhl, Waltraud 1981: Speech Act Classification. Berlin.
Barbian, Jan-Peter 1993: Literaturpolitik im «Dritten Reich». Institutionen, Kompetenzen, Betätigungsfelder. Frankfurt/M.
Barner, Wilfried 1970: Barockrhetorik. Untersuchungen zu ihren geschichtlichen Grundlagen. Tübingen.
Barner, Wilfried 2006: Geschichte der deutschen Literatur von 1945 bis zur Gegenwart. 2. Aufl. München.
Barthes, Roland 1964: Mythen des Alltags. Frankfurt/M.
Barthes, Roland 2000: Der Tod des Autors. In: Jannidis, F. u.a. (Hg.): Texte zur Theorie der Autorschaft. Stuttgart, S. 185–193.

Baßler, Moritz (Hg.) 1995: New Historicism. Literaturgeschichte als Poetik der Kultur. Frankfurt/M.

Baudrillard, Jean 1982: Der symbolische Tausch und der Tod. München.

Baudrillard, Jean 1990: Von der absoluten Ware. In: Bastian, H. (Hg.): Andy Warhol: Silkscreens from the Sixties. München, S. 118–123.

Baudrillard, Jean 1994a: Die Illusion des Endes oder der Streik der Ereignisse. Berlin.

Baudrillard, Jean 1994b: Die Illusion und die Virtualität. Bern.

Baudrillard, Jean 2007: Baudrillard entschlüsselt «Matrix», http://on1.zkm.de/zkm/stories/storyReader$4116 (01. 02. 2007).

Beaugrande, Robert Alain de/Dressler, Wolfgang Ulrich 1981: Einführung in die Textlinguistik. Tübingen.

Becker, Sabina 2000: Neue Sachlichkeit. 2 Bde. Köln/Weimar/Berlin.

Becker-Mrotzeck, Michael/Vogt, Rüdiger 2001: Unterrichtskommunikation. Linguistische Analysemethoden und Forschungsergebnisse. Tübingen.

Benjamin, Walter 1979: Das Kunstwerk im Zeitalter seiner technischen Reproduzierbarkeit. Frankfurt/M.

Benthien, Claudia/Velten, Hans Rudolf (Hg.) 2001: Germanistik als Kulturwissenschaft. Eine Einführung. 2. Aufl. Reinbek bei Hamburg.

Bierwisch, Manfred 1969: Strukturelle Semantik. In: Deutsch als Fremdsprache (6), S. 66–71.

Bogdal, Klaus-Michael 1998: Klimawechsel. Eine kleine Meteorologie der Gegenwartsliteratur. In: Erb, Andreas (Hg.): Baustelle Gegenwartsliteratur. Die neunziger Jahre. Opladen/Wiesbaden, S. 9–31.

Bogdal, Klaus-Michael 2004: Alles nach Plan, alles im Griff. Der diskursive Raum der DDR-Literatur in den fünfziger Jahren. In: Mein, Georg/Rieger-Ladich, Markus (Hg.): Soziale Räume und kulturelle Praktiken. Über den strategischen Gebrauch von Medien. Bielefeld, S. 123–148.

Bogdal, Klaus-Michael 2004a: Deutschland sucht den Super-Autor. Über die Chancen der Gegenwartsliteratur in der Mediengesellschaft. In: Kammler, Clemens/Pflugmacher, Thorsten (Hg.): Deutschsprachige Gegenwartsliteratur seit 1989. Heidelberg, S. 85–94.

Bogdal, Klaus-Michael (Hg.) 2005: Neue Literaturtheorien in der Praxis. 2. Aufl. Göttingen.

Bogdal, Klaus-Michael (Hg.) 2005: Neue Literaturtheorien. Eine Einführung. 3. Aufl. Göttingen.

Bogdal, Klaus-Michael/Korte, Hermann (Hg.) 2005: Grundzüge der Literaturdidaktik. 4. Aufl. München.

Bogdal, Klaus-Michael/Kammler, Clemens 2005: Dramendidaktik. In: Bogdal, Klaus-Michael/Korte, Hermann (Hg.) 2005: Grundzüge der Literaturdidaktik. 4. Aufl. München.

Bogdal, Klaus-Michael 2005: Literaturdidaktik im Spannungsfeld von Literaturwissenschaft, Schule und Bildungs- und Lerntheorien. In: Bogner, Ralf 2005: Einführung in die Literatur des Expressionismus. Darmstadt.

Böhme, Hartmut/Matussek, Peter/Müller, Lothar (Hg.) 2002: Orientierung Kulturwissenschaft. 2. Aufl. Reinbek bei Hamburg.

Bollenbeck, Georg 1996: Bildung und Kultur. Glanz und Elend eines deutschen Bildungsmusters. Frankfurt/M.

Bornscheuer, Lothar 1976: Topik. Zur Struktur der gesellschaftlichen Einbildungskraft. Frankfurt/M.

Bourdieu, Pierre 1999: Die Regeln der Kunst. Genese und Struktur des literarischen Feldes. Frankfurt/M.

Brackert, H./Stückrath, J. (Hg.) 1992: Literaturwissenschaft. Ein Grundkurs. Reinbek bei Hamburg.

Braese, Stephan u. a. (Hg.) 1998: Deutsche Nachkriegsliteratur und Holocaust. Frankfurt/M./New York.

Brendel, Ursula/Günther, Hartmut/Klotz, Peter/Ossner, Jakob/Siebert-Ott, Gesa (Hg.) 2003: Didaktik der deutschen Sprache. Ein Handbuch. 2 Bde. Paderborn/München/Wien/Zürich.

Briegleb, Klaus/Weigel, Sigrid (Hg.) 1992: Gegenwartsliteratur seit 1968. München/Wien.

Brinker, Klaus/Sager, Sven F. 1989: Linguistische Gesprächsanalyse. Eine Einführung. Berlin.

Bühler, Karl 1982: Sprachtheorie. Die Darstellungsfunktion der Sprache. Stuttgart/New York.

Bühler, Karl 1982: Sprachtheorie. Frankfurt/M.

Bund-Länder-Kommission für Bildungsplanung und Forschungsförderung (Hg.) 1995: Medienerziehung in der Schule. Orientierungsrahmen (Heft 44 der Materialien zur Bildungsplanung und zur Forschungsförderung). Bonn.

Bürger, Peter 1974: Theorie der Avantgarde. Frankfurt/M.

Burkhardt, Armin 1982: Gesprächswörter. Ihre lexikologische Bestimmung und lexikographische Beschreibung. In: Mentrup, Wolfgang (Hg.): Konzepte zur Lexikographie. Tübingen, S. 138–171.

Burkhardt, Armin 1984: Die Funktion von Abtönungspartikeln in den Eröffnungsphasen fiktionaler und natürlicher Dialoge. In: Cherubim, Dieter/Henne, Helmut/Rehbock, Helmut (Hg.): Gespräche zwischen Alltag und Literatur. Tübingen, S. 64–93.

Burkhardt, Armin 1986: Soziale Akte, Sprechakte und Textillokutionen. Tübingen.

Burkhardt, Armin 1990: Speech act theory – the decline of a paradigm. In: Burkhardt, Armin (Hg.): Speech Acts, Meaning and Intentions. Berlin/New York, S. 91–128.

Busse, Dietrich 1987: Historische Semantik. Stuttgart.

Bußmann, Hadumod 2002: Lexikon der Sprachwissenschaft. 3. Aufl. Stuttgart.

Butler, Judith 1991: Das Unbehagen der Geschlechter. Frankfurt/M.

Chomsky, Noam 1964: Syntactic Structures. The Hague.

Chomsky, Noam 1969: Aspekte der Syntax-Theorie. Frankfurt/M.

Conrady, Karl Otto 1983: Illusionen der Literaturgeschichte. In: Cramer, T. (Hg.): Literatur und Sprache im historischen Prozeß: Vorträge des Deutschen Germanistentages Aachen 1982. Tübingen, S. 11–31.

de Man, Paul 1988: Allegorien des Lesens. Frankfurt/M.

Derrida, Jacques 1972: Die Schrift und die Differenz. Frankfurt/M.

Deutsches PISA-Konsortium (Hg.) 2001: PISA 2000. Basiskompetenzen von Schülerinnen und Schülern im internationalen Vergleich. Opladen.

DIE ZEIT 43/1996: Ein Gespräch mit dem Medienkritiker Neil Postman über Bildung und Computer in der Schule.

Dilthey, Wilhelm 1968: Der Aufbau der geschichtlichen Welt in den Geisteswissenschaften. Frankfurt/M.

DU. Der Deutschunterricht. Literatur hören. Heft 4. 2004.

Duden Grammatik der deutschen Gegenwartssprache. 6. Aufl. Mannheim usw. 1998.

Dyck, Joachim 1969: Ticht-Kunst. Barockpoetik und rhetorische Tradition. 2. Aufl. Bad Homburg.

Eggert, Hartmut/Garbe, Christine 1995: Literarische Sozialisation. Stuttgart.

Egyptien, Jürgen 2006: Einführung in die deutschsprachige Literatur seit 1945. Darmstadt.

Ehlers, Swantje 2003: Der Umgang mit dem Lesebuch. Analyse, Kategorien. Baltmannsweiler.

Ehlich, Konrad 1993: Sprechaktklassifikation. In: Glück, Helmut (Hg.): Metzler Lexikon Sprache. Stuttgart/Weimar.

Eichler, Wolfgang/Bünting, Karl-Dieter 1994: Deutsche Grammatik. Form, Leistung und Gebrauch der Gegenwartssprache. 5. Aufl. Weinheim.

Elias, Norbert 1976: Über den Prozess der Zivilisation. Soziogenetische und psychogenetische Untersuchungen. 2 Bde. Frankfurt/M.

Emmerich, Wolfgang 1996: Kleine Literaturgeschichte der DDR, Leipzig.

Erbe, Günter 1993: Die verfemte Moderne. Die Auseinandersetzung mit dem «Modernismus» in Kulturpolitik, Literaturwissenschaft und Literatur in der DDR. Opladen.

Erhart, Walter/Herrmann, Britta (Hg.) 1997: Wann ist der Mann ein Mann? Zur Geschichte der Männlichkeit. Stuttgart/Weimar.

Fähnders, Walter 1998: Avantgarde und Moderne 1890–1933. Stuttgart.

Fauser, Markus 2003: Einführung in die Kulturwissenschaft. Darmstadt.

Feilke, Helmuth/Portmann Paul. R. (Hg.) 1996: Schreiben im Umbruch. Schreibforschung und schulisches Schreiben, Stuttgart.

Feilke, Helmuth 2003: Entwicklung schriftlich-konzeptualer Fähigkeiten. In: Brendel, Ursula/Günther, Hartmut/Klotz, Peter/Ossner, Jakob/Siebert-Ott, Gesa (Hg.): Didaktik der deutschen Sprache. Ein Handbuch. Bd. 1. Paderborn/München/Wien/Zürich, S. 178–192.

Fleischer, Wolfgang/Barz, Irmhild 1992: Wortbildung der deutschen Gegenwartssprache. Tübingen.

Flusser, Vilém 1985: Ins Universum der technischen Bilder. Göttingen.

Flusser, Vilém 2002: Die Schrift: Hat Schreiben Zukunft? Göttingen.

Fohrmann, Jürgen 1989: Das Projekt der deutschen Literaturgeschichte: Entstehung und Scheitern einer nationalen Poesiegeschichtsschreibung zwischen Humanismus und Deutschem Kaiserreich. Stuttgart.

Fohrmann, Jürgen 1991: Deutsche Literaturgeschichte und historische Projekte in der ersten Hälfte des 19. Jahrhunderts. In: Fohrmann, J./Vosskamp, W. (Hg.): Wissenschaft und Nation: Zur Entstehungsgeschichte der deutschen Literaturwissenschaft. München, S. 205–215.

Förster, Jürgen (Hg.) 2000: Schulklassiker lesen in der Medienkultur. Stuttgart.

Förster, Jürgen u. a. 1989: Wozu noch Germanistik? Zur Aktualität einer alten Fragestellung. In: Dies. (Hg.): Wozu noch Germanistik? Wissenschaft – Beruf – Kulturelle Praxis. Stuttgart, S. 1–14.

Foucault, Michel 1973: Archäologie des Wissens. Frankfurt/M.

Foucault, Michel 1973: Die Geburt der Klinik. München.

Foucault, Michel 2002: Archäologie des Wissens. Frankfurt/M.

Foucault, Michel 2002: Über die Natur des Menschen. In: Ders.: Dits et Ecrits. Schriften. Bd. 2. Frankfurt/M., S. 586–637.

Foucault, Michel 2003: Dits et Ecrits. Schriften. Bd. 3. Frankfurt/M. 2003, S. 877–878.

Foucault, Michel 2003: Was ist ein Autor? In: Ders.: Schriften zur Literatur. Frankfurt/M., S. 234–270.

Frank, Horst Joachim 1976: Dichtung, Sprache, Menschenbildung: Geschichte des Deutschunterrichts von den Anfängen bis 1945. München.

Frank, Horst Joachim 1993: Handbuch der deutschen Strophenformen. Tübingen/Basel.

Frank, Manfred 1986: Vieldeutigkeit und Ungleichzeitigkeit. Hermeneutische Fragen an eine Theorie des literarischen Textes. In: Sprache und Literatur in Wissenschaft und Unterricht (57), S. 20–30.

Frühwald, Wolfgang u. a. (Hg.) 1991: Geisteswissenschaften heute: Eine Denkschrift. Frankfurt/M.

Gadamer, Hans-Georg 1960: Wahrheit und Methode. Grundzüge einer philosophischen Hermeneutik. Tübingen.

Gadamer, Hans-Georg 1984: Text und Interpretation. In: Forget, Philippe (Hg.): Text und Interpretation. München, S. 24–55.

Gadamer, Hans-Georg 1986: Der «eminente» Text und seine Wahrheit. In: Sprache und Linguistik (57), S. 4–10.

Geertz, Clifford 1983: Dichte Beschreibung. Beiträge zum Verstehen kultureller Systeme. Frankfurt/M.

Geisenhanslüke, Achim 2003: Einführung in die Literaturtheorie. Von der Hermeneutik zur Medienwissenschaft. Darmstadt.

Gilcher-Holtey, Ingrid 2000: «Askese schreiben, schreib: Askese». Zur Rolle der Gruppe 47 in der politischen Kultur der Nachkriegszeit. In: Internationales Archiv für Sozialgeschichte der deutschen Literatur (25), S. 134–167.

Glinz, Hans 1963: Der deutsche Satz. Wortarten und Satzglieder wissenschaftlich gefaßt und dichterisch gedeutet. Düsseldorf.

Glinz, Hans 1973: Die innere Form des Deutschen. 6. Aufl. Bern.

Goffman, Erving 1974: Das Individuum im öffentlichen Austausch. Mikrostudien zur öffentlichen Ordnung. Frankfurt/M.

Goody, Jack 1990: Die Logik der Schrift und die Organisation von Gesellschaft. Frankfurt/M.

Graf, Werner 2005: Literarische Sozialisation. In: Bogdal, Klaus-Michael/Korte, Hermann (Hg.): Grundzüge der Literaturdidaktik. 4. Aufl. München, S. 49–60.

Greenblatt, Stephen 1993: Verhandlungen mit Shakespeare. Innenansichten der englischen Renaissance. Frankfurt/M.

Grimm, Jakob 1984: Über den Ursprung der Sprache. In: Wyss, H. (Hg.): Ausgewählte Schriften. München, S. 155–189.

Grimminger, Rolf/Murašov, Jurij/Stückrath, Jörn (Hg.): Literarische Moderne. Europäische Literatur im 19. und 20. Jahrhundert. Reinbek bei Hamburg.

Groeben, Norbert/Hurrelmann, Bettina (Hg.) 2002: Lesekompetenz. Bedingungen, Dimensionen, Funktionen. Weinheim/München.

Groeben, Norbert/Hurrelmann, Bettina (Hg.) 2002: Medienkompetenz. Voraussetzungen, Dimensionen, Funktionen. Weinheim/München.

Gundolf, Friedrich 1930: Romantiker. Berlin.

Gutzen, D./Oellers, N./Petersen, J.H. 1989: Einführung in die neuere deutsche Literaturwissenschaft. 6. Aufl. Berlin.

Habermas, Jürgen 1968: Erkenntnis und Interesse. Frankfurt/M.

Habermas, Jürgen 1971: Vorbereitende Bemerkungen zu einer Theorie der kommunikativen Kompetenz. In: Habermas, J./Luhmann, N.: Theorie der Gesellschaft oder Sozialtechnologie. Frankfurt/M.

Habermas, Jürgen 1973: Zu Gadamers «Wahrheit und Methode». In: Apel, Karl-Otto (Hg.): Hermeneutik und Ideologiekritik. Frankfurt/M., S. 45–56.

Habermas, Jürgen 1981: Theorie des kommunikativen Handelns. 2 Bde. Frankfurt/M.

Hanuschek, Sven 2004: Geschichte des bundesdeutschen PEN-Zentrums von 1951–1990. Tübingen.

Hartmann, Peter 1968: Textlinguistik als linguistische Aufgabe. In: Schmidt, S.J. (Hg.): Konkrete Dichtung, konkrete Kunst. Karlsruhe, S. 62–77.

Harweg, Roland 1968: Pronomina und Textkonstitution. München.

Haverkamp, A./Lachmann, R. (Hg.) 1991: Gedächtniskunst. Raum – Bild – Schrift. Frankfurt/M.

Heidegger, Martin 1977: Holzwege. Gesamtausgabe Bd. 5. Frankfurt/M.

Helbig, Gerhard/Buscha, Joachim 1996: Deutsche Grammatik. Ein Handbuch für den Ausländerunterricht. 17. Aufl. Leipzig/Berlin/München.

Helbig, Gerhard/Schenkel, Wolfgang 1982: Wörterbuch zur Valenz und Distribution deutscher Verben. Leipzig.

Helmers, Hermann 1966: Didaktik der deutschen Sprache. 9. Aufl. Stuttgart.

Henne, Helmut/Rehbock, Helmut 1995: Einführung in die Gesprächsanalyse. 3. Aufl. Berlin/New York.

Heringer, Hans-Jürgen 1996: Syntax. Dependentiell. Tübingen.

Herrmann, Britta 1997: Was heißt hier Leistung? Neueste Aussichten einer künftigen Germanistik. In: Frankfurter Rundschau vom 2./3. Oktober.

von Heydebrand, Renate (Hg.) 1998: Kanon Macht Kultur. Theoretische, historische und soziale Aspekte ästhetischer Kanonbildung. Stuttgart.

Hof, Renate 1995: Die Grammatik der Geschlechter. Gender als Analysekategorie der Literaturwissenschaft. Frankfurt/M./New York.

Hörisch, Jochen 1996: Kopf oder Zahl: Die Poesie des Geldes. Frankfurt/M.

Hörisch, Jochen 2004: Eine Geschichte der Medien: Von der Oblate zum Internet. Frankfurt/M.

Horkheimer, Max/Adorno, Theodor W. 2003: Dialektik der Aufklärung. In: Adorno, Th. W.: Gesammelte Schriften. Hg. von Rolf Tiedemann u. a., Bd. 3. Frankfurt/M.

Huneke, Hans-Werner/Steinig, Wolfgang 2000: Deutsch als Fremdsprache. Eine Einführung. 2. Aufl. Berlin.

Hurrelmann, Bettina/Becker, Susanne (Hg.) 2003: Kindermedien nutzen. Medienkompetenz als Herausforderung für Erziehung und Unterricht. München.

Hurrelmann, Bettina 2003: Kindermedien als Chance zum Erwerb von Medienkompetenz. In: Hurrelmann, Bettina/Becker, Susanne (Hg.) 2003: Kindermedien nutzen. Medienkompetenz als Herausforderung für Erziehung und Unterricht. München, S. 11–25.

Hurrelmann, Klaus 1993: Einführung in die Sozialisationstheorie. Über den Zusammenhang von Sozialstruktur und Persönlichkeit. Weinheim/Basel.

Jakobson, Roman 1978: Poetik. Ausgewählte Aufsätze 1921–1971. Hg. von Holenstein, E./Schelbert, T. Frankfurt/M.

Jauss, Hans Robert 1967: Literaturgeschichte als Provokation der Literaturwissenschaft. Frankfurt/M.

Kammler, Clemens/Pflugmacher, Thorsten (Hg.) 2004: Deutschsprachige Gegenwartsliteratur seit 1989. Heidelberg.

Kepser, Matthis 1999: Massenmedium Computer. Ein Handbuch für Theorie und Praxis des Deutschunterrichts. Bad Krozingen.

Kern, Peter Christoph 2005: Film. In: Bogdal, Klaus-Michael/Korte, Hermann (Hg.): Grundzüge der Literaturdidaktik. 4. Aufl. München, S. 217–229.

Ketelsen, Uwe-K. 1994: Literatur und Drittes Reich. 2. Aufl. Greifswald.

Kimmich, Dorothee / Wilke, Tobias 2006: Einführung in die Literatur der Jahrhundertwende. Darmstadt.

Kittler, Friedrich 1995: Aufschreibesysteme 1800/1900. 3. Aufl. München.

Knapp, Werner 2003: Sprachunterricht als Unterrichtsprinzip und Unterrichtsfach. In: Brendel, Ursula / Günther, Hartmut / Klotz, Peter / Ossner, Jakob / Siebert-Ott, Gesa (Hg.): Didaktik der deutschen Sprache. Ein Handbuch. Bd. 2. Paderborn / München / Wien / Zürich, S. 589–601.

Korte, Hermann / Zimmer, Ilonka / Jakob, Hans-Joachim (Hg.) 2005: Die Wahl der Schriftsteller ist richtig zu leiten. Kanoninstanz Schule. Frankfurt/M. u. a.

Korte, Hermann 1987: Eine Gesellschaft im Aufbruch. Die Bundesrepublik in den sechziger Jahren. Frankfurt/M.

Korte, Hermann 1989: Geschichte der deutschen Lyrik seit 1945. Stuttgart.

Korte, Hermann 2005: Historische Kanonforschung und Verfahren der Textauswahl: In: Bogdal, K.-M. / Korte, H. (Hg.): Grundzüge der Literaturdidaktik. München, S. 61–77.

Kreft, Jürgen 1977: Grundprobleme der Literaturdidaktik. Heidelberg.

Kreuzer, Helmut 1975: Veränderungen des Literaturbegriffs. Göttingen.

Kübler, Hans-Dieter (Hg.) 1981: Massenmedien im Deutschunterricht. Lernbereiche und didaktische Perspektiven. Frankfurt/M.

Lacan, Jacques 1997: Seminar III: Die Psychosen. Berlin.

Lausberg, Heinrich 1960: Handbuch der literarischen Rhetorik. Eine Grundlegung der Literaturwissenschaft. 2 Bde. München.

Lethen, Helmut 1994: Verhaltenslehren der Kälte. Frankfurt/M.

Lethen, Helmut 2006: Der Sound der Väter. Gottfried Benn und seine Zeit. Berlin.

Levi-Strauss, Claude 1977: Strukturale Anthropologie I. Frankfurt/M.

Link, Jürgen 1974: Literaturwissenschaftliche Grundbegriffe. München.

Link, Jürgen 1988: Literaturanalyse als Interdiskursanalyse. Am Beispiel des Ursprungs literarischer Symbolik in der Kollektivsymbolik. In: Fohrmann, J./Müller. H. (Hg): Diskurstheorien und Literaturwissenschaft. Frankfurt/M., S. 284–307.

Link, Jürgen 1998: Versuch über den Normalismus: Wie Normalität produziert wird. Opladen.

Linke, Angelika/Nussbaumer, Markus/Portmann, Paul 1991: Studienbuch Linguistik. Tübingen.

Linke, Angelika/Nussbaumer, Markus/Portmann, Paul 1991: Studienbuch Linguistik. Tübingen.

Luhmann, Niklas 1984: Soziale Systeme. Grundriß einer allgemeinen Theorie. Frankfurt/M.

Luhmann, Niklas 1995: Die Kunst der Gesellschaft. Frankfurt/M.

Luhmann, Niklas 1996: Die Realität der Massenmedien. Opladen.

Luhmann, Niklas 1998: Die Gesellschaft der Gesellschaft. Frankfurt/M.

Man, Paul de 1988: Allegorien des Lesens. Frankfurt/M.

Mann, Klaus 1992: Die neuen Eltern. Aufsätze, Reden, Kritiken 1924–1933. Reinbek bei Hamburg.

Markwardt, Bruno 1937–1967: Geschichte der deutschen Poetik. 5 Bde. Berlin.

McLuhan, Marshall 1984: Das Medium ist die Massage. Berlin.

McLuhan, Marshall 1995a: Die magischen Kanäle. Dresden/Basel.

McLuhan, Marshall 1995b: Die Gutenberg-Galaxis: Das Ende der Buchkultur. Bonn.

Mecklenburg, Norbert 1972: Kritisches Interpretieren. München.

Menke, Bettine 2005: Dekonstruktion – Lektüre: Derrida literaturtheoretisch. In: Bogdal, Klaus-Michael (Hg.): Neue Literaturtheorien. Eine Einführung. 3. Aufl. Göttingen.

Meves, Uwe 1989: Über den Namen der Germanisten (Oldenburger Universitätsreden, 30). Oldenburg.

Oelmüller, Willi 1981 (Hg.): Kolloquium Kunst und Philosophie. 3 Bde. Paderborn.

Osinski, Jutta 1998: Einführung in die feministische Literaturwissenschaft. Berlin.

Parr, Rolf 2004: Literatur als literarisches (Medien-)Leben. Biografisches Erzählen in der neuen deutschen «Pop-Literatur». In: Kammler, Clemens/Pflugmacher, Thorsten (Hg.): Deutschsprachige Gegenwartsliteratur seit 1989. Heidelberg, S. 183–200.

Parr, Rolf 2004: «Wiederholen». Ein Strukturelement von Film, Fernsehen und neuen Medien im Fokus der Medientheorien. In: kultuRRevolution. Zeitschrift für angewandte Diskurstheorie (47), S. 33–40.

Paul, Hermann 1968: Prinzipien der Sprachgeschichte. 8. Aufl. Tübingen.

Petersen, Julius 1939: Die Wissenschaft von der Dichtung. System und Methodenlehre der Literaturwissenschaft. Erster Band: Werk und Dichter. Berlin.

Petersen, Jürgen H./Wagner-Egelhaaf, Martina 2006: Einführung in die neuere deutsche Literaturwissenschaft. Ein Arbeitsbuch. 7. Aufl. Berlin.

Pezold, Klaus (Autorenkollektiv unter der Leitung von) 1991: Geschichte der deutschsprachigen Schweizer Literatur im 20. Jahrhundert. Berlin.

Plumpe, Gerhard 1993: Ästhetische Kommunikation der Moderne. Bd.1: Von Kant bis Hegel. Bd. 2: Von Nietzsche bis zur Gegenwart. Opladen.

Plumpe, Gerhard 1995: Epochen moderner Literatur. Opladen.

Polenz, Peter von 1982: Sprachkritik und Sprachnormenkritik. In: Heringer, Hans-Jürgen (Hg.): Holzfeuer im hölzernen Ofen. Tübingen, S. 70–93.

Polenz, Peter von 1991/1994/1999: Deutsche Sprachgeschichte vom Spätmittelalter bis zur Gegenwart. Bd. 1: Einführung. Grundbegriffe. Deutsch in frühbürgerlicher Zeit. Bd. 2: 17. und 18. Jahrhundert. Bd. 3: 19. und 20. Jahrhundert. Berlin/New York.

Polenz, Peter von 1988: Deutsche Satzsemantik. Grundbegriffe des Zwischen-den-Zeilen-Lesens. 2. Aufl. Berlin.

Postman, Neil/Weingartner, Charles 1969a: Teaching as a Subversive Activity. New York.

Postman, Neil 1969b: Demeaning of Meaning. In: Postman, N. u.a. (Hg.): Language in America. New York.

Postman, Neil 2006: Wir amüsieren uns zu Tode: Urteilsbildung im Zeitalter der Unterhaltungsindustrie. Frankfurt/M.

Quasthoff, Uta 2003: Entwicklung mündlicher Fähigkeiten. In: Brendel, Ursula / Günther, Hartmut / Klotz, Peter / Ossner, Jakob / Siebert-Ott, Gesa (Hg.): Didaktik der deutschen Sprache. Ein Handbuch. Bd. 1. Paderborn/München/Wien/Zürich, S. 107–120.

Renner, Rolf Günter 1988: Die postmoderne Konstellation. Theorie, Text und Kunst im Ausgang der Moderne. Freiburg.

Richter, Hans 1964: Dada-Kunst und Anti-Kunst. Der Beitrag Dadas zur Kunst des 20. Jahrhunderts. Köln.

Ricœur, Paul 1974: Die Interpretation. Ein Versuch über Freud. Frankfurt/M.

Rosenberg, Rainer 1981: Zehn Kapitel zur Geschichte der Germanistik. Berlin.

Sacks, Harvey / Schegloff, Emanuel A. / Jefferson, Gail 1974/1978: A Simplest Systematics for Organisation of Turn-Taking for Conversation. In: LANGUAGE (50), S. 696–735.

Saussure, Ferdinand de 1967: Grundfragen der allgemeinen Sprachwissenschaft (1906–1916). Berlin.

Saussure, Ferdinand de 1967: Grundfragen der Allgemeinen Sprachwissenschaft. 2. Aufl. Berlin.

Saussure, Ferdinand de 1972: Cours de linguistique générale. 2. Aufl. Paris.

Scheffel, Michael 1990: Magischer Realismus. Die Geschichte seines Begriffs und ein Versuch seiner Bestimmung. Tübingen.

Scheffer, Bernd 1992: Interpretation und Lebensroman. Zu einer konstruktivistischen Literaturtheorie. Frankfurt/M.

Schegloff, Emanuel A. / Sacks, Harvey 1973: Opening up Closings. In: Semiotica (8), S. 289–327.

Schenda, Rudolf 1970: Volk ohne Buch. Studien zur Sozialgeschichte der populären Lesestoffe 1770–1910. Frankfurt/M.

Scherer, Wilhelm 1975: H. Hettners Litteraturgeschichte des 18. Jahrhunderts (1865). In: Cramer, T. / Wenzel, H. (Hg.): Literaturwissenschaft und Literaturgeschichte: Ein Lesebuch zur Fachgeschichte der Germanistik. München, S. 65–70.

Schill, Wolfgang / Tulodziecki, Gerhard / Wagner, Wolf-Rüdiger (Hg.) 1992: Medienpädagogisches Handeln in der Schule. Opladen.

Schiller, Friedrich 1962: Was heißt und zu welchem Ende studiert man Universalgeschichte? In: Sämtliche Werke. Hg. von Gerhard Fricke und Herbert G. Göpfert. Bd. 4. 3. Aufl. München.

Schlaffer, Heinz 2002: Die kurze Geschichte der deutschen Literatur. München/Wien.

Schmidt, Siegfried J. 1989: Die Selbstorganisation des Sozialsystems Literatur im 18. Jahrhundert. Frankfurt/M.

Schmidt, Wilhelm 2000: Geschichte der deutschen Sprache. Ein Lehrbuch für das germanistische Studium. Erarb. unter der Leitung von Helmut Langner u. Norbert R. Wolf. 8. Aufl. Stuttgart.

Schmidt-Dengler, Wendelin 1995: Bruchlinien. Vorlesungen zur österreichischen Literatur 1945 bis 1990. Salzburg/Wien.

Schnell, Ralf 1998: Dichtung in finsteren Zeiten. Deutsche Literatur und Faschismus. Reinbek bei Hamburg.

Schnell, Ralf 2003: Die Literatur der Bundesrepublik. Autoren, Geschichte, Literaturbetrieb. 2. Aufl. Stuttgart.

Schön, Erich 1987: Der Verlust der Sinnlichkeit oder Die Verwandlungen des Lesers. Mentalitätswandel um 1800. Stuttgart.

Schönau, Walter/Pfeiffer, Joachim 2003: Einführung in die psychoanalytische Literaturwissenschaft. 2. Aufl. Stuttgart.

Schößler, Franziska 2004: Augen-Blicke. Erinnerung. Zeit und Geschichte in Dramen der neunziger Jahre. Tübingen.

Schößler, Franziska 2006: Literaturwissenschaft als Kulturwissenschaft. Eine Einführung. Tübingen/Basel.

Schwanitz, Dietrich 1990: Systemtheorie und Literatur. Ein neues Paradigma. Opladen.

Searle, John R./Vanderveken, D. 1985: Foundation of Illocutionary Logic. Cambridge u. a.

Searle, John R. 1975: A Taxonomy of Illocutionary Acts. In: Gunderson, K. (ed.): Language, Mind, and Knowledge. Minneapolis.

Searle, John R. 1976: The classification of illocutionary acts. In: LANGUAGE AND SOCIETY (5), S. 1–24.

Searle, John R. 1971: Sprechakte. Ein sprachphilosophischer Essay. Frankfurt/M.

Sill, Oliver 2001: Literatur in der funktional differenzierten Gesellschaft. Systemtheoretische Perspektiven auf ein komplexes Phänomen. Opladen.

Sökeland, Werner 1980: Indirektheit von Sprechhandlungen. Eine linguistische Untersuchung. Tübingen.

Stedje, Astrid 2001: Deutsche Sprache gestern und heute. Einführung in Sprachgeschichte und Sprachkunde. 5. Aufl. München.

Steinig, Wolfgang / Hunecke, Hans-Werner (Hg.) 2002: Sprachdidaktik Deutsch. Eine Einführung. Berlin.

Stephan, Alexander 1979: Die deutsche Exilliteratur. 1933–1945. Eine Einführung. München.

Striedter, Jurij (Hg.) 1969: Texte der russischen Formalisten Bd. 1. München.

Szondi, Peter 1970: Hölderlin-Studien. Mit einem Traktat über philologische Erkenntnis. Frankfurt/M.

Tesnière, Lucien 1980: Grundzüge der strukturellen Syntax. Stuttgart.

Tulodziecki, Gerhard 1992: Medienerziehung in Schule und Unterricht. 2. Aufl. Bad Heilbrunn / Obb.

Ueding, G. / Steinbrink, B. 1986: Grundriß der Rhetorik. Geschichte, Technik, Methode. Stuttgart.

Ulkan, Maria 1993: Zur Klassifikation von Sprechakten. Tübingen.

Ullmann, Stephen 1967: The Principles of Semantics. A Linguistic Approach to Meaning. Oxford.

Vater, Heinz 1992: Einführung in die Textlinguistik. Struktur, Thema und Referenz in Texten. München.

Vater, Heinz 1996: Einführung in die Sprachwissenschaft. 2. Aufl. München.

Vierhaus, Rudolf 1972: Artikel «Bildung». In: Brunner, O. / Conze, W. / Koselleck, R. (Hg.): Geschichtliche Grundbegriffe: Historisches Lexikon zur politisch-sozialen Sprache in Deutschland, Bd. 1. Stuttgart, S. 508–551.

Vogl, Joseph (Hg.) 1999: Poetologien des Wissens. München.

Volmert, Johannes (Hg.) 2005: Grundkurs Sprachwissenschaft. Eine Einführung in die Sprachwissenschaft für Lehramtsstudiengänge. 5. Aufl. München.

Waldmann, Günter 1984: Grundzüge von Theorie und Praxis eines produktionsorientierten Literaturunterrichts. In: Hopster, Norbert (Hg.): Handbuch «Deutsch». Paderborn, S. 98–141.

Walther, Joachim 1996: Sicherheitsbereich Literatur. Schriftsteller und Staatssicherheit in der Deutschen Demokratischen Republik. Berlin.

Watzlawick, Paul / Beavin, Janet H. / Jackson, Don D. 2003: Menschliche Kommunikation. Formen, Störungen, Paradoxien. 10. Aufl. Bern.

Weimar, Klaus 1989: Geschichte der deutschen Literaturwissenschaft bis zum Ende des 19. Jahrhunderts. München.

Wells, Christopher J. 1990: Deutsch: eine Sprachgeschichte bis 1945. Tübingen.

Wermke, Jutta 2005: Literatur- und Medienunterricht. In: Bogdal, Klaus-Michael / Korte, Hermann (Hg.): Grundzüge der Literaturdidaktik. 4. Aufl. München, S. 91–104.

Wermke, Jutta 1997: Integrierte Medienerziehung im Fachunterricht. Schwerpunkt: Deutsch. München.

Wermke, Jutta 2000: Hörästhetik als Aufgabe der Medienerziehung im Deutschunterricht In: Huber, Ludowika / Odersky, Eva (Hg.): Zuhören – Lernen – Verstehen. Braunschweig, S. 123–136.

White, Hayden 1986: Auch Klio dichtet oder Die Fiktion des Faktischen. Studien zur Tropologie des historischen Diskurses. Stuttgart.

Wiegmann, Hermann 1977: Geschichte der Poetik. Ein Abriß. Stuttgart 1977.

Winkler, Hartmut 2004: Mediendefinition. In: MEDIENwissenschaft (1), S. 9–27.

Wolff, Gerhart 2004: Deutsche Sprachgeschichte. Ein Studienbuch. 5. Aufl. Tübingen / Basel.

Wunderlich, Dieter 1976: Studien zur Sprechakttheorie. Frankfurt/M.

Wyss, Ulrich 1979: Die wilde Philologie. München.

Zeyringer, Klaus 1999: Österreichische Literatur 1945–1998. Überblicke. Einschnitte. Wegmarken. Innsbruck.

Zima, Peter V. 1994: Die Dekonstruktion. Einführung und Kritik. Tübingen.

Empfohlene Grundlagenliteratur

Teil I: Einleitung

Bogdal, Klaus-Michael/Müller, Oliver (Hg.) 2005: Innovation und Modernisierung. Germanistik von 1965 bis 1980. Heidelberg.
Fohrmann, Jürgen 1991: Deutsche Literaturgeschichte und historische Projekte in der ersten Hälfte des 19. Jahrhunderts. In: Fohrmann, Jürgen/Vosskamp, Wilhelm (Hg.): Wissenschaft und Nation. Studien zur Entstehungsgeschichte der deutschen Literaturwissenschaft. München, S. 205–215.
Förster, Jürgen u. a. (Hg.) 1989: Wozu noch Germanistik? Wissenschaft – Beruf – Kulturelle Praxis. Stuttgart.
Weimar, Klaus 2003: Geschichte der deutschen Literaturwissenschaft bis zum Ende des 19. Jahrhunderts. Paderborn u. a.

Teil II: Basismodul Germanistische Sprachwissenschaft

Adamzik, Kirsten 2001: Sprache: Wege zum Verstehen. Tübingen/Basel.
Crystal, David 1998: Die Cambridge Enzyklopädie der Sprache. Frankfurt/M./New York.
Fleischer, Wolfgang/Helbig, Gerhard/Lerchner, Gotthard (Hg.) 2000: Kleine Enzyklopädie deutsche Sprache. Frankfurt/M. u. a.
Linke, Angelika/Nussbaumer, Markus/Portmann, Paul (Hg.) 2004: Studienbuch Linguistik. 5. Aufl. Tübingen.
Vater, Heinz 2002: Einführung in die Sprachwissenschaft. 4. Aufl. München.
Volmert, Johannes (Hg.) 2005: Grundkurs Sprachwissenschaft. 5. Aufl. München.

Teil III: Basismodul Germanistische Literaturwissenschaft

Asmuth, Bernhard 2004: Einführung in die Dramenanalyse. 6. Aufl. Stuttgart/Weimar.

Brunner, Horst/Moritz, Rainer (Hg.) 2006: Literaturwissenschaftliches Lexikon. Grundbegriffe der Germanistik. Berlin.

Burdorf, Dieter 1997: Einführung in die Gedichtanalyse. 2. Aufl. Stuttgart/Weimar.

Frank, Horst Joachim 1993: Handbuch der deutschen Strophenformen. 2. Aufl. Tübingen/Basel.

Frank, Horst Joachim 2003: Wie interpretiere ich ein Gedicht? Eine methodische Anleitung. 6. Aufl. Tübingen.

Gfrereis, Heike (Hg.) 1999: Grundbegriffe der Literaturwissenschaft. Stuttgart/Weimar.

Kraft, Herbert 2001: Editionsphilologie. 2. Aufl. Frankfurt/M.

Ludwig, Hans-Werner 2005: Arbeitsbuch Lyrikanalyse. Tübingen.

Martínez, Matías/Scheffel, Michael 2005: Einführung in die Erzähltheorie. 6. Aufl. München.

Nünning, Ansgar (Hg.) 2004: Metzler Lexikon Literatur- und Kulturtheorie. Ansätze, Personen, Grundbegriffe. Stuttgart/Weimar.

Pfister, Manfred 2001: Das Drama. Theorie und Analyse. 11. Aufl. München.

Plachta, Bodo 1997: Editionswissenschaft. Eine Einführung in Methode und Praxis der Edition neuerer Texte. Stuttgart.

Stanzel, Franz K. 2001: Theorie des Erzählens. 7. Aufl. Göttingen.

Teil IV: Basismodul Germanistische Fachdidaktik

Abraham, Ulf/Kepser, Matthis (Hg.) 2006: Literaturdidaktik Deutsch. Eine Einführung. 2. Aufl. Berlin.

Bogdal, Klaus-Michael/Korte, Hermann (Hg.) 2005: Grundzüge der Literaturdidaktik. 4. Aufl. München.

Brendel, Ursula/Günther, Hartmut u.a. (Hg.) 2006: Didaktik der deutschen Sprache. Ein Handbuch. 2 Bde. 2. Aufl. Paderborn/München u. a.

Kämper van den Boogart, Michael (Hg.) 2003: Deutsch-Didaktik. Leitfaden für die Sekundarstufe I und II. Berlin.

Steinig, Wolfgang/Hunecke, Hans-Werner (Hg.) 2003: Sprachdidaktik Deutsch. Eine Einführung, 2. Aufl. Berlin.

Wermke, Jutta 1997: Integrierte Medienerziehung im Fachunterricht. Schwerpunkt: Deutsch. München.

Wichtige Fachzeitschriften

Der Deutschunterricht. Beiträge zu seiner Praxis und wissenschaftlichen Grundlegung, Velber (erscheint zweimonatlich).

Praxis Deutsch. Zeitschrift für den Deutschunterricht, Velber (erscheint zweimonatlich).

Teil V: Aufbaumodul Germanistische Sprachwissenschaft

Braun, Peter 1998: Tendenzen in der deutschen Gegenwartssprache. 4. Aufl. Stuttgart u. a.

Bussmann, Hadumod 2002: Lexikon der Sprachwissenschaft. 3. Aufl. Stuttgart.

Cherubim, Dieter/Jakob, Karlheinz/Linke, Angelika (Hg.) 2004: Neue deutsche Sprachgeschichte. Mentalitäts-, kultur- und sozialgeschichtliche Zusammenhänge. Berlin/New York.

Eco, Umberto 2004: Zeichen. Einführung in einen Begriff und seine Geschichte. 13. Aufl. Frankfurt/M.

Ernst, Peter 2004: Deutsche Sprachgeschichte. Eine Einführung in die diachrone Sprachwissenschaft des Deutschen. München.

Glück, Helmut/Sauer, Wolfgang W. 1997: Gegenwartsdeutsch. 2. Aufl. Stuttgart.

Goffman, Erving 2005: Interaktionsrituale. Über Verhalten in direkter Kommunikation. 7. Aufl. Frankfurt/M.

Henne, Helmut/Rehbock, Helmut 2001: Einführung in die Gesprächsanalyse. 4. Aufl. Berlin/New York.

Linke, Angelika/Nussbaumer, Markus/Portmann, Paul (Hg.) 2004: Studienbuch Linguistik. 5. Aufl. Tübingen.

Vater, Heinz 2002: Einführung in die Sprachwissenschaft. 4. Aufl. München.

Teil VI: Aufbaumodul Germanistische Literaturwissenschaft

Alt, Peter-André 2001: Aufklärung. 2. Aufl. Stuttgart/Weimar.

Becker, Sabina 2003: Bürgerlicher Realismus. Literatur und Kultur im bürgerlichen Zeitalter 1848–1900. Tübingen/Basel.

Bogdal, Klaus-Michael (Hg.) 2005: Neue Literaturtheorien in der Praxis. 2. Aufl. Göttingen.

Bogdal, Klaus-Michael (Hg.) 2005: Neue Literaturtheorien. Eine Einführung. 3. Aufl. Göttingen.

Bogner, Ralf G. 2005: Einführung in die Literatur des Expressionismus. Darmstadt.

Böhme, Hartmut/Matussek, Peter/Müller, Lothar (Hg.) 2002: Orientierung Kulturwissenschaft. 2. Aufl. Reinbek bei Hamburg.

de Boor, Helmut/Newald, Richard (Hg.) 1949 ff.: Geschichte der deutschen Literatur von den Anfängen bis zur Gegenwart. 12 Bde. München.

Borchmeyer, Dieter 1998: Die Weimarer Klassik. Eine Einführung. 2 Bde. Königsstein.

Brunner, Horst 1996: Geschichte der deutschen Literatur des Mittelalters im Überblick. Stuttgart.

Bumke, Joachim 2000: Geschichte der deutschen Literatur des hohen Mittelalters. 4. Aufl. München.

Cowen, Roy C. 1985: Der poetische Realismus. Kommentar zu einer Epoche. München.

Cramer, Thomas 2000: Geschichte der deutschen Literatur des späten Mittelalters. 3. Aufl. München.

Eke, Norbert Otto 2005: Einführung in die Literatur des Vormärz. Darmstadt.

Fähnders, Walter 1998: Avantgarde und Moderne 1890–1933. Stuttgart.

Fauser, Markus 2006: Einführung in die Kulturwissenschaft. 3. Aufl. Darmstadt.

Geisenhanslüke, Achim 2006: Einführung in die Literaturtheorie. Von der Hermeneutik zur Medienwissenschaft. 3. Aufl. Darmstadt.

Grimminger, Rolf u.a. (Hg.) 1995: Literarische Moderne. Europäische Literatur im 19. und 20. Jahrhundert. Reinbek bei Hamburg.

Jahraus, Oliver 2004: Literaturtheorie. Theoretische und methodische Grundlagen der Literaturwissenschaft. Tübingen/Basel.

Kaiser, Gerhard 1996: Aufklärung, Empfindsamkeit, Sturm und Drang. 5. Aufl. München.

Kartschoke, Dieter 2000: Geschichte der deutschen Literatur im frühen Mittelalter. 3. Aufl. München.

Ketelsen, Uwe K. 1994: Literatur und Drittes Reich. 2. Aufl. Greifswald.

Kimmich, Dorothee/Renner, Rolf G./Stiegler, Bernd (Hg.) 1996: Texte zur Literaturtheorie der Gegenwart. Stuttgart.

Kimmich, Dorothee/Wilke, Tobias 2006: Einführung in die Literatur der Jahrhundertwende. Darmstadt.

Kremer, Detlef 2007: Romantik. 3. Aufl. Stuttgart/Weimar.

Luserke, Matthias 1997: Sturm und Drang. Autoren – Texte – Themen. Stuttgart.

Niefanger, Dirk 2006: Barock. 2. Aufl. Stuttgart/Weimar.

Nusser, Peter 2002: Deutsche Literatur von 1500 bis 1800. Lebensformen, Wertvorstellungen und literarische Entwicklungen. Stuttgart.

Schlaffer, Heinz 2003: Die kurze Geschichte der deutschen Literatur. München/Wien.

Schmitz-Emans, Monika 2004: Einführung in die Literatur der Romantik. Darmstadt.

Schössler, Franziska 2006: Literaturwissenschaft als Kulturwissenschaft. Eine Einführung. Tübingen/Basel.

Sengle, Friedrich 1971 ff.: Biedermeierzeit. 3 Bde. Stuttgart.

Sprengel, Peter 2004: Geschichte der deutschsprachigen Literatur 1900–1918. Von der Jahrhundertwende bis zum Ende des Ersten Weltkriegs. München.

Stephan, Alexander 1992: Die deutsche Exilliteratur. 1933–1945. Eine Einführung. 2. Aufl. München.

Teil VII: Aufbaumodul Germanistische Medienwissenschaft

Chartier, Roger / Cavallo, Guglielmo (Hg.) 1999: Die Welt des Lesens. Von der Schriftrolle zum Bildschirm. Frankfurt/M./New York u. a.

Faulstich, Werner (Hg.) 2004: Grundwissen Medien. 5. Aufl. München.

Hickethier, Knut 2003: Einführung in die Medienwissenschaft. Stuttgart/Weimar.

Hörisch, Jochen 2006: Eine Geschichte der Medien. Von der Oblate zum Internet. 2. Aufl. Frankfurt/M.

Illich, Ivan 1996: Im Weinberg des Textes. Als das Schriftbild der Moderne entstand. Frankfurt/M.

Kloock, Daniela / Spahr, Angela (Hg.) 2000: Medientheorien. Eine Einführung. München.

Pias, Claudia u. a. (Hg.) 2004: Kursbuch Medienkultur. Die maßgeblichen Theorien von Brecht bis Baudrillard. 5. Aufl. Stuttgart.

Roesler, Alexander / Stiegler, Bernd (Hg.) 2005: Grundbegriffe der Medientheorie. München.

Schanze, Helmut (Hg.) 2002: Metzler Lexikon Medientheorie, Medienwissenschaft. Ansätze – Personen – Grundbegriffe. Stuttgart/Weimar.

Schenda, Rudolf 1988: Volk ohne Buch. Studien zur Sozialgeschichte der populären Lesestoffe 1770–1910. 3. Aufl. Frankfurt/M.

Schneider, Karin 1999: Paläographie und Handschriftenkunde für Germanisten. Eine Einführung. Tübingen.

Schön, Erich 1987: Der Verlust der Sinnlichkeit oder die Verwandlungen des Lesers. Mentalitätswandel um 1800. Stuttgart.

Stein, Peter 2006: Schriftkultur. Eine Geschichte des Schreibens und Lesens. Darmstadt.

Stöber, Rudolf 2005: Deutsche Pressegeschichte. Von den Anfängen bis zur Gegenwart. 2. Aufl. Konstanz.

Wattenbach, Wilhelm 1958: Das Schriftwesen im Mittelalter. 4. Aufl. Graz.

Wilke, Jürgen (Hg.) 1999: Mediengeschichte der Bundesrepublik Deutschland. Köln.

Teil VIII: Ergänzungsmodul Deutsche Nachkriegs- und Gegenwartsliteratur

Barner, Wilfried u. a. (Hg.): Geschichte der deutschen Literatur von 1945 bis zur Gegenwart. München.

Briegleb, Klaus / Weigel, Sigrid (Hg.) 1992: Gegenwartsliteratur seit 1968. München/Wien.

Egyptien, Jürgen 2006: Einführung in die deutschsprachige Literatur seit 1945. Darmstadt.

Emmerich, Wolfgang 2005: Kleine Literaturgeschichte der DDR. 2. Aufl. Berlin.

Erb, Andreas (Hg.) 1998: Baustelle Gegenwartsliteratur. Die neunziger Jahre. Opladen/Wiesbaden.

Kammler, Clemens / Pflugmacher, Thorsten (Hg.) 2004: Deutschsprachige Gegenwartsliteratur seit 1989. Zwischenbilanzen. Analysen Vermittlungsperspektiven. Heidelberg.

Schnell, Ralf 2003: Die Literatur der Bundesrepublik. Autoren, Geschichte, Literaturbetrieb. 2. Aufl. Stuttgart.

Teil IX: Germanistische Arbeitstechniken

Angaben zur Grundlagenliteratur sind in den Text selbst integriert.

rowohlts monographien

Dichter und Literaten

Astrid Lindgren
Sybil Gräfin Schönfeldt
rororo 50703

William Shakespeare
Alan Posener
rororo 50641

Johann Wolfgang von Goethe
Peter Boerner
rororo 50577

Franz Kafka
Klaus Wagenbach
rororo 50649

Thomas Mann
Klaus Schröter
rororo 50677

Heinrich Heine
Christian Liedtke
rororo 50685

Friedrich Schiller
Claudia Pilling/Diana Schilling/
Mirjam Springer. rororo 50600

Hermann Hesse
Bernhard Zeller
rororo 50676

Rainer Maria Rilke
Hans-Egon Holthusen
rororo 50022

Klaus Mann
Uwe Naumann
rororo 50695

Bertolt Brecht
Reinhold Jaretzky

rororo 50692

Weitere Informationen in der Rowohlt Revue *oder unter* www.rororo.de

**Stefan Gärtner
Man schreibt deutsh**

Hausputz für genervte Leser
Der Sprachunrat staubt in den Ecken, der Wort- und Satzmist aus Presse, Funk und Literatur stinkt zum Himmel, und die ganzen alten Metaphern gehören auch mal entsorgt. Dieses Büchlein kehrt richtig durch und sorgt für langanhaltende Frische. rororo 62155

Neues für Wortjongleure
Viel zu Wissen, viel Vergnügen

**Bodo Mrozek
Lexikon der bedrohten Wörter**

Brit, Lorke, Zeche: Manche Wörter erklingen ungeachtet ihrer Schönheit immer seltener. Aber warum verschwinden sie? Bodo Mrozek hat in seinem Bestseller einen Wortschatz zusammengetragen, dem das Schicksal des Aussterbens droht.
«Urst geil.» (Der Spiegel)
rororo 62077

**Bodo Mrozek
Lexikon der bedrohten Wörter II**

Bodo Mrozek setzt den Kampf gegen das Vergessen fort – mit neuen unterhaltsamen Wortgeschichten. Freuen sie sich auf die Begegnung mit «Schnitten», die auf der «Schütteltenne» gerne mal «inkommodiert» werden.
rororo 62193

Weitere Informationen in der Rowohlt Revue *oder unter* www.rororo.de

Klassiker der deutschsprachigen Literatur bei rororo

Hans Fallada
Kleiner Mann – was nun?
Roman. 3-499-22510-7

Bertolt Brecht
Kalendergeschichten
3-499-10077-0

Heinrich Mann
Professor Unrat
Roman. 3-499-10035-5

Klaus Mann
Mephisto
Roman einer Karriere
3-499-22748-7

Kurt Tucholsky
Schloß Gripsholm
Eine Sommergeschichte
3-499-10004-5

Wolfgang Borchert
Draußen vor der Tür
und ausgewählte Erzählungen
3-499-10170-X

Friedrich Dürrenmatt
Der Richter und sein Henker
Roman. 3-499-10150-0

Robert Musil
Die Verwirrungen des Zöglings Törleß
3-499-10300-1

Robert Musil
Der Mann ohne Eigenschaften I
Erstes und zweites Buch. Roman.
Hg. von Adolf Frisé

3-499-13462-4

B 29/1

Tilman Rammstedt
Wir bleiben in der Nähe

Felix, Konrad und Katharina waren mal Freunde, aber irgendwann lief das nicht mehr. Nach Jahren bekommen Felix und Konrad Post. Eine Einladung: Katharina heiratet irgendeinen Tobias. «Tilman Rammstedt ist der Erzähler einer neuen Zeit.» (Welt am Sonntag)
Roman, rororo 24402

Junge deutsche Literatur

Kirsten Fuchs
Die Titanic und Herr Berg

Die Angst des Eisbergs vor dem Untergang. Eine junge Frau – Sozialhilfeempfängerin – verliebt sich in einen nicht mehr jungen Mann, ihren Sachbearbeiter. Daraus folgt die Kollision zweier Welten und Wahrnehmungen, wie sie unterschiedlicher nicht sein könnten. Natürlich droht ein Unglück, denn sie ist die Titanic und er heißt: Herr Berg ...
Roman, rororo 24084

Uwe Tellkamp
Der Eisvogel

Wiggo Ritter, ein junger Mann aus gehobenen Verhältnissen, liegt schwerverletzt im Krankenhaus und schildert seinem Verteidiger, warum er töten musste. Enthüllt wird eine faszinierende Geschichte von Sehnsucht, Verrat und verhängnisvoller Liebe. Vom Bachmann-Preisträger Uwe Tellkamp.
Roman, rororo 24235

Weitere Informationen in der Rowohlt Revue *oder unter* www.rororo.de

Lesen bildet: roroo

«Wir nutzen nur zehn Prozent unseres geistigen Potenzials.» Albert Einstein

**Hans Jürgen Eysenck
Intelligenz-Test**
3-499-16878-2
Mit diesem Buch kann jeder ohne Lampenfieber und Prüfungsdruck seinen IQ selbst ermitteln.

**Walter F. Kugemann/
Bernd Gasch
Lerntechniken für Erwachsene**
3-499-17123-6

**A. M. Textor
Sag es auf Deutsch**
Das Fremdwörterlexikon. Über 20 000 Fremdwörter aus allen Lebensgebieten. 3-499-61426-X
Sag es treffender
Ein Handbuch mit über 57 000 Verweisen auf sinnverwandte Wörter und Ausdrücke für den täglichen Gebrauch. 3-499-61388-3

**Ernst Ott
Optimales Lesen**
Schneller lesen – mehr behalten. Ein 25-Tage-Programm
3-499-16783-2

**Margit Hertlein
Mind Mapping –
Die kreative Arbeitstechnik**
Spielerisch lernen und organisieren
Überarbeitete Neuausgabe mit aktuellen Informationen zum Einsatz von Mind-Mapping-Software!

3-499-61190-2

Weitere Informationen in der Rowohlt Revue oder unter www.rororo.de